エドワード・W・サイード

パレスチナ問題

杉田英明訳

みすず書房

THE QUESTION OF PALESTINE

by

Edward W. Said

First published by Times Books, New York, 1979
with new introduction and epilogue, Vintage Books, 1992

Japanese translation rights arranged with
Edward W. Said c/o The Wiley Agency (UK) Ltd through
The Sakai Agency Inc. / Orion, Tokyo

凡例

1 本書は Edward W. Said, ***The Question of Palestine,*** New York: Times Books, 1979 の日本語訳である。ただし、邦訳にさいしては、この一九七九年版をそのまま復刻した上で新たに「序文」Preface to the 1992 Edition と「跋」Epilogue および「書誌補遺」Bibliographical Postscript を加えた一九九二年版 ***The Question of Palestine, with a New Preface and Epilogue,*** New York: Vintage Books, 1992 を利用した。読みやすさを考慮して、原著冒頭にあった「一九九二年版への序文」は第四章のあとへ移した。

2 原著にあった地図一点（地図3＝二七九頁）に加え、新たに地図二点（地図1・2）を作成して冒頭に掲げた。

3 原注は本文中の（1）（2）等の丸括弧付き数字で指示箇所を示した上、巻末に一括して訳出した。訳注は主な人名・地名等の固有名詞、術語や概念、歴史的事実、引用句等の説明に用い、本文中の初出箇所に「＊1」「＊2」のようにアステリスク付き数字を付し、各章末にまとめて掲げてある。

4 使用した主な符号は以下の通りである。

・『 』——原著の斜体文字のうち、書物や新聞・雑誌、映画・演劇等の標題を示す。ただし、斜体を用いていない一部の書名（例＝『聖書』『ムアッラカート』）も、訳文では二重鉤括弧によって示す一方、斜体を用いた一部の篇名（例＝ラマルチーヌの「政治的要約」）は通常の鉤括弧に変えた。

・「 」——原著で“ ”によって示される引用や術語、および大文字で始まる一部の固有名詞・概念等。例＝「世界人権宣言」「白書」「ブルッキングス報告書」「他者」。

・傍点——原著の斜体文字のうち、強調および外国語を示すために用いられている部分。

・〔　〕――引用文における原著者（サイード）の挿入注。また、原著九八頁（本書一三六頁）の脚注も同じ挿入注の形に統一した。
・〔　〕――訳者の挿入注。
・（前略）（中略）（後略）――原著の引用文中「...」によって示される省略部分。ただし、実際には省略があるにも拘わらず原著にそれが明示されていない場合、訳者の補いであることを示すため〔中略〕のようにした。また、引用される原典自体にある省略記号は、訳文中では「……」で示した。

5　引用文の訳出にさいし既訳を利用した場合、本文中に（　）によってその旨を示し、必要に応じて原注や訳注においてもさらに付記した。改変がある場合は「一部改変」、参照するにとどめた場合は「参照」などと記してある。ただし、本文に合わせた漢字・仮名表記や送り仮名、句読点などの改変についてはとくに断わってはいない。

6　漢数字は西暦年号、頁ノンブル、百分率、および国連決議の号数を除き、原則として位取りを入れる表記方式に統一した。例＝「一万五千人」「一九七九年十二月二十五日」「一三八頁」「五〇・三パーセント」。ただし、人口や面積等の統計数値が四桁以上になる場合は、読みやすさを考慮して「万」の単位にのみ位取りを入れ、それ以外は位取りなしの表記を用いることとした。例＝「三八万四〇七八人」。

7　基本的術語類の訳語、アラビア語・ヘブライ語の転写・表記、ならびに訳注作成に利用した主要資料はそれぞれ巻末にまとめた。

ファリード・ハッダード
ラーシド・フサイン
の思い出に

パレスチナ問題　目次

第三章　パレスチナ人の民族自決に向けて

第四章　キャンプ・デーヴィッド以降のパレスチナ問題

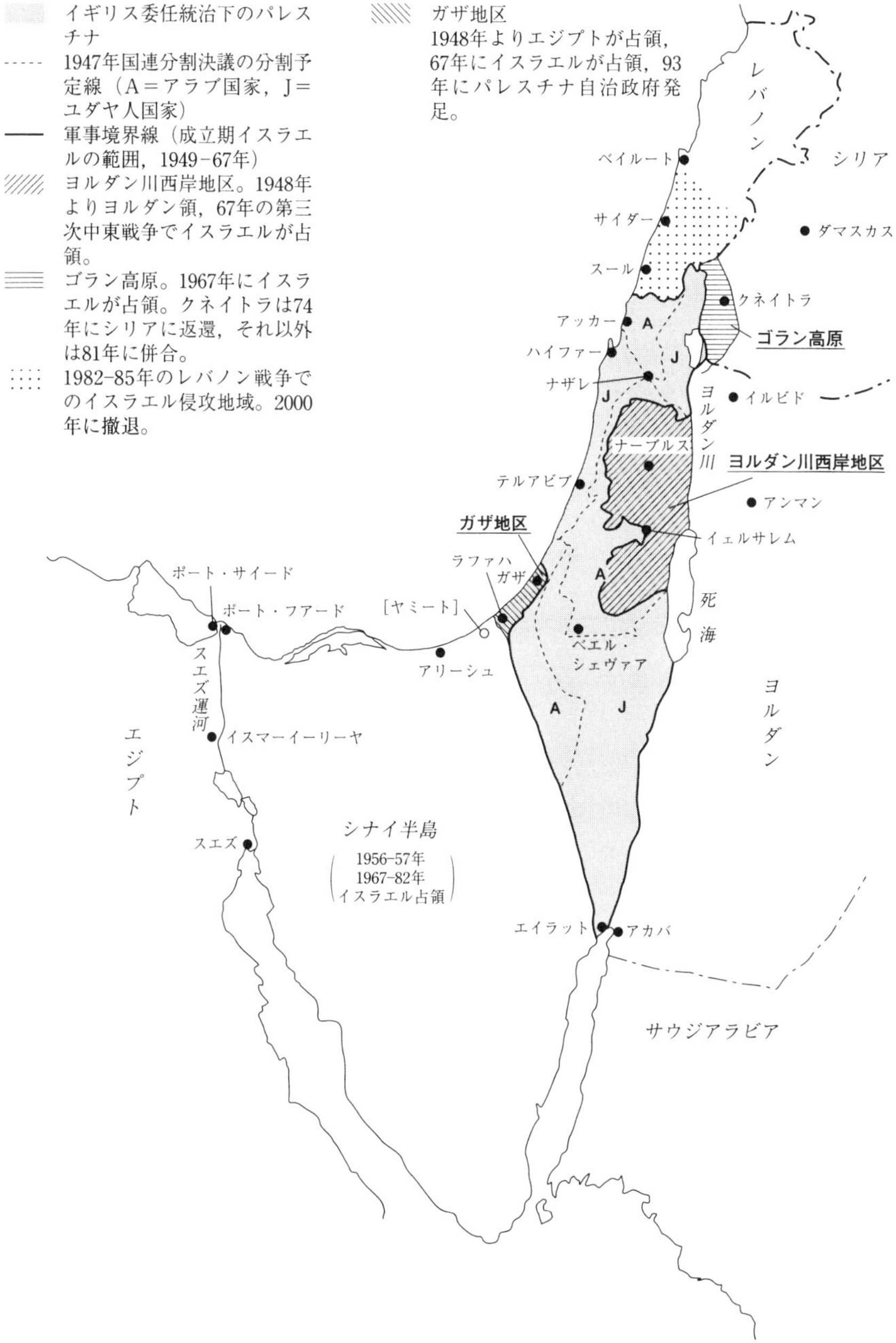

地図１　イスラエルの領域的拡大

（板垣雄三『石の叫びに耳を澄ます』平凡社，1992年，p. 34 所収の地図に依拠し，主要な都市名を追加した。）

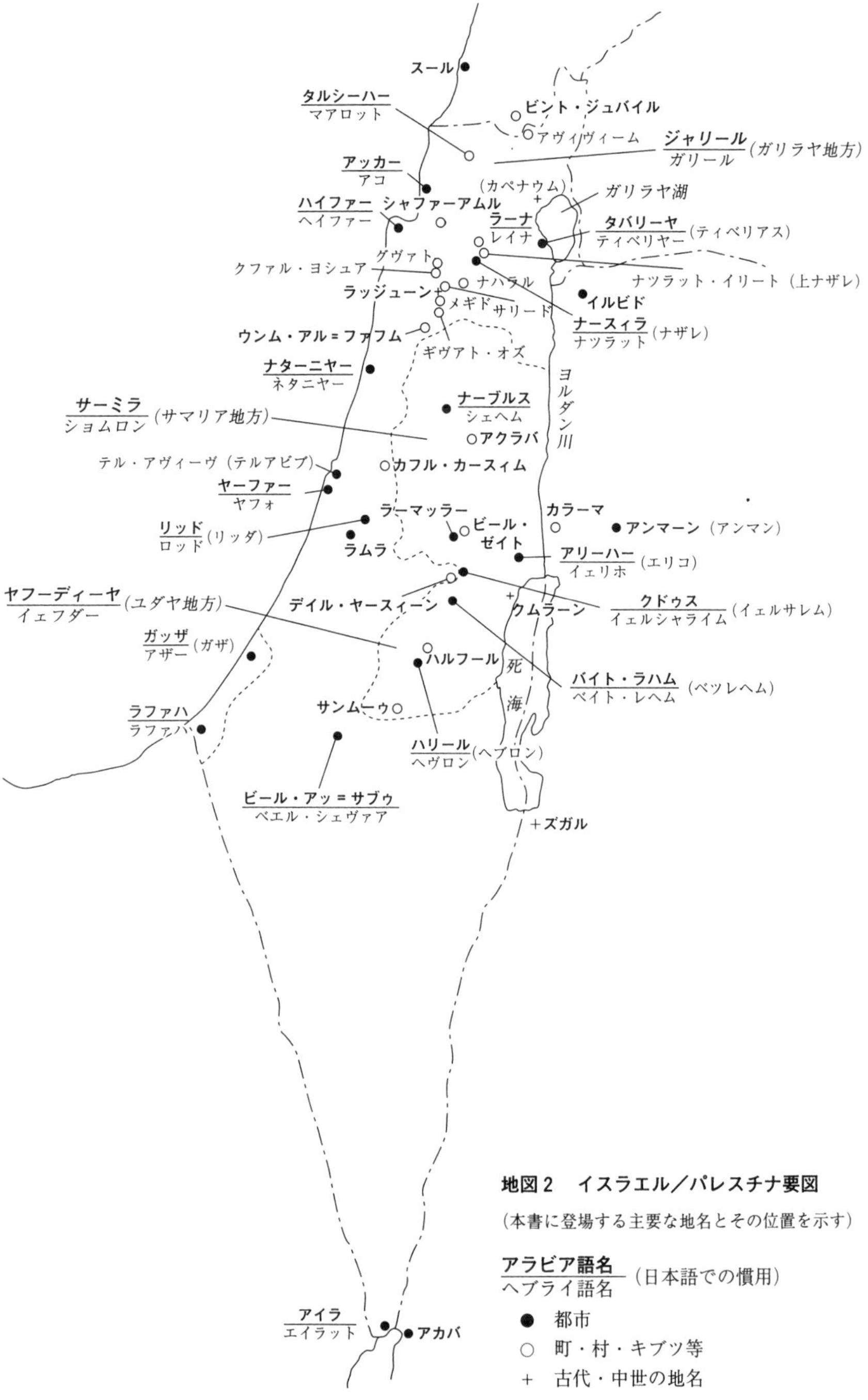

地図 2　イスラエル／パレスチナ要図

（本書に登場する主要な地名とその位置を示す）

アラビア語名
ヘブライ語名（日本語での慣用）

● 都市
○ 町・村・キブツ等
＋ 古代・中世の地名

序

本書の大半は、一九七七年から七八年の初めにかけて執筆された。だがその準拠枠は、現代近東史上きわめて重要なこの時期にのみ限定されるわけでは決してない。私の意図は逆に、一冊の本の執筆によって、概ね代表的と言えるパレスチナ人の立場を西洋の読者の前に提示することであった。パレスチナ人やパレスチナ問題に関して、これだけ多くの事柄が語られるようになった現在でさえ、その立場はさしてよくは知られておらず、十分正当な評価がなされているとも確かに言いがたい。この立場を定式化する上で、主として私が依拠したのは、私見によればパレスチナ人の経験と呼ばれてしかるべき事象であり、それは一八八〇年代初頭、シオニスト[*1]植民者の第一波がパレスチナの岸辺に到着したとき、初めて事実上の自覚的経験と化したものだった。それ以後、パレスチナ人の歴史は、アラブの歴史とはまったく異なる独自の道を辿ることになる。勿論、今世紀におけるパレスチナ人の営為と他のアラブの営為とのあいだには、多くの繋がりが存在する。だが、パレスチナ人の歴史を定義する特徴――民族全体に精神的外傷《トラウマ》を与えたシオニズムとの遭遇――は、この地域に固有であって他に比類がない。

　この比類のなさこそ、本書において私の目的と行為とを（それがいかに拙いものであろうと）導く指針であった。一人のパレスチナ人として、私自身、つねに民族としての私たちの弱点や挫折に意識的であろうと試みてきた。ある基準からすれば、おそらく私たちは非例外的な民族なのであろう。私たちの民族の歴史が証し立てているのは、基本的にヨーロッパ産の、野望に満ちたイデオロギー（ならびに実践）との勝ち目のない闘争であり、私たちは自らの大義の正当性に関して、西洋のさしたる関心も喚起することができぬままであった。にも拘わらず、私たちは自分自身の政治的主体性《アイデンティティー》と意志とを構築し始めたのだと、私にはそう思われる。私たちは目覚ましい回復力を示し、さらに目覚ましい民族的復興を繰り広げ、第三世界のあらゆる民族からも支援を獲得した。そして何より重要な点だが、私たちは地理的に離散し分断されて、自分たち自身の領土を持たないにも拘わらず、一民族としてのまとまりを持ち続けてきたのだった。その主たる理由は、パレスチナ人という（土地奪取と排除による抑圧という、私たち自身の経験のなかから明確な形を取るに至った）観念が首尾一貫性を備え、それに対して私たちすべてが積極的情熱を以て反応してきたためである。私が本書で叙述しようと試みたのは、パレスチナ人の挫折と、彼らの生の細部《ディテール》におけるその後の回復との全領域である。

だが、読者の多くがパレスチナ問題という言葉から直ちに連想するのは、「テロ行為」という観念ではないかと思われる。そして、本書で私がテロ行為の叙述にさして多くの時間を割いていない理由もまた、その一端はこの不当な連想に由来する。もしそれに多くの時間を費やしたとすれば、私はかつての私たちの「テロ行為」がそのままの形で正当化されると述べるか、またはパレスチナ人のテロ行為などという事柄自体が存在しないのだとする立場を取るか、そのいずれかによって自己弁護を行なうはめに陥っていただろう。しかしながら、事実はもっとずっと複雑であり、少なくともその一部を、私がここである程度詳しく語っておく価値はある。純粋な数の問題、つまり損害を蒙った人間や財産の数量に関する限り、シオニズムがパレスチナ人に対して行なった行為と、その報復としてパレスチナ人がシオニストに行なった行為とのあいだには、まったく比較にならぬほど大きな懸隔が存在する。ここ二十年間、レバノンやヨルダンにあるパレスチナ民間人の難民キャンプに対し、イスラエルがほとんど間断なく行なってきた攻撃などは、この完全に不均衡な破壊の記録を示す指標のうち、ほんの一つというに過ぎない。私見によれば、それよりずっと悪辣なのは、イスラエルのテロ行為についてほとんど何一つ語ってこなかった西洋（それに勿論、リベラルなシオニスト）の新聞・雑誌や知的言説が孕む欺瞞である[(1)]。「イスラエルの民間人」や「町」「村」「小中学生」に対する「アラブの」テロ行為を報ずるさいには憤怒の口調を示し、「パレスチナ人の戦略拠点」への「イスラエルの」攻撃を叙述するにあたっては中立的な措辞を用いる。しかもその「戦略拠点」が、実は南レバノンのパレスチナ人難民キャンプを指しているのだとは誰にも知りえないとすれば、およそこれ以上の不誠実さがありうるだろうか（私がここで引証するのは、一九七八年十二月下旬に発生した最新の事件に関する報道である）。イスラエルが〔ヨルダン川〕西岸[*2]およびガザ地区[*3]を占領した一九六七年以来、イスラエル占領に伴う残虐行為がやむ日は一日たりとてないのに、それはイェルサレムの市場に仕掛けられた爆弾ほどにも、西洋の報道機関（およびイスラエルの情報媒体）を震撼させることがない。合衆国の新聞は一紙たりとも、イスラエル軍参謀総長グール将軍[*4]への次のようなインタビュー記事を掲載しなかった。これは、ここで私が純粋な嫌悪感にも近い感情を籠めて記しておかねばならぬ事実である。

問――〔一九七八年三月のイスラエルによるレバノン侵攻のあいだ〕無差別に「人間」集団を爆撃したというのは本当ですか。

答――私は都合のよいことしか覚えていない人種とは違います。ここ幾年にも亘って我々が行なってきた事柄について、私が知らんぷりをするとでもお考えですか。スエズ運河全域に沿って我々は何を成し遂げたでしょう。百五十万[*5]の難民を作り出したのですよ！　本当に。あなたはどこにお住まいですか。（中略）我々はイスマーイーリーヤやスエズ、ポート・サイード、ポート・ファアード[*6]を爆撃したのです。百五十万の難民ですからね。（中略）南レバノンの民衆はいつからこれほど神聖な存在になったのですか。彼らはテロリストたちが何をしているのか、十分承知していたのです。アヴィーム[*7]での大量虐殺ののち、私は南レバノンの四つの村を無許可で爆撃させました。

問――民間人と非民間人との区別もなしにですか。

答――何の区別です？　我々に爆撃されてしかるべきどんな行為をイルビド［主としてパレスチナ住民からなる、北部ヨルダンの大都市］の住民がしたというのでしょう。

問――しかし、軍事声明はいつも、テロリストの目標物に対する報復攻撃や応戦だと述べていますが。

答――冗談はよして下さい。消耗戦の結果、ヨルダン峡谷全体から住民がいなくなったことをあなたは御存じなかったのですか。

問――すると、住民は懲罰を受けねばならないと仰言るのですか。

答――勿論です。その点に疑いを抱いたことはありません。［侵攻にさいし］航空機やミサイルや戦車を用いる許可を私がヤヌーフ［レバノン作戦の責任者だった北部戦線司令官の愛称］に与えたとき、私は自分の行なっている行為を正確に認識しておりました。独立戦争から現在までの三十年間、我々は村や町に住む［アラブの］民間人と戦い続けてきました。そして、我々が戦いを行なうたびに繰り返される質問とは、民間人を襲うべきか否かというものなのです。

［『アル・ハ＝ミシュマル』[*8]〔見張り番〕一九七八年五月十日］

つまり、「テロ行為」をめぐる一つの論点は、その認識における不均衡、ならびにその実行における不均衡なのである。例えば、イスラエルの監獄に収容されているパレスチナ人の解放を要求するため、イスラエル人の人質が利用されるような場合はいつも、大虐殺の血の海ができることを知りながら、最初に発砲するのが必ずイスラエル軍であったという事実を挙げることができる。だが、数字を掲げ、説明を行なうだけでは十分ではない――ユダヤ人とアラブ、パレスチナ人とシオニストのユダヤ人、パレスチナ人とそれ以外の人類（と思われる人々）、ユダヤ人と西洋、これらのあいだの敵意の記録は、血も凍るほどすさまじいものだからである。一個のパレスチナ人として、私が憤り、嘆かわしく思うのは、ぞっとするほど恐ろしい事柄全体からそのあらゆる共鳴作用や、しばしば道徳的に錯綜した細部描写《ディテール》が剝奪され、「パレスチナ人テロ」という標題の下、不可避的に単純で口当たりのよい形へとそれが圧縮されてしまう過程である。しかしながらまた、この問題にありとあらゆる点で心を痛めてきた者として、私が――今やたんに一人のパレスチナ人の発言という形で――述べておかねばならぬこともある。それは、飛行機のハイジャックや自殺行為に等しい特殊任務、暗殺、学校やホテルの爆破などばかりか、犠牲者を襲った恐《テ》怖《ロ》や、そうした行為へと駆り立てられたパレスチナ人の抱く恐怖《テロ》にも私がぞっとするような思いを抱き続けてきたという事実である。私は超然たる態度を取った観察者として著述を行なうつもりはないので、テロそのものに真正面から取り組もうとするよりは、むしろ、これらすべての事柄の起源となる、より大きなパレスチナ人の物語について、何らかの感覚を読者に伝える試みを行なった方がうまくゆくだろうと信ずるに至った。そして、結局その物語が荒廃と不幸の悲劇を緩和することは――不可能ゆえに――ないとしても、少なくともそれは、そうした読者の前から長らく欠落していた事象、パレスチナ問題において、すべてのパレスチナ人が抱く集団・民族としての心的《トラ》外傷《ウマ》という現実を提示することにはなるだろう。

非ヨーロッパの小民族が持つ特徴の一つは、一次史料や歴史書、自伝、年代記の類が豊かではないという点にある。これはパレスチナ人についても当て嵌まり、パレスチナ人の歴史について、信頼すべき主要な文献が欠けている理由もそれによって説明がつく。私がここで、その欠落を補おうと試みなかった理由も明白である。私が示そうと試みたのは、パレスチナ人の経験が歴史の重要かつ具体的な一部であるのに、それがまったく存在しないことを望んだシオニストや、その真の扱い方を知らなかった欧米人によってほとんど無視されてきたという事実である。一九四八年に追い立てを食らうまで、何百年ものあいだパレスチナに生活していたイスラム教徒ならびにキリスト教徒のパレスチナ人は、キリスト教的ヨーロッパによるユダヤ人の犠牲者化を終わらせようとだけ目論む、その同じ〔シオニズム〕運動の不幸な犠牲者であった。これもまた、私が示そうと試みた内容である。だが、シオニズムはユダヤ人をパレスチナに移住させ、彼らのための国家を作り上げることにあまりに見事に成功した。まさにそのお蔭で、世界は、その企てがパレスチナ原住民に喪失や離散や破局をもたらすことの意味については関心を払ってこなかったのである。従って、きわめてよく知られた成功と、遙かに知られることの少ない災厄とを同時に見通すためには、今や反語的な一種の複眼が必要となる。ハナ・アーレント[*9]はこれを、次のような言葉で描写している。

〔第二次世界大〕戦後になって明らかとなったことは、唯一の解決不可能な問題とされていたユダヤ人問題が解決され得たこと、しかもその方法は最初は徐々に入植し、それから力ずくで領土を奪うことだったこと、だがこれによって少数民族問題や無国籍問題が解決したわけではなく、その逆にユダヤ人問題の解決は今世紀のほとんどすべての事件と同じように別の新たな範疇、つまりアラブ難民を生み、無国籍者・無権利者の数をさらに七十万ないし八十万人も殖してしまったことだった。(2)

〔アーレント『全体主義の起原』2、大島通義・大島かおり訳、二六九―七〇頁、一部改変〕

私が本書中で一貫して述べるように、イスラエルとその歴史とは絶え間なく称讃されてきたのに対し、実際に生活を送り、苦難の小さな歴史を持ち、さまざまな願望を抱くパレスチナ人という実態の存在が認められるようになったのは、つい最近のことに過ぎない。だが今や、パレスチナ問題には突如として解答が求められるに至った。近東の袋小路という、従来軽視されてきたこの難問にも正当な扱いがなされるべきだと、国際世論が要求してきたからである。だが悲しいかな、説得力のある解決策はおろか、十分な議論の可能性すら現段階では見込み薄である。パレスチナ人は（先に述べた通り）もっぱら難民か、過激派か、またはテロリストとしてのみ知られてきたため、議論の条件が貧困化している。相当規模の中東「通」の軍団が、主に社会科学の専門用語と知識の仮面を被ったイデオロギー上の決まり文句とを活用することによって、議論を独占する傾向にある。私が何より重大だと考えるのは、イスラムやアラブ、オリエントに関する西洋人の古くからの偏見に由来する、パレスチナ人への強固な文化的態度の存在である。この態度から逆にシオニズムがそのパレスチナ人観を引き出しているため、結果として私たちは非人間化され、厄介者という、かろうじて許容された地位へと還元されることになってしまった。

中東およびパレスチナ人に関する学術的な政治学研究は、その大半がこの伝統を担い続けている。そう言い切ってしまうのは、あまり大雑把に過ぎるかもしれない。だが、それらの研究にそうした傾向があるのは事実だと私は思う。それらの大半の淵源に位置し、多くの重要な点で何の疑いもなく受け入れられてきたのは、パレスチナ人の権利への対抗者としてシオニズムを正当化する枠組みである。その限りにおいて、それらは中東の現実的状況の理解に貢献することがほとんどない。というのも、第二次世界大戦以降、この国〔合衆国〕で生み出されてきた現代中東に関するまともな研究からは、この地域で現実に発生した事件への予備知識はほとんど得られないというのが実情だからである。それは、レバノン内戦やパレスチナ人の抵抗運動、一九七三年の〔第四次中東〕戦争中のアラブの行動についてと同様、最近のイランにおける出来事についても明らかに当て嵌まる。勿論私は、とくに冷戦到来以降、科学的客観性を謳った社会科学の研究に見られ、正当にもイデオロギー的偏向と呼ばれてきた現象に対して、一つの問題提起を行なう意図で本書を執筆したわけではない。ただ私は、その「価値中立性」の陥穽を避けることは意識的に行なってきたつもりである。政治的現実を説明するさいに、超大国間の対立に焦点を絞ったり、西洋とその第三世界における近代化の使命とに関係するあらゆる事柄を望ましいと主張したり、一連の従属諸国家の凡庸かつ抑圧的な政治体制を称讃してこれを価値づけ、その一方で民衆運動を無視したり、「合理的」「経験的」「実用的」な目標を持つ特定の方法論ないしは特定のテロス〔行為、目的〕に容易には適合されえぬ事柄すべてを非歴史的として切り捨てたりする。これらは皆、そうした陥穽に含まれる行為である。これらの観念が持つ明々白々たる欠陥は一般に認識され、「我々」がイランを喪失し、「我々」が「イスラム復興」を予測できなかったことへの非難の根拠として用いられてきたが、その場合にもこれらの観念の諸前提を検討することまでは視野に入れられなかった。果たせるかな、それらの観念は再び主張されるに至り、政策決定に大きな役割を演ずる政治学者がまたもや同じ近視眼的な助言を行ない、合衆国の対外政策もまた、（私のような）非専門家の眼には明らかに成功の見込みがないと思える大義名分、退行的な歴史ヴィジョンの上で危機に瀕している。私がこの文章を書いているさなかにも、キャンプ・デーヴィッド[*10]会談の重大な欠陥は私の論点を証明しつつあるように思われる。

しかしながら、一九七六年まで、パレスチナ人は自らの価値を貶めることに同意し、結果として、シオニストや専門家が自分たちパレスチナ人を重要でないと解釈することにも賛成してきた。そう言っても誤りではないと私は考える。その後、私たちは自分自身を発見し、世界を発見し、世界も私たちを発見した。私は自分たちの闇夜と遅い目覚めとを叙述しようと試みるさい、同時に私たちの生を土地や地域や国際政治等のなかに位置づけることも怠らなかったつもりである。だが、私たちの経験を貫いているのは、シオニズムによって形成された一本の撚《よ》り糸である。これは理論的案件でも、非難の応酬といった問題でもない。私たちにとって、シオニズムはユダヤ人とは異なる方向でではあれ、彼らにとってと同じくらい重要な意味を持ってきた。私たちが世界に向かって知らせる必要があるのは、シオニズムが私たちにとってある具体的な事柄を意味したという事実、そしてそれらの事柄の生きた痕跡を、私たちは集団として担っているという事実である。

私が本書を政治的エッセイと呼んできたのには理由がある。それは本書が、私たちの問題を何か水も漏らさぬほど完璧で完成されたものとしてではなく、考え抜き、試み、時間を取るべきもの――要するに、政治的に扱われるべき主題として西洋の読者の前に提示しようと試みているからである。私たちはあまりに長いあいだ歴史の外部に、そして疑いもなく議論の局外に置かれ続けてきた。拙いやり方ではあれ、本書が試みようとするのは、パレスチナ問題を議論と政治的理解のための一主題に据えることである。私は読者が直ちに発見されるよう望みたいのだが、本書で提示されているのは「専門家」の見方でもなく、その点ではまた個人的証言でもない。むしろそれは、人権と社会的経験の諸矛盾とに関するある種の感覚に基礎を置き、できうる限り日常性に即した言葉で表現された、実体験に基づく一連の諸現実なのである。

本書の議論は、いくつかの基本的前提によって特徴づけられている。その一つは、パレスチナ人アラブ民衆が継続的に存在してきたという事実である。また、シオニズムとアラブ世界とのあいだに横たわる袋小路を理解するのに、パレスチナ人の経験を理解する必要があるというのもう一つ別の前提である。さらに、イスラエル自体やその支援者たちが言葉や行動においてパレスチナ人を抹消しようと試みてきたのは、ユダヤ人国家が（あらゆる点ではないにせよ）多くの点で、パレスチナとパレスチナ人の否定の上に構築されているからだという事実、これもまた別の前提となる。イスラエルにおいては、あるいは確信的シオニストにとっては、パレスチナ人やパレスチナの名に言及すること自体、名づけえぬものの名を呼ぶことに等しい。これは、今日なお顕著な事実であり、イスラエルが私たちに対してなした行為を告発するためには、私たちの生《なま》の存在が実に強力に作用するのである。最後に私は、人類が個人的・選択的に、自決権を含む根源的諸権利の享受資格を持つのは道徳上当然のことだと考える。これによって私が意図するのは、人間誰であれ、自分の家や土地からの「強制移住」の脅威に晒されるべきではなく、甲や乙の宗教を信奉するという理由で差別されるべきでもなく、いかなる理由からであれ、誰もが自分の土地や民族的主体性や民族文化を剥奪されてはならないということに他ならない。

本書で私が問うているのは、「イスラエル、合衆国、そしてアラブはパレスチナ人をどうするつもりなのか」という疑問である。私は心底そう考えている。パレスチナ人の経験という諸現実を前提とするなら、私はアンワル・アッ＝サーダート大統領[*11]やそのさまざまの支持者たちとは違い、切り札の九九パーセントが合衆国の手中にあるなどとはまったく信じていないし、その大部分がイスラエルやアラブ諸国の手に握られているとも思わない。論点のすべて——いや、本書を可能ならしめた基盤——は、言わばパレスチナ人の手というものが存在し、それがパレスチナ人の願望や政治的闘争、達成、挫折を決定する上で積極的な役割を演じているという事実にある。それでも私は、パレスチナ問題において、ユダヤ人やアメリカ人が今何を考え、何をなすかが重要な場を占めることは否定しない。本書が語りかけるのは、まさにこの場に対してなのである。

私は、一民族としての私たちの経験が依拠していると思われる実存的基盤を強調するために、おそらくは明々白々たる事柄を述べているだけなのだろう。私たちはパレスチナと呼ばれる土地にいた。たとえナチズムを生き抜いたヨーロッパのユダヤ人残存者を救うためであっても、ほとんど何百万もの同胞にパレスチナからの離散を余儀なくさせ、私たちの社会を雲散霧消させてしまったあの土地奪取と私たちの存在抹消とは、いったい正当化される行為だったであろうか。いかなる道徳的・政治的基準によって、私たちは自らの民族的存在や土地や人権に対する主張を捨て去るよう期待されているのだろうか。一民族全体が法律上存在しないと告げられ、それに対して軍隊が差し向けられ、その名前すら抹消するために運動が繰り広げられ、その「非存在」を証明すべく歴史が歪曲される。そんなとき、何の議論も沸き起こらない世界とは何なのだろうか。パレスチナ人をめぐる案件はすべてが錯綜し、大国の政治力学や地域紛争、階級対立、イデオロギー的緊張がそこに絡んでくるとはいえ、パレスチナ民族運動を活性化させる力の源にあるのは、こうした単純だがきわめて重大な問いかけに対してその運動自体が持つ意識なのである。

だが、アジア・アフリカにおいて外交政策の樹立を画策する合衆国が曲解したり、無視したりしているのは、ひとりパレスチナ人のみに限らない。一九七九年一月にシャー〔皇帝〕を打倒したイラン人の反体制運動などは、確かにその好例であろう。ただし（カーター大統領は不誠実にも、イランでの失敗について「諜報集団」を非難したにも拘わらず）これは、情報不足のせいで生じた事態ではない。個々人は皆、複雑で混乱した諸現実よりも、単純で整然たる解決策を欲するというのが真実だとしても、諸機関や諸政府についてはは明らかにそれは当て嵌まらないと言うべきだろう。ところがパレスチナ問題に関する限り、合衆国政府にはそれが妥当する。パレスチナ問題の「あらゆる局面における」正当な解決を含むと想定される包括的中東和平に対し、現〔カーター〕政権は前向きの姿勢を掲げて発足した。ところがキャンプ・デーヴィッド会談以降、同政権はパレスチナ問題の全体を見通すことにも、何らかの形でそれと本格的に取り組むことにも無力なままであり続けてきた。同政権は、他のあらゆる民族集団が受容する処遇以下の内容（いわゆる自治）で、どうして四百万の人々が満足するなどと考えているのだろうか。紛争の主たる当事者がいない席で条約が締結でき、地域の主人公と一度たりとも直接向き合うことなしに外交政策が遂行でき、強力な対抗集団にはあっさり退去を願うことが可能であり、他のいかなる民族にもましてパレスチナ人はイスラエルによる恒久的植民地化を甘受せねばならないなどと、どうして考えられるのだろうか。パレスチナ人は否定され、奪取され、押し潰された民族的権利を取り戻すべく（あらゆる中東危機にさいして戦ってきたように）いつまでも戦い続けることなどないのだと、なぜ想定できるのか――これらこそ、目下中東で生起している驚くべき混乱にも似た変貌を前提としつつ、本書が提起し、返答しようと試みる問いなのである。また最終章では、キャンプ・デーヴィッド合意以後の現代中東や、合衆国の政策、アラブおよび各地域の政治力学、パレスチナ人の地位と態度、これらを支配する目下の政治案件について、公正な分析がなされていることを読者が認めて下さるよう希望したい。

本書の執筆は容易な作業ではなかった。その大半は、現代パレスチナの歴史が持つ意味についての研究と省察に由来するからである。だが、本書の多くの部分の出発点になったのは、（少なくとも私の場合）流亡の地で行なわれ、しばしば落胆に終わったパレスチナ人自決への模索に、私が積極的に関与したという事実である。当然のことながら、私は日々の出来事やニュース、突然の変化、思いがけぬ議論、さらには突飛な説明などに強く惑わされてきた。私は自分がこうした事柄の影響を脱しているとは思わないが、いずれにせよ、それらから完全に抜け出してしまうのも誤りであろう。ただ私が心がけてきたのは、たんなる近代史の要約、あるいは明日の展開に関する予言以上のものを提示しようと試みることであった。私は自分が、パレスチナ人の経験についてのパレスチナ人の解釈を明らかにし、その両者が現代政治の表舞台とどう関連しているかを示しえていればよいと願う。このような形でパレスチナ人としての自己意識を説明するとき、私は否応なく自分が戦列に加わっているという感覚を持たざるをえない。私が生活する西洋にとって、パレスチナ人であることはすなわち、政治的に見れば怪しげな無法者《アウトロー》か、少なくとも相当な局外者《アウトサイダー》であることを意味する。けれどもそれも一つの現実であり、私がそれに言及したのも、本書執筆の企てにまつわる特別な孤独感を示したかったからというだけのことに過ぎない。

原稿を準備する上でご助力を賜わったデビー・ロジャーズ、アスマー・ファウリー、ポール・リパーリには感謝の意を表する。何年ものあいだ、私はパレスチナ人同胞とのあいだで交わした数多くの議論から恩恵を蒙ってきた。彼らもまた、私自身と同様、一民族としての私たちの状況を理解しようと戦ってきたのだった。この国やイスラエル、そしてアラブ諸国にいるよき友人たちもまた、彼らの知識を私に分かち与えてくれた。だが、ここでその名前や個々の恩恵を並べてみても、それは私たちのあいだで共有された経験をいたずらに矮小化するだけである。この共通の経験なくしては、本書はそもそも書かれえなかったはずだからである。

扉の献辞においてその名を記念されている二人の友人は、自らの生がかくも深く私を感動させ、私に深い影響を与えるなどとは思いもよらなかったことであろう。二人とも強迫観念に取りつかれ、奇妙な流亡の生を営むパレスチナ人であった。二人とも痛ましいまでに不幸で不運な死を遂げた。両者は私の見るところ、完璧な善意の人であった。ファリード・ハッダード*12はあるアラブ国家に生き、そこで死んだ医者である。同地で私は長年に亘り彼と親交を持った。人権侵害とはいかなる事態であるかのみならず、それについて何をなしうるかについても、彼は私の知る誰よりも鋭い感覚を持っていた。まったく無私無欲の理想主義者であった彼は、一九五九年に監獄で拷問を受けて死んだ。もっとも（私がこれまで理解しえた限りで言えば）死にさいし、彼は必ずしもパレスチナ人としてではなく、人間として、また政治的闘士として精一杯のことをしたのだった。ラーシド・フサインは一九六六年にイスラエルを去り、死に至るまで合衆国で生活した、皮肉な見方をする詩人だった。私は彼から、一九四八年以降のパレスチナの村での生活について、私が今知る限りのことを教えられた。その生活は、パレスチナ問題に比類のない力を吹き込んでくれる。彼の精神の闊達さ、寛大さ、政治的廉直さは、彼が出会う誰にも分かち与えることのできる贈り物だった。一九七七年に彼が何とも無駄な死を迎えたとき*13、彼はすでに独立独歩の、純粋に急進的なパレスチナ人として、あまりにも多くの苦難に耐えていた。ファリード・ハッダードとラーシド・フサインは二人して私にパレスチナ人の大義を照らし出してくれた。その大義のため、多くの場所に散在する多くの私たちの同胞とともに、彼らは自らの生命を捧げたのである。

訳　注

1　シオニスト Zionist――シオニズムを奉ずる者。シオニズムとは、シオンの地すなわちイェルサレムに象徴されるパレスチナにユダヤ人国家を建設しようとする政治運動。一九四八年のイスラエル建国によって、シオニズムは当初の目的を一応達成した。

2　西岸 the West Bank——ナーブルス、エリコ、ベツレヘム、ヘブロン、イェルサレムなどを含むヨルダン川の西側の地域。一九二二—四八年のイギリスによる委任統治時代、ヨルダン川の東側は「トランスヨルダン」、西側は「パレスチナ」とされたが、その「パレスチナ」の東半分が「西岸」を包含する。一九四八—四九年の第一次中東戦争の結果、西岸地区はヨルダンのハーシム王国に占領され、五〇年に同国に併合されたものの、六七年の第三次中東戦争ではイスラエルの軍事占領下に置かれることとなった。イスラエル当局はこの地域を「ユダヤ・サマリア」と呼ぶことが多い。

3　ガザ地区 Gaza Strip/Qiṭāʿ Ghazza——エジプトの北東、地中海岸に位置する地域。イギリスの委任統治を経て、第一次中東戦争ではエジプト、第三次中東戦争ではイスラエルの軍政下に入った。その後、九三年のオスロ合意によってパレスチナ自治政府が発足、二〇〇七年以降はハマース（イスラーム抵抗運動 Ḥaraka al-Muqāwama al-Islāmiya: Ḥamās）が実効支配。

4　グール将軍 Mordechai Gur——イェルサレム出身のイスラエルの軍人・政治家（一九三〇—九五年）。七四—七八年、イスラエル国防軍参謀総長、八一年に国会議員。

5　イスマーイーリーヤ al-Ismāʿīlīya——一八六三年、エジプトのスエズ運河沿いに作られた都市。当時のエジプト副王イスマーイールにちなんで命名された。

6　ポート・フアード Port Fuad/Būr Fuʾād——スエズ運河が地中海に注ぐ地点、ポート・サイードの東側対岸に位置する都市。

7　アヴィヴィーム Avivim——レバノン国境に近いイスラエルの開拓村。一九六三年、モロッコのアトラス山脈から六十家族が入植した。七〇年代初頭、スクールバスが攻撃されて十二名の子供が犠牲になるテロ事件が発生、その報復にイスラエル軍はレバノンのビント・ジュバイルの町を爆撃し、二十名のレバノン民間人が殺害された。

8　『アル・ハ＝ミシュマル』*ʿAl Ha-Mishmar*——一九四三年創刊、テルアビブ発行のヘブライ語日刊紙。社会主義シオニズムの組織ハ＝ショメル・ハ＝ツァイール（若き見張り）の機関紙『ハ＝ミシュマル』として出発し、四八年に同組織がマパム（イスラエル統一労働者党）に合体すると、『アル・ハ＝ミシュマル』と名前を変更した。発行部数はきわめて少ない。

9　ハナ・アーレント Hannah Arendt——ドイツ出身のユダヤ系の政治哲学者（一九〇六—七五年）。三三年にパリへ亡命しシオニスト協会に加入、四一年合衆国に亡命。六三年にシカゴ大学教授、六七年ニューヨーク社会科学院教授。著作として、彼女の名声を高めた『全体主義の起原』（五一年。邦訳＝大久保和郎・大島通義・大島かおり訳、みすず書房、一九七二—七四年）のほか、『イェルサレムのアイヒマン』（六三年。邦訳＝大久保和郎訳、みすず書房、六八年）、『暴力について』（七〇年。邦訳＝高野フミ訳、みすず書房、七三年）など多数がある。

10　キャンプ・デーヴィッド Camp David——合衆国メリーランド州にある大統領専用の別荘。一九七八年九月、当時のイスラエル首相メナヘム・ベギン、エジプト大統領アンワル・アッ＝サーダートがカーター合衆国大統領の仲介で中東和平案およびイスラエル・エジプト平和条約案からなるキャンプ・デーヴィッド合意に署名した。その後の交渉の結果、七九年三月二十六日にワシントンで平和条約が締結された。

11　アンワル・アッ＝サーダート Anwar al-Sādāt ――エジプトの政治家（一九一八―八一年）。七〇年、ナーセルの死により大統領に就任、七七年十一月にイスラエルを訪問し、七九年に平和条約を締結したが、反対派によって暗殺された。本書の訳文では「サダト」の呼称も併用した。

12　ファリード・ハッダード Farīd Haddād ――パレスチナ人医師・共産党員（一九二二―五九年）。サイードの自伝によると、その父親のワディーゥ・バーズ・ハッダード（一八八六―一九四八年）はサイード家の家庭医であった。ファリードはカイロで当局に逮捕され、そのまま獄中で殴り殺されたという。なお、本書原文では、ファリードの死を一九六一年としてあるが、自伝の記述に従って一九五九年に改めた。Edward E. Said, *Out of Place: A Memoir*, New York: Alfred A. Knopf, 1999, pp. 121-125. 邦訳＝中野真紀子訳『遠い場所の記憶　自伝』みすず書房、二〇〇一年、一三九―四四頁。

13　無駄な死――ラーシド・フサイン（一九三六―七七年）はハイファーの出身。当局によって学校教師を罷免されたのち、五八年のウスラ・アル＝アルド（「土地の家族」）。本書第三章参照）の結成や『ファジュル』（黎明）誌の編輯に関わり、長く投獄される。六七年にニューヨークに移住、貧困の生活を送ったのち、アパートの火事で焼死した。『私は大地、雨を奪うなかれ』など三冊の詩集を残す。

第一章　パレスチナ問題

1　パレスチナとパレスチナ人

大雑把に言って十九世紀の最後の三十年間に至るまで、ギリシアとトルコとのあいだに引かれた想像上の境界線の東側にあるものは何であれ、ことごとくオリエントの名で呼ばれていた。ヨーロッパ産の呼称としての「オリエント」は、何世紀ものあいだ、「オリエントの心」という言い回しに見られるような特殊な心性、あるいは（オリエント的専制、オリエント的官能性・栄華・不可解さなどの観念に現われた）一連の特殊な文化的・政治的な特徴、さらには人種的な特徴までをも表象した。だが、ヨーロッパにとってのオリエントとは、差異や他者性とのみならず、広大な空間やほとんど有色人種のみから成る均一の群衆、それにロマンスや異国情緒豊かな土地柄や「東方の驚異」という神秘性などとも結びついた、一種無差別の総括性の表象である場合がほとんどだった。もっとも、ヴィクトリア朝末期の政治史に親しんだ者であれば、厄介で多分に政治性を帯びたいわゆる「東方問題」が、当時の関心領域として「オリエント」に取って代わる傾向を示していたことに気づくだろう。一九一八年までに、ヨーロッパ列強は地球の八五パーセントを植民地化したと見積もられているが、そのうちの大部分は、かつては単純にオ

読者カード

みすず書房の本をご購入いただき，まことにありがとうございます．

書　名

書店名

・「みすず書房図書目録」最新版をご希望の方にお送りいたします．

（希望する／希望しない）

★ご希望の方は下の「ご住所」欄も必ず記入してください．

・新刊・イベントなどをご案内する「みすず書房ニュースレター」（Eメール）をご希望の方にお送りいたします．

（配信を希望する／希望しない）

★ご希望の方は下の「Eメール」欄も必ず記入してください．

（ふりがな） お名前　　　　様		〒
ご住所　都・道・府・県	市・郡 区	
電話　（　　　）		
Eメール		

ご記入いただいた個人情報は正当な目的のためにのみ使用いたします

ありがとうございました．みすず書房ウェブサイト https://www.msz.co.jp では刊行書の詳細な書誌とともに，新刊，近刊，復刊，イベントなどさまざまなご案内を掲載しています．ぜひご利用ください．

郵便はがき

料金受取人払郵便

本郷局承認

6392

差出有効期間
2025年11月
30日まで

113-8790

東京都文京区
本郷2丁目20番7号

みすず書房営業部 行

通信欄

（ご意見・ご感想などお寄せください．小社ウェブサイトでご紹介させていただく場合がございます．あらかじめご了承ください．）

リエントの名で知られた地域に属していたのだった。[1] かくて、オリエントのロマンスの後を襲ったのは、第一に現地に展開する他のヨーロッパ諸列強との競合、第二に独立闘争を繰り拡げる植民地の民衆自身との角逐のなかで、いかにオリエントに対処すべきかという問題であった。オリエントは「遠く隔たった」土地であることをやめ、異常なまでの緊急性と正確無比の細部描写《ディテール》とを備えた場所、さまざまな下位区分を持った場所へと転化した。そうした下位区分の一つである中東が今日なお、無限の複雑性や諸問題や軋轢を孕むオリエントの一領域としてその命脈を保っている。その中心に位置するものこそ、私がパレスチナ問題と呼ぶ事象に他ならない。

　私たちが「――問題」という言い回しのなかである主題や場所や人物に言及する場合、示唆されるのは多種多様な事柄である。例えば、時事問題を一瞥したあと、「さて、ここで＊＊問題に移ります」という言葉で締め括られるとする。この場合、＊＊は他のすべてとは違う問題であり、別途に取り扱われねばならないという含みがある。第二に、「――問題」とは、権利の問題や東方問題、言論の自由の問題といったように、長期に亘る、とりわけ御し難く解きほぐしにくい問題を指して用いられる。第三に、非常に特殊な場合、「――問題」という言い回しは、そのなかで指示される対象の状況が不確定で問題を孕み、かつ不安定であることを暗示するのに用いられることもある。ネス湖の怪獣は存在するのかという問題など、その好例である。パレスチナとの関連で「――問題」という表現が用いられる場合、これら三種類の意味内容がすべてそこには包含されている。パレスチナは、自らが所属するオリエントと同様、日常性に富む大西洋沿岸地域からは隔絶した別世界に存在する。パレスチナはまたある意味で、第二次世界大戦後の最も厄介な国際問題の焦点である。パレスチナをめぐる、パレスチナのための現地での闘争は、同一期間内に他と比較にならぬほど多くの人々の活力を消耗させた。最後に――これこそ本書執筆の最大の動機であるが――パレスチナそのものが多くの議論を孕む、異議申し立てさえ受けかねない観念である。パレスチナ人とその支持者にとっては、パレスチナという名を口にすること自体が重要かつ積極的な政治声明である反面、パレスチナ人の敵対者にとって、それは同様の政治的主張を孕む、遙かに否定的かつ威嚇的な拒絶の行為に他ならない。ここで私たちは、一九六〇年代から七〇年代の大半にかけて、アメリカの主要な国際的中心都市の路上で示威行進を率いた党派が、「パレスチナは存在する」または「パレスチナなど存在しない」のいずれかの主張を掲げていたことを思い出してみるだけでもよい。今日のイスラエルでは、パレスチナ人を公式には「いわゆるパレスチナ人」と呼ぶ習慣がある。もっともこれは、一九六九年にゴルダ・メイル[*1]が発した、パレスチナ人など存在しないというにべもない否認声明に比べれば、まだしも穏当な言い回しである。

実際のところ、今日パレスチナ人は記憶の内部か、またはもっと重要な点では一つの観念、一つの政治的・人間的経験、人々の持続的な意志行為としてしか存在しない。現代の西洋で生活し、そこで著述を行なう者にとって、パレスチナが「――問題」ではない、などと主張するつもりは私には毛頭ないが、本論での私の主題はむしろ、パレスチナに関わる諸事万端である。ただ、そう認めるのであれば当然、比較的未知の領域に踏み込まざるをえない。出版物を読み、テレビやラジオを視聴し、政治に関する生半可ではない知識の所持を自任し、国際紛争に関して専門的意見を表明する圧倒的多数の人々にとって、中東とは本質的にアラブ・イスラエル紛争（戦争、問題、闘争、等々）であり、それ以外のほとんど何物でもない。このような見方自体がかなり単純な一般化であるのは勿論だが、その真の問題は、ほとんどの場合、パレスチナ人が現代の中東への関わりから文字通り排除されてしまう点にある。これは、一九七八年九月以来、キャンプ・デーヴィッドに籠もったメナヘム・ベギン[*2]、アンワル・アッ＝サーダート、ジミー・カーター三者の姿によって十分象徴されているように思われる。少なくとも一九六八年までの、中東に関する文献のほぼ大部分を読む限り、中東で生起する事柄の核心は、一群のアラブ諸国とイスラエルとのあいだで不断に続く一連の戦争であるとの印象を読者は受ける。一九四八年まではパレスチナという実体が存在したこと、あるいはイスラエルの出現――いわゆる「独立」――がパレスチナの根絶の結果生じたこと、こうした議論の余地のない真実については、中東の事件を追いかけるほとんどの人々が多かれ少なかれ無知であるか、無関心である。(2) だが何より重大なのは、自らパレスチナ人と名のり、他者からもそう規定される、現在約四百万にのぼるアラブのイスラム教徒ならびにキリスト教徒の存在がいつまでも無視されたり、遠ざけられたりしている事実である。彼らこそパレスチナ問題を構成する当事者であり、仮にパレスチナと呼ばれる国が存在しないとしても、それはパレスチナ人が存在しないからではない。パレスチナ人は確かに存在する。そして、本書は彼らの現実を読者の眼前に提示しようとする試みである。

近現代史の大半はパレスチナ人を巻き込んで展開し、彼らの現実の存在と同様、その歴史はさまざまのあるべき場所、予測しがたい場所に離散している。パレスチナ人（ときには「アラブ」とも称される）のテロ行為に言及することなしには、いかなる外交問題シンポジウムも学術書も完結せず、どのような道徳的態度も完全ではありえない。矜持を持った映画監督が何か最新の、おそらくは架空の凶悪犯罪を題材とした作品を計画しているのであれば、パレスチナ人に一種筋金入りのテロリストの役柄を演じさせる機会を逃すことはまずないだろう。『ブラック・サンデー』*3や『恐怖の報酬』*4などの映画が直ちに思い浮かぶ。他方、パレスチナ人は規範的に、難民の持つあらゆる特性と結びつけられてきた。その難民は――場合に応じて――キャンプで腐敗したり、アラブ諸国によって利用される政治的「駆け引き」の道具であったり、共産主義の温床となったり、あるいは兎のように旺盛な繁殖傾向を示したりする。より分析的で手堅いニュース解説者たちはしばしば、パレスチナ人がアラブ世界のエリート層を構成していると発言してきた。パレスチナ人はアラブ世界の他のいかなる民族集団にも増して、高度の教育を受けているように見えるばかりか、アラブの政治政策全般においても、枢要な場所の機密に関わる枢要な地位に配置されているというのである。湾岸における石油省や石油設備のような加圧点、経済・教育上の顧問役、それらすべてに加えてアラブの上流ブルジョワジー（銀行家、実業家、知識人）の大部分はパレスチナ人によって占められ、しかもそのすべてが紛争や復讐に血眼になっていると考えられている。

最終の局面としてはごく最近、一九四八年以来初めてのことだが、アメリカの政治論争がパレスチナ問題に向けられた。中東和平のためには結局、パレスチナ問題が真剣に考慮されねばならない。そう語ることもカーター大統領以降、もはやあからさまな反セム主義の徴《しるし》[*5]とは見做されなくなってきた。「パレスチナ人の郷土」や、提案中の和平会談におけるパレスチナ人の代表権という厄介な案件も今や、一般大衆の意識を喚起するきわめて重要な問題になっている。一九七四年には、「パレスチナ問題」が一九四八年以来初めて国連総会で独立した議題に上り、ヤーセル・アラファート[*6]が賛否渦巻くなかで議場に姿を現わした。そのため、この問題は一般大衆の意識を新たに、おそらくは好意的な方向へと刺戟し、その意識の内部にまで浸透することになった。もっとも、パレスチナ人の自決自体は一九六九年、初めて国連で採択されていた（総会決議二五三五Bは「占領地域の難民その他の居住者に対する集団的懲罰や恣意的拘禁、夜間外出の禁止、家屋や財産の破壊、国外追放、その他の抑圧的行為など、報道されるさまざまの所業によって「パレスチナ人の」権利剝奪が深刻化していること」へ重大な懸念を表明し、さらに続けて「パレスチナの人々の持つ、剝奪しえない諸権利を再確認」している。一年後の決議二六二七Cは「国連憲章に則って、パレスチナの人々にも同等の権利や自決の資格がある」ことを認めた）。

一点の曖昧さもないこうした決定にも拘わらず、パレスチナ人はあまりに特殊化された民族であるため、本質的に厄介者——根も心も持たぬ、なくもがなの厄介者——と同一の役割を演じ続けている。彼らは当然立ち去るべきなのにそうしようとはせず、他の難民たち（ひたすら難民という宿命に身を委ね、従ってそれに満足しているように見える人々）の運命を受け入れず、悶着を惹き起こす。その点を証明するために引き合いに出されるのが、最近のレバノンやヨルダンでパレスチナ人を巻き込んで生じた危機的状況である。そして、ニュース解説者にちょっとした才覚があれば、彼はパレスチナ人がイスラム復興という、疑いもなく恐るべき出来事の一部分を担っているのだという「事実」にも言及するかもしれない。[3] このいささか偏執狂的な見方に従えば、たとえ合衆国大統領〔ジミー・カーター〕がパレスチナ問題を中東和平の本質的部分だと述べようとも、それはムスリム〔イスラム教徒〕の所有する石油や、ムスリムの狂信性、ムスリムの恐喝の結果とされてしまう。

こうした素材全体から部分的に滲み出してくるのは、いかなる理論も、いかなる初歩的説明も、またいかなる感情や態度の表明も断固として受けつけぬ、まったく以て手の施しようがない事態である。私は、過去百年間のパレスチナ人の経験が持つ、明瞭でかつそれ以上単純化しえない核心に触れてみたい。それは、パレスチナと呼ばれる土地に何百年ものあいだ、きわめて牧歌的ながら社会的・文化的・政治的・経済的な一体性を持った民族が圧倒的多数派として存在し、その言語と宗教は（圧倒的多数派について見れば）アラビア語とイスラムであったという事実である。この民族――あるいは、民族といった近代的概念を与えたくなければ、人々の集団と言ってもよい――は、自らが耕し生計を立てる土地と（生活の質には関わりなく）一体化し、その一体感は、ヨーロッパ人がよそから送り込まれるユダヤ人のためにその土地を再植民地化し、再構成し、再攻略しようとほぼ全面的に決意して以降、一層強まった。この現代の再征服運動を受け入れたり、シオニズムがパレスチナ人を永久にパレスチナから除去してしまったのだという主張を認めたりするために、パレスチナ人が何らかの意味ある態度を示したという事例は、およそ確認しうる限りにおいて皆無であった。このようなパレスチナ人の現実的状況は、現在や過去と同様、おそらく未来にあっても、この新たな外国の植民地主義に対する抵抗運動の上に構築されることだろう。だが、当初からシオニズムとイスラエルとを特徴づけてきた、あの逆転した抵抗が残存する可能性はさらに大きい。たんなる面倒な厄介者としてではない、土地との堅固な紐帯を保持した人民としてのパレスチナ人アラブの存在は、それによって認知を拒否され、最終的に否定されてしまいかねないのである。

つまりパレスチナ問題とは、肯定と否定との抗争なのであり、百年以上前にまで溯るこの初期の抗争こそが、アラブ諸国とイスラエルとのあいだに横たわる現在の袋小路を活性化し、意味づけている。この抗争は、そもそもの最初から喜劇的なまでに不均衡であった。確かに西洋にしてみれば、パレスチナとは、（ヨーロッパ人であるがゆえに）比較的進んだユダヤ人移入者が建設と文明化の奇蹟を行ない、本質的に不快感を催させる、寡黙で非文明的なアラブ原住民として描かれ続けてきた人々を相手に、輝かしい技術的な戦いを挑んでは成功を収めてきた場なのであった。パレスチナにおける闘争が、進んだ（進歩を遂げつつある）文化と、比較的遅れた、多少なりとも伝統的な文化とのあいだで展開されたことに疑いの余地はない。ただ私たちは、この抗争の手段が何であったのか、それらはどのようにして以後の歴史を形成したのか、その結果としてこの歴史が今やパレスチナに対するシオニストの主張の妥当性を確証し、パレスチナ人の主張を否定するように見えるのはなぜかを理解しようと努めなければならない。

換言すれば、パレスチナ人とシオニズムとの闘争は存在と解釈とのあいだの闘争、それも前者がつねに後者によって圧倒され、根絶されるように見える一つの闘争として理解されねばならない。この存在とは何であったのか。いかに遅れ、非文明的で寡黙であろうと、パレスチナ人アラブは現にその土地に存在していた。シャトーブリアン[*7]、マーク・トウェイン[*8]、ラマルチーヌ[*9]、ネルヴァル[*10]、ディズレイリ[*11]——十八世紀から十九世紀にかけてのオリエント旅行記のどれ一つ取ってみても、そこにはパレスチナの土地にアラブ住民が存在したという記録を見出すことができる。イスラエル側の資料によれば、一八二二年のパレスチナには二万四千人足らずのユダヤ教徒しかおらず、それは圧倒的にアラブが優勢な全人口の一割以下に過ぎなかった。確かに多くの場合、これらのアラブは退屈な未開の人々として叙述されるのがつねだったが、それでも彼らは、少なくともそこに存在はしていたのである。にも拘わらず、その土地が他ならぬパレスチナであったため、それは西洋人の心のなかで目下の現実や住民によってではなく、栄光に満ちた驚異的な過去と、（おそらく）同じように栄光に満ちた未来の、その無限とも思える可能性とによって制御されなければならず、その結果パレスチナはほとんどつねに、新たに所有され再構築さるべき場所として眺められてきたのだった。アルフォンス・ド・ラマルチーヌこそ、この点を証明する完璧な実例である。彼は一八三三年に同地を訪問し、数百頁に及ぶ旅の叙述『オリエント旅行記』を生み出した。出版にさいし、彼はこの作品に、フランス政府に対する一連の助言という形の「政治的要約」を付随させている。彼は『旅行記』本体においては、聖地のアラブ農民や都市住民との無数の出会いを詳細に記述しているにも拘わらず、「要約」では、この領域が実際上は国ではなく（おそらく住民も「真の」市民ではなく）、フランスが帝国的・植民地的プロジェクトを企てるのにうってつけの素晴らしい場所であることを宣言した。(4) ラマルチーヌが行なったのは、この土地がより適当な勢力によって発展するため空虚になってほしい――という未来への願望を媒介として、現実――アラブの居住者集団――を無効にし、それを超越しようとする行為に他ならない。まさにこの種の思考こそ、二十世紀初頭、イズレイエル・ザングウィル[*12]がパレスチナに向けて定式化した、民なき土地に土地なき民をというシオニズムの標語のほとんど文字通りの発想源となったのだった。

というのも、パレスチナは西洋の想像力や政治的意志のなかで、つねに特別な役割を演じてきたからである。そして、衆目の一致する通り、西洋は近代シオニズムの発生源でもあった。パレスチナにはさまざまな大義名分が立てられ、巡礼が行なわれた。それは十字軍の占領地であるとともに、名前そのもの（と、歴史上際限なく続いた土地への命名・再命名の繰り返し）が教義上重要な問題であり続けた場所でもある。すでに述べた通り、この場所を例えばイスラエルとかシオン[*13]とかでなく、パレスチナと呼ぶこと自体、すでに政治的意志を持った行為なのである。パレスチナの名はローマ帝国の行政区画としてのみ用いられ、それ以後は――一九二二年以降のイギリスの委任統治時代は勿論別として――一度も利用されなかったという根拠薄弱な主張に、多くの親シオニズムの著作がこだわる理由の一端もここにある。それらの著述の意図は、パレスチナもまた一つの解釈であり、イスラエルと同程度の継続性や威信しか備えていないことを示す点にあった。だがここで私たちは、これと同一のメカニズムがラマルチーヌによって利用された例を目のあたりにしている。彼は、過去と未来とのあいだに横たわる諸現実を抹消するために、未来や過去の夢を活用した。勿論、八世紀以来アラビア語で記された地理学者や歴史家、哲学者、それに詩人たちの著作を一瞥すれば、そこにパレスチナへの多くの言及を見出すことができる。これこそが真実なのである。中世から現代にまで至るヨーロッパ文学中の、パレスチナに関する無数の言及については言うまでもない。こうした論点は些細に思われるかもしれないが、それは、パレスチナの名と、当然ながらパレスチナにおける実体的存在とが、認識論的にどのような形で――パレスチナが巨大な想像上・教義上の負荷を帯びているため――現実から非現実へ、存在から不在へと変容されていったのかを辿る上で役に立つ。また、私が明らかにしたいより重要な論点は、パレスチナ人アラブにとって、シオニストのパレスチナに対するプロジェクトとパレスチナ征服とは、中世以来行なわれた数多くのヨーロッパ人による諸プロジェクトのなかでも最も見事な成功を収め、現在までのところ最も長く続いている事例だということである。私はこれを、比較的単純な歴史的事実として述べているのだが、シオニズムがそれ以前の諸プロジェクトに比べて本来備えていた利点については、現段階では語るつもりはない。

パレスチナが優れてアラブ・イスラム的な土地となったのは、七世紀終わりのことであった。ほとんどその直後から、その領域と特質とは――フィラスティーンというアラビア語名とともに――肥沃さや美しさ、それに宗教的重要性によって全イスラム世界にあまねく知られるようになった。例えば十世紀末葉には、次のようなアラビア語の一節が記されている。

フィラスティーンはシリアの諸軍区《ジュンド》の最西端に位置している。その長さは、ラファハからラッジューン（レギオー）の境界まで騎馬で二日行程あり、その幅はヤーファー（ヤフォ）から［ア］リーハー（エリコ）までやはり二

> 日行程である。ズガル（セゴル、ゾアル）の周辺やロトの民の土地、ジバール（エドムの山々）、それにシャラー――ジバールとシャラーは別々の軍区だが、隣接している[*14]――もそこに含まれ、アイラまでその管轄下に置かれている。〔中略〕
>
> フィラスティーンは天水および露水で潤され、樹木や耕地に灌漑施設を必要としない。ただナーブルスにのみ流水が見られる。フィラスティーンはシリアの諸地域中で最も肥沃な土地である。その最大の都市はラムラで、聖なる家（イェルサレム）が規模の点でこれに次ぐ。〔中略〕フィラスティーンは狭いながらも、そこには約二十のミンバル〔モスクの説教壇〕が存在する。(5)

一五一六年、パレスチナはオスマン帝国の州の一つとなったが、そのために肥沃さが失われたり、アラブ的・イスラム的性格が減じたりしたわけではない。それから一世紀後、イギリスの詩人ジョージ・サンディス[*15]は、ここを指して「乳と蜜の流れる土地[*16]である。住むに適した世界の言わば中心に位置し、温和な風土に恵まれ、美しい山々と豊かな峡谷に飾られている。巌《いわお》からは水が滾々《こんこん》と湧き出し、至る所に歓喜と利益とが溢れている」(6)と語った。こうした報告は、十八―十九世紀を通じてふんだんに見られる。しかもそれが旅行記のみにはとどまらず、十九世紀末には、（イギリスの）パレスチナ探検基金[*17]によって刊行された季刊の学術報告書にまで記されるようになった。

一八八二年以降、パレスチナにはユダヤ人入植者が間断なく到着していたにも拘わらず、一九四八年春のイスラエル建国直前の数週間まで、その地に存在していたのは巨大なアラブ多数派以外の何者でもなかった。この認識は重要である。例えば、一九三一年のユダヤ人人口は、総人口一〇三万三三一四人に対して一七万四六〇六人。一九三六年には、総人口一三六万六六九二人に対し、ユダヤ人の数は三八万四〇七八に増大した。一九四六年になると、総人口一九一万二一一二人のうち、ユダヤ人は六〇万八二二五人であった。(7)これらの統計において、「原住民」を新来の入植者から区別するのは簡単なことだった。だが、この原住民とは何者だったのか。

彼らは全員がアラビア語を話し、中心はスンナ派ムスリムであったが、なかにはキリスト教徒、ドルーズ、[19]シーア派[20]ムスリムも少数派として含まれていた——これら少数派も皆、アラビア語を話したのである。パレスチナ人アラブのほぼ六五パーセントが農耕民で、五百余りの村に居住し、穀物や果物・野菜類を作っていた。パレスチナの主要都市——ナーブルス、イェルサレム、ナザレ、アッカー、ヤーファー、エリコ、ラムラ、ヘブロン、ハイファー——は主にパレスチナ人アラブによって建設された。彼らは、シオニストの入植地が侵食を繰り返し、自分たちの間近まで迫ってきたあともなお、その場所に住み続けた。名望あるパレスチナ知識人・専門家の階層も生まれ、小規模ながら産業が興り、民族意識が高度に発達した。近代パレスチナ人の社会的・経済的・文化的生活は、やはり独立と反植民地主義という、この地域に共通の問題をめぐって構築された。ただパレスチナ人にとっては、多少なりとも一致団結して戦わざるをえない相手として、まずオスマン支配の遺産があり、ついでシオニストの植民地主義が続き、最後に（第一次大戦後）イギリスの委任統治当局が存在した。パレスチナ人アラブはほとんど例外なく、自分が十九世紀末葉以来展開し始めた、あの偉大なアラブ覚醒運動の一翼を担っているのだと自負しており、その感情こそが、ともすれば支離滅裂になりかねない近代の歴史を推し進め、一体化する役割を演じたのだった。イッザト・ダルワザ[21]、ハリール・アッ＝サカーキーニー[22]、ハリール・ベイダス[23]、ナジーブ・ナッサール[24]といったパレスチナの作家・知識人、フトゥーワ[25]やナッジャーダ[26]、アラブ高等委員会[27]、それに（アラブとユダヤ人の協力によってのみパレスチナ問題が解決できると主張した）アラブ民族解放アラブ連盟などの政治組織(8)——これらすべてが、住民のあいだにいくつもの巨大な民族的連合体を形成し、「非ユダヤ的」パレスチナ人社会の活力を誘導して、イギリス支配およびユダヤ人植民の双方に対抗するパレスチナ人の主体《アイデンティティー》性を生み出すと同時に、パレスチナ人が居住期間の長短に関わりなく、単一言語（アラビア語パレスチナ方言）と固有の（とくにシオニズムの脅威に晒された）共同体意識とを備えた明確な民族集団に所属しているという感覚を鞏固なものにしたのである。

シオニストがパレスチナに対する企てを真剣に考え始めたそもそもの最初から（すなわち、ほぼ第一次大戦中および戦後の時期以降）、イスラエルはこのアラブ的パレスチナの廃墟の上に建設されねばならないとする考え方が徐々に強まってきたのを私たちも見てとることができる。当初、この考えは相当慎重に表明され、しかもそれが、全盛期のヨーロッパ帝国主義にとってきわめて重要な、植民地主義の再構築という概念とうまく適合するような形で行なわれた。一八九五年、テオドール・ヘルツル[*28]は『日記』のなかで、パレスチナの原住民に対しては何らかの措置が講じられねばならないだろうと記している。


　我々は、文無しの住民たちに寄寓先の国で職を斡旋《あっせん》し、我々自身の国での勤め口を閉ざすことによって、彼らを秘かに国境線の外へ運び出してしまわねばなるまい。

　土地収用と貧困者排除の過程は、慎重かつ用意周到に行なわれる必要がある。[9]

バルフォア宣言[*29]の発表へと繋がる文言をめぐって、ロスチャイルド卿[*30]はシオニストを代表し、イギリス政府と折衝した。彼の一九一七年七月十八日付の覚書は、「ユダヤ人の民族的郷土として、パレスチナが再構成されねばならないという基本方針」を記している。ハイム・ワイツマン[*31]はまもなく、「ユダヤ人のみがパレスチナを再建設し、近代諸国家群のあいだにしかるべく位置づけるだけの能力を備えている」ことに、イギリスが理解を示したという事実を口にするようになる。イギリスの首席ラビであったJ・H・ハーツ博士[*32]は、「ユダヤ人の民族的郷土をパレスチナに再興するため、強力な援助を」イギリスが与えてくれるだろうと雄弁に語った。[10]目下のパレスチナには何者が存在するのか、という点については、これらの言葉は決して明瞭にはしていない。しかし、パレスチナの「再構成」や「再建設」という表現が紛うことなく示唆しているのは、その現在の構造を——何十万というアラブも含めて——解体（どこでどのようにそれがなされるのかは、あまり明瞭ではない）し、その代わりに新しいユダヤ人国家を誕生させねばならないということである。このような形で意図を宣告する限り、その土地は（たとえ植民地としてであれ）すでに構成されていたとか、新たな植民地勢力による「再構成」に住民たちはまず好感を持つまいとかといった明らかに不都合な事実は、少しも明瞭に述べられる必要がない。だが、これらの言葉自体は完璧なまでに正確である。パレスチナは実際に再建設され、再構築され、再興されたのである。その行為がいかに粗暴であったかは、私見によれば、一九六九年四月のモシェー・ダヤン*33の次のような発言によく示されている。

> 我々はすでにアラブが居住していたこの土地にやってきて、ヘブライつまりユダヤ人の国家を建設しつつある。この土地のかなりの地域［全体で約六パーセント］を我々はアラブから買い取った。アラブの村落に代わって、ユダヤ人村落が建設されたのだ。我々はこれらのアラブ村落の名前すら知らないが、それを非難されるいわれはない。なぜなら、それらの地名を記した台帳はもはや存在しないのだし、台帳のみならず、アラブ村落もまたそこにはないのだから。ナハラル*34［ダヤンの出身村落］がマハルール［マァルール］に代わって興り、グヴァト*35が——ジブタの代わりに、［キブツ*36］サリード*37がハネイフスの、クファル・ヨシュア*38が——テル・シャマーンの代わりにそれぞれ建設された。この土地では、先住者のアラブ抜きで建設された場所は一か所も存在しない。
>
> ［『ハ＝アレツ』*39（国土）一九六九年四月四日］

ダヤンの措辞は率直ではあっても、なお婉曲的である。というのも、彼が「アラブ村落もまたそこにはない」と言うとき、それはその村落が計画的に破壊されたことを意味するからだ。かくてほぼ四百もの村落が抹消されたと見積もるイスラエル・シャハク博士*40は、一人の憤慨するイスラエル人として、それらの村々が「家屋や庭の塀、墓地や墓石でさえ、文字通り石ころ一つ残らぬまで完璧に破壊し尽くされ、通りすがりの訪問者には「ここはまったくの荒地だった」と語られる」状態になったと述べている。[11] これは、一九六七年にイスラエルが〔ヨルダン川〕西岸・ガザ地区を占領したのち、そこでも同じ破壊政策が実行されたという事実と不快なまでによく符合する。一九七七年六月十九日付ロンドンの『サンデー・タイムズ』によれば、一九六九年末までに七五五四のアラブ家屋が抹消され、一九七一年八月の段階で破壊された家屋は一万六二一二軒に上ったという。

それればかりではない。これまでの最も正確な計算に従えば、パレスチナの「再構築と再建設」を容易にするため、一九四八年にはほぼ七十八万のパレスチナ人アラブが土地を奪取され、追い立てられた。[12] これらの人々こそ、今や二百万を優に超えるパレスチナ難民の実体である。そして最後に付け加えておかねばならないのは、一九六七年以降、占領地域（メナヘム・ベギンはこれを「解放」したと称する）の内部に存在するアラブが百七十万、そのうち五十万が一九六七年以前のイスラエル領に属しているという点である。パレスチナからイスラエルへの変容は——とくにパレスチナ人アラブにとっては——異常なまでに高価な代償を払わねばならぬプロジェクトだったのである。

2　パレスチナとリベラルな西洋

シオニズムを含めて、パレスチナの変容をもくろむあらゆるプロジェクトは、パレスチナの現実否定を合理化するために、「より高次元の」（あるいはよりよく、より価値があり、より近代的でより適切な、といった具合に、比較級がほとんど無限に並ぶ）利害、大義名分、ないしは使命を議論の場に持ち出してきた。これら「より高次元の」事象のお蔭で、その擁護者たちは、現状のままのパレスチナ原住民が考慮にも値せず、従って存在もしないと主張する権利を与えられたばかりではない。彼らはまた、パレスチナ原住民やパレスチナ自体が決定的に別物となり、逆戻りが不可能なほど完璧に変容したと称する根拠をも与えられたと感じている。しかもそれは、同じ原住民がまったく正反対の事柄を示している最中ですらなお然りなのである。ここでもまた、パレスチナ人アラブが闘争を行なってきたのは、否定しがたいほど優位に立ち、まさに自己とパレスチナとの位置関係によって優越者意識を抱く敵対者である。この、自他ともに認める優位性の多くの事例の一つが、言うまでもなく一九一七年十一月、イギリス政府からロスチャイルド卿（この場合シオニストの利害の代表者）に宛てた書簡の形で表明されたバルフォア宣言である。そのなかで政府は、「パレスチナにおけるユダヤ人の民族的郷土樹立に賛成する」ことを約束していた。この宣言で重要なのは、第一に、シオニストがパレスチナに対して権利を主張する上で、それが長いあいだ法律的基盤を形成した点であり、第二に、ここでの私たちの主旨からすればより重要なことだが、この内容が位置関係によって持つ力を正しく評価するため、パレスチナの人口統計上あるいは人間的な現実をはっきりと念頭に置かねばならないという点である。つまり、この宣言は（a）ヨーロッパ勢力の一つによって、（b）非ヨーロッパの領域をめぐり、（c）その領域内に居住する大多数の原住民の存在と願望とをまったく無視して行なわれ、しかもそれが（d）問題の領域をめぐる別の外国人集団との約束という形を取っていた。この外国人集団は、問題の領域をまったく文字通りユダヤ人の民族的郷土とすることが期待されていたのだった。

今日となっては、バルフォア宣言のような言明について嘆いてみたところであまり意味はない。むしろそれは、歴史や様式の一部、すなわち現在議論しうるようなパレスチナ問題の中核を構成する一連の諸特徴の一つなのだと割り切ってしまう方がずっと有益ではないかと思われる。宣言中のバルフォアの言明では、植民地勢力がある領域を思い通りに処理する、より高次元の権利は当然のこととして前提されている。バルフォア自身が認めている通り、これがとくによく当て嵌まるのは、パレスチナのような意味深い領域、シオニズムのごとき重大な観念を扱う場合である。というのも、シオニズムは自ら、元来神によってユダヤ民族に約束された[*41]領域の返還を求めているのだと認識しており、同時にユダヤ人問題の終焉をも予見していたからである。これらの点について、バルフォア自身はきわめて明確だった。一九一九年八月に彼が執筆した覚書の一節を以下に掲げよう。ここで彼は、中東という舞台で複数の相手に与えたさまざまの相矛盾する約束にも、内閣の一員として十分意識的であったこと、また最終的に重要だったのは、どれかの約束を反故《ほご》にすることではなく、重要な優先権に関する彼の（つまり、政治的・文化的・人種的に優越したカーストの特権的構成員としての）感覚であったことに注目してほしい。

協約〔旧オスマン帝国治下のアラブに対し、連合国側を援助する見返りに独立を認めると約束した一九一八年〔十一月九日〕の英仏共同宣言〕の文言の矛盾は、シリアの独立国家の場合より、パレスチナの独立国家の場合の方が一層甚だしい。というのも、パレスチナにおいて我々は、この土地の現在の住民の意向を聴取するといった形式的手続きすら踏むつもりはないからである。確かに、アメリカの委員会はその調査手続きを貫徹してきた。だが、四大国はシオニズムに荷担しており、シオニズムはその正誤・善悪を措くとしても、長年の伝統と現在の要求と未来の希望とに根ざしている。それらは、かの古代以来の土地に現在居住する七十万アラブの願望や偏見などに比べれば、遙かに大きな重要性を持っている。私見では、シオニズムは正しいのだ。〔傍点引用者〕(13)

だがこれは、たんなる私見の表明というにとどまらない。全世界にとってとまでは言わずとも、居住地の運命を決せられつつある七十万のアラブとその子孫とにとって、それは歴史の流れを根本的に変えてしまう政治声明であった。この種の声明におけるこうした力の源泉については、のちに議論することとしよう。だがここで私は、抗争が「より高次元」とされる現実と低次元の現実とのあいだで行なわれたとする先の言葉について、少し注釈を加えておきたい。

大雑把に言って、バルフォアが彼の覚書を執筆した時点では、質的な問題についてはさまざまの解釈の余地があるにしても、総体的な量の問題に関しては議論の余地がないいくつかの事実――つまりこの場合、(一九二二年にイギリスのパレスチナ国勢調査で実際に数値化されたような)計量可能な実体――が存在した。当時の人口統計的現実について私たちが入手しうる、唯一信頼に値する資料である国勢調査(その数値は実際よりかなり低く算定されているにも拘わらず、イスラエルの歴史家によっても一貫して利用されてきた)によると、一九一四年の総人口は「六八万九二七二人で、そのうちわずか六万足らず(おそらくはそれ以下)がユダヤ教徒であった。」同じ国勢調査がさらに示すところでは、一九二二年までの段階で「約五九万八九〇人(七八パーセント)がムスリム。七万三〇二四人(九・六パーセント)がキリスト教徒で、大多数はアラブだが、なかにはイギリス人や他のヨーロッパ人も含まれていた。一万人以下(一パーセント)がその他。そして八万三七九四人(一一パーセント)がユダヤ教徒だった。ユダヤ教徒のうち、おそらく三分の二はヨーロッパからの移住者とその子孫であり――そこには十九世紀末に到来した者も、イギリス支配が始まったのちにやってきた者も混じっていた。」先に述べたように、第二次大戦の終結までに、パレスチナ住民に占める非ユダヤ人の割合は七割に達し、ユダヤ人住民を構成する残り三割のうち七割は、沙漠が蟠踞《ばんきょ》すると信じられた「大地の上」ではなく、むしろ町や村に集中していた[14]。さらに人口統計の面では、シオニズムはイギリスの政策の恩恵を蒙った。人口の自然増は年に一・五パーセントが普通だが、パレスチナのユダヤ人は一九二二年から一九四六年までに、平均すると年九・〇パーセントの割合で増大していった。これも、同地域にユダヤ人多数派を無理やり作り出そうとしたイギリスの政策のお蔭である[15]。一九二七年の一年間だけで、人口増加率は二八・七パーセントに達し、一九三四年には二五・九パーセントに及んだ。

原住民と非原住民とのあいだの、この乱暴な政治的操作の加わった不均衡を一般に受け入れさせた唯一の方法こそ、バルフォアが用いた正当化原理であった。パレスチナでは、純粋な数と存在に優る何らかの観念が支配せねばならないというのがそれである。そして、その観念――シオニズム――は一九四八年に至るまで、またそれ以後も正統性を付与され続けたのだった。シオニストの側では、自分たちがこの見方の受益者であることを明確に理解していた。初期のシオニスト入植者にとって、アラブ大衆とは、すでに居住者がいる土地の存在を示すどころか、無視されて然るべき人々だった。そこにはさまざまの理屈が付けられたが、その大多数は本質的にバルフォアの場合と同一の前提の上に組み立てられていた。最近あるイスラエル人が書いた、イスラエル人を主題とする書物は、二十世紀初頭および中葉のパレスチナ入植者がアラブに盲目であったことを述べながら、さらに溯って、それをバルフォアや帝国主義の道徳的認識論と結びつけて論じる配慮を怠っている。(16) この盲目性は、ベール・ボロホフ*42やハ＝ポエル・ハ＝ツァイール*43〔若い労働者〕のような左翼のイデオローグや運動、またウラジーミル・ジャボティンスキー*44とその改訂派（メナヘム・ベギンの政治的祖先）のごときいわゆるロマン主義的右翼のいずれにも共通して見られた。アモス・エロン*45がきわめて的確に指摘した通り、シオニストは根本的に、アラブの問題を完全に避けて通るべきもの、あるいは完全に否定（そして攻撃）さるべきものと見做してきたのである。シオニストのユダヤ人は、パレスチナに対して必然的にバルフォアとは異なる感情、異なる歴史や歴史経験、異なる考え方を持っていたにも拘わらず、バルフォアのイデオロギーとシオニズムのそれとを分離することは不可能である。イギリスの帝国主義者とシオニストとのあいだに違いこそあれ（それは実際あまた存在した）、両者のヴィジョンは融合して、パレスチナのアラブを二次的な無視しうる存在にまで貶《おとし》め、さらにはこれを抹消したのだった。両者は、圧倒的な意味を孕む一片の土地の上のたんなる原住民の存在など遥かに超越した高みにまで、ヴィジョンの持つ道徳的重要性を押し上げてゆく。しかも、両者のヴィジョンは本質的に（第二章で見るように）――十九世紀の植民地主義的・人種差別主義的な――ヨーロッパ人による文明化の使命というエートス〔精神〕に属している。そのエートスの基本にあるのは、人間や人種や文明間の不平等性の観念であり、その不平等性のゆえにこそ、きわめて極端な形の自己拡大計画も許され、逆説的に存在を否認されたはずの不幸な原住民に対する、やはり極端な形の苛酷な規律《ディシプリン》＝懲罰も許容されたのである。

パレスチナ原住民に関連するシオニズムの計画と規律＝懲罰《デイシプリン》とについては、本書の後章でも触れることになるだろう。今私が基本的に語っておきたいのは、パレスチナとその原住民とが、近代史の大半を通じて、きわめて峻厳な拒絶の扱いを受けてきたということである。なぜなら、シオニストたちは、自分が欲する土地に住む多数の原住民の存在を緩和するため、これらの住民は存在しないのだと言ってまず自らを納得させ、次に彼らがきわめて希薄化された形でのみ存在することを可能にさせたからである。最初に否定をし、次いで隠蔽し、収縮させ、沈黙を強い、囲い込む。これは、アラブ原住民に対するシオニストの政策のみならず、アラブ入植地へのイスラエルの政策、さらには一九六七年以降の西岸・ガザ地区でのイスラエル占領軍の性格にまで通ずる、恐るべく複雑な政治政策である。これらの事柄についても、私はのちに本書で取り上げるつもりである。ただ、パレスチナ人の経験のこうした諸側面が西洋ではほとんど知られず、議論もされないのは何故なのか、この場で問うてみることは一層興味深く思われよう。ここで私たちは、シオニストとパレスチナ人との相互作用に付随する、いくつかの特殊な属性を目のあたりにすることとなる。

これまで述べてきたように、パレスチナが原住民の存在と、基本的にはヨーロッパ的・西洋的形態を持つ進んだ文化の流入との抗争の場であったとすると、その抗争のかなりの部分はパレスチナそのものの外側で行なわれる結果になった。一九一八年以前、パレスチナはオスマン帝国内部の州の一つだった。一九一八年以降は、公式にイギリスの勢力圏に入った。パレスチナのユダヤ教徒少数派に関する限り、シオニズムは彼らとほとんど無関係だった。ユダヤ人のあいだでは世界的にバルフォア宣言への関心が高まったにも拘わらず、パレスチナとそのユダヤ教徒共同体においては、そのためのいかなる宣伝活動も行なわれなかった。[17] この事実は、「原住民」——この原住民にはいくらかのユダヤ教徒も含まれていたのだが——への相談など必要なしとするバルフォアの見解と、その文言ならずとも精神において一致するものだった。後年、パリ講和会議を準備中の最高軍事委員会に提出された証言のなかで、シルヴァン・レヴィ[*46]（著名なフランスのオリエンタリスト――この職業は本書の議論にとって重要である）はシオニスト代表に代わって弁じている。「シオニストの仕事は道徳的見地から見て重要ではあるが、パレスチナは六十万のアラブ人口を擁する小さく貧しい土地であるため、高度な生活水準を持った［流入］ユダヤ人が彼らを追い立てる結果になりかねない[(18)]」というのが彼の主張だった。ワイツマンによれば、この発言はシオニストたちを当惑させた。というのも、彼が後年述懐したように、「世界はユダヤ人国家［および、おそらくはシオニズム運動］を、そのアラブに対する処遇によって判断するであろう[(19)]」からだ。実際、シオニズムの成功を可能にさせたのは世界であったし、パレスチナ獲得闘争においてかなり実際的な役割を演じたのも、世界を援助者ならびに観察に見立てるシオニズムの感覚であった。

全世界がバルフォアのように冷淡に原住民を無視したわけではないにせよ、十九世紀末から二十世紀初頭にかけては、ジョン・ホブソン[*47]のような反帝国主義者でさえ、「従属民族」という、その意見の優先順位があまり高いとは見做されない人々の存在を信じて疑わなかったこともまた事実である。にも拘わらず、シオニストやイギリス人までもが、原住民たちはいずれ姿を現わす――姿を現わすというのは、少なくとも観察者にとって原住民がただ物理的に知覚可能になるといった意味に過ぎない――であろうし、姿を現わすことによって自らの抵抗運動を世界に知らしめるであろうと認識していた。独立闘争に関する最も見事なアラブ側の研究（ジョージ・アントニウス[*48]の『アラブの覚醒』）が記すように、アラブの覚醒によってアラブは、自分たち自身およびその（勿論パレスチナを含む）国土に関する計画と、バルフォアやシオニストやフランスの提案する計画とのあいだに和解不能な矛盾があることに気づくはずである。イギリス人やシオニストがその点に通じていなかったわけではない。その上、当時も今と同様、世界のユダヤ人の大半がパレスチナではなく、欧米世界として定義される「世界」に存在していた。従って、パレスチナをユダヤ人国家に変えながら、しかも原住民の抗議を世界が重大視（あるいは、のちになって察知）できぬようにすることが至上命令となった。前述した通り、パレスチナにおけるアラブ原住民の実質的存在を体系的に否定しようとする行為には、パレスチナでの破壊・隠蔽・抑圧と同時に、国際会議の場からの彼らの隠蔽・抑圧が伴っていた。おまけに、シオニストはパレスチナ人アラブの見解や現実を覆い隠す形で、自分たちの見解や自分たちの現実を広く拡散させることができた。消極的プロジェクト——否定と隠蔽——のためには、それに匹敵する対抗的・積極的プロジェクト——拡散——が必要だったのである。

ここで私が語ろうとしているのは、たんなる宣伝工作《プロパガンダ》などではない。もしそれが、主としてパレスチナに関する虚偽に基づいた宣伝工作であったとすれば、イスラエルにおいてシオニズムが成就することなど決してなかったはずである。私のずっと大きな関心は、シオニストによるパレスチナ植民とその成功、偉業、そしてその見事な諸制度、これらを主たる焦点とする拡散過程で発揮された力である。今日でもそうだが、イスラエルの情報が持つ力は、その驚嘆に値する自尊心と、とくにアメリカ人を容易に一体化させうる「開拓者」精神への祝福とに存する。拡散的な力に内在する一側面が、パレスチナにおけるアラブの現実の体系的な抑圧であった。例えば、キブツに関する叙述の大半は、イスラエル国家が出現する前から（そして勿論そのあとも）、一度もアラブがその構成員としては受け入れられなかったこと、安価な（アラブあるいはオリエント系ユダヤ人[*49]の）雇用労働がキブツの機能に必要不可欠であること、「社会主義的」キブツ群はかつても今も、アラブから収用した土地に建設されてきたことなどの事実を閑却している[20]。パレスチナのアラブ原住民に対するシオニストの政策に対しては、人々の非難が集中されかねない。そこで、シオニストのスポークスマンはあらかじめその非難に答えようと試みるよりは、むしろひたすら沈黙に徹したのだった。従ってキブツの場合、この制度は居住者のない土地において、多かれ少なかれ自発的な成長・発展を遂げたかのように見えた。居住者なき土地で、企業精神に富んだユダヤ人移民たちがキブツという、本来ならきわめて見事な社会的単位となるべきものを考え出したとされるのである。

パレスチナにおいては、アヴォダー・イヴリート（ユダヤ人の労働）のような手段についてもまた同様のことが言える。アモス・エロンによれば、その目的とは、

> 新来者［シオニズムのプロジェクトの一環としてパレスチナへ到来したユダヤ人］のために、まったく分離独立した経済部門を樹立することであった。国家の再建にあたっては、原住民労働力がユダヤ人によって「搾取される」ことがあってはならない。ユダヤ人はすべてを自力で行なわねばならぬ。原住民たちも、とくに通商における全般的状況の改善と経済的高揚とによって、間接的に利益を蒙り続けることだろう。だが、今後ユダヤ人は自足を心がけて、最も骨が折れ、報われることの少ない、最も卑しまれる仕事も含め、すべての肉体労働を自らの手でなし遂げるよう努めなければならない。アラブ労働力の「搾取」が存在しなければ、アラブの労働者も「客観的」にはシオニストに反対できないであろう。（中略）アヴォダー・イヴリートは一面では教条主義的幻想に依拠し、知的矛盾に満ち溢れていた。実際それは、より広い社会には寄生せず、その要求からも自由な下位文化《サブ・カルチャー》を創造した。その下位文化は、何よりその成員が各自の夢想に耽ることを許すような類いの、「現実」——トルコ人、イギリス人、アラブのいずれであれ——からの免疫を享受していたのである。[21]

原住民の蒙る最大かつ直接的な利益とは、国土の喪失であった——だが、エロンの論旨は、全体としてよい点を衝いている。アヴォダー・イヴリートや、原住民から土地を割譲させるための他のシオニズム的策略のお蔭で、客観的な搾取が存在すると主張できる者は一人もいなかった。この文脈での「客観的」という言葉は、この上なく直截かつ残酷な意味を帯びている。その意味する（また意味した）ところは、シオニズムが自らの土俵で、客観的に誰とも敵対することなく準備作業を進め、かつ緒戦に勝利するだろうということであり、「誰か」とはこの場合（そ

してこれ以後）非ユダヤ人と定義されることになる。エロンですら、パレスチナにおけるイギリスとアラブの「現実」のあいだに横たわる道徳的差異には気づきえないでいる点に注意してほしい。原住民は、何世紀ものあいだ間断なくパレスチナに存在し続けてきたという事実によって、ヨーロッパ帝国主義勢力とは比較にならぬほど大きな道徳的権威を保持してきたのだし、それは今なお続いている。だが、エロンはそのことに思い至らない。そしてそれは、一九四八年以後、パレスチナ人アラブを客観的に抹消しようとして最大限の努力を払ってきたシオニストたちすべての念頭に浮かんだわけでもなかった。実際に生じた事柄に対する典型的な見方は、ワイツマンの「それは土地の奇蹟的浄化であり、イスラエルの責務の奇蹟的単純化であった」(22)という言葉に示されている。

かくて、シオニズムのためのあらゆる請願《アピール》は必然的に国際的請願となった。シオニストの闘争の場は、部分的にパレスチナに置かれただけだった。一九四八年までのほとんどの期間、いやそれ以後もまた——ワイツマン自身の仕事がその好例だが——その闘争は西洋諸国の首都たる大都市において行なわれ、そこで燃料や物資の補給を受けねばならなかった。シオニストに対する原住民の抵抗運動は西洋では軽視ないしは無視される一方、シオニストは、イギリスが自分たちのパレスチナへのより深い浸透を妨害していると主張した。一九二二年から一九四七年までに世界がパレスチナで目撃した大問題とは、パレスチナ人が想像するような原住民と新来の植民者とのあいだの闘争などではなく、むしろイギリスとシオニストとのあいだに生じた闘争なのだった。一九四八年にイスラエルが国家樹立を宣言した瞬間、その国はパレスチナの国土の六パーセント足らずを合法的に所有していたに過ぎず、そのユダヤ人人口は全パレスチナの人口のごくわずかを占めていただけだった。その事実を想起するなら、この顕著な認識論的達成——私がこうした哲学的術語を用いるのは、ほとんど百万もの民族を一挙に認識から拭い去ってしまう行為の表現として他に適切な言葉が存在しないからである——が孕む大きな皮肉は一層増大する。こうした態度とアヴォダー・イヴリートとの首尾一貫性はほとんど完璧である。イギリス（という植民地勢力）を敵に回し、自らを虐げられた存在として世界に呼びかけるがいい。原住民は無視し、客観的に見て、彼らを搾取している自分たちの姿が直接目撃されない限り、彼らについては何も語られぬままにしておき給え。

西洋におけるシオニズムの拡散と、それに続く西洋からの補給の先頭に立ったのは、明らかに西洋のユダヤ人社会だった。パレスチナ征服のためのシオニズム・キャンペーンの本質は、かつても今も、あらゆる反対をとてつもなく一般化し、これを一般に受け入れ難いものと化してしまうような、特殊で、しかも一般的な正当化に満ち溢れた請願《アピール》であった。これが効果を発揮したお蔭で、シオニズムはリベラルで開明的な西洋の大半を味方につけることができた。私の意図するところを、いくつかの例を挙げて説明しよう。一八九〇年代にヘルツルが初めて考え出したシオニズムとは、ユダヤ人を解放し、西洋における反セム主義の問題を解決するための運動だった。この考え方がのちに敷衍された結果、その着想を具体的に実現する場として（南米や東アフリカのいくつかの地点が考慮され、否定されたのち）選ばれたのがパレスチナだった。パレスチナは、神とユダヤ人との契約という形での精神的紐帯が存在する場所であったのみならず、より遅れた帝国内部の遅れた州であるという利点まで持っていた。従って、当初からあらゆるシオニズム擁護論が精力を傾注したのは、パレスチナが遅れた、ほとんど人の住まない領域であると同時に、ユダヤ人が比類のない歴史的特権を享受しつつユダヤ人の郷土へと再構成しうる土地でもあるとして、そこへの権利を主張することだった。[*50]

かくて、西洋でこうした考え方に反対するのは、ただちに反セム主義の戦列に加わることを意味した。逆に、それを擁護することはすなわち、基本的に面白みに欠ける定着原住民の群れをただ移動させせたり無視したりすることよりも遥かに面白く、しかも受け入れやすい数多くの事柄を行なうに等しかった。それはまた、特殊な問題を特殊解によって解くことでもあり、そうした展望には――のちに見るように――植民地に関わる積極的冒険のイデオロギーばかりでなく、実在する社会的・知的問題を実証的・社会的に解決しようとする科学的な、規律《ディシプリン》＝訓練に基づいた態度も内包されていた。おまけに、パレスチナにユダヤ人国家を建設する（あるいはユダヤ人がそのために運動する）という考え方は、道徳的威信という並み外れた霊気《オーラ》を獲得し、その傾向はヨーロッパへのファシズム到来以降一層強まった。そこに存在していたのは、古代以来イスラエルの土地と一体化し、驚異的な苦難の歴史や道徳的・知的偉大さ、そして何より離散と自己とを同一化した民族だった。パレスチナは、彼らの要求に対するあらゆる解答のなかでも特殊な、一見最もリベラルなものだった。

すでに述べた通り、この計画案に反対すれば、西洋で居場所を失うことは必定だった。この事情は、多かれ少なかれ今日もなお続いている。シオニズムはつねに特殊解を求めてきた。移民、病院、そしてのちには自衛のための武装、資金。これらの解が支持者を惹き寄せたのは、それらの否定が基本的に単純な否定、しかも抽象的かつ一般的な否定に過ぎないと思われるからであった。ジョージ・アントニウスの偉大な著作でさえ、（パレスチナ人の存在ではなく）アラブの覚醒を議論の対象にしており、この著者によれば、それは近東全体のアラブ化・イスラム化の流れのなかで理解されねばならないのだった(23)。折にふれ、シオニストのパレスチナ征服に疑念を抱く者は皆、彼の支持した対象が結果としてはアラブ・イスラム圏全般であったという「事実」と否応なく向き合わざるをえないことだろう。このアラブ・イスラム圏は、無定形性と暗い抽象性とを兼ね備えていたがために、一握りのヨーロッパのユダヤ人が（ヨーロッパから合理的に離れた場所で）黒いイスラムの海から甘美さと光に満ちた文明を刻み出すという図式を一層優雅で魅力的なものにしてみせた。シオニストが占めていたのは、特殊的にも一般的にも西洋が理解でき、容易に受け入れられるような措辞によって、パレスチナとその諸現実を西洋に説明してやれる場所だった。反対に、シオニズムの議論の受け入れを拒絶する者は皆、西洋で最大の貧乏籤を引かされることになった。ひたすら否定的で、反セム主義を奉じ、イスラムやアラブのために弁じていると見做されたのである。既述の通り、いずれの場合にせよ、シオニズムに代わる選択肢はあまりに一般的であるか、あまりに突飛であった。それとは対照的に、シオニズムは特殊な問題にすっきりした特殊解（ないし特殊な返答）を提示した。結局のところ、アラブやイスラムが何を望み、何に関心を持ち、何を目的としているかなど、いったい誰が語りうるというのだろう。こうした問題設定さえもが当時（そして今も残念ながら）、「アラブ」とは一様に不愉快な事物の全体集合であるという議論を可能にした。そして、その議論のお蔭で、アラブの現実の姿が提示された場合、冷淡で懼れに満ち溢れた反応が惹き起こされたのだった。実際のところ、「アラブ」はつねに他者によって表象され、決して自ら語ることのできない存在であり続けた。その結果、逆説的にアラブが政治上ますます明瞭な可視性を備えてきたときも、彼らは現実に――たとえ大地に座していても――相応の居場所を与えられることが一貫してなかった。例えば今日、パレスチナ解放機構[*51]（PLO）は百以上の国と、当然すべてのパレスチナ人とから、パレスチナ人民の唯一合法的な代表として認められている。だが、合衆国もイスラエルも、PLOがパレスチナ人の代表であることを承認しようとはしない。反対に、キャンプ・デーヴィッドが合衆国、イスラエル、エジプトに対して僭称したのは、パレスチナ人を代表する権利なのだった。

シオニズムを魅力的なものとする――つまり最も深い意味での純粋な援助者を惹き寄せる――ために、その指導者たちはアラブを無視しただけではない。アラブと対処する必要が生じた場合には、彼らは相手を明瞭化し、特殊な方法で理解し操作しうる存在として西洋に提示した。シオニズムと西洋とのあいだには、かつても今も、言語とイデオロギーの共同体が存在する。アラブに関する限り、彼らはこの共同体の一員ではなかった。この共同体がきわめて深く依存しているのは、西洋において特殊にはイスラム、一般的にはオリエントを敵視する顕著な伝統である。この伝統については別の場所で詳細に論証したので、読者は私がオリエンタリズムと呼ぶものに関して行なった研究を参照して、その詳細と、長く一貫した歴史の叙述とを理解されるよう望みたい。その歴史が行き着いた先に存在するのは、例えば今、西洋において人種的中傷が黙認され、奨励すらされている実際上唯一の民族集団《エスニック》がアラブであるという事実である。(24) アラブとイスラムは、大衆的・学術的な言説においては、邪悪、犯罪、堕落、好色、愚鈍を表象する。シオニズムは、西洋におけるイデオロギー上の生みの親と同様、このアラブ・イスラムに関する集合的表象を利用した。シオニズムがそれをいかに利用し、利用にさいして自らをどこに位置づけたのかが、ここでの注目に値する点である。なぜならそれは、宣伝活動《プロパガンダ》や政治化した学術研究、イデオロギー的情報がいかにして力を持ち、政策を実行し、しかも同時に「客観的真実」を装いうるかという事実の、その完璧な見本だからである。

最悪の東洋的過剰から自らを解放した半「東洋的」な民族として、シオニストがまず自己に課した任務は、西洋にオリエントのアラブを説明し、アラブが実際には何者で何を求めているのかを表明する責任を負い、アラブが自分たちと同様にパレスチナに存在している事実を決して明らかにはさせないことだった。この方法のお蔭で、シオニストはつねに、自分たちが中東の原住民の存在実態に包摂されながら、同時にそれを超越しているのだと見せかけることができた。一例として、一九一八年五月三十日にワイツマンからバルフォアに宛てて書かれた、この異常なまでに啓発的な書簡を検証してみよう。

> 私は大きな責任を痛感し、現下の状況とシオニスト委員会が直面している問題について、閣下にお手紙を差し上げることにいたしました。（中略）
>
> 狡猾で知恵の回るアラブが崇拝するのは一つの事柄、権力と成功――ただそれのみであります。軍事的な手詰まりによってイギリスの威信が下落したと申し上げるのは誤りであるにしても、それが増大もしていないことは確かであります。（中略）イギリス当局は（中略）アラブの油断ならぬ性質をよく承知しておられるのですから、彼らにわずかでも不平不満の種を植えつけるような出来事が起こらぬよう、つねに注意深く見張っていなくてはなりません。言い換えれば、アラブが軍の背後を襲うことのないよう、彼らを「飼い馴らす」必要があります。機を窺う

ます。

に敏なアラブのこと、隙《すき》あらばそれを最大限に活用しようといたします。彼らは折あらば絶叫し、折あらば恐喝します。

最初の絶叫が聞こえてきたのは、閣下の宣言が発表されたときでした。ありとあらゆる誤解や誤認がその宣言に寄せられました。イギリス人は貧しいアラブを裕福なユダヤ人の手に渡そうとしている、ユダヤ人は皆アレンビー将軍[*52]の軍隊の背後に待機しており、獲物を襲う禿鷹のように舞い降りて、誰彼の見境なしに土地を奪い去ろうと準備している、などと言われたものであります。（中略）

統治当局の中枢にいるのは開明的で廉直なイギリス人官僚ですが、統治機構の残りの部分は手つかずのまま、どの部局もアラブやシリア人の使用人で一杯です。（中略）これらの役人どもは腐敗し、無能で、バクシーシュ［賄賂］が行政実務を片づける唯一の手段であった古きよき時代を懐かしんでおります。（中略）イギリス側が公正であろうとすればするほど、アラブはつけあがります。あわせて考慮せねばならないのは、アラブの役人が土地の言葉や風俗習慣に通じ［これはおそらく、それほど異常な事態ではない。アラブの役人は結局、アラブの土地の出身者なのであるから。ワイツマンは、アラブがただそこにいるというだけで不正な利益を得ているかのように見せたがっていることに注意しよう］、女たらしで、その結果、オリエント人の心の襞に分け入る術を知らぬ公正で清潔な精神を持ったイギリス人官僚をいいようにあしらっていることであります。つまりイギリス人は、アラブに「虚《こ》仮《け》」にされているというわけです。

このような統治形態は、ユダヤ人に対しては明らかに敵対的です。（中略）実務の中枢にいるイギリス人は公明正大で、共同体の二大部門［アラブとユダヤ人のこと。多かれ少なかれ公平に両者を「二大」と呼ぶのはいささか大袈裟だが、ともかくワイツマンはそうしている］のあいだの関係を調整しようとするさいは、均衡を保つことに細心の注意を払います。けれども、この困難な状況下での唯一の導き手となるのは、相対的な数の力を考慮する民主主義の原理であり、無慈悲な数は私どもに不利に働きます。何しろアラブとユダヤ人は五対一なのですから。

（中略）

パレスチナにアラブ民族といったものが存在すると仮定すれば［ここでワイツマンが用いているのは、民族としての白人の植民地主義者に対する抵抗権をアフリカ黒人およびラテン・アメリカのインディオから剥奪するため、とくに十九世紀になって考案された「民族性」の基準である］、目下の状況は必然的に、アラブのパレスチナ誕生へと向かうことでしょう。だが現実には、そうした結果は生じますまい。と申しますのも、フェッラーフ［農民］たちは少なくとも四世紀、時代に乗り遅れ、エッフェンディー［紳士層］（ちなみに、彼らこそ現在の制度の真の受益者です）は不正直で、無教養で、貪欲で、無能であるばかりか、国を愛する心すら持っていないのですから。[25]

ワイツマンの率直さは示唆的である。彼の主たる修辞技法は、オリエントとオクシデントの人心の違いを知るヨーロッパ人としてのバルフォアに、自分自身を同一化させることである。この差異から、あらゆる種類の結論が導き出される。アラブはオリエント人であり、ゆえにヨーロッパ人やシオニストより人間性も価値も劣る。彼らは裏切りをこととし、邪悪である、等々。極めつけは、たとえ彼らがその数的優越性によって国を所有する資格を付与されているように見えるとしても、実際には彼らはそれに値しないということである。本質的にワイツマンが要約しているのは、代議政体に関するジョン・スチュアート・ミル[*53]の議論、すなわちインド人はイギリス人より何世紀も「遅れている」ので、自治権を与えられないとする説である。[26] かくしてワイツマンは、ヨーロッパ白人の文化的・人種的覇権が示す最も非難さるべき側面とシオニズムとの完全な同一化を易々となし遂げ、さらに、通常はオリエンタリストや東洋の専門家、アラブ局の「事情通」などが独占するはずのオリエントに関する専門知識を自らが所有していると考えることで、一層の利益を得るのである。シオニストは、白人たるヨーロッパ人と融合し、有色人種たるオリエント人と敵対する。後者の主たる政治主張は量的なもの（ワイツマンの言う無慈悲な数）に過ぎず、他の点では実質を欠いているように見えるからだ。そしてシオニストはまた――「東洋の心を内側から理解している」ため――アラブを表象し、彼らに代わって弁じ、ヨーロッパ人に対して彼らの説明役を買って出る。シオニストとヨーロッパ人とは、オリエント人がまったく理解できなかったフェアプレーや文明や進歩の理念を共有している。ワイツマンが説明する通り、パレスチナ紛争とは、原住民から土地管理能力をもぎ取ろうとする闘争である。だがその闘争は、一つの観念によって権威づけられており、その観念こそがすべてなのだった。

第二に、パレスチナや当該地域の他の場所におけるシオニズムとアラブとの紛争は、イスラムを代表するオリエントと西洋とのあいだの宿年の紛争を（西洋に有利な方向に）拡大し、恒久化し、強化しつつあるものと見られていた。これはたんなる植民地の問題にとどまらず、文明の問題でもあった。バルフォアのごとき西洋のシオニズム擁護者にとっては、シオニズムが計画されたそもその最初から、パレスチナの植民地化が西洋諸列強の目標とされるであろうことはまったく明白であった。ヘルツルはその観念を利用し、ワイツマンもそれを利用し、以後のイスラエルの指導者たちもまた、ことごとくそれを利用した。イスラエルはイスラムを――そしてのちにはソ連や共産主義を――追いつめるための方策だった。シオニズムとイスラエルとは、リベラリズム、自由と民主主義、知識と光明、あるいは「我々」が理解し勝ち取ろうとする目標と結びつけられた。それとは対照的に、シオニズムの敵対者は、オリエント的専制・官能性・無知、その他後進性を示す類似の諸形式を備えた異質な精神の、その二十世紀における一出現形態というに過ぎなかった。「彼ら」がシオニズムという栄光に満ちた企図を理解しないとすれば、それは「彼ら」が絶望的なまでに「我々」の価値に通じていないからである。遅れたムスリムも、人間たるものの当然の権利として固有の生活様式を持つこと、ムスリムが自ら生活する土地に対して寄せる執着は、何世紀にも亘る現実の居住という投資の結果、流浪の地でシオンを渇望したユダヤ人の抱く執着と同じくらい、いやおそらくはそれ以上に大きくなっていることなど、大した重要性を持つものとは思われなかった。現実に重要性を帯びたのは、自民族中心主義的な理念であり、シオニズムは、これらの理念に合致すると信じられた領域に関する白人の優越性と権利とを安定的に価値づけることで、それらの理念自体を我が物としたのだった。

アメリカの開明的でリベラルな民主主義が共有する言説のなかで、こうした考え方がどれほど一般的な通念になっているのか、私たちはただちに徹底的な検証を行なう必要がある。私がこれから引用する二つの事例は、相互に関連する二つの点をめぐり、シオニズムおよびイスラエルに関するそれぞれの主張を展開している。その第一点は、シオニズムがその真価において、誰に対しても何物に対しても責任を負う必要のない、驚嘆すべき素晴らしい事柄であって、その主たる理由は、それが社会や人間に関する西洋的観念と完璧に一致するからであるというもの。第二点は、シオニズムないしイスラエルに対する邪魔者は極悪非道で、愚鈍で、道徳的に堕落しており、しかも——これが重要だが——直接その声に耳を傾ける必要などない、という主張である。シオニズムのみが、邪魔者に代わって言葉を発することができるというのである。第一の事例として、レイノルド・ニーバー[*54]を取り上げてみよう。そもそも彼は、私の知る限り、この邪魔者に関する文化的観念を何の疑いもなく我が物とした点以外は、アラブ世界やイスラムとはほとんど無関係の人物だった。だが、ニーバーは一九四七年十一月二十六日[*55]、パレスチナ分割案[*56]に賛成する『ニューヨーク・タイムズ』宛の長文書簡に他の五人の名士たちとともに署名している。彼らの議論の中核部分は次の通りである。

政治的な面で私たちは、中東の国土でもここ〔合衆国〕と同様に民主主義の実践が見られることを願ってやみません。社会的・経済的な側面では、地元の生活水準を上昇させ、地域の資源や市場の開放をもたらす形でこれらの国土が発展することを望んでおります。換言すれば、私たちがどのような見方を取るにせよ、長い目で見る限り、アメリカの利害は中東に対し、そのすべての人間的努力の領域において速やかな近代化を行なうよう要求しているのです。

たとえ最小限度の客観性であれ、それを以て中東の現実[*57]に接近する者の誰しもが認めざるをえない事実は、これまでのところ中東に、進歩と近代化のための前衛部隊がたった一つしか存在しないということであり［ここでは、本質的に植民地主義的な計画を促進するため、擬似マルクス主義的措辞が[*58]援用されている点に注意しよう］、それがユダヤ人のパレスチナであるということであります。進歩の第二の潜在的要因となるのはキリスト教徒のレバノンでありますが、こちらは目下、レバノンのキリスト教徒多数派の意志と感情とに背く形で、アラブ連盟[*59]の汎アラブ主義者ならびに汎イスラム主義者によって人工的抑圧を受けております。ユダヤ人のパレスチナとキリスト教徒のレバノン、この西洋文明の二つの孤島を別とすれば、アラブ・ムスリムの中東はアメリカの視点から見る限り絶望的な様相を呈しております。

ニーバーの知的権威は、アメリカの文化社会において絶大だった。従って、彼がここで述べる内容はその権威の裏付けを伴っている。だが、その権威の矛先がパレスチナ人アラブに向けられる限り、ニーバーの言葉は彼らにとって暴言以外の何物でもない。これらの国土——ニーバーの発言当時、そこには何百万ものアラブ・ムスリムが居住していたのだ——に対して「私たちは願ってやみません」「望んでおります」と言うのは、これらの国土の願いや望みなどほとんど関心外だということを暗示する。私たちの望みが彼らの望みを押えつけなければならない。私たちの望みが、それ以上単純化しようのない「在れ《フィアト》」という命令文[*60]によって宣言するのは、「進歩のための前衛部隊がたった一つしか存在」せず、それが外来と在来の二つの小さな少数派から構成されているという事実である。中東の大多数の人々の望みこそ「自然」であり、ニーバーとその友人たちが言う「人工性」はむしろシオニストやマロン派キリスト教徒[*61]に帰されてしかるべきだとは、この書簡の署名者たちには思いも寄らなかったらしい（それにしても、この宣言がのちのこの地域での紛争、すなわちイスラエルと内戦で分断されたレバノンの問題を端《はし》なくも予見しているさまはどうだろう)。これらの「孤島」——ニーバーにもう少し誠意があれば、彼はこれを「植民地」と呼ぶべきであった——は、ムスリム世界が提示する「絶望的」様相を緩和するという。だが誰にとって、何に対して絶望的なのだろう。ニーバーは、文明化された西洋人にとって明々白々たる事実を口にする必要など感じない。イスラムはユダヤ教とキリスト教の敵であり、それゆえ「私たち」の政策は、ユダヤ人のパレスチナとキリスト教徒のレバノンを援助することでなければならない。ニーバーがかくも尊大に語ってみせる地域に、実は真の生活を営む人々がいるかもしれないなどというのは、思いつくことさえありえない可能性である。それらの人々を文字通り抹消してしまうイデオロギー的な目隠しのお蔭で、彼は仲間とともにこう発言することができる。シオニズムは進歩と近代性であり、イスラムとアラブはその対極なのだ、と。すべての当事者に向かって発言できるのはニーバーのみである。パレスチナのユダヤ人やレバノンのキリスト教徒に対する彼の肩入れにさいしては、一種恩着せがましい態度すら見てとれることを私たちは見逃すべきではない。

それより一年前、ニーバーは『スペクテイター』誌に「パレスチナに関する新見解」と題する論説を寄稿していた。ここでの彼の語調はもう少し融和的である。というのも、当時はパレスチナへのユダヤ人移民を制限するかどうかという際限のない問題をめぐって危機的状況が生じていた時期であるため、「パレスチナ問題について一アメリカ人が助言や批判を行なうことなど、目下のイギリスではとても歓迎されないだろう」と考えたからである。それでもニーバーは、助言ならずとも新見解、いや少なくともイギリス人に役立つような見解を提示することが自分の責務だという思いを抱く。『ニューヨーク・タイムズ』への書簡とは違い、ここでの彼は、まるで一つの帝国的機関が別の帝国的機関に行なうように、帝国当局に直接語りかけている。

私の知る限り、アメリカにおいてはアラブの権利についても、アラブ世界に対処するイギリスの当惑についても、十分な考察は行なわれておりません。その反面で不可解なのは、当地の平均的な人々がアラブの「意見」について語る場合、そうした意見が実は内輪の封建的大領主たちにのみ限定されていて、この世界には中間層が存在せず、哀れな大衆は悲惨な貧困に喘いでいるため、意見を持つことなど思いもよらぬ贅沢なのだという事実を考慮していない点であります。アラブ問題の難かしさは、ユダヤ人が導入を図り、アメリカ資本に支えられてしかるべき技術文明や動力文明、例えば河川開発、土壌保全、現地人労働力の活用などが、アラブの大衆には利益になるにも拘わらず、アラブの首領たちには受け入れられないことであります。従って、これらの文明には当面のあいだは強制が必要でありましょうが、やがて大衆によって最終的には受け入れられる機会がやってくることと思われます。

〔『スペクテイター』一九四六年八月六日、一六二頁〕

この論説が書かれる前にも後にも、ニーバーが「アラブの権利」について議論したり、ましてやそれを擁護したりするなどという罪を犯そうはずがない。彼はそのようなことは金輪際しなかった。従って、彼の最初の一文は、アラブの意見など問題に値しないという彼の論点（無知と後進性と頽廃とを推進するのに、大衆は一片の土地も必要としていない。彼はまるでそう主張するかのごとくに、そこで胡散《うさん》臭い社会学的理由を挙げている）を導くための修辞的策略に過ぎない。いや、それすら彼の真の意図ではない。彼の真意とは、アラブが意見を持っていようがいまいが、ヨーロッパのユダヤ人によってパレスチナに持ち込まれつつある「技術文明や動力文明」を彼らに邪魔させてはならない、と述べることに他ならない。もし彼が、例えば（a）アラブはそれ自身劣っており、（b）「大衆」を操り人形のように操作する、絶望的に堕落したちっぽけで封建的な「大領主」階級によって生み出された、意志も意見も持たぬ生き物に過ぎないということを直接主張できたとすれば、自分の真意を述べるのもずっと簡単だったことだろう。だがそうする代わり、ニーバーは文化的にもっと有効な発言形態を選択し、実際のところ自分の議論は、シオニズムによって導入された「技術文明や動力文明」のためにだけなされるのではなく、アラブ大衆をも念頭に置いたものであると述べるのである。

ニーバーがその気になれば、近年のパレスチナ人アラブの歴史において、純粋に自発的な群衆がシオニズムに対して蜂起した例をいくつも見出せたはずだとか、アラブ農民がアラブの不在地主に叛旗を翻そうとして、シオニストの植民者に支援を求めたが無駄に終わった事例もいくつか発見しえたはずだとかいったことは、このさい脇に置いておこう。彼の目に——百年前、マルクスがインドのイギリス人について書いたときと同様——見えていないのは、たとえ「技術文明や動力文明」であれ、それが「哀れな大衆」に対して植民地主義的侵略を行なった場合、そこには侵害される民族的権利というものが存在したという事実である。さらに、この高名なキリスト教神学者の観点からすれば、パレスチナにユダヤ人移民が一人やってくるごとに、一人またはそれ以上のアラブが追い立てられ、その結果人権が抑圧されたであろうという事実にも、彼がもう少し配慮することを期待（後年、そうした期待は無駄に終わったのだが）できたはずである。最後に私たちがニーバーから期待したかったのは、彼が少しでも「哀れな大衆」とその願望に耳を傾けるべく努力し、少なくとも、彼らが抱く多かれ少なかれ自然な願望のなかには、より優れた文明によって追い立てられたり、暴力的に「利益を与えられ」たりされたくないという願いが含まれていたであろう事実を認めることであった。

もしニーバーが南アフリカ情勢やアメリカ南部について語っていたのであれば、こうしたお仕着せがましい態度や人種差別的暗示などとうてい許容されなかったことだろう。先に述べた通り、ニーバーが自分は進んだ、進歩的でリベラルな意見を表明しているのだと信じて疑わなかったことを理解するなら、こうした状況は一層よく吟味されねばならない。私たちはこう問うてみることにしよう、そもそもニーバーがパレスチナで実際に起こりつつあったことを知らなかった可能性、または（これが実情だと私は信ずるが）本当にシオニズムがアラブの「頽廃」より文化的に優っていると考えていた可能性はあるのだろうか、と。[62]

ここから私は第二の例へと導かれる。それによって、人がシオニズムをそのあらゆる積極的・肯定的側面について支援した結果、パレスチナにおけるアラブの現実を不承不承に受け入れるだけでなく、シオニズムがアラブのパレスチナを破壊したのはよかったのだという肯定的・積極的感情をどれほどまで強く抱くものなのかも検証できることだろう。ニーバーに優るとも劣らぬスポークスマンであり、文化的権威を帯びた名士でもあったエドマンド・ウィルソン*[63]は、同時にまた驚くほど才気煥発で幅広い——文学、社会、歴史、道徳に亘る——批評家だった。西洋（および世界）文化において生を亢進させる要素と生を阻害する要素（この言い回しはやや甘口ではあるが、私はそれを真摯に用いよう）とを区別するため、彼はニーバーなどよりずっと深く、生涯に亘るプロジェクトに身を捧げた。ウィルソンは、他のことはいざ知らず、国家、あるいはわずかでも狂信的排外主義に通ずるもの、制度化されたものに自己を同一化させることなど決してなかった。彼の読者なら誰しもが——しかも彼はかつてこの国が生んだ、最も広い読者を持つ文人だった——この事実をわきまえていよう。ウィルソンはユダヤ人、ヘブライ語、『旧約聖書』にとりわけ関心を持っていた。還暦を過ぎた頃、彼はユダヤ人に関するあるエッセイのなかで、「『イギリスおよびアメリカ清教徒の』文化ほど、これら［ヘブライ語『聖書』の章句とヴィジョン］に深い影響を受けてきたと思われるものはない」[27]と記したし、彼のヘブライ語研究や死海文書*[64]に関する書物は、ユダヤ人とユダヤ教が特別に彼の心を捉えていたことの証しになっている。勿論、こうした態度に何ら問題があるわけではないが、ただイスラエルが絡む場合は別である。

『黒、赤、ブロンド、オリーブ』には、ウィルソンのイスラエル訪問を契機に書かれた、長い随筆的な一章が含まれている。この部分は挿話風の日記形式を取り、彼のイスラエルでの印象を思いつくままに抽出するという形で綴られている。その印象の大部分は、彼のヘブライ文学講読とユダヤ教への関心に触発されて生まれたものである。途中、彼はイスラエル国家を誕生させたテロ行為に注釈を加え、この一件には何やら胡散《うさん》臭いものがあったはずだと記している。彼はテロ行為が「ナチスの迫害とイギリスの政策の産物であった」と考えるが、イスラエルに「道徳的狂信主義の要素」とともに「テロの習慣が根づいてしまった」ことも非難がましく付け加える。だが、ウィルソンはこの問題を徹底的に追求した結果、「イスラエル人はアラブとの関係において、かつてのイスラエルびとが土地を奪取した民族〔カナーン人〕との関係で示した、あの無慈悲な不寛容へと回帰する徴候を見せてきた」と述べる。土地奪取の事実に関してウィルソンは、『聖書』における以外、それが起こったとする特定の立場を取ってはいないように見える。これは、世界のあちこちで発生している土地奪取に対し、彼が歴史的中立を貫こうとしたことを意味するのかもしれない。ただ私たちとしては、ウィルソンが執筆時に、土地奪取や不寛容が現実に起こっているその現場に居あわせたことを想起せずにはいられない。彼が『聖書』について語っているのではないことが解るのは、一文章ほど隔てたのち、彼が次のような描写を行なうくだりである。

つまり、イスラエルにおけるアラブの地位——ことに国内で目撃されるその姿——は、中心的社会から遮断されながらも繰り返し問題を惹き起こし続ける、あの獰猛だが画趣に富む、痛ましいまでに遅れた民族というに近い。アッカーのような巨大なアラブ都市では、雑踏に沸き返る街路のむさ苦しさが、西洋の訪問客の場合と同様の嫌悪感をイスラエル人に催させる。ユダヤ人は家族の絆をきわめて大切にし、イスラエルではポーランドやドイツ出身の孤児たち、読み書きもできぬイエメンの子供たちと労苦をともにしてきたので、汚らしく、教育も受けず、病んだ悪餓鬼どもの集団が狭苦しい不潔な街路でわめきちらし、叫び声を上げ、物乞いする光景には道徳的憎悪すら感じるのだ。古代の律法が婚姻に対して課す制約を峻厳に過ぎると感ずる者は多いにしても、アラブがその遊牧民的習慣とも相俟って、一家の長に対しあっさり子供を捨て、よそに移って女性を娶るよう奨励し、いとも簡単に離婚を成立させるとすれば、この方が遙かに罪深い悪徳だと感じざるをえない。西洋育ちの人間がアラブにある種の軽蔑感を抱くのは格別不自然だというわけではないし、ヨルダンのアラブ難民がＵＮＲＷＡ〔国連パレスチナ難民救済事業機関[*65]」による他地域への移住斡旋を拒んで、イスラエル内の自分たちの村や農園への帰還を主張し続けるという、その愚かなまでに頑な態度も、イスラエルが示す無慈悲さと比べればいい勝負である。ただここで私に唯一関心があるのは、排他性へ向かおうとするある種のユダヤ的傾向——これとは逆の、ユダヤ的伝統が持つ生命付与的要素については、のちに扱うこととする——が、イスラエルにおいては制限的かつしばしば破壊的な影響力として作用する事実を明示することである。(28)

ウィルソンがここで叙述するアラブとの関連で言えば、ユダヤ人の排他性はさしたる悪徳とは見做されていない。彼が簡略に素描するアラブは、徹頭徹尾嫌悪感を催させる魅力のない存在と見られている。ウィルソンがイスラエル内部のアラブをめぐる諸事実を把握するのは難しくなかったはずだが、彼らの貧困の原因はその外観ほども重要とは思われない。アラブとその家族観に関する彼の発言も、「オリエント人」は「我々」ほど人間の生命に敬意を払わない、という発言と同じようにしか理解されえない。つまり、アラブは子供の面倒を見ず、愛や怒りを感じず、次々と子供を生む動物に過ぎないというのである。アラブに対する「ある種の軽蔑感」が拡大解釈された結果、よそへの収容を頑なに拒むパレスチナ人アラブは「愚か」と見做される。だが、最も腹立たしい不誠実さが見られるのは、一九四八年まで立ち去らなかったアラブに対するシオニストの扱いを述べるのに、ウィルソンが「排他性」という言葉を使っている点である。彼のイスラエル滞在中、アラブに適用された法律は、元来はユダヤ人とアラブとを対象に、パレスチナでイギリスによって考案・施行された非常事態防衛法[*66]であった。これらの法律は、イスラエルではユダヤ人に対して一度も発動されなかったという点で、明白に人種差別主義的性格を持っていた。一九四八年以後、イスラエルがアラブ少数派を掌握するためにこれらの法律を堅持すると、アラブは移動や土地購入や入植等の権利を差し止められた。委任統治下では、これらは植民地主義的・人種差別主義的だとして、つねにユダヤ人の告発を受けていた。ところが、イスラエルが国家となるや否や、その同じ法律がアラブに対して適用されたのである。ウィルソンはこれについて、何一つ語ってはいない。こうした遺漏にもまた、ほとんど弁解の余地はない。なぜなら、サブリー・ジリース[*67]の著作『イスラエルのなかのアラブ』[29]からも容易に確認できるように、一九四八年以後のシオニストのなかには、イスラエル人がアラブを抑圧・統制するために旧植民地法を悪用することに対し、反対論を寄せた者が数多くいたからである。

　ウィルソンの著作に明記された一字一句を覆っているのは、誰であれ、とくに開明的・人間主義的でリベラルな人物なら、中東情勢について記したり、専門的意見を述べたり、講演したりすることが可能だという（一見）暗黙の真理である。私見では、これはきわめて重大な事柄である。というのも、十九世紀を通じてオリエントに関する知識を求められたのが専門学者＝オリエンタリストであったとすれば、二十世紀に入ってその状況はがらりと変化したからである。今や西洋人は、オリエント（ならびにオリエント人）に関する証言と知識とをシオニストに求める。中東でのウィルソンの見聞――そしてその点では、西洋人一般の見聞――は、シオニストの視点からなされている。イスラエルは規範、イスラエル人は存在者であり、彼らの観念や制度こそ正真正銘土着のものであるのに対し、アラブは厄介者、パレスチナ人は半ば神話的な実体（この議論の流れでは、主に宣伝工作用の実体）等々に過ぎない。イスラエルの起源は忘れ去られ、イスラエルとは、今や反セム主義的アラブによって何の理由もなく襲撃される西洋民主主義でしかなくなる。現実の反転は完璧である。これこそ、先に私が言及したシオニストによる「真理」拡散行為のなかでも、最も成功した事例である。換言すれば、アラブをめぐるウィルソンの発言は不正確なのではなく、むしろ、アラブやその「遊牧民的」習慣等々についてイスラエル人が（後進地域に居住する西洋植民地主義者として）考える内容をほとんど逐語的に引き写した点で、きわめて正確なのである。発言の省略があまりに完璧であるため、私たちは、イスラエル人とアラブとの関係が自然に生まれた事実などではなく、実は土地奪取と強制追放と植民地主義的な事実上のアパルトヘイト〔人種隔離政策〕という、特殊な連続的過程から生じた結果であることを忘れてしまう。さらに私たちは、シオニストがヨーロッパからパレスチナへの新参者であったことまでも忘れがちである。

3　表象の問題

私がこれまで論証を試みてきたのは、開明的でリベラルなアメリカの民主主義に共通する言説とでも言うべきものの政治的実態が、ウィルソンの書物のような著作には完璧なまでに象徴されていると見做しうる点であった。これは、リベラルな西洋人の観点とシオニスト＝イスラエル人の観点との、完璧なヘゲモニー的癒着である。私は「ヘゲモニー的」という言葉を、政治に対する文化と知識人との重要性を分析したイタリアの偉大なマルクス主義者、アントニオ・グラムシへの共鳴を籠めて、熟慮の上で使っている。というのも、彼はヘゲモニーという言葉[*68]の持つ意味の一つを詳説するなかで、同意という観念をこの言葉に割り当てたからである。言い換えれば、ヘゲモニーはたんに支配によってのみではなく、同意と黙従を俟って初めて成立する。ニーバーやウィルソンの例が示すように、二十世紀半ばまでに、西洋のリベラルな言説とシオニズムとは自発的な同一化を遂げていた。この同一化の原因は複雑である（おそらく、受け入れ可能な正当化さえ存在することだろう）が、パレスチナ人アラブにとっては、このヘゲモニー的関係の持つ具体的意味は悲惨であった。これに関して、疑いを挟む余地はまったくない。[*69]西洋におけるシオニズムとリベラリズムとの同一化が意味したのは、パレスチナにおいてアラブが土地奪取と強制追放の憂き目に遭う限り、彼らは存在しない人間になったということである。それは、シオニスト自身がパレスチナにおける唯一の人間になったためであると同時に、アラブの否定的（オリエント的で堕落し、劣った）人格が強化されたからでもある。リベラルな西洋はシオニズムのなかに、理性と理想主義の勝利、ただそれだけを見出した（なぜなら、それこそリベラリズムが主として見たいと望むものだからだ）。他方シオニズムは、リベラリズムのなかに、自分自身そうありたいと願う通りの自己の姿を見出した。いずれの場合にも、アラブは厄介者、否定、「悪い」価値として以外、存在を抹消された。これは確かに、イデオロギーが簡単な経済学を踏みにじった比類のない実例である。今日に至るまで、純粋に経済的な理由によって（イスラエルとシオニズムに与えられる膨大な額の援助資金を考慮すれば）イスラエルは一つの災いであるが、その先駆的な理性の勝利のお蔭で、ますます多くの援助や賛成が正当化され――しかもその賛成の根拠は次第に収縮してゆくのである。

ニーバーとエドマンド・ウィルソンの発言が行なわれたのは、それぞれ四〇年代と五〇年代である。一九六七年六月の〔第三次中東〕戦争に続く十年間に、イスラエルの国境線は大幅に拡大した。その結果、およそ百万という膨大なアラブ人口が集積された。少なくともイスラエル人であれば、誰一人この新たなパレスチナの現実という問題を避けて通ることはできなかったはずである。「アラブ」という言葉は、非ユダヤ人すべてを一括して指すのにはもはや役立たなかった。イスラエル内部の「古い」アラブのほか、西岸・ガザ地区の新たな集団、戦闘的な解放運動の戦士（のちのPLO）、そしてレバノン・ヨルダン・シリア・湾岸に散在するさまざまな共同体が存在した。イスラエルが現実の領域と人民とを軍事的占領下に置いて以来、現在で十年以上が経つ。西岸地域が「ユダヤ・サマリア」[*70]と呼ばれているのは確かだが、そこに住む人々は少なくとも現在までのところ、そう簡単には溶解しないであろう。つまり、シオニズム＝リベラリズムが直面する新たな障碍は、占領の問題なのである。軍事占領とは実際上「共存」を意味するのだとイスラエルなら主張するであろうし、「共存」とは、『ニューヨーク・タイムズ』が折にふれて唱える全面的占領賛成論の根拠となるほど、この新聞の趣味に合った概念である。一九七六年五月十九日[*71]、同紙の社説は「アラブの政治宣伝家」がありとあらゆる卑劣な行為（とりわけ、アラブ地域の占領に対する攻撃）を行なっているとしてこれを断罪し、次いで――イスラエルの公定方針を鸚鵡返しに繰り返しつつ――西岸・ガザ地区の軍事占領は、かつてのパレスチナに住むアラブとユダヤ人との「将来の協力関係の模範」であると宣言した。他の文脈なら、こうした発言などまずなされえなかったことだろう。「自治」が「エレツ・イスラエル[*72]〔イスラエルの地〕のアラブ」の真の望みとされたのとまったく同様に、軍事占領は人々のあいだの良好な関係を象徴する、共通の未来を築くための計画と見做されたのだった。

そればかりではない。私たちが再び直視せねばならないのは、表象を巻き込んだ論点、つまりパレスチナ問題の周囲に恒常的に潜んでいる論点である。すでに述べた通り、シオニズムはいつもパレスチナやパレスチナ人に代わって言葉を発しようと企てている。これがつねに意味したのは、パレスチナ人が世界の舞台の上で直接声を聞き取られない（あるいは自らを表象できない）ようにさせる封鎖作戦である。専門的オリエンタリストが、自分だけは自らの研究対象とした原住民や原始社会に代わって（言わば父権的に）言葉を発しうると信じていた――彼の存在が相手の不在を意味した――のと同様に、シオニストもまたパレスチナ人に代わって世界に語りかけた。だがこれは、第二次世界大戦以来のあらゆる反抗運動が利点として学んだように、いつどこででも可能というわけではなかった。大量かつときには瞬間的な情報伝達が可能となる時代においては、耳目を聳動《しょうどう》させるようなゲリラやテロリストの活動が直接「物を言い」、隠蔽されていた存在を直接表象しうる。やがて、この抑圧された存在が遮蔽物を透かして滲み出てくる。ことに、ほとんどのイスラエル人が体験した通り、存在の否認が行なわれた場合、その滲み出しは一層激しくなる。結局のところ、この最終局面でのパレスチナ人の否認は、シオニズムが当初から犯した過ちのなかでも最大の（しかし最も避け難い）過ちとなった。これについては、私は次章で議論するつもりである。ここで私たちは、リベラル派＝シオニストのヘゲモニー的癒着の最近の例のいくつかについて詳述し、ニーバーとウィルソンから始まった一連の実例の締め括りとしたい。

合衆国において容認可能性と政治的正統性が決せられるほとんど確実と言ってよい指標は、誰が何のために語っているのかという点に存する。私見によれば、これは一般的に妥当する事実である。この国においてＮＬＦ〔南ヴェトナム民族解放戦線〕が強力な（しかし非常に選び抜かれた）正統性を持った理由は、地位が高かったり目立ちやすかったり、あるいはその他の点で著名だったりする人物たちがこぞって、ヴェトナムにおける合衆国の行動に異を唱えたからである。スポック博士[*73]、ジェイン・フォンダ[*74]、ノーム・チョムスキー[*75]、マクガヴァン上院議員[*76]が皆揃って同一の事柄を非難する場合、彼らは自分たちが非難する対象とは反対の事柄を正当化しているものと見做されうる。逆にイスラエルの場合、イスラエルのために熱心に弁ずることが、一般社会ないし知的社会の誰にとっても必須と考えられるのであれば、パレスチナ人のために弁ずべき余地を見出す可能性は微小になる。事実、イスラエルを擁護する発言が行なわれるたびに、沈黙と抑圧の受け入れを強制する圧力がパレスチナ人に向かって強化され、集中される。かくして、イスラエルに味方し、パレスチナ人と対立することが正統かつ容認可能な態度となる。この公理から派生するより能動的な原則は、イスラエル人がイスラエルについて書いた論説は広く一般に流通する場合が多いのに、アラブが自らについて書いた論説はめったに見られないということである。これはたんに数字上の著しい不均衡というのみならず（それは、合衆国在住のアラブとユダヤ人の社会が規模においても、それから、そう、質においても乖離していることと密接に関連する）、質的な不均衡でもある。例えば、一九七三年の〔第四次中東〕戦争中のある週のこと、『ニューヨーク・タイムズ日曜雑誌』は戦争に関する感想を綴った、イスラエルの著名な法律家のエッセイを掲載した。翌週にはこれと対をなすと思われる記事が載ったが、その筆者は合衆国の前シリア大使だった。アラブの声が聞こえてくる場合、その声は最小限の印象しか与えないように選択されている。あるいは、前にも述べたように、アラブの代表的な見解が前面に押し出される場合にも、それは西洋の専門家によってなされるか、さもなければほとんど公式的なアラブの「声明」なのである。量と質とは同義のままであり続けるのだ。

一九六七年以後の十年間、非常に多くの著名人がイスラエルを訪れ、作家であれば印象記を書き残した。最も最近の例はソール・ベロー[*77]であり、ほかにもスティーヴン・スペンダー[*78]やフランシーヌ・デュ・プレシクス・グレイ[*79]、レナータ・アドラー[*80]、ギャリー・ウィルズ[*81]らがいる。一九六七年以降は――エドマンド・ウィルソンが対象とした時期とは違って――占領地域やそこに生きるアラブを避けたり無視したりすることはできなかった。従って、どのイスラエル訪問記にもパレスチナ人に関する記述が何がしかは含まれている。いずれの場合も、アラブはイスラエル人のアラブ専門家を通して論じられる。その専門家とは、たいていは世智にたけた植民地官僚であるが、ときには軍の諜報機関出身の研究者ということもあった。この点、ベローとスペンダーはまったく同じだった[(30)]。彼らのリベラルな人間性や、イスラエルの民主主義が軍事占領によって侵害される「可能性」についての彼らの懸念は、一人の専門家との対話のなかで示されていた。だが、この専門家は彼らにアラブの「現実」を表象してみせ、人間的価値に関する彼らの懸念を和らげ、イスラエルの民主主義について確信を持たせるのだった。すると今度は、占領地区内部のパレスチナ人アラブに関するこの見解が、彼らは何者であり、何を望み、どう感じているのかを代弁することになる。それはちょうど、南アフリカの黒人多数派が本当は何者であり、本当は何を望み、どう感じているのかを西洋知識人の訪問者に説明するために、白人の「黒人問題」担当官僚を派遣するのと同じことである。ただ勿論、こうした誤った表象は信じ難いとして拒絶される場合もあるだろう。ベローの『イェルサレム往還』はまさにこの、一般に受容され正統化された表象にその力強さを負っている。

イスラエルの内側で実際には何が起きていたのかを示す証拠も、皆無だったわけではない。合衆国を訪れるイスラエル人の多くは、イスラエル人とアメリカの親シオニストとの違いがどこにあるかについて触れ、後者は前者に比べると、イスラエルとそのアラブ「問題」に関しては遙かに率直さや開放性に欠けると発言した。(31) というのも、合衆国においてはイスラエルとシオニズムの大義名分は事実上神聖不可侵であり（これは今のヨーロッパについてはそれほど妥当しない）、一九四八年のイスラエル建国はマーシャル・プラン*82と同じく秘密裏に、高次元で議論されているからである。知的・学問的社会の諸部門全体——全メディア産業は勿論のこと——は、イスラエルとその行動について、他のいかなる大義名分とも比べようのない儀式を執り行なう。一九七四年および七五年には、ユネスコ*83からイスラエルがいわゆる「除名」処分を受け、国連がシオニズムを人種差別主義の一形態として非難した*84ことに反撥して、芸術界や一般社会、政界の大物たちが一斉に抗議声明に署名した。イスラエルの「非ユダヤ人」に対するさまざまな差別は、世界各地で行なわれている人種的抑圧の諸形態とはっきり区別できないため、シオニズムとイスラエルとがこれまでパレスチナ人アラブに何をなし、今なお何をなし続けているのかを語る者は——私に確認しうる限り、ノーム・チョムスキーが唯一の声である——ごく稀にしか現われない。その代わりに見られるのは、イスラエルおよびシオニズムのために取り置かれた道徳的・知的真空のなかで、ダニエル・パトリック・モイニハン*85が卑劣な行為を攻撃し、自由を擁護する姿である。(32)

通常何が「大義名分」を規定するのか、あるいはある問題が大義名分となるためには何が必要なのかという点についての社会学は、今日のイスラエルの場合、少なくともイスラエルが議論や公開討論の対象となる限り、完全に破綻する。リベラルな人間なら、ソ連やチリやアフリカにおける人権という大義名分を擁護せずに沈黙することはまずないだろう。ところが、イスラエルにおける類似の問題となると、ほとんど完全な沈黙が支配する。イスラエルにおける軍事政権と、それに付随する虐待や人権侵害の問題を「大義名分」にしようと人がいかに努力してみても、その努力は頑強な抵抗に遭って潰え去ってしまう。これは、ごく一握りのイスラエル批判者によって引用された資料がイスラエルの資料である場合、とくに顕著である。ここ何年ものあいだ、イスラエル人権連盟*86は、アラブ家屋の破壊やアラブの土地の収用、アラブ労働者の処遇、アラブに対する拷問と不法拘留などの問題に関して情報を一般に流布させてきた——すべての事例は、主としてイスラエルの新聞・雑誌記事の翻訳によって証拠立てられている。だが、こうした項目のどれ一つとして合衆国では陽の目を見ることがなく、しかもそれは、編輯者やテレビ解説者、（普段は）忌憚のない物言いをする著名なリベラル派などにそれらの情報が送られていないためでもないのである。文字通り何十ものイスラエルの通信社やリベラルなニューズレター、リベラルな季刊誌が存在し、それらが一九六七年以前のイスラエル国境線の内側や占領地区におけるパレスチナ人アラブの処遇を定期的に報道している——国連の報告書や国連派遣の元・国境停戦監視員による報告、アムネスティ・インターナショナル[*87]や赤十字のような国際機関の報告書、何十篇ものアラブ研究やアラブ・アメリカ研究については言うまでもない——のだが、そのどれ一つたりとも、合衆国では広い範囲での配布や普及がなされることはない。こうした故意の削除行為のうち、ごく最近の、それも多くの点できわめて奇怪な実例は、イスラエルの拷問に関するロンドンの『サンデー・タイムズ』「インサイト」レポート欄（一九七七年六月十九日付）に関連して見られる。『タイムズ』は、一連の調査技術を徹底的に駆使して、アラブに対する拷問がイスラエルでは恒常的・組織的な公認の手段になっていること、何百人ものアラブが拘留され拷問を受けていることを暴露し、さらに占領地区の「原住民」を威嚇・管理・弾圧する手段として国家がこれらの行為を是認しているという証言に十分な説得力があることを明らかにした。だが、たった一つの例外（ボストンの『グローブ』紙）を別とすれば、アメリカの主要新聞（雑誌、週刊誌、テレビのニュース番組）は一つもこのレポートを伝えず、ほとんどは言及すらせず、その後に出たアムネスティや赤十字その他のさまざまな報告書[*88]に触れたものに至っては皆無だった。この恥ずべき情報伝達上の怠慢については、ニコラス・フォン・ホフマンが適切な意見を述べている。

イスラエル当局は最小限、［当局による拷問についてサンデー『タイムズ』レポートが］集めた事例を検討し、ロンドンのイスラエル大使館が出した談話以上に説得的な見解を発表すべきである。なぜなら、大使館の談話はたんに「この種の申し立ては近年も繰り返しアラブの政治宣伝筋によって行なわれてきたが、詳細な裏付け調査によってまったく事実無根であることが判明した」と述べるにとどまっているからである。イスラエルは自らを免責するために相手を非難し、自らの行なった調査に依拠するだけでは済まされない。（中略）拷問の道具にガスを使うなどという馬鹿げた皮肉は、人間をこのように扱うことが民主主義の大義を増大させる道だと信じているイスラエルの官僚たちにとってもやりきれぬものであったに違いない。

大半のアメリカ人は、こうした事実について何一つ知ることがないだろう。（中略）［目下］のところ、このレポートを報ずるに値すると見做したのは一紙（ボストンの『グローブ』）のみである。この無関心は、新聞報道の質に疑念が抱かれた結果ではない。問題の記事を書いたサンデー『タイムズ』の「インサイト」取材班は、国際的にも立派な仕事で知られている。

この場合の関心の欠如は、拷問の調査に関する八十六語の記事を十三面に掲載した、ニューヨーク『タイムズ』の報道によって説明できるかもしれない。アメリカではある程度まで、ニューヨーク『タイムズ』がニュースと呼ぶものはすべてニュースになる、という傾向があるのだが、海外ニュースの場合はそれがさらに著しい。（中略）つまり、新聞・雑誌や放送界の編輯者には、それらのニュースについて独自の価値判断のできる者がほとんどいないのである。彼らは、一家言を持つだけの品性も才覚も欠いており、自らに代わって、国内で最も威信がある新聞に意思決定してもらうという安全策を選ぶことになる。

これは、イスラエルのような問題に関してはとりわけ安易な道である。というのも、この場合編輯者は、批判的な広報活動によって、国内でも最もよく組織された圧力団体から声高な罵詈雑言の集中砲火を浴びることになりかねないからである。だが海外では、マスメディアが他の民主主義国の大衆にずっと偏見の少ない報道を行なっているため、そのようなやり方は通用しない[33]。

時折、フォン・ホフマンの寄稿に類するレポートや記事が活字になったり、何がしかの注目を集めたりするような場合があったとしても、それは――組み込まれるべき脈絡や伝統が欠落しているため――稀少かつ孤立した報道としてその効果を剝奪されてしまう。イスラエルとリベラルな意見とのあいだに見られる合意や伝統、首尾一貫した言説などは、その力が純粋に制度化されているお蔭で、反対証言を雲散霧消させ、これを的外れなものとして振り払うことができる。さらにその力は、自らに壊滅的な打撃を与えると思われた挑戦者を転じて、自らの支援者とすることも可能である。ごく最近の実例として、メナヘム・ベギンの〔首相〕選出を取り上げてみよう。ベギンは長年に亘ってテロリストとして鳴らし、その事実を隠そうともしなかった。彼の著書『叛乱』は、標準的な中東文献コレクションの一環として、大学図書館や中規模の公共図書館ならどこにでも収蔵されている。同書中でベギンは、自分のテロ活動を――罪もない女性や子供たちの無差別大量虐殺も含め――当然のことのように（ぞっとするほど）ふんだんに叙述する。一九四八年四月に発生した、あのデイル・ヤースィーン[*89]のアラブ村落での二百五十人の女性・子供虐殺事件についても、彼は自分に責任があることを認めている。ところが、一九七七年五月の当選から二、三週間後、彼は暗黙裏にシャルル・ドゴール[*90]にも譬えらるべき「政治家」として、テロ行為など閑却された格好で報道機関に颯爽と登場したのだった。ここで、ベギンのテロ活動の証拠が隠蔽されたのだと言うことはできない。証拠なら、現代イスラエルについて論ずる誰の眼の前にも、当時も今もつねに存在したのだし、恒常的に（例えば、いかにも政治家然としていたダヴィッド・ベン・グリオン[*91]やゴルダ・メイルとベギンとを区別する場合）引用もされてきた。だが、イスラエルの指導者は民主的・西洋的で、通常アラブやナチス（それらは結局、イスラエルが自らの存在によって否定したものと見做されている）と結びつけられる悪徳に耽ることなどできないとする合意があまりに強いため、ベギンのように普通なら消化し難い一破片ですら、ひとかどの政治家へと変質させられてしまう（そして、一九七八年にはノースウェスタン大学から名誉法学博士号を取得、挙げ句の果てにはノーベル平和賞まで授与された！）。至る所に大義名分や侮辱を見出すリベラルな人士に限って、ベギンやイスラエルにおける拷問、イスラエル国家の文字通りとどめようのない併合主義政策については何も語らないのである。

ほとんど同様のことが、難民としてのパレスチナ人にも当て嵌まる。一九四八年中、いったい何人のパレスチナ人が強制的に国や土地を追われたのかについては議論がある（数字上は五十万から八十万まで幅が見られる。イスラエル側の資料でさえ諸説紛々だが、脱出行《エクソドス》自体を疑ってはいない）が、難民が存在するという点では今やすべてが完全な見解の一致を見ている。彼らがほぼ三十年に亘って自らの領域から隔てられた存在であったこと、さらに自決権が存在しなかったことは、彼らにある程度の不正がなされた事実を「証明」（この言葉は、この文脈でそれが実際に表わす人間的意味を考えれば不適切である）している。しかし、誰または何によって彼らが難民にされたのかという、行為主体の問題が提起される段になると、イスラエルは非難も責任も免れていると見做される（これは、合衆国にも同様にインドシナ荒廃の責任はないと述べたカーター大統領の説）ばかりか、（合衆国と同様）イスラエルもその人間性によって称讃までされる。私たちが告げられるところでは、パレスチナ人は、アラブ諸国を去ってイスラエルへ移住したユダヤ人の「交換品」であり、立ち去る必要はないというハガナー[*92]の説得にも拘わらず立ち去った人々であって、残った人々はそこで周囲のアラブ諸国にいる同胞よりよい暮らしをしている。ユダヤ人にはたった一つの避難場所しかないのに、アラブにはそれが二十数か所もあるのだから、どうしてアラブがユダヤ人のように、自らの難民を受け入れられないことがあろう。一九六七年にパレスチナ人の領域をさらに多く占領した結果、アラブとユダヤとの「二民族国家」的存在が現実に出現した[*93]。西岸の占領は『聖書』の預言が成就した結果である。パレスチナは存在するが、それはトランスヨルダンの内部においてである。他の（イスラム時代のインドやナチス時代のドイツからの）難民は他の至る所に再定着したのに、どうしてパレスチナ人にはそれが理解できないのか。パレスチナ人は、アラブ諸国に利用される政治的な人質（ないし駆け引きの駒）に過ぎない。従ってそれらの諸国に、この種の駆け引きはそういつまでもうまく運ばないことを悟らせてしまえば、パレスチナ人も何ら問題ではなくなるというわけである。勿論、こうした見解はすべて問題の周囲を堂々巡りしているだけであり、その問題自体、シオニズムの道徳性と気高い行動基準とを示す屈強な証拠へと変換されてしまった観がある。

4　パレスチナ人の権利

だが、パレスチナ問題の他のほとんどの論点の場合と同様、ここでも私たちはさまざまの事柄をお互いに繋ぎ合わせ、それらを隠蔽されたものとしてではなく（私が随所で引用する証拠は秘密でも未知でもない。大半は簡単に入手可能な文献中に見出される）、むしろ無視ないし否定されたものとして眺めてみる必要がある。難民問題を扱うのにふさわしい文脈はすでに用意されている。まず、パレスチナ難民は祖国に帰還したいのか、補償を得たいのか、それともよそに再定住したいのか。第二に、これらの疑問に対する理論上・実際上の解答について、国際的・道徳的合意は存在するのか。第三に、イスラエルではどのようなメカニズムによってヨーロッパやアメリカのユダヤ人が移民に、次いで市民になるのか、またそのメカニズムはどのような形でアラブ・パレスチナ難民の利益を阻害しているのか。これらの疑問すべてに対する解答は当然倫理性を帯びているが、政治的現実に関わるという意味では興味深く、また重要でもある。換言すれば、これらは学術的な疑問なのではなく、むしろ何百万もの人々の生活や、国家や、国際秩序に直接関連する疑問なのである。では、これらの疑問を冷静に吟味してみることにしよう。

一九四八年以前、パレスチナと呼ばれる領域の大半に居住していたのは、紛れもないアラブ多数派であった。だが彼らは、イスラエル建国後、離散する（つまり立ち去るか、または強制的に退去させられる）か、さもなければ国家の内部に非ユダヤ人少数派として包摂された。一九六七年以降、イスラエルはさらに広いパレスチナ人アラブの領域を占領。その結果、現段階では三種類のパレスチナ人アラブ、すなわち一九六七年以前のイスラエル国境内に居住する者、占領地域に居住する者、そして旧パレスチナの外部に居住する者が存在することになった。パレスチナ人の意志については、彼らのあいだで国民投票が行なわれたことは一度もない。その理由は明らかである――彼らがいくつもの司法権のもと、きわめて複雑に分散した形で存在しているという絶対的事実がある。また、そうした国民投票を行なうこと自体、とくに選挙制度のない体制下にある国々では、政治的に不可能である。他の理由もまだいくらでも挙げられる――そして、それらすべてが複合した結果、現在のところその種の国民投票実施はどうあっても困難な状況なのである。だがそれは、離散や流亡の境遇にあるパレスチナ人に自己表現を許すような手段が、他に何も存在しないという意味ではない。パレスチナ解放機構が広く一般に勝ちえた人気と正統性。占領地域のイスラエル軍政に対する恒常的な抵抗と拒絶。占領地域や一九六七年以前のイスラエル領内に住むアラブのあいだでの、日常的な示威行動、ストライキ、抵抗への政治的意思表示。パレスチナ人によって彼らのために設立された、さまざまの大衆組織や私的組織。これらから判断すれば、パレスチナ人は土地奪取、流亡、そして郷土の領域的喪失を共通に体験した共同体の構成員として一つにまとまり、決して現在の運命に黙従することはなかった。それどころかパレスチナ人は、自らの帰還の権利や自決達成への願望、自らに襲いかかったシオニズムに対する頑強な抵抗運動などに繰り返し固執し続けてきたのだった。

パレスチナ人のこだわりは、他に例のない、前後の脈絡を持たぬ逸脱行為などでは決してない。それは、現代世界で知られたあらゆる国際法的・道徳的規約によって完全に保障されている。「世界人権宣言」（一九四八年）の第十三条は次のように定めている。

1　何人《なんぴと》も、各国の境界内において移転及び居住の自由を享有する権利を有する。

2　何人も、自国を含むいずれの国をも去り、及び自国に帰る権利を有する。

さらに「市民的及び政治的権利に関する国際規約」*94（一九六六年）も、人民の持つこれら根本的な権利を認めており、一九七六年以降は、国連総会の全会一致（棄権はわずかに五票）での賛成という他に例のない効力を持つ文書として受け入れられてきた。その第十二条には、

2　何人も、自国を含むいずれの国を去るのも自由とされる。

4*95　何人も、自己自身の国に入る権利を恣意的に奪われることはない。

とある。また、国連人権委員会は次のように断言する。

a　何人も、人種、皮膚の色、性別、言語、宗教、政治上その他の意見、民族的・社会的出自、財産、誕生、結婚その他の地位など、いかなる種類の差別も受けることなく、自国へ帰る権利を有する。

b　何人も、自国へ帰る権利を剥奪する手段として、恣意的に国籍を奪い取られたり、国籍の放棄を強制されたりすることはない。

c　何人も、自国へ入る権利を恣意的に剥奪されることはない。

d　何人も、旅券その他の旅行文書を保持しないという理由で、自国へ戻る権利を否定されることはない。(34)

少なくともパレスチナ人にとっては明白なこれらの決定に対し、それに反駁を加えようとする議論の大半は、も

っぱら限られた数の論拠にのみ依存して行なわれている。一九四八年にパレスチナ人が自らの土地から立ち去ったとすれば、それはアラブ諸国が彼らにそれを勧めたからであり、その意図は、アラブ諸国が誇り高き勝利を収めたあと、彼らに凱旋させることであったという。だが、私自身の経験とあらゆる証拠とが示すところでは、一九四八年におけるパレスチナ人アラブの脱出《エクソドス》の決定的理由は別の所にあった。もっとも、パレスチナ人の帰還の権利を本当に議論するのであれば、パレスチナ人の逃走の理由をそこに持ち出すのは結局お門違いである。国際法に規定され、数多くの（合衆国も賛成した）国連決議が主張し、パレスチナ人自身が望んできたように、重要なのは彼らに帰還の権利があるということだ（パレスチナ人が自分の国土や家へ戻る権利を認めた最初の国連総会決議――第一九四号――は、一九四八年十二月十一日に採択されている。その最初の日付以降、同決議は何と二十八回も繰り返し採択されてきた）。ある人間が継続的に居住してきた土地へ戻る、その倫理的・政治的権利は世界各地で認められているのに対し、イスラエルは帰還の可能性を否定してきた。その第一の根拠は、パレスチナにおけるアラブ所有地を不在者財産と見做し、ユダヤ民族基金[*96]（これは「全ユダヤ民族に代わって」イスラエルの土地を法的に所有する。こうした規定は他のいかなる国家ないし擬似国家にも類がない）の没収に委ねるとした一連の法律であり、第二は、どこで生まれたユダヤ人であろうと、ただちにイスラエルの市民権および居住権を請求する権利がある（だがアラブは、たとえ本人とその家族が何世代にも亘ってパレスチナに居住してきたことを証明できたとしても、その権利は得られない）と規定した帰還法[*97]である。これら二つの排他的範疇によって、パレスチナ人アラブが帰還し、財産を補償され、イスラエルにおいてユダヤ教徒のイスラエル人とともに、法の前で等しい権利を持つ市民として生活することは、いかなる理由があろうとも組織的・法律的に不可能となる。

もう一つの論拠は、基本的に敵対感情を抱くこれだけの数のパレスチナ人がもし帰還を許されたとすれば、イスラエルで起こるであろう事柄は、事実上の政治的自殺行為に等しくなるというものである。さらに、イスラエルはユダヤ人の国であって、シオンへの「帰還」の可能性に関する選択の自由は無限に彼らに開かれていなければならないともされる。これらの議論が示す力、いや信念と激烈さとは、いずれも純粋な情念に基づいている。パレスチナ人アラブがそれらを否定しても無駄であるのは、イスラエルのユダヤ人がいつでも出身地に帰りたがっているなどと想像するのが無駄であるのとちょうど同じことである。パレスチナ人とシオニストとの紛争全体に感じられる絶望感や悲観主義のほとんどの原因は、両陣営がお互いに、土地や不幸な苦難の歴史やその土地に対する感情的・政治的負荷を持った相手の民族の、その実存的な力と存在性とをある意味で考慮できなかった点、さらに悪いことに、「他者」とは所詮、時間と努力（それに時折の懲罰的暴力）によって最終的には消え去ってしまう、一時的な厄介者に過ぎないのだとも言い切ってしまえなかった点にある。パレスチナ人とイスラエルのユダヤ人とは、今や完全にお互いの生活や政治的運命と絡み合わされているというのが現実であり、おそらくそれは究極的状況ではないにしても——これは理性的な議論においては容易に棚上げできない問題である——現在および予見可能な将来においては確かなことなのである。だが、たとえそうであっても、侵略して土地を奪取し、他者を追放する政治的存在と、侵略され、追放され、土地を奪取される存在とを区別できるようにしておく必要はある。この両者は同格ではなく、最終的に一方が他方に勝利してこれを決定的に支配するというのでもない。つまり私の信ずるところ、シオニズムがその政治・法律および認識論上の体系を永続させることには反対し、それに対する慎重な分析を行なわなければならない。なぜなら、その体系の当座の目標ならびにつねに更新される長期目標とは、パレスチナとパレスチナ人の排除に他ならないからである。

　こうした反対はどのような意味を持ち、どのような形を取るのか。私がこれまで縷々述べてきた政治的・認識論的状況からして、イスラエルやシオニズムに対し何らかの反対を唱えることは、少なくとも反セム主義、広くは民族虐殺を擁護していると見做されることに等しい。私が原則に則った明確な反対の根拠として提示したいと望む事柄から、こうした結論が導かれるとすれば、それは勿論有害な破壊行為にも匹敵する。だが、そうした行為はいずれにせよなされるのだし、残念ながら、将来何年にも亘ってなされ続けるであろう。もっとも、私が可能性を強く信じてやまぬ理性的議論全体の目的は、解決不可能と思われている諸問題を理解する枠組みとしての条件や視野を変化させる試みにある——イスラエル人とパレスチナ人はともにこうした諸問題の当事者であり、また同時に理性的な変化をも要求しているからだ。

変化のための願ってもない機会が訪れたのは、一九七七年十月一日、ソ連と合衆国が共同宣言を発表したときだった。この宣言で注目すべき事柄は、中東問題の最終的平和解決の場で、パレスチナ人の権利（たんなる利害ではなく）が議論されねばならないと述べられていた点である。宣言に対し、組織的なユダヤ人世論が発した罵倒とヒステリーの合唱は、聞く者を落胆させずにはおかなかった。国内のユダヤ系アメリカ人の反応はたんに侮辱的だったというにとどまらない。ホワイトハウスに何千もの手紙や電話が殺到したことをユダヤ人指導者たちが自慢したように、その侮辱は誇りを持って行なわれたのだった。イスラエルへの脅威が少しでも感知されれば（また、イスラエルの行為はすべて無条件に受け入れるという合衆国政府の既定方針から、少しでも逸脱が認められれば）、あらゆるユダヤ人とイスラエル支持者とが政府に対し動員されるであろう。これこそ、彼らが与えようと意図した教訓だった。こうした威嚇によって、中東はたんなる外交政策の問題ではなく、国内問題でもあり続ける。だが他面、それは、恐怖を梃子《てこ》に民衆を動員することなど簡単だという意味でもある。

それにしても、恐怖や抑圧や完全な知的テロ行為は是認された現象なのだろうか、あるいはそれらは、ほとんど信じ難いほど近視眼的で、結局は愚かしい利益に奉仕しているだけなのではないのだろうか。パレスチナ人に関する議論を拒絶した者が取りうる唯一の道とは、アメリカのユダヤ人社会と政府とのあいだに内戦が発生すると威嚇すること、あるいは報道機関でイスラエルや合衆国の官僚がしきりに描いてきたように、アラブに対するイスラエルの殺戮戦争が展開するだろうと威嚇することなのだろうか（例えば、一九七七年十月二十六日付『ワシントン・ポスト』紙上のジム・ホーグランド[*98]の記事を参照されたい）。このような激しい反応を喚起する恐るべき事柄とは何なのか、また、さらに重要な点だが、はたしてその事柄は戦争が起こるという威嚇や戦争それ自体によって消し去ることが可能なものなのだろうか。

私見によれば、パレスチナ人について理性的に語ることは、戦争や民族虐殺について語ることをやめ、政治的現実に真剣に取り組み始めることを意味する。パレスチナ民族は確かに存在し、イスラエルによるパレスチナ人の土地の占領も存在し、イスラエルの軍事占領下にあるパレスチナ人も存在し、イスラエル市民としてイスラエル人口の一五パーセントを占めるパレスチナ人――六十五万人――も存在し、流亡中の膨大な数のパレスチナ人も存在する。これらは、合衆国や世界のほとんどの諸国が直接・間接に認め、イスラエルもまた、否認や拒絶や戦争の威嚇や処罰の形においてではあれ、同様に認めてきた現実なのである。過去四十年間の歴史が示してきたように、パレスチナ人はありとあらゆる抑圧や苦難に影響されながら、政治的に萎縮することなく成長を遂げてきた。ユダヤ人の歴史もまた、歴史の充満したパレスチナの土地に対する愛着が時とともに増大してゆくことを示してきた。パレスチナ人は完全に抹殺されることなく存在し続け、自分たちを代表するのは誰で、どこに定住を望み、自らの民族的・政治的未来をどうしたいと欲しているのか、それらに関する自分たち自身の考えを持ち続けてゆくことだろう。

従って、今シオニズムを批判するためには、ある観念や理論ではなく、拒絶という壁を批判することが必要である。それは、何百万ものパレスチナ人アラブが立ち去ったり、占領に甘んじたり、あるいは自分たちの運命や「自治」や物理的位置づけに関するイスラエル、エジプト、ないしアメリカの考え方に黙従したりすることなど誰にも期待できないのだと、断固主張することに他ならない。それはまた、パレスチナ人とイスラエルのユダヤ人とが同じ席に着いて、未解決の問題すべてを議論すべき時が来たという意味でもある。移民の権利、失われた財産に対する補償といった問題はすべて、将来の平和に関する一般的な文脈において議論されねばならず、また同時に、ユダヤ人の民族解放（としばしば呼ばれる現象）が抽象的にではなく、他民族の存在の廃墟の上に生じたという事実をシオニスト側が認める、その知的文脈のなかで議論されねばならない。パレスチナ問題とは、かつてパレスチナと呼ばれていた土地でシオニズムやイスラエルが理論的にどう振舞うべきかを、シオニストがたんに内輪で秘教的に議論することではなく、むしろ共通に重要な領域の住人たるアラブとユダヤ人とを巻き込んだ、生死を賭けた政治問題なのである。シオニズム批判とは結局、その事実を認めることに他ならない。

だが、これらの議論すべてにおいては、この問題を中東の民族間の地域的問題と限定するのではなく、むしろこれまで私が示そうと試みてきたように、流亡の民を自認し、全世界を巻き込む紛争を惹き起こした二つの社会にまつわる問題として認識し、定式化することを忘れてはならない。その一方には、まずシオニズム、ユダヤ人の契約とユダヤの歴史、それにかつて人類が蒙った最も悲劇的な宿命からの生還者があり、他方には、自らの民族としての財産剥奪の体験と、人種差別・土地収用・軍事占領に対する反対とを行動基準の一端とし、反帝国主義・反植民地主義を掲げた第三世界の一民族がいる。こうした普遍的な問題によって、全世界はこの闘争の一局面に押し込められることになる。小さな諍いが拡大して手に負えなくなる危険はつねに存在するものの、拡大の結果、紛争の機動力となっている問題や観念の全体集合がどのようなものか、私たちにある程度見当がつくようになることも確かである。

だが、おそらくは測り難い影響力を持つこの抗争の、その規模を縮小することも考えねばならない。私の信ずるところ、パレスチナにおけるパレスチナ人とユダヤ人とは、両者に共通する状況を狭い民族的視野から見る代わりに、人権の見地から眺めることで、ともに大きな利益を得る――いくらかの損失も蒙ることも明らかだが――はずである。現代の中東は、十九世紀の植民地主義から、恐ろしい分断・対立のもととなる政治的遺産をほとんど疑いようのない形で相続した。これは、あまりにしばしば忘れ去られてきた事実である。オスマン帝国と、のちに西洋の宗主権下に入ったその諸地域とを統治したのは、原則として、各地域の利害に応じて植民地勢力と結託した少数派であった。今日、レバノン、ヨルダン、シリア、イスラエル、クウェート、サウジアラビアには少数派政権が存在する。この地域全体の多数派はスンナ派イスラムであるが、これらの諸国を統治するのは非スンナ派集団か、または全国民に開かれていない、特定の家系ないし地域の独裁制である。その結果、この地域の中核をなす国家政府は、多数派国民を本質的に抑圧することとなり、しかもそれがアラブ諸国のみならず、イスラエルにおいても明らかに行なわれているのである。少数派の精神傾向は、自分たち自身のための無批判な国家讃美とも相俟って、個々の市民の運命を脆弱なものとしてきた。例えばイスラエルでは、国家はユダヤ人と非ユダヤ人とに分けられ、さらに差別的な形でヨーロッパ系ユダヤ人とオリエント系ユダヤ人とに分割されている。この地域の他のどの場所でも、市民の権利は法によって保障されるのではなく、用心深く保護された中央の国家権力の恣意に基づいて与えられる。従って、イスラエル・パレスチナ紛争の何らかの解決と、そこでの公正さの確保へ向けて一歩を踏み出すためには、二つの集団のあいだの問題を再考し、その問題が実は、この領域の（過去および現在の）本来の住民すべてに諸権利が保障される時節の到来を希求する人々すべてに関わる紛争であることを改めて定式化せねばならない。その暁にはイスラエルも、もはや居住の有無に関わりない全ユダヤ民族の国家であることは不可能になり、現に居住するユダヤ系および非ユダヤ系市民の国家と化すであろう。*99 同じことは、この地域の他の国家についても当て嵌まる。

　だが、現段階では、そのような基本的な一歩を踏み出すことすら、現実には不可能な状況にある。イスラエル人とパレスチナ人との関係があまりに燃え上がった結果、公正や解決に類する事柄はまったく問題外になってしまっている。もっともそれは、当座のあいだだけの話である。私見によれば、人類の誰にとっても長期目標は同一であり、それは各人が政治的に不安や危険や恐怖や抑圧から解放され、他者を不平等ないし不正な形で支配する可能性からも自由になって生きるのを許されるということである。この長期目標は、パレスチナ人アラブとイスラエルのユダヤ人とでは異なる意味を持つ。後者にとってそれは、ナチスの民族虐殺で頂点に達した反セム主義の恐ろしい歴史的圧迫、アラブへの恐怖、そして非ユダヤ人を標的とした綱領的シオニズムの盲目性から自由になることを意味する。前者にとっての長期目標とは、流亡と土地奪取を免れ、歴史上周縁的存在であったがために蒙った文化的・心理学的荒廃から自由になり、抑圧的イスラエルに対する非人間的な態度や行動からも解放されることである。では、この遠大な目標に対する目下の障碍を、私たちはどのように考えればよいのだろうか。

最初の、おそらくきわめて小さな第一歩は、理解を試みることである。上に述べたように、シオニズムは従来、ユダヤ人のみに関わる問題であるかのごとく研究や議論がなされてきたが、シオニズムの矢面に立たされ、膨大であるばかりか、認められることもない異常なまでの人的損害を蒙ったのはパレスチナ人なのだった。従って、私たちは今、パレスチナ人アラブにもイスラエルその他のユダヤ人にも明確な影響を及ぼした一つの歴史的・政治的行動理論、イデオロギー、あるいは綱領としてシオニズムを捉え、これとの折合いをつけねばならない。その現実を認めた上で議論と理性的な理解とがなされるなら、私たちはまた、アラブの生活を活気づける事柄についても理解を始められる。換言すれば、パレスチナ問題に関する議論を、従来最も多く否定・抑圧されてきた現実——私自身その一員であるパレスチナ人アラブの現実——へと開放してゆくことこそが、ここでの私の目標となるであろう。

最初の一歩として、それはおそらく当初思われるほどには地味でも、学術的なものでもない。パレスチナ自体においてもパレスチナに関する議論においても、パレスチナ人アラブがたんに御し難い、反セム主義を奉じるテロリストたる難民の象徴としてではなく、人権を持った一市民として捉えられ、その十全な人間的現実にまともな関心が払われたことはこれまで一度もなかった。私の議論の前提となるのは、この事実である。だが幸運にも、その種の議論が可能となったり、いわんや実り多い結果をもたらしたりした場面は従来皆無であった。もっとも、融和的雰囲気が断続的に瀰漫しつつあるように見える状況下では――さらなる戦争や、「和平過程」に関する一層無意味な言葉も同様に現実味を帯びてはいるのだが――論点を広範囲の人々に把握してもらうことが絶対に必要であるように思われる。私は本書で以下、二部に分けた理解の試みを提示する。まず第二章では、シオニズムが、その受益者ならぬ犠牲者としてのパレスチナ人アラブにどう影響を及ぼしたかが考察される。続く第三章では、一体的なパレスチナ人の生活、文化、政治的・社会的諸制度の現状を含め、現代パレスチナ人の経験が分析的に叙述される。第四章では締め括りとして、現在および過去の合衆国の中東政策に関する議論と、もし最終的にパレスチナ人のための和平過程が本格的に開始された場合、直面すべき問題についての考察が行なわれる。

訳注

1　ゴルダ・メイル Golda Meir ――イスラエルの政治家（一八九八―一九七八年）。ロシアから合衆国を経てイスラエルに移住し、独立運動に参加。初代駐ソ公使、外務大臣、首相（六九―七四年）を歴任。

2　メナヘム・ベギン Menachem Begin ――イスラエルの政治家（一九一三―九一年）。ポーランドでシオニストとして活動後、パレスチナへ移住し、地下武装組織イルグーン・ツヴァイー・レウミー（民族軍事組織）を率いて反英独立運動に参加。四八年にはヘルート（自由）党の党首、のちのリクード（連合）党首時代（七六―八三年）に首相を務める。八七年ノーベル平和賞受賞。著作として『叛乱』（八三年。邦訳は滝川義人訳『反乱――反英レジスタンスの記録』上下、ミルトス、一九八九年）がある。

3　『ブラック・サンデー』 *Black Sunday* ――ジョン・フランケンハイマー監督、ロバート・ショー主演、一九七七年製作のアメリカ映画。パレスチナの武装組織「黒い九月」に属する女性テロリスト・ダリアらの合衆国でのテロ計画を、イスラエルの秘密諜報部員デイヴィッド・カバコフとＦＢＩが未然に阻止するという筋立て。原作の邦訳は、トマス・ハリス『ブラック　サンデー』宇野利泰訳、新潮社、一九七六年。

4　『恐怖の報酬』 ***Sorceror*** ――ウィリアム・フリードキン監督、ジョルジュ・オルノー原作、ロイ・シャイダー主演、一九七七年製作のアメリカ映画。五三年のアンリ＝ジョルジュ・クルーゾー監督による有名なフランス映画のリメイク版。反政府ゲリラの逸話を加える。

5　反セム主義 anti-Semitism ――ユダヤ人を差別・排斥しようとする思想。古来、キリスト教はユダヤ教からの乖離を図り、自らを「異邦人（非ユダヤ人）」の宗教と位置づけるために、人間をユダヤ人・非ユダヤ人に二分する思考法を広めた。これが、ヨーロッパの歴史を貫流する反ユダヤ主義 anti-Judaism の源流となる。十九世紀後半、ユダヤ人を生物学的「人種」概念で捉える見方が一般化し、さらに言語学上の「セム語族」「アーリア語族」の分類が「人種」概念に転換されるようになると、ヨーロッパ人の身近に存在する「ユダヤ人」は「セム族」の代名詞と化し、「反ユダヤ主義」は「反セム主義」という言葉に置き換えられていった。「反セム主義」の語彙自体は一八七九年、ヴィルヘルム・マール Wilhelm Marr（一八一九―一九〇四年）というジャーナリストの用例が初出とされる。現代でも、パレスチナ人の視点からするイスラエル国家批判は、欧米ではすべて「反セム主義」の名のもとに断罪される傾向にある。

6　ヤーセル・アラファート Yāsir ʻArafāt ――カイロ出身のパレスチナの政治家（一九二九―二〇〇四年）。五九年にパレスチナ民族解放運動「ファタハ」を創設。六九年以来、パレスチナ解放機構の議長を務め、九六年にはパレスチナ自治政府議長に選出。

7　シャトーブリアン François-René de Chateaubriand ――フランスの作家（一七六八―一八四八年）。『キリスト教の精髄』（一八〇二年）、ギリシア・中東旅行記『パリからイェルサレムへの旅』（一一年）など。

8　マーク・トウェイン Mark Twain ――合衆国の作家（一八三五―一九一〇年）。六六年の地中海・中東旅行の記録は『無邪気な外遊記』（六九年）として発表された。

9　ラマルチーヌ Alphonse de Lamartine ――フランス・ロマン派の詩人・政治家（一七九〇―一八六九年）。『瞑想詩集』（二〇年）の他、三二―三三年のギリシア・中東旅行の記録を『オリエント旅行記』（三五年）として刊行した。

10　ネルヴァル Gérard de Nerval ――フランス・ロマン派の詩人・小説家（一八〇八―五五年）。四二年末から約一年間の中東旅行の後、幻想的な『オリエント旅行記』（五一年）を発表。他に短編集『火の娘たち』（五四年）、小説『オーレリア』（五五年）など。

11　ディズレイリ Benjamin Disraeli ――イギリスの作家・政治家（一八〇四―八一年）。三一年に中東を旅行。十二世紀ペルシアでのユダヤ教徒の叛乱に取材した『オルロイの不思議な物語』（三三年）、イギリス貴族のイェルサレム訪問を扱った『タンクレッド』（四七年）など多くの小説で知られる。

12　イズレイエル・ザングウィル Israel Zangwill ――ロシア移民の家庭に生まれたイギリスの作家（一八六四―一九二六年）。ロンドンのユダヤ人を主題として『ゲットーの子供たち』（九二年）をはじめ多くの小説を書いた。当初はシオニズムに共鳴するが、のち離脱。「民なき土地に土地なき民を」という標語は、ザングウィルが一九〇一年に発表した論説「パレスチナへの帰還」のなかに現われる言葉。彼は「パレスチナは民なき土地であり、ユダヤ人は土地なき民である。国土の再生は民族の再生をもたらすであろう」と述べた。"The Return to Palestine," in: *New Liberal Review* (London). Vol. 2. December 1901. pp. 615–33. なお、この雑誌の刊行年を考慮して、サイードの原文では「十九世紀末葉」とあるのを「二十世紀初頭」と改めた。

13　シオン Zion ――イェルサレムの丘の名前、転じてイェルサレムの雅称。現代ヘブライ語ではツィヨン Ẓiyon（聖書ヘブライ語の転写は Ṣiyyôn）、ラテン語でスィーオン Sīon.「シオニズム」の語源になった。

14　ジバール……隣接している――この部分は元来、英訳者リ＝ストレンジの注釈。丸括弧内も同様である。原典はイスタフリー al-Iṣṭakhrī の『諸道諸国誌』（九五一年頃）およびイブン・ハウカル Ibn Ḥawqal の『大地の姿』（九八八年頃）。両者の本文には多少の異同があり、英訳は主としてイスタフリーに依拠している。邦訳はアラビア語原典から直接行なったので、英訳とは異なる部分がある。

15　ジョージ・サンディス George Sandys ――イギリスの詩人・旅行家・官僚（一五七八―一六六四年）。オウィディウスの『変身譚』の英訳（一六二一―二六年）その他で知られる。中東旅行の記録である『旅行記』（一六一五年）は、十七世紀に九版を重ねた。

16　乳と蜜の流れる土地 a land that flowed with milk and honey ――『旧約聖書』「出エジプト記」第3章8節、「レビ記」第20章24節にある言葉。

17　パレスチナ探検基金 Palestine Exploration Fund ――一八六五年、ロンドンで設立された聖地の調査研究のための団体。一八七〇年、コンダーとターウィット・ドレイクによる陸地測量事業を皮切りに、多くの学者が発掘調査に従事、六九年以降、二十世紀を通じて季刊の報告書を毎年刊行し続けた。

18　スンナ派 Sunnī ――シーア派に対するイスラムの多数派。元来は「預言者のスンナ（範例）に従う人々」という意味を持つ。

19　ドルーズ Durūz ――イスラムの一宗派。シーア派のイスマーイール派の分派。十一世紀にファーティマ朝カリフ・ハーキムを神格化することで成立。信徒はレバノン・シリア・イスラエルに分散している。

20　シーア派 Shīʻī ――スンナ派に対するイスラムの少数派。第四代カリフ・アリーとその子孫が預言者ムハンマドの権威を受け継いだと考える人々。「シーア・アリー」すなわち「アリーの党派」が原義。

21　イッザト・ダルワザ ʻIzzat Darwaza ――原文に「ハカム・ダルワザ」とあるのを改めた。ダルワザはオスマン朝末期の官僚・政治家・作家（一八八九―一九八五年）。ナーブルス出身、シリアやパレスチナでアラブ民族運動を率いた。晩年は『現代アラブ運動論』『パレスチナ問題の諸段階』等多くの著作を残している。

22　ハリール・アッ＝サカーキーニー Khalīl al-Sakākīnī ――イェルサレム出身のパレスチナの作家・教育者（一八七八―一九五三年）。イギリス委任統治下で学校視察官や中学校長を務め、『新編アラビア語講読』など多くの学校教科書を執筆。四八年にカイロのアラビア語アカデミー会員。『第一次世界大戦後のパレスチナ』(二〇年) などの著作の他、歿後に日記が『世界よ、我はかくありき』(五五年) と題して刊行された。

23　ハリール・ベイダス Khalīl Baydas ——パレスチナの作家 (一八七五—一九四九年)。一九〇八年に『現代宝石』と題する文藝雑誌を創刊し、ロシア語からの翻訳小説や創作を発表。パレスチナ最初の小説『遺産相続人』(二〇年) や短編集『諸精神の舞台』(二四年) などで知られる。サイードの自伝によると、彼はサイードの父親の従兄弟に当たり、自分が少年時代に通ったイェルサレムのセント・ジョージ学園に勤務するアラビア語教師であったという。E. W. Said, *Out of Place*, pp. 113–14. 中野真紀子訳『遠い場所の記憶　自伝』二二八—二二九頁。

24　ナジーブ・ナッサール Najīb Naṣṣār ——ハイファー出身のパレスチナのジャーナリスト (一八六五—一九四八年)。一九〇八年にハイファーで新聞『カルミル』を創刊し、シオニズムを攻撃した。

25　フトゥーワ al-Futūwa ——元来は「若者らしさ」を意味するアラビア語。一九三五年にパレスチナの政治指導者ジャマール・アル＝フサイニー (一八九二—一九八二年) らによって創設された軍事的組織。四六年に再組織された。

26　ナッジャーダ al-Najāda ——元来は「救援者」を意味するアラビア語。一九四五年にムハンマド・ニムル・アル＝ハッワーリーによって創設された若者の運動組織。レバノンでも、一九三七年に同名の組織が作られている。

27　アラブ高等委員会 Arab Higher Committees/al-Lajna al-ʻArabīya al-ʻUlyā ——一九三六年四月に結成されたパレスチナの民族運動組織。アミーン・アル＝フサイニーを会長に、パレスチナの主要な六政党の代表で構成され、ユダヤ人に対するボイコットやストライキを組織した。三七年にイギリス当局から解散命令を受ける。

28　テオドール・ヘルツル Theodor Herzl ——オーストリアの作家・ジャーナリスト (一八六〇—一九〇四年)。ブダペストの同化ユダヤ人の家庭に生まれ、ウィーンで活動。九六年に『ユダヤ人国家』(邦訳は佐藤康彦訳、法政大学出版局、一九九一年) を著わして、ユダヤ人国家の建設を主張、翌九七年から六回に亘って世界シオニスト会議を開催した。長編小説『古き新国家』(一九〇二年) など。

29　バルフォア宣言 Balfour Declaration ——一九一七年、イギリスの外相アーサー・ジェイムズ・バルフォア (一八四八—一九三〇年) がロスチャイルド卿に宛てた書簡の形で発表した宣言。「イギリス政府はパレスチナにおけるユダヤ人の民族的郷土樹立に賛成する」ことを明記した。

30　ロスチャイルド卿 Lord Rothschild, Second Baron, Lionel Walter ——イギリスの博物学者・シオニスト (一八六八—一九三七年)。

31　ハイム・ワイツマン Chaim Weizmann ——ロシア出身のイギリスの科学者・政治運動家 (一八七四—一九五二年)。世界シオニスト機構の会長、イスラエル独立後の初代大統領を務めた。

32　ラビ Rabbi/rabbî ――ユダヤ教の律法学者。元来はヘブライ語で「わが師」の意味。イギリスでは一八四五年以降、また英委任統治下のパレスチナでは一九二〇年以降、「首席ラビ」を置いている。

33　モシェー・ダヤン Moshe Dayan ――イスラエルの軍人・政治家（一九一五―八一年）。デガニヤで、ロシア移民の家庭に生まれる。三六年以降、地下組織ハガナーのもとで反英独立運動に参加。イスラエル建国後は、参謀総長として第二次中東戦争のシナイ作戦、国防相として第三次中東戦争を指揮した。七七―七九年、ベギン政権の外相。邦訳された著作に、込山敬一郎訳『イスラエルの鷹――モシェ・ダヤン自伝』読売新聞社、一九七八年、がある。

34　ナハラル Nahalal ――一九二一年、ユダヤ人移民によってナザレの南西に作られた最初のモシャヴ（協同組合的入植村）。シオニスト側の記録では、そこはマラリヤの蔓延する沼地だったとされるが、実際にはアラブ農民の居住するマァルール村が存在していた。マァルールの名は『タルムード』に現われるヘブライ語「マハロル」に相当するとされる。藤田進『蘇るパレスチナ――語りはじめた難民たちの証言』新しい世界史12、東京大学出版会、一九八九年、八八―一〇六頁参照。

35　グヴァト Gevat ――一九二六年、ポーランドからのユダヤ人移民によって作られたキブツ（共同体的入植村）。ナザレの南西の丘の麓に位置する。

36　キブツ Kibbutz/Qibuẓ ――私有を否定し、生産・消費や教育活動を共同で行なうイスラエルの農業共同体的入植村。

37　サリード Sarid ――一九二六年、東欧からのユダヤ人移民によって作られたキブツ。グヴァトの南東側に位置する。

38　クファル・ヨシュア Kefar Yehoshu'a ――一九二七年、ロシアからの移民によって作られたモシャヴ。ナハラルの近くに位置し、十九世紀末からこの付近一帯の土地買収を行なったヨシュア・ハンキンに因んで命名された。

39　『ハ＝アレツ』 *Ha'aretz/Ha-Areẓ* ――一九一九年創刊のヘブライ語の日刊紙。標題は「国土」「祖国」を意味し、イスラエルで最も権威ある新聞とされる。ドイツ出身のショッケン家が経営・編輯の中枢を把握している。

40　イスラエル・シャハク Israel Shahak ――イスラエル人権同盟の指導者（一九三三―二〇〇一年）。ワルシャワに生まれ、ベルゼンのナチス収容所で少年時代を過ごす。四五年にイスラエルへ移住、ヘブライ大学で有機化学の教授を務め、のち名誉教授。一九七三年二月十二日「イスラエルにおいて破壊されたアラブ村落」の報告書を発表、イスラエル建国時に抹殺された三百八十五のアラブ村落の存在を明らかにし、同地がもと無人の曠野だったとする神話の欺瞞性を告発した。サイードはシャハクと三十年以上の交流があったという。英語の著作に『ユダヤの歴史、ユダヤの宗教――三千年の重み』（九四年）、『公然の秘密――イスラエルの外交・核政策』（九七年）など。ヘブライ語の新聞・雑誌の主要記事を英訳し、注釈を付して世界に発信する仕事を続けていた。邦訳された論文に「イスラエル国家批判――ユダヤ人の立場からの告発」および「イスラエルによって離散されたアラブの村」『国際経済』第12巻14号（臨時増刊号、中東特集）、国際経済社、一九七五年十二月、三四—三八頁および三九—四〇頁、同じくインタビューに「シオニズムに変化なし——イスラエル・シャハク博士とのインタビュー」『アラブ・トピックス』第五巻七号、一九七八年七月、一二—一九頁、がある。

41 約束された領域——『旧約聖書』「創世記」第12章7節、13章14-17節、15章18節、28章13-15節において、神がアブラハムや孫のヤコブに与えることを約束したとされる土地。「選ばれた民」への「約束の地」の意味で、のちにシオニストはこれを「エレツ・イスラエル」（イスラエルの土地）と呼び、パレスチナ領有の宗教的根拠とした。ただし、『聖書』の文言自体からは、約束の対象がユダヤ人のみであるとは言えず、その土地の範囲も曖昧である。

42 ベール・ボロホフ Ber Borochov ——社会主義シオニズムの理論家・指導者（一八八一—一九一七年）。ウクライナ出身、ロシアの社会民主党に参加。ポアレイ・ツィヨン（シオン労働者党）の創設に関わり、第一次大戦直後にはヨーロッパや合衆国でも活動した。第三章訳注31参照。

43 ハ＝ポエル・ハ＝ツァイール Ha-Poʻel Ha-Ẓaʻir ——社会主義シオニズムを奉ずる団体。労働の意義と社会主義的人格の完成を説くアハロン・ダヴィッド・ゴードン（一八五六—一九二二年）らを中心に創設され、一九〇七年から同名の機関紙を刊行。三〇年にアハドゥート・ハ＝アヴォダー（労働の統一）と合流してマパイ（イスラエル労働党）を形成した。

44 ウラジーミル・ジャボティンスキー Vladimir Zeev Jabotinsky ——オデーサ出身の軍人・ジャーナリスト（一八八〇—一九四〇年）。シオニズム運動に参加し、その強硬派として穏健路線を批判。二五年にはシオニスト改訂派世界連合をパリで、また三五年には、世界シオニスト機構に対立する「新シオニスト機構」をウィーンで設立。シオニスト改訂派は、のちのヘルート（四八年）およびリクード（七三年）の源流となった。

45 アモス・エロン Amos Elon ——イスラエルの作家・ジャーナリスト（一九二六—二〇〇九年）。邦訳された著作として、サナ・ハサンとの共著『敵視の狭間で——対話 愛は甦るか』千葉敦子訳、TBSブリタニカ、一九七六年。『エルサレム——記憶の戦場』村田靖子訳、法政大学出版局、一九九八年。

46 シルヴァン・レヴィ Sylvain Lévi ——フランスのインド学者（一八六三—一九三五年）。一八九四年から歿年までコレージュ・ド・フランスの教授。二六年から二年間、東京の日仏会館の初代館長も務めた。

47 ジョン・ホブソン John A. Hobson ——イギリスの経済学者（一八五八—一九四〇年）。フェビアン協会に属して帝国主義批判を展開、『帝国主義論』（一九〇二年）で知られる。

48 ジョージ・アントニウス George Antonius ——カイロ出身のアラブの教育者・政治家（一八九二—一九四二年）。レバノン系のギリシア正教の家庭に生まれ、ケンブリッジ大学を卒業後、三〇年まで主にパレスチナの教育行政に携わる。三八年にニューヨークで『アラブの覚醒』(邦訳は木村申二訳『アラブの目覚め──アラブ民族運動物語』第三書館、一九八九年)を刊行。三九年のパレスチナ問題に関するロンドン円卓会議では、パレスチナ代表団に加わった。

49　オリエント系ユダヤ人 Oriental Jew/Mizrahim ──ヘブライ語で「ミズラヒーム」と呼ばれる中東・アフリカ出身のユダヤ人。ほとんどがイスラエル建国後に移民し、現在では全人口の過半数を占める。広義の「スファラディーム」(原義は「スペイン系ユダヤ人」)に含められる場合もあり、一般に「アシュケナズィーム」(ドイツ系ないしヨーロッパ系ユダヤ人)に対する下層階級を構成している。第二章訳注96参照。

50　契約 covenant ──神がユダヤ人に与えたとされる約束のこと。訳注41参照。

51　パレスチナ解放機構 Palestine Liberation Organization ──パレスチナ人を代表する政治組織。一九六四年、アラブ連盟の指導下に結成され、六九年にその最高機関であるパレスチナ国民会議でヤーセル・アラファートを議長に選出。七四年、ラバトのアラブ首脳会議でパレスチナ人の唯一の代表機関として公認され、同年のアラファートの国連演説後、国連オブザーバーの資格を獲得した。合衆国は八八年、イスラエルは九三年になってようやくPLOを交渉相手として認知している。

52　アレンビー将軍 Edmund H. H. Allenby ──イギリスの軍人(一八六一—一九三六年)。第一次世界大戦末期の一九一七—一八年、エジプト派遣軍を指揮してパレスチナでトルコ軍を破った。一九—二五年、エジプトにおけるイギリス高等弁務官。

53　ジョン・スチュアート・ミル John Stuart Mill ──功利主義を代表するイギリスの哲学者・経済学者(一八〇六—七三年)。『論理学体系』(四三年)、『経済学原理』(四八年)、『自由論』(五九年)など。

54　レイノルド・ニーバー Reinhold Niebuhr ──合衆国のプロテスタント神学者・倫理学者(一八九二—一九七一年)。ドイツ移民の子としてミズーリ州に生まれ、二八—六〇年、ニューヨークのユニオン神学大学でキリスト教倫理学を講ずる。主著『人間の本性と運命』(四一—四三年)。合衆国の「ネオ・オーソドクシー」の代表であると同時に、二十世紀の代表的神学者と見做されている。

55　十一月二十六日──原文には二十一日とあるのを改めた。また、「他の五人の名士」とある部分も、原文の「六人」を改めて訳した。

56　パレスチナ分割案 partition plan ──パレスチナをパレスチナ人側とシオニスト側とで分割する具体的提案は、一九三七年以降さまざまに行なわれた。最終的には、国連パレスチナ特別委員会が多数意見として分割案、少数意見として連邦案を併記した報告書を提出。シオニスト側の支持する分割案が合衆国の主導下、四七年十一月二十九日の総会で三十三対十三(棄権十)の多数で可決された(決議一八一号)。

57　中東の現実 the Middle East realities ──サイードの引用には"realities"の語が脱落しているが、新聞の原文によって補った。

58　潜在的要因 potential factor —— サイードの引用には"potential"の語が脱落しているが、新聞の原文によって補った。

59　アラブ連盟 Arab League/The League of Arab States —— 一九四五年にエジプト、イラク、サウジアラビア、イエメン、トランスヨルダン、シリア、レバノンの七か国が結成した地域機構。アラブ諸国の独立と主権の尊重、経済・社会・文化面での相互協力を目的とする。現在はパレスチナ解放機構を含めた二十一か国で構成される。

60　「在れ」という命令文 fiat ——元来はラテン語"fio"(存在する)の接続法現在形三人称単数。『旧約聖書』「創世記」第1章3節の「光在れよ」という神の言葉は、ラテン語訳(ウルガータ)では"fiat lux"と訳されている。

61　マロン派キリスト教徒 Maronite Christians/Mārūnī ——東方キリスト教の一宗派。五世紀に成立し、七世紀以降レバノン山地で多数派として自治を行なう。第一次世界大戦後のフランス委任統治下、および宗派別比例代表制を取る独立後のレバノンで人口の三〇パーセントを占める最大宗派とされ、政治・経済面でレバノンを実質的に支配した。

62　マルクス Karl Heinrich Marx —— ドイツの社会主義者(一八一八—八三年)。エンゲルスとともに起草した『共産党宣言』(四八年)や『資本論』(六四—九四年)で知られる。

63　エドマンド・ウィルソン Edmund Wilson ——合衆国の批評家(一八九五—一九七二年)。『ニューヨーカー』等の雑誌の編輯や書評欄を担当、象徴主義批判の書『アクセルの城』(三一年)、社会主義の起源と歴史を辿った『フィンランド駅へ』(四〇年)をはじめ、きわめて幅広い分野への関心を示した。『黒、赤、ブロンド、オリーブ——ズーニー、ハイチ、ソヴィエト・ロシア、イスラエルの四つの文明研究』は五六年刊。

64　死海文書 Dead Sea Scrolls —— 一九四七年から六七年までに、死海北西岸および西岸の洞窟・廃墟から出土したヘブライ語・アラム語・ギリシア語の文書の総称。狭義にはワーディー・クムラーンの洞窟から出土した写本のみを指して「クムラン文書」とも呼ばれる。これは、キリスト教成立前後のユダヤ教の一党派、クムラン教団の蔵書と推定され、『旧約聖書』の正典・典外書・注解書およびクムラン教団の宗教文書から成る。エドマンド・ウィルソンの著作は五五年、六九年に刊行されている。邦訳は桂田重利訳『死海写本——発見と論争 一九四七—一九六九』みすず書房、一九七九年。

65　国連パレスチナ難民救済事業機関 United Nations Relief and Works Agency for Palestinian Refugees in the Near East ——パレスチナ難民の救援活動を目的として、一九四九年十二月の国連総会で設置された特別機関。難民キャンプへの食糧・住居・医療・教育等の提供を行なっている。

66　非常事態防衛法 the Emergency Defense Regulations —— 一九四五年、イギリス委任統治当局が施行した法律。元来は、一九三六年にパレスチナのアラブ叛乱を鎮圧するため、イギリス高等弁務官が公布し、その後の修正を加えたもの。イスラエル建国後は、一九四九年の「緊急法」として維持された。

67　サブリー・ジリース Ṣabrī Jiris ——パレスチナの法律家・活動家（一九三八年生）。ヘブライ大学卒業後、ハイファーで弁護士を開業。五九—六四年、汎アラブ主義民族運動「ウスラ・アル＝アルド」（土地の家族）を指導し、六四年に自宅軟禁処分を受ける。六六年にヘブライ語で『イスラエルのなかのアラブ』（英語版初版からの邦訳は、若一光司・奈良本英佑訳『イスラエルのなかのアラブ人』サイマル出版会、一九七五年）を刊行し、イスラエルにおけるパレスチナ人市民への差別政策を告発。六七年および七〇年に当局に逮捕される。その後レバノンへ脱出し、PLOとともに活動、七三年からベイルート（のちニコシア、ガリラヤ、ガザへ移動）のパレスチナ研究所で働き、七八年以降所長を務めた。

68　アントニオ・グラムシ Antonio Gramsci ——イタリアの政治家・思想家（一八九一—一九三七年）。イタリア共産党の設立に参加して、反ファシズム闘争を指導。二六年に逮捕され、獄中で死亡した。膨大な『獄中ノート』（四七—五一年）は戦後思想界に大きな影響を与えた。

69　ヘゲモニー hegemony ——ギリシア語「ヘーゲモニアー」に由来する言葉で、覇権・指導権の意味。暴力による他者支配ではなく、被支配者の側による支配者側の優越性の承認を内包した、合意に基づく権力関係を指す。本訳書では、一般的な術語としては「覇権」と訳した。

70　ユダヤ・サマリア Judea and Samaria ——聖書時代のパレスチナ（カナーンの地）の南部・中部を指す地名。シオニストはいわゆる「約束の地」を「ユダヤ・サマリア」、あるいは「エレツ・イスラエル」と呼ぶことが多い。

71　五月十九日—— 原文に二日とあるのを改めた。第二章の原注49では正しい日付が記されている。

72　エレツ・イスラエル Eretz Israel/Ereẓ Yisra'el ——「イスラエルの地」を意味するヘブライ語。『旧約聖書』では「サムエル記上」第13章19節、「列王記下」第5章2節にこの語が用いられているが、具体的な範囲は曖昧である。いわゆるバビロン捕囚からの帰還（紀元前五三八年）を果たした第二神殿時代以降、「約束の地」の意味で用いられるようになったとされる。

73　スポック博士 Benjamin McLane Spock ——合衆国の小児科医・平和運動家（一九〇三—九八年）。『スポック博士の育児書』（四六年）で世界的に知られる。反核運動・ヴェトナム反戦運動の先頭に立ったが、第三次・第四次中東戦争ではイスラエル支持に回った。

74　ジェイン・フォンダ Jane Fonda ——合衆国の映画俳優・平和運動家（一九三七年生）。六〇年にブロードウェーおよび映画デビュー。七一年および七八年にアカデミー賞受賞。『ジュリア』（七七年）、『チャイナ・シンドローム』（七九年）など。

75　ノーム・チョムスキー Noam Chomsky ——合衆国の言語学者・思想家（一九二八年生）。生成変形文法理論の提唱者として知られ、平和・人権問題への発言を積極的に行なう。パレスチナ問題に関する著書に『宿命的三角関係——合衆国、イスラエル、パレスチナ人』（八三年）、中東問題を扱った著作に『古今の海賊たちと帝王たち』（八六年。邦訳＝海輪由香子・門脇陽子・滝順子・長尾絵衣子・丸山敬子・水口隆・柳沢圭子・家本清美訳『テロの帝国　アメリカ——海賊と帝王』明石書店、二〇〇三年）などがある。

76　マクガヴァン上院議員 George Stanley McGovern——合衆国の政治家（一九二二—二〇一二年）。第二次大戦の空軍勤務、ノースウェスタン大学での博士号取得を経て、五六年下院議員、六二年上院議員、ヴェトナム反戦の立場を取った。七二年には民主党の大統領候補になるが、共和党のニクソンに敗れる。

77　ソール・ベロー Saul Bellow——カナダ出身の合衆国のユダヤ系作家（一九一五—二〇〇五年）。六二年以降シカゴ大学で教鞭を執る。『宙ぶらりんの男』（四四年）、『ハーツォグ』（六四年）、『フンボルトの贈り物』（七五年）など。七六年ノーベル文学賞受賞。『イェルサレム往還』（七六年）は、七五年のイスラエル滞在記。

78　スティーヴン・スペンダー Stephen Spender——イギリスの詩人（一九〇九—九五年）。ユダヤ系ドイツ人を母とし、反ファシズム・左翼運動に参加。詩集の他、『破壊的要素』（三五年）、『創造的要素』（五三年）などの評論集がある。

79　フランシーヌ・デュ・プレシクス・グレイ Francine Du Plessix Gray——合衆国の女流作家（一九三〇—二〇一九年）。『愛は暴君』（中村保男訳、集英社、一九七八年）など。

80　レナータ・アドラー Renata Adler——合衆国の女流作家・評論家（一九三八年生）。雑誌『ニューヨーカー』の編輯、『ニューヨーク・タイムズ』の映画評論などを手がけ、七四年に短編『褐色砂岩』でオー・ヘンリー賞、七六年『スピードボート』（邦訳は高見安規子訳、講談社、一九八〇年）でヘミングウェイ賞受賞。

81　ギャリー・ウィルズ Garry Wills——合衆国の批評家（一九三四年生）。ジョンズ・ホプキンズ大学教授。『アメリカの創出——ジェファーソンの独立宣言』（七八年）、『ある保守主義者の告白』（七九年）など。原文に"Gary"とあるのを改めた。

82　マーシャル・プラン Marshall Plan——合衆国国務長官ジョージ・マーシャルの提案に基づき、一九四八年から実施されたヨーロッパ経済復興援助計画。共産主義勢力拡大の防止策としての性格を帯び、西ヨーロッパ十六か国がこれを受け入れた。

83　ユネスコ UNESCO——国連教育科学文化機関の略称。一九四六年発足。占領地区でのパレスチナ人に対する当局の教育行政や、六七年以降イェルサレムの旧市街やアクサー・モスク周辺で行なわれている発掘調査のあり方（世界遺産保護条約への違反）をめぐって、イスラエルを繰り返し非難してきた。

84　国連のシオニズム非難——一九七五年十一月十日に採択された国連総会第三三七九号決議を指す。ただし、これは一九九一年十二月十六日採択の四六八六号決議によって撤回された。

85　ダニエル・パトリック・モイニハン Daniel Patrick Moynihan——合衆国の社会学者・政治家（一九二七—二〇〇三年）。タフツ大学で博士号取得。ケネディー政権で労働省次官（六三—六五年）、駐インド大使（七三—七五年）、国連大使（七五—七六年）を経て、七六年より上院議員。

86　イスラエル人権連盟 Israeli League of Human Rights ——正確には「イスラエル人権・市民権連盟」Israeli League for Human and Civil Rights と呼ばれ、ユダヤ人およびアラブから成るイスラエルの人権擁護団体。モルデハイ・アヴィー・シャウルらによって創設され、一九七〇年以降、イスラエル・シャハクが会長、ウリー・デイヴィスが副会長を務めた。

87　アムネスティ・インターナショナル Amnesty International ——政治権力による人権侵害を防ぐ国際的人権擁護団体。「世界人権宣言」の精神に基づき、一九六一年ロンドンで発足。「良心の囚人」釈放、死刑・拷問の廃止、亡命者・難民の保護などを目的とする。

88　ニコラス・フォン・ホフマン Nicholas von Hoffman ——ニューヨーク出身の合衆国のジャーナリスト（一九二九—二〇一八年）。『ワシントン・ポスト』の記者やCBSのニュース解説者を歴任。『マルチヴァーシティー』（六六年）や小説『組織犯罪』（八四年。邦訳は大井良純訳『暗殺の街』扶桑社、九一年）など。

89　デイル・ヤースィーン Dayr Yāsīn ——イェルサレムの西五キロの地点にあったアラブの村落。一九四八年四月九日、ベギン率いるテロ部隊によって村民二百余名（百名余の女性・子供を含むパレスチナ人二百五十四名と言われる）が虐殺された。この事件がパレスチナ人に大恐慌を惹き起こし、難民となって逃亡するきっかけを作った。

90　シャルル・ドゴール Charles de Gaulle ——フランスの軍人・政治家（一八九〇—一九七〇年）。第一次大戦ではペタン参謀長の幕僚、第二次大戦では陸軍次官を歴任、五九—六九年大統領。

91　ダヴィッド・ベン・グリオン David Ben Gurion ——イスラエルの政治家・初代首相兼国防相（一八八六—七三年）。ポーランドからパレスチナへ移住し、労働シオニズム運動に参加。一九三〇年、イスラエル労働党（マパイ）を設立して初代党首となる。六三年政界引退後はネゲブ沙漠の開発に従事した。邦訳された著作に、ダビッド・ベン・グリオン『ユダヤ人はなぜ国を創ったか——イスラエル国家誕生の記録』中谷和男・入沢邦雄訳、サイマル出版会、一九七二年、がある。

92　ハガナー Haganah ——ヘブライ語で「防衛」を意味する。一九二〇年に結成されたユダヤ人地下軍事組織。イスラエル建国後、国防軍に統合された。

93　トランスヨルダン Transjordan ——一九二〇年のサンレモ会議で旧オスマン帝国領であった歴史的シリア（シャーム）の分割が決定され、二一年にイギリスはその南部をヨルダン川で二分して、東側をトランスヨルダン、西側（シスヨルダン）をパレスチナとし、それぞれ委任統治した。東側は四七年にトランスヨルダン王国として独立、四九年ヨルダン王国と改称した。

94　市民的及び政治的権利に関する国際規約 The International Covenant on Civil and Political Rights ——一九六六年十二月十六日、国連第二十一回総会で採択。同時に採択された「経済的・社会的及び文化的権利に関する国際規約」などと合わせて「国際人権規約」と呼ばれる。「世界人権宣言」およびこの「国際規約」の邦訳は、田畑茂二郎・高林秀雄編『国際条約・資料集』改訂版、有信堂、一九六九年によった。

95　4——サイードの原文は第3項とするが、4に改めた。

96　ユダヤ民族基金 Jewish National Fund/Qeren Qayemet le Yisra'el ——イスラエルの土地を購入し、居住地・耕作地にする国土開発機構。一九〇一年の第五回シオニスト会議の席上設立が決定された。一九六〇年の国会決議で、基金の土地所有権はすべて国家に移された。

97　帰還法 the Law of Return ——世界のユダヤ人にイスラエル市民権を用意する法律。一九五〇年七月五日に国会で成立、イスラエル国家の最も重要な基本法となった。その第一項では「すべてのユダヤ人は帰還者 'oleh としてこの国に来る権利を持つ」と定められている。

98　ジム・ホーグランド Jimmie Lee Hoagland ——合衆国のジャーナリスト（一九四〇年生）。六六年『ワシントン・ポスト』記者、アフリカ特派員・中東特派員を歴任。七〇年と九一年の二度に亘りピュリッツァー賞を受賞した。著書に『南アフリカ』（七二年）。

99　ユダヤ系および非ユダヤ系市民——原文は「ユダヤ系および非アラブ市民」Jewish and non-Arab citizens となっているが、このように改めた。

第二章　犠牲者の視点から見たシオニズム

1　シオニズムとヨーロッパ植民地主義の姿勢

観念や観念体系はそのおのおのがいずれかの場所に存在し、周囲の歴史的状況と混ざり合って、私たちがごく単純に「現実」と呼びうる事象の一部を形成する。だが、利己的観念論に付き纏って離れぬ属性の一つに、観念とは所詮観念に過ぎず、観念の領域にのみ存在するという考え方がある。観念は本質的に完璧であり、善であり、人間の欲望や意志に汚染されていないと考える人々のあいだでは、それが抽象世界にのみ適合すると見做す傾向は一層増大する。観念は悪であり、悪において非の打ち所がないほど完璧であるなどと考える場合にも、この見方はやはり同様に当て嵌まる。ある観念が効力を発揮したとき――つまり、それが広く受け入れられて、その価値が現実に証明された場合――には、当然その観念の改訂が必要と思われることだろう。なぜなら、その観念は、冷厳な現実の諸特徴のいくつかを身に帯びたものと見做さねばならぬからである。かくて、シオニズムのような観念は、これまで多くの政治的苦難を蒙り、自らのために多くの闘争を行なってきたにも拘わらず、根柢においてはユダヤ人の政治的・経済的自決――ユダヤ人の民族的自我――の約束の地での実現を希求する、一つの不変な観念に他ならないとする議論がしばしば行なわれている。また、シオニズムはイスラエル建国で頂点に達したと見做されるため、この観念の歴史的実現によってその不変の本質は確認される、いやそれどころか、その実現に用いられた手段さえも追認されるのだという主張が同様になされている。だが、たまたまシオニズムと遭遇した非ユダヤ人に対し、それが何をもたらしたのかはほとんど語られることがない。その点では、シオニズムが（ユダヤの歴史の外部の）どこで起こり、十九世紀ヨーロッパの歴史的文脈のなかで、何から力を引き出していたのかについても、何一つ語られてはこなかった。パレスチナ人にとってのシオニズムとは、パレスチナに輸入され、非常に具体的な形で自分がその代償の支払いと苦難とを余儀なくされた他者の観念に過ぎない。そう考えるパレスチナ人にとってみれば、シオニズムをめぐるこれら忘れ去られた事柄こそ、実は最も大きな重要性を帯びてくるのである。

　要するに、シオニズムのような実効性のある政治的観念は、歴史的に二つの方向で、（1）その観念の出自や血統、親戚関係、他の諸観念や政治制度との養子縁組関係を示すための系譜論的観点から、（2）（権力、土地、イデオロギー的正統性の）集積および（人間、他の諸観念、先行する正統性の）排除のための実践的体系として、それぞれ検証されねばならない。目下の政治的・文化的現状では、こうした検証は異常なまでに困難である。なぜなら、シオニズムは産業化以降の西洋において、リベラルな「上層階級」の言説中にほとんど揺るぎのない覇権を獲得しているのと同時に、その中心的なイデオロギー上の一特徴と呼応して、自らの文字通りの歴史的成長基盤や自らがパレスチナ原住民に支払わせた政治的代償、軍事的抑圧を伴うユダヤ人と非ユダヤ人との差別などを隠蔽し、あるいは抹消させてきたからである。

　私が意図する内容を示す驚くべき実例として、イルグーン・テロ組織の元指導者であったメナヘム・ベギン[*1]の象徴性を検討してみよう。過去に数多くの（しばしば自他ともに認める）冷酷無比の殺人歴があるにも拘わらず、彼は一九七八年五月、イスラエル首相として、ノースウェスタン大学から名誉法学博士号を付与されている。彼の指揮下の軍隊はその一か月足らず前、南レバノンで新たな三十万の難民を生み出したばかりであり、彼は、「ユダヤ・サマリア」がユダヤ人国家の「正当な」一部分であるとつねに語り続けてきた（これは『旧約聖書』に依拠した、その土地の現住民を考慮しない主張である）指導者である。だが、これらにも拘わらず――報道機関や知識人社会の側では――メナヘム・ベギンの栄光に満ちた地位が文字通り、西洋の「観念の市場」におけるパレスチナ人アラブの沈黙という代償の上にもたらされたこと、一九四八年以前のパレスチナにおいてユダヤ人国家が歴史的に存続した期間は、二千年前のわずか六十年間のみであったこと[*2]、パレスチナ人の離散は自然の理ではなく、特殊な力と方策の結果であること、こうした事実はまったく理解された形跡がない。つまり、シオニズムによる自らの歴史の隠蔽は今や制度化されてしまっており、しかもそれがイスラエル国内のみにとどまらないのである。シオニズムの歴史とは、シオニズムとイスラエルとが自らの存立のために抑圧を続けてきた犠牲者たち、パレスチナ人とパレスチナとからある意味で取り立てた成果とも言える。従って、そのような歴史を明るみに出すことは、中東における「包括的和平」を議論するという目下の文脈においては、明確な知的・政治的作業となるはずである。

ありとあらゆる理由から見て、この議論で合衆国が占める特殊な、特権的と呼んでもよい位置は印象的である。イスラエルを別とすれば、シオニズムが疑問の余地なき善として祀り上げられている国は合衆国以外、どこにも存在しないし、第一章でも述べたように、強力な制度と利害――報道機関、リベラルな知識人層、産軍複合体、学者の社会、労働組合――とが緊密に絡み合い、イスラエルおよびシオニズムを無批判に支持することによって自らの国際的・国内的地位を高めている国も他にはない。最近は――アラブの石油の影響や、合衆国と同盟関係を結んだ、イスラエルに匹敵する保守的諸国（サウジアラビア、エジプト）の出現、パレスチナ人およびその代表者であるPLOの政治上・軍事上の侮り難いほどの可視化などのお蔭で――この顕著な合意にも多少の変調が見られるが、圧倒的なイスラエル寄りの傾向は相変わらず続いている。というのも、この偏向は西洋一般、とくに合衆国では深い文化的起源を持つのみならず、それが歴史的現実全体に向かい合ったとき見せる否定的・禁止的性格もまた組織立っているからである。

だが、シオニズムが抑圧してきたパレスチナ人に関する事柄を取り扱う場合、私たちは一方で反セム主義という悲惨な問題全体、他方ではパレスチナ人とアラブ諸国との複雑な相互関係と隣り合わせの位置に置かれるという恐るべき歴史的現実があり、これを避けて通ることはできない。一九七八年春にNBCの『ホロコースト』[3]放映を観た者は誰しも、この番組の少なくとも一部がシオニズムの正当化を意図していたことに気がついた――時あたかも、レバノンではイスラエル軍による大破壊が行なわれ、何千もの市民が死傷し、少数の勇敢な報道記者によって合衆国のヴェトナム破壊にも譬えられたような（例えば、一九七八年三月二十五日付『ワシントン・ポスト』紙、H・D・S・グリーンウェイ[4]「ヴェトナム型襲撃で南レバノン壊滅――イスラエル軍の背後に残された一筋の破壊の道」参照）、筆舌に尽くし難い苦難が生み出されていたのだった。同様に、一九七八年初頭には、イスラエル、エジプトおよびサウジアラビアへの合衆国戦闘機売却の原因となった一括取引が世論の憤激を巻き起こし、アラブ右派の諸政府と連動したアラブ解放運動は一層の窮地に追い込まれた。こうした場合における批評の責務、別の言い方をすれば批判的意識の役割とは、現在何の区別や差異も見出せない場所に区別を設け、差異を見出すというその能力に存する。つまり、パレスチナにおけるシオニズムについて批判的な著述を行なうことは、かつても今も、決して反セム主義的であることを意味しないし、逆に、パレスチナ人の権利と自決のための闘争は、サウジ王家や、大半のアラブ諸国が持つ旧弊で抑圧的な国家構造への支援を意味するわけでもないのである。

しかしながら、なべてのリベラルな人士、いやほとんどの「急進的」な人々でさえ、反シオニズムと反セム主義とを同一視する、あのシオニスト的習慣をこれまで克服できずにきたことは認めなければならない。かくして、一人の善意ある人間が南アフリカないしアメリカの人種差別主義に反対しながら、しかも同時に、パレスチナでのシオニストの非ユダヤ人に対する人種差別を暗黙の内に支援するといった事態も起こりうる。非シオニスト側の資料から簡便に得られるはずの歴史的知識のほとんど完全な欠落、メディアが流布させる（例えばユダヤ人対アラブといった）悪意に満ちた単純化、さまざまなシオニストの圧力団体が示す冷笑的な便宜主義、決まり文句や政治的常套句を無批判に繰り返すという、大学人に特有の傾向（これはグラムシが伝統的知識人に割り当てた「正当化の専門家」という役割である）、民族大虐殺によるユダヤ人根絶が図られた時代に、ユダヤ人が自らの犠牲者に何を行なったかという、高度に微妙な領域に足を踏み入れることへの恐れ――これらすべてのお蔭で、ほとんど異口同音のイスラエル支援が千篇一律のごとく規則的に繰り返される。だが、I・F・ストーン[*5]が最近指摘した通り、この異口同音の程度は、大半のイスラエル人のシオニズムをすら凌駕している。[1]

他方、観念としてのシオニズムがユダヤ人に対して持つ力を無視したり、シオニズムとその真の意味、そのメシア的宿命等を特徴づける複雑な内在的論争を過小評価したりすることも決して正しいとは言えない。シオニズムの「定義」を試みることはおろか、この主題について語ることですら、一人のアラブにとってはきわめて難しい問題である。それでもこれは真摯な検討がなされなければならない。私自身を引き合いに出してみよう。私が受けた教育の大半、そして私の知的形成基盤のすべては確かに西洋系である。これまでの読書や現在の著述、いや政治的行動に関してさえ、私はユダヤ人や、反セム主義や、ヨーロッパのユダヤ人社会破壊の歴史に対して主流派西洋人が示す態度から深い影響を受けている。私のような履歴を持ち合わせない場合が明らかに過半を占める他の多くのアラブ知識人とは異なり、私がこれまで直接向き合わされてきたのは、ユダヤ人にとっても、またユダヤ史について著述し考察する西洋の非ユダヤ人にとっても著しく重要な、あのユダヤ人の歴史と経験の諸側面であった。教養ある西洋の非ユダヤ人と同様、私もまた、反セム主義がとくに今世紀、ユダヤ人にとって何を意味したかはよくわきまえている。従って私は、シオニズムを涵養したあの恐怖と歓喜が綯《な》い交ぜになった感情も理解できるし、少なくともイスラエルがユダヤ人、ひいては開明的でリベラルな西洋人に対して持つ意味は把握できるつもりでいる。だが、私はパレスチナ人アラブであるため、別の事柄を見たり感じたりすることも可能である——そして、これらの事柄こそが事態をかなり複雑化し、私の関心をシオニズムの別の諸側面へと集中させる原因なのである。その結果は叙述するに値すると私には思われる。それは、私の考える事柄が重要だからというのではなく、同一の現象を相補的な、通常は結びつかない二つの方向から眺めることが有益であるからに他ならない。

文学的な実例として、私たちはまず、ジョージ・エリオット*6の最後の小説『ダニエル・デロンダ』(一八七六年)を取り上げてみよう。本書が特異なのは中心的題材にシオニズムを配置している点であるが、エリオットの従来の小説作品の読者であれば、この小説の主たる主題は容易に見てとれる。エリオットが理想主義や精神的憧憬に寄せる一般的な関心という文脈で見れば、彼女にとってのシオニズムとは、いまだ世俗的な宗教共同体の希求に身を焦がす十九世紀的精神が企てた、一連の世俗的なプロジェクトの一つであった。それ以前の作品で、エリオットはさまざまな情熱を研究対象としている。それらの情熱はすべて、組織化された宗教の代替物であり、一貫した信仰の世に生きていれば聖テレサ*7になれたはずの人々にとっては、すべてが魅惑的であった。そもそもエリオットは、前の小説『ミドルマーチ』のなかで聖テレサに言及していた。彼女は小説の女主人公ドロシア・ブルックの描写に聖テレサを援用し、現代世界においては信仰と知識に対する一定の保証が欠落しているのをものともせず、彼女自身がそこで維持してきたヴィジョンや道徳の持つ活力を讃美しようと目論んだ。『ミドルマーチ』の末尾でドロシアは純化された女性として登場し、妻および母親としての比較的穏当な家庭的成功と引き替えに、「全うされた」生という自分の偉大なヴィジョンの放棄を余儀なくされる。このかなり矮小化された事物観こそ、『ダニエル・デロンダ』、なかんずくシオニズムによってより高次元の、純粋に希望に満ち溢れた社会宗教的プロジェクトへと改訂されてゆく対象である。そして、そのプロジェクトのなかでは、個々人の活力が集合的・民族的なヴィジョン、ユダヤ教から発散されるその総体との融合・同一化を果たしうるのである。

小説の筋立ては、イギリスの上流ブルジョワ階級のなかでも驚くほど根無し草的な人々を巻き込んだ、辛辣な風俗喜劇[*8]が演じられる部分と、ダニエル・デロンダ――その出自は不明だが、イギリスの貴族主義者ヒューゴー・マリンジャー卿を後見人とする異国趣味に満ちた若者――が自分のユダヤ人としての主体性を徐々に悟り、モーデカイ・エズラ・コーエンの精神的な弟子となって、自分のユダヤ的宿命に目覚めてゆく部分との、その両者の交錯によって成り立っている。小説の末尾で、ダニエルはモーデカイの妹マイラと結婚し、ユダヤ人の未来に賭けるモーデカイの希望を実現しようと誓う。若い二人が結婚するとモーデカイは死ぬが、その死のずっと前に、彼のシオニズムの理想がダニエルへと受け継がれたことは明らかである。新郎新婦への「素晴らしい結婚祝」のなかに、ヒューゴー卿とマリンジャー夫人の用意した「旅の装備一式」(竹之内明子訳、4、二八〇頁)が含まれていたからである。ダニエル夫妻は、おそらくは偉大なシオニズムの計画を実行に移すため、パレスチナへと旅立ってゆくのだった。

小説中でシオニズムを描き出すさいに決定的に重要なのは、背景として故郷喪失という一般化された状況が用いられている点である。小説ではユダヤ人のみならず、家柄のよいイギリス人の男女までもが疎外された放浪者として点描される。作品中の比較的貧しいイギリス人(例えばダヴィロー夫人とその娘たち)が借家から借家へとつねに移動しているように見えるとすれば、裕福な貴族主義者たちもまたこれに劣らず、恒久的な住まいからは切り離されている。かくしてエリオットは、登場人物たちのほとんど存在論的・物理的と言ってよいほどの不安定さに精神的・心理学的な根無し草性が反映されていることを前提しつつ、十九世紀が故郷を必要としているという一般的な事実を述べるためにユダヤ人の窮状を利用するのである。従って、シオニズムに対する彼女の関心も、小説の冒頭近くで展開される次のような思索にまで溯って辿ることができる。

> 私は思うのだが、人間の生涯は生まれ故郷というある一つの地点にしっかり根を下ろしているべきである。土地のたたずまいや、人々のなりわいや、その地方固有の言葉の響きや調子、そのほか何であれ、後年拡張されていく知識のなかにあって、幼児の家庭に紛うかたのない親しい特徴を与えてくれるものに対する優しい親身の愛情を抱くことのできる生まれ故郷に。(2)
>
> 〔竹之内明子訳、1、二二四頁〕

「幼児の家庭」を見出すとは、元来自分が寛いでいられた場所を見出すという意味に他ならず、それは個人と「民族」とが多かれ少なかれ互換性を保ちつつ成し遂げるべき仕事である。従って、その仕事に最も適した個人および「民族」がユダヤ人であることは、歴史的に見ても妥当な結論になる。民族として（従って個人として）のユダヤ人のみが、シオンにおける自らの原郷意識とともに、痛切で、つねに同時代的な喪失感をも保持し続けてきたからである。至る所に反セム主義が蔓延しているにも拘わらず、ユダヤ人とは、文明化する共同体の信仰「儀式」をとうの昔に放棄してしまった非ユダヤ人《ジエンタイル》*9にとっての頂門の一針である。こうした感情をモーデカイは、現代のユダヤ人が取るべき明確な行動計画として積極的に表現する。

> 彼ら〔非ユダヤ人《ジエンタイル》〕はわが民族が何も知らずに行なっている儀式を嘲笑する。しかし、最も忌むべき無知は、何らの儀式も行なわず――狐の狡猾な貪欲さへと堕した無知なのだ。それによれば、あらゆる律法は罠か、うるさい猟犬の吠える声に過ぎない。記憶を遙かに越えた深いところで堕落が起こり、それがすでに迷信に堕してしまっている。我々の儀式を守り、唯一神への信仰を告白している、この三つの大陸に住む多数の無知なる民の心のなかでは、ユダヤ教の魂は死んではいない。組織となる中心を復活せしめよう。宗教の成長と形成を助けてきたイスラエルの統一を、実際に現実のものとしようではないか。一つの国、一つの政治を見つめることによって、地の果てにまで散らばっているわが民は、今や東洋と西洋の諸民族のあいだで一つの声となった、あの一国家の生活という威

厳を共有することができるだろう――それがわが人種の知恵と技を移植し、昔のように伝達と理解の仲立ちとなることだろう。このことを実現せしめよう。そうすれば、血の通った暖かみがイスラエルの弱々しい末梢にまで行き渡り、迷信は消滅することだろう。それは背教者の無法のなかにではなく、むしろ感情を拡大させ、あらゆる知識を愛すべき記憶の若い子孫として生かしめるような、偉大な事実の解明という行為のなかに消滅してゆくだろう。(3)

〔竹之内明子訳、3、一八五頁を改変〕

「感情を拡大させる偉大な事実の解明」とは、いかにもエリオットらしい表現であり、作品中のシオニストたちに寄せる彼女の称讃も、彼らこそが拡張された感情生活という、彼女自身の壮大な観念をほぼ正確に表現する人々だったという信念に由来することは疑いがない。だが、「西洋の諸民族」が実感しうるほどの現実味を帯びているのに対し、「東洋の諸民族」にはそうした現実味は存在しない。彼らは確かに名前で呼ばれはするが、たんなる言葉の綾という以上の実態は持っていない。『ダニエル・デロンダ』でわずかに言及される東洋とは、つねにイギリスのインド植民地のことであり、その――さまざまの欲求や価値や願望を持つ人間としての――住民に対して、エリオットは徹底的な沈黙という完全な無関心を表明するのである。シオンが東洋に「移植」されるという事実に関して、エリオットはあまり詳しくは述べていない。「東洋と西洋の諸民族」という言い回しが網羅する対象は、少なくとも領域の上では中性的な、出発点としての現実であるかのような口調である。そうした現実もやがて、新たに創設された国家が「伝達と理解の仲立ち」となった暁には、永遠の成就に取って代わられることだろう。だが、こうした万人にとって偉大な利益となる事柄に対して、東洋の民族自身が反対を唱えるなどとは、どうしてエリオットに想像できたであろうか。

しかしモーデカイは、演説を続けながら、周囲を当惑させるほどこれらの事柄に激しいこだわりを見せる。彼にとってシオニズムとは、「我らの種族が再び国家の特質を持つようになるということであり、（中略）我々の祖先がそれゆえに孤高を維持し、安易な虚偽を拒んできた、あの長い苦悩に見合う褒賞となるような難事業」〔竹之内明子訳、3、一八八頁参照〕なのである。シオニズムは人類にとっての劇的教訓とならねばならない。だが、モーデカイが自分の主張を敷衍する方法のうちでも、とくにその土地の描写は読者の関心をそそらざるをえない。

〔ユダヤ人は〕堕落し、落ちぶれた征服者からあの土地を買い戻す資力は十分持っている。手段を工夫する政治家の腕、説得する雄弁家の舌をも備えている。そして、トルコ人は自ら貸し与えた闘技場で、あたかも猛獣の格闘を観戦するかのように、あのキリスト教徒どもの忌まわしい紛争〔ここでは、聖地をめぐるヨーロッパ人の紛争の長い歴史を指す〕を眺めているのだが、それに対し、ヨーロッパのキリスト教世界の耳を恥で疼かせるような預言者や詩人は、わがユダヤ人のあいだにはいないとでもいうのだろうか。我々ユダヤ人には、昔ながらの壮大で素朴な、新しいユダヤ国家――平等な保護が行なわれる共和国――を創るだけの叡智の蓄えがある。その平等性は、我らの古代共同体の額で一つの星のごとく輝き、東洋の専制主義の只中にあっても、西洋の自由の明るさ以上にまばゆい光を放っていたものだ。国家建設の暁には、わが種族は一つの組織的中心、すなわち観察と誘導と実行のための心臓と頭脳とを持つだろう。侮辱されたユダヤ人は、侮辱されたイギリス人やアメリカ人と同様、諸民族が構成する法廷で弁護を受けることができるだろう。そして、イスラエルが富むにつれて、世界の富も増すだろう。なぜなら、東洋の先頭には、すべての偉大な国家の文化と共感とを胸に秘めた、一つの共同体が存在することになるであろうから。敵意の停戦地帯として設定された場所、西洋におけるベルギーのような、東洋の中立地帯が存在することになるであろうから。問題山積だって？　それは承知の上だ。でも、この崇高な目的を達成せんとする精神が、我々同胞の偉大な人々のあいだで大いに鼓舞されるがいい。そうすれば、仕事は始まるのだ。〔傍点引用者〕(4)

〔竹之内明子訳、3、一八八―八九頁参照〕

土地自体は、二つの別々の方法によって特徴づけられる。一方では、堕落して落ちぶれた征服者たち、猛獣を闘わせるためにトルコ人が貸し出した闘技場、そして専制的東洋の一部と結び合わされ、他方では「西洋の自由の明るさ」、イギリスやアメリカのような国家、中立（ベルギー）の観念と結合する。つまり、頽廃して無価値な東洋と、高貴で開明的な西洋である。敵対する東洋と西洋の代表者たちのあいだで、その橋渡しをすることになるのがシオニズムというわけだ。

興味深いことに、エリオットは、東洋を西洋に変換する一方法としてシオニズムを捉えることによってしか、自らがそこに寄せる讃嘆の念を維持しえない。これは、彼女がシオニズムやユダヤ人自体に共感を寄せていないという意味ではない。彼女の共感は明らかである。ただ、郷土への憧憬（という、非ユダヤ人《ジエンタイル》も含めた誰しもが抱く感情）と、その実際の取得とのあいだに横たわるユダヤ的経験の全領域は、彼女には不明瞭な形でしか存在していない。それ以外の点では、彼女は、シオニズムが（東洋と対立する）西洋的思考のいくつかの変種にごく簡単に適応しうることを明確に見抜いている。そして、それらの変種のなかには、東洋が頽廃しており、政治に関する西洋の開明的観念に従って再構築される必要があり、再構築された東洋の一部分は、新しい住民にとっては多少の条件つきで「イギリスと同じくらいイギリス的」[*10] なものになりうるといった考え方が含まれていた。しかしながら、これら全体の根柢に横たわっているのは、東洋、ことにパレスチナの現実の住民に対する配慮の完全な欠落である。『ダニエル・デロンダ』のなかのシオニストにとっても、またイギリス人の登場人物にとっても、現住民は関心外の存在である。明るさ、自由、買い戻し——エリオットにとっての最重要事項——はヨーロッパ人とユダヤ人とに限定されねばならず、ユダヤ人自身は東洋の植民地化に関する限り、ヨーロッパ人の模範なのだった。非ヨーロッパ的な事象を考慮に入れる段になると、この作品は著しい失敗を犯しているのだが、奇妙なことに、エリオットのユダヤ人描写はすべて、彼らの異国趣味的で「東洋的」な側面を強調している。人間性や共感とは、オクシデント〔西洋〕的心性のみが持つ資質であるらしい。それらを専制的東洋に求めたり、ましてやそこで発見したりすることなどは、とんだ時間の浪費というものである。

　ここで直ちに、二つの点を明確にしなければならない。第一にエリオットは、共感や人間性や理解を説いた他のヨーロッパの使徒たちと少しも違ってはいないということである。彼らにとって、高貴な感情とはヨーロッパに置き去られるか、またはヨーロッパの外部で計画的に適用不能とさるべきものだった。教義上は不正と抑圧への反対者として知られる二人の思想家、ジョン・スチュアート・ミルとカール・マルクス（この両者については、私は『オリエンタリズム』で議論した(5)）のような、一般化の戒めとなる事例は存在する。ただ、二人とも、自由や代議政体や個人の幸福といった観念は、今日の私たちなら人種差別主義的と呼ぶような理由によって、オリエントには適用されないと信じていた節がある。実際のところ、十九世紀のヨーロッパ文化とは、個々人によって毒性の程度こそ違え、多かれ少なかれ人種差別主義的なものだったのである。例えば、フランスの著述家エルネスト・ルナン*11は骨の髄まで反セム主義者だった。エリオットは、ヨーロッパ的観念に同化しえない人種に無関心なのだった。

　ここで私たちは、第二の点に到達する。エリオットが『ダニエル・デロンダ』でシオニズムを叙述した意図は、一般に普及しているユダヤ人のシオニズム的潮流に対して、非ユダヤ人《ジェンタイル》の側からの一種の同調的反応を示すことであった。従ってこの小説は、非ユダヤ人《ジェンタイル》たるヨーロッパ人の思考において、シオニズムがどの程度正当化され、価値づけられていたかを示す指標としても役に立つ。非ユダヤ人《ジェンタイル》の側とユダヤ人の側、それぞれのシオニズムのあいだでは、ある一点について完璧な一致が見られた。それは、彼らがともに、聖地を本質的に居住者のいない土地と見做していたという点である。その理由は、そこに居住者がいないためではなく——居住者は現に存在していたのだし、彼らは多くの旅行記や、ベンジャミン・ディズレイリの『タンクレッド』のような小説、あるいは十九世紀のさまざまな旅行案内書のなかにまで頻繁に描かれていた——主権を持った人間としての居住者の地位が組織的に否定されたからである。この点に関して、ユダヤ人側と非ユダヤ人《ジエンタイル》側のシオニストを区別するのは可能かもしれない（彼らがアラブの居住民を無視した理由はそれぞれ異なっていた）が、いずれにせよパレスチナ人アラブは現実に無視されたのだった。ユダヤ人側ならびに非ユダヤ人《ジエンタイル》側のシオニズムの起源は、最盛期の自由主義的資本主義の文化にきわめて深く根ざしており、ジョージ・エリオットのような、その文化の前衛に位置するリベラルな人々の作品は、同じ文化のなかの一層魅力に乏しい諸傾向を強化し、おそらくはこれを完成へと導く役割を演じた。これらこそ、強調されてしかるべき点である。

　私がこれまでに述べてきた事柄は、シオニズムがユダヤ人に対して持った意味や、それが進んだ観念として熱狂的な非ユダヤ人に向けて表象した内容には十分な関連性を持つわけではない。それがもっぱら関係するのは、たまたまその土地で生活していた不幸な人々、まったく注意を払われなかった人々である。長いあいだ忘れ去られてきたことではあるが、ヨーロッパの主だった思想家たちがパレスチナの望ましい運命、のちにはありうべき運命を考えているあいだにも、その土地を自らの郷土と信ずる何千もの原住民はそこを耕作し、村や町を建設してそこに居住しつつあるのだった。その間、彼らの現実の物理的存在は無視された。[*12]のちになると、それは厄介な細部《ディテール》へと変化した。従って、エリオットは、初期シオニズムの理想主義者モーゼス・ヘスときわめてよく似た言葉を発しているように思われる。ヘスは『ローマとイェルサレム』（一八六二年）のなかで、モーデカイがのちに託されることになるのと同じ理論的な言葉を用いて、次のように述べている。

　ユダヤ人国家の復興のため、当面我々がなさねばならぬ任務とは、まず我々の民族を政治的に蘇生させるという希望を生かし続け、次に希望が眠っている場所でそれを覚醒させることである。オリエントにおける政治的条件が整い、ユダヤ人国家復活の第一歩を組織することが許されたとき、この第一歩は、彼らの祖先の地にユダヤ人植民地を建設することで表現されるであろう。そして、この企てにフランスが援助の手を差し伸べてくれるであろうことは疑いない。いとしい友人であるフランスは、我々の民族を世界史のあるべき位置に立ち戻らせてくれる救世主である。かつて我々が西洋のなかにインドへの道を探究し、偶然にも新世界を発見したのと同様、現在オリエントに建設されつつあるインドおよび中国への道の途上に、失われた我々の父祖の土地が再発見されることだろう。(6)

ヘスは、エルネスト・ラアランヌ*13の『新しい東方問題』から多少詳しい引用を行ないつつ、フランスへの讃歌（シオニストはそれぞれ、帝国主義勢力のいずれかをわがパトロンと仰いでいたのだ）を語り続け、その締め括りとして次のような一節を同書から引いている。

「ユダヤ人には、三大陸を繋ぐ生きた連絡網になるという偉大な天職が取り置かれている。諸君は、いまだ経験のない民族への文明の運び手となり、諸君の種族が大いなる貢献をなしたヨーロッパの学藝を彼らに伝えるための師傅《しふ》たらねばならぬ。諸君はヨーロッパと遙かなるアジアとの媒介者となって、インドや中国——最終的には文明の前に投げ出されねばならない、あの未知の領域——へと至る道を開かねばならない。諸君は長年に亘る殉教の王冠で飾られた父祖の地へ到着する。すると何たることか、諸君の病はすべて跡形もなく癒えてしまうのだ！　諸君の資本は、広大な荒野を再び耕地と化すことだろう。諸君の勤勉と労苦とは、侵略しつつある沙漠の砂から古代以来の土地を取り戻し、これを再び豊饒な谷間へと変えることだろう。そして世界は、この世界最古の民族に再び讃辞を捧げることだろう。(7)」

シオニズムはユダヤ人によって、ヨーロッパ諸列強の援助のもとに実行されねばならない。シオニズムは「失われた父祖の地」を回復させ、それによって諸文明間の媒介者となるであろう。今日のパレスチナは耕作と文明と再構成を必要としており、シオニズムは最終的に開化と進歩とを、目下それらが存在しない場所にもたらすであろう。これらはいずれも、ヘスとエリオットのあいだで見られる意見の一致点である。ヘスとエリオット——そしてのちには、ほとんどすべてのシオニズムの思想家や理論家——のなかで相互依存の関係にあった三つの観念とは、（a）存在しないアラブ住民、（b）「空っぽの」領域に対する西洋とユダヤ人との相補的態度、（c）消滅したユダヤ人国家の再建によって反復され、その国家を規律=懲罰《ディシプリン》に基づいた個々の入植地や、土地獲得のための特殊機関といった近代的要素へと結びつけてゆく、シオニズムの復興プロジェクトである。勿論、これらの観念は国際的な（つまり非オリエント的、従ってヨーロッパ的な）文脈に向かって語りかけられ、その文脈を目当てに、その文脈の内部から形成されていった。こうした付随的な事実がなければ、それらの観念のどれ一つとして効力を持つことはなかったであろう。この文脈が現実化したのは、たんに全プロジェクトを支配している自民族中心主義的原理のせいばかりではなく、ディアスポラ*14の現状やヨーロッパ文化の全領域に亘る帝国主義の覇権という圧倒的な事実によるところが大きい。だが、注意されねばならないのは、他の大半の十九世紀ヨーロッパ諸列強が抱くヴィジョンとは異なり、シオニズムが（アメリカを清教徒の獲得した空っぽの土地と見做す見解と同様の）植民地のヴィジョンだった点である。ヨーロッパ諸列強にとって、遠く隔たった領域に住む原住民たちは、救済を目的とした文明化の使命のなかに含まれていたのである。

近代的発展の最初期段階からイスラエル創設という頂点に至るまで、シオニズムによって訴えかけの対象とされてきたのは、海外の領土や原住民を不均等な種々の階級へと分類することが規範的で「自然な」行為だと考えるヨーロッパ人の観衆であった。例えば、かつてのアジア・アフリカの植民地に興った国家や運動が今日、一つ残らずパレスチナ人の闘争と一体化し、これに全面的な支援を与え、理解を示している理由もここにある。多くの場合——私はこの後で実証したいと望んでいるが——シオニズムの手中にあったパレスチナ人アラブの経験と、十九世紀の帝国主義者によって劣等かつ人間以下と叙述された黒色・黄色・褐色諸民族の経験とのあいだには、紛うかたなき暗合が存在する。というのも、シオニズムは最も毒性の強い西洋の反セム主義の時代と並行していたにも拘わらず、それは同時にまた、アフリカやアジアにおけるヨーロッパの空前絶後の領土獲得の時期とも一致しており、テオドール・ヘルツルが最初にシオニズムを創始したのも、この獲得と占領という一般的な運動の一環だったからである。ヨーロッパの植民地拡張が最も活発化した時期の後半、シオニズムもまた、今やかなりの規模のアジア領と化してしまったあの地域を入手すべく、最初の重要な動きを開始した。そして、西洋全体を襲った海外領土獲得の熱狂に加わるさいにも、シオニズムは自らを明確にユダヤ人解放運動と称したことは一度もなく、あくまでもユダヤ人のオリエント植民運動を謳ったのだった。この点は、忘れないでおくことが肝要である。シオニズムによって追い立てられたパレスチナ人の犠牲者にしてみれば、ユダヤ人がヨーロッパの反セム主義の犠牲者であったという事実など、大義名分としては何の意味も持ちえなかった。また、パレスチナ人に対するイスラエルの抑圧が続く限り、パレスチナ人には彼らの現実、すなわちイスラエルのオクシデント系ユダヤ人が、かつては自ら犠牲者であったにも拘わらず、今や（パレスチナ人アラブやオリエント系ユダヤ人の）抑圧者になり果てたという事実以外の事柄を理解できる者はほとんど存在しない。

これらは回顧的・歴史的所見として述べられたわけではない。というのも、現在中東で起こっている大半の事柄の中核はそれらによって説明され、さらには決定までされているからである。パレスチナ原住民に対する恐るべき社会的・政治的不正をこれまでに直視しえたのが、イスラエル人口のうちごく一握りの部分に過ぎないという事実は、シオニズムやその世界観、劣った原住民という他者感覚などの基礎となった（今日までの）異常な帝国主義的観点がいかに深く滲み込んでいるかを示す指標である。また、政治的にいかなる立場の人間であろうと、これまでシオニズムと和解できたパレスチナ人は一人も存在しなかったという事実を見ても、パレスチナ人にとってのシオニズムが、いかに妥協を許さぬ排他的・差別的・帝国主義的慣習《プラクシス》として立ち現われたかが窺われる。パレスチナにおいては、特権的ユダヤ人と何の特権もない非ユダヤ人とのあいだに行なわれたシオニズムの根源的差別があまりに峻厳であり、しかもそれが何らの躊躇もなしに実行されたため、そこで生み出された二つの陣営からは他のいかなる事柄も出現せず、苦しむ人間存在を認知しようとするいかなる行為も行なわれなかった。(8)その結果、シオニズムがパレスチナ人アラブにもたらした人間的悲劇をユダヤ人は理解できなかったし、パレスチナ人アラブは、自分たちとイスラエルのユダヤ人とを封じ込めているイデオロギーや実践以外のものをシオニズムに見出すことはできなかったのである。だが、非人間性という鉄の輪を破壊するためには、それがいかに鍛造されたのかを見極めねばならない。そして、そこで重要な役割を演ずるものこそが、諸観念と文化それ自体である。

ヘルツルのことを考えてみよう。彼にユダヤ人意識を目覚めさせたのがドレフュス事件*15だったとすれば、反セム主義への解毒剤としてほぼ同時に彼の脳裏に浮かんだのは、ユダヤ人のための海外植民地という観念だった。この観念自体は、ユダヤ人向けの観念としても、十九世紀末には人口に膾炙していた。ヘルツルが最初に接触した重要人物は、裕福な慈善家として一時期、東方ユダヤ人のアルゼンチンやブラジルへの移住を支援するため、ユダヤ植民協会を後押ししていたモーリス・ド・ヒルシュ男爵*16であった。後年、ヘルツルはユダヤ人植民地を作るのにふさわしい場所として南アメリカ、のちにはアフリカを漠然と想定した。両地域ともヨーロッパ植民地主義が目指すべき場所として広く受け入れ可能であったし、ヘルツルの心が当時の帝国主義の王道に従ったこともおそらくは理解できるだろう。しかし、ここで印象深いのは、「原住民」とその「領域」に関する帝国主義的観点をヘルツルがいかに深く吸収し、内面化したかという点である。(9)

ヘルツルが心中で、十九世紀末葉のパレスチナに居住者がいると考えていたことはまったく疑いようがなかった。パレスチナがオスマン帝国の統治下にあった(従って、すでに植民地であった)のは確かだが、それはラマルチーヌやシャトーブリアン、フローベール[*17]その他、大半は著名な無数の旅行記の主題にもされてきた。その上、仮にヘルツルがこれらの著作を読んでいなかったにしても、ジャーナリストとしての彼は必ずや旅行案内書に目を通し、パレスチナが実際に（一八八〇年代）アラブを主体とする六十五万の人々によって住まわれていたことを確かめていたに違いない。にも拘わらず、彼はそれら原住民の存在を処理することは可能だと考え、のちに現実に起こるはずの事柄をかなり冷徹に予見しつつ、日記のなかでその方法を詳細に書き綴ったのだった。貧しい原住民大衆の土地は収用されねばならず、「土地収用と貧困者排除の過程は、慎重かつ用意周到に行なわれる必要がある」と彼は付け加えている。そのためには「文無しの住民たちに寄寓先の国で職を斡旋し、我々自身の国での勤め口を閉ざすことによって、彼らを秘かに国境線の外へ運び出してしまわねばならない。」細部までゆるがせにせぬ、壮絶なまでのシニシズム〔冷笑主義〕によって、ヘルツルは少数の大地主階級が「買収」可能だと読んでいた――そして実際、その通りなのだった。パレスチナの原住民追い出しのための全計画は、アフリカの広大な領域を獲得しようとする当時進行中のいかなる計画をも遙かに凌駕していた。デズモンド・スチュワート[*18]が適切に述べている通り、

ヘルツルは、アフリカにおいて植民地主義者たちが辿った地点よりさらに先へ進むことで、自分が一時的に文明社会の意見を遠ざけることになると予見していたように思われる。「非自発的土地収用」について記した頁で、彼はこう語っている。「ついでに言えば、最初のうち人々は我々を避けるだろう。我々の評判は地に墜ちる。だが、我々の肩を持つ国際世論が再び完全に形成される頃までには、我々は自分の国にしっかり根づき、もはや外国人の到来を恐れることもなく、貴族主義的善意と自尊心に満ちた優しさとを以て客人を迎え入れていることだろう。」

これは、アルゼンチンのペオン〔日雇い労働者〕やパレスチナのフェッラーフ〔農民〕を魅了するような展望ではなかった。だがヘルツルは、自分の日記をすぐに出版するつもりなどなかったのである。(10)

こうした評語（ヘルツルのであれ、スチュワートのであれ）の持つ共謀者的口調を全面的に受け入れるまでもなく、私たちは、パレスチナ人が自らの存在を世界政治に向けて無理やり示した一九六〇年代・七〇年代に至るまで、国際世論がパレスチナの土地収用にさしたる関心を払ってこなかった事実を認めなければならない。すでに述べた通り、この点でシオニズムの成し遂げた大きな仕事は、その成就によって国際的に正当化され続け、その結果、パレスチナ人が払った成就の代償など無関係なものとされていった。だがそもそも、原住民を無関係と見做す傾向がヨーロッパ人のあいだに最初から存在していなければ、そうした事態もまた生じえなかったことは、ヘルツルの思考から見て明らかである。つまりそれらの原住民は、多かれ少なかれ受容可能な分類格子にすでにぴったり当て嵌まっていたのであり、その格子のために彼らはそれ自体として、西洋人や白人に劣る存在とされた――そしてヘルツルのごときシオニストは、その格子を同時代の一般文化から取り入れて、発展するユダヤ民族主義の比類ない欲求のために割り当てたのだった。繰り返しておかねばならぬことだが、シオニズムのなかでも、ユダヤ的伝統が目指す明らかに正当化された目標に奉仕した部分は、民族としてのユダヤ人を故郷喪失や反セム主義から救済して国家を復興させると同時に、（シオニズムが制度的にその内部で生きてきた）西洋の主流文化の諸側面とも協力し、非ヨーロッパ人を劣った、周縁的で無関係な存在であると見做すヨーロッパ人の視点を可能ならしめた。従って、パレスチナ人アラブにとって重大だったのはこの協力関係であり、ユダヤ人にもたらされた恩恵などでは断じてない。アラブが受け取り続けてきたのは、恵み深いシオニズムの恩恵ではなく――それはユダヤ人に限定されてきた――シオニズムをパレスチナにおける代理人《エージェント》とする、本質的な差別構造を持った強力な文化なのだった。

　シオニズムの結果としてパレスチナ人アラブに起こった事柄を今日叙述する場合、大きな障碍となるのは、シオニズムがこれまできわめて多くの成功を収めてきたという事実である。これは、ここで本題から逸れる形で述べておかねばならない。例えば、何よりも今世紀に入ってユダヤ人に降り注いだ事柄のために、ほとんどのユダヤ人がシオニズムとイスラエルとをユダヤ人の生活にとって喫緊の事実と考えていることは、私の心中では疑いようがない。さらにイスラエルは、最近までの華々しい軍事的成功はまったく別にしても、自らの名誉となる顕著な政治的・文化的成果を挙げてきた。そして何より重要な点だが、イスラエルとは、結局のところ異国風で奇妙で敵対的なオリエント人であるアラブについて考える場合に比べると、より少ない留保条件で肯定的感覚を持ちうる主題なのである。西洋に生活する人間であれば、誰にとってもこれは明らかな事実であるに違いない。シオニズムが収めたこうした成功が一体になったお蔭で、勝利者に対してはほとんど全面的な好意を寄せるが、犠牲者はほとんど考慮に入れないという、現在一般に流通しているパレスチナ問題観が生み出されたのだった。

だが、シオニズムがパレスチナに到来するのを見たとき、犠牲者はどう感じたのだろうか。今日シオニズムが叙述されるのを見て、犠牲者はどう考えているのだろうか。シオニズムの根源や、それが犠牲者に対してなした行為の起源を割り出すために、彼らはシオニズムの歴史のどこを探ればよいのだろうか。これらは従来、一度も提起されたことのない問題である——そして、まさにそれらこそ、ここで私がシオニズムとヨーロッパ帝国主義との連繋を検証しながら提起し、同時に解答を試みようとしている問題に他ならない。私に関心があるのは、シオニズムがその犠牲者に及ぼした影響を記録する試みである。そしてこの影響は、シオニズムがいまだイスラエルと呼ばれる国家ではなく、一つの観念であった十九世紀に、帝国主義が提供した枠組みのなかでのみ系譜学的に研究されうる。自らの歴史が何を意味したのか見定めようとして批判的な著述を行ない、パレスチナ人にとってシオニズムが何であったのかを——今私が試みているように——見極めようとするパレスチナ人にとっては、今やアントニオ・グラムシの、「人が現実には何であるかということについての意識は（中略）財産目録に整理されることもなく、無限に多くの痕跡を各人のうちに残してこれまで展開されてきた、歴史的過程の所産としての「汝自身を知れ」である」〔竹内良知訳『グラムシ選集』1、二三七頁〕という言葉がまさにうってつけである。始めにしなければならないのは、このような財産目録を作ることである、とグラムシは続けて言う。シオニズムの（受益者ではなく）犠牲者たちが蒙ってきた苦難の「財産目録」はめったに大衆の面前に晒されることがない以上、その仕事は今こそなされねばならない(11)。

私たちはイデオロギー（または理論）と実践とをやかましく区別することに慣れ親しんできたが、十九世紀中に世界の大半を事実上併合してしまったヨーロッパの帝国主義の場合には、あまりに安易に両者を区別立てしない方が、歴史的にはより正確を期すことができるだろう。帝国主義とは、かつても今も、領土拡張とその正当化とを存在目的とする政治哲学であった。だが、領土をあまりに字義通り捉えすぎると、帝国主義を過小評価するという由々しき事態を招く。インペリウム〔帝国〕を獲得・保持するとは、さまざまな作用を含む一つの領域を獲得・保持するという意味であり、その作用には地域を構成し、住民を集積し、その観念や人間や、当然ながら土地に対してまでも力を揮い、人間と土地と観念とを帝国の覇権的企画の目的や用途に合致させるべく変換する仕事が含まれる。これらすべては、現実を私物化しうる能力の結果として生まれる。こうして、人が自分のものだと感じる観念と、人が権利として自分のものだと主張する土地とのあいだの区別は（たとえその土地の上で働く原住民が存在したとしても）、少なくとも帝国主義発展の源となった十九世紀的文化の世界では、事実上存在しないことになる。ある観念の所有権を主張することと、ある領土の所有権を主張することとは――非ヨーロッパ世界がヨーロッパによって所有権を主張され、占領され、統治されるために存在するという、当時異常なまでに一般化した通念を前提にする限り――科学の力と威信と権威とを備えた、同じ一つの本質的構成運動が見せる異なる諸側面と考えられた。さらに、生物学や文献学、地質学のような分野に見られる科学的意識とは、古い分野を新しい分野に転換しつつ、基本的に再構成と修復と変換とを行なう運動であったため、オリエントの遠隔地に対するあからさまな帝国主義的態度と、人種の「非平等性」に対する科学的な態度とは、いずれもがヨーロッパの意志という決定的な力に依拠している点で繋がっていた。この力は、混乱して無益な諸現実をヨーロッパにとって有益な、秩序と規律に基づいた新たな分類の集合体へと変換するのに必要なものだった。かくして、カロルス・リンナエウス[*19]〔リンネ〕やジョルジュ・ビュフォン[*20]、ジョルジュ・キュヴィエ[*21]らの著作においては、白色人種は赤色・黄色・黒色・褐色諸人種と科学的に異なる存在と化し、その結果、これら諸人種が占める領域は、新たに西洋の植民地やその発展、大農園、植民者らのための開かれた空白地帯となった。おまけに、平等性において劣る諸人種も、（ジョゼフ・ド・ゴビノー[*22]やオズヴァルト・シュペングラー[*23]の場合のように）白人が研究と変換を行なった結果、自らの人種的・文化的覇権の一環として理解される、有益な存在と化すのだった。あるいはまた、剝《む》き出しの植民地主義的衝動に駆られた場合、劣等人種は帝国内で直接活用された。一九一八年、ジョルジュ・クレマンソー[*24]が、自分は「再度のドイツの攻撃があった場合に備えて、ヨーロッパのフランス領土防衛のために黒人部隊を召集する無制限の権利」〔ハナ・アーレント、大島通義・大島かおり訳『全体主義の起原』2、一二頁〕を保持するという所信を表明したとき、彼が語っていたのは、フランスには科学的権利に基づき、レイモン・ポワンカレ[*25]言う所の白人フランス人向けの安上がりな火薬へと黒人を変換する知識と力があるという意味であった[12]。勿論、帝国主義の罪を科学に着せることはできないが、帝国的支配を正当化するために、科学が比較的容易に歪められていったことは確認しておく必要がある。

博物学は社会支配を真の目的とする社会人類学へと歪曲されていったが、その博物学の分類法を支持したのが言語学の分類法であった。フランツ・ボップ[*26]、ウィリアム・ジョーンズ[*27]、フリードリヒ・フォン・シュレーゲル[*28]といった言語学者によって語派や語族間の構造的類縁性が発見されて以来、語族の観念は、民族文化的・人種的特徴を決定づけた人間類型の理論へと何の裏付けもなしに拡張され始めた。例えば一八〇八年、シュレーゲルはインド・ゲルマン（またはアーリア）系諸語とセム・アフリカ系諸語とのあいだに明瞭な断層があることを発見した。彼によれば、前者は創造的・再生的で生気に富み、審美上も快適であるのに対し、後者はその作用が機械的で、非再生的・消極的であった。この種の区別から出発して、シュレーゲルや、のちにはルナンが、優れたアーリア的精神・文化・社会と劣った非アーリア的精神・文化・社会とを隔てる大きな落差について一般化を進めることになる。

科学からより正確な政治支配の模造品へと、変形ないし翻訳が最も効果的に起こったのは、法律学と社会哲学と政治理論とを統合した無定型の分野だった。まず最初に、（最近ハリー・ブラッケン[*29]が研究した[(13)]）哲学的経験論のなかでもかなり影響力の強い伝統によって、人間を劣等人種と優等人種とに分割する一種の人種差別が真面目に唱道された。三百年の伝統を持つインド帝国に対処するという（主にイギリスにおける）現実的問題と、数多くの発見旅行とによって、ある文化は進歩し文明化しているのに対し、他の文化は遅れ、非文明的であるという事実を「科学的に」証明することが可能になった。こうした観念は、ジョン・ロック[*30]やデイヴィッド・ヒューム[*31]のような哲学者が色彩（従って人種）という事実に付与した永続的・社会的な意味とも相俟って、十九世紀半ばまでに、ヨーロッパ人がつねに非ヨーロッパ人を支配すべきだとする公理を作り上げていった。

この教義は他の方法でも強化されたが、私見によれば、そのうちのいくつかの方法が、パレスチナにおけるシオニズムの実践やヴィジョンと直接関係する。文明人と非文明人とのあいだに想定された法律的差別の一つは、非文明人に欠けるとされる土地への態度、土地に関する頌栄讃歌《ドクソロジー》とも言うべきものにあった。文明人は、土地が自分にとって何らかの意味を持つがゆえに、その土地を耕作することができると一般に信じられた。彼がその土地で有益な技藝を生み出し、創造や完成や建設に従事するのもこのためである。非文明人は土地を不器用に（つまり、西洋的基準から見て不十分に）耕作するか、または荒廃させてしまうのがおちである。こうした一連の観念によって、アメリカやアフリカ、アジアの領域に何世紀にも亘って住み続けてきた原住民の社会はすべて、その土地に住む権利を突然否定された。その観念のあとには、近代ヨーロッパ植民地主義による大規模な土地奪取の運動が沸き起こり、それと同時に土地を買い戻し、原住民を再定住させて文明化し、その野蛮な習慣を矯正し、彼らをヨーロッパ支配のもとで有益な存在に転換させるためのあらゆる計画が実行された。アジア、アフリカならびにアメリカ大陸の土地は、ヨーロッパ人の利用に供されるべく存在していた。なぜならヨーロッパは、原住民には不可能な方法で土地の価値を理解したからである。その世紀の終わりに、ジョゼフ・コンラッド*32はこの哲学を『闇の奥』で劇化し、クルツという人物像のなかにそれを力強く具体化してみせた。この男が地球上の「暗黒地帯」に対して抱く植民地的夢想は、「全ヨーロッパ」によって形成されたのだった。だが、シオニストが実際そうであったように、コンラッドが利用したのは、ロバート・ノックス*33によって著書『人種論』(14)のなかで提示された類いの哲学、すなわち人間は進歩した白色人種（生産者）と劣った有色人種たる浪費家とに分割されるという説であった。同様に、ジョン・ウェストレイク*34やそれ以前のエメル・ド・ヴァッテル*35のような思想家は、世界の領域を（遊牧民や一種の低級社会の居住者がいるにも拘わらず）空白地帯と文明地帯とに分割した——その後、空白地帯はより高次の文明的権利に基づく奪取を受けるべく「改訂」された。

ヨーロッパ本土の外側にある何百万エーカーもの土地を空白地帯と宣言し、そこに住む人々や社会は進歩と発展の障碍であると布告し、その空間もまた、ヨーロッパの白人入植者とその文明化の仕事に利用されるべく開かれていると独断的に宣言する。そうした行為を可能にさせた観点の変容を、私はここできわめて単純化して述べている。とくに一八七〇年代、カーゾン卿*36の言葉を借りれば、地理学が「あらゆる科学のなかでも最も国際的」(15)になった徴《しるし》として、新たなヨーロッパ地理学協会が雨後の筍のごとく創設された。『闇の奥』でマーローが自分の「地図気違い」を告白したのも、あながち理由のないことではなかった。

僕は何時間も何時間も、よく我を忘れて南米や、アフリカや、濠洲の地図に見入りながら、あの数々の探険隊の偉業を恍惚《うっとり》として空想したものだった。その頃はまだこの地球上に、「原住民が居住する」空白がいくらでもあった。なかでもとくに僕の心を捉えるようなところがあると、（いや、一つとしてそうでないところはなかったが、）僕はじっとその上に指先をおいては、そうだ、成長《おおき》くなったらここへ行くんだ、とそう呟いたもんだった。[16]

〔中野好夫訳、一四頁〕

地理学と地図気違いとが発展すると、それらは主として広大な海外領土の獲得に専念する一つの有機体になった。コンラッドも述べているように、この

地上の征服とは何だ？　たいていの場合、それはたんに皮膚の色の異なった人間、僕らよりも多少低い鼻をしただけの人間から、むりに勝利を奪いとることなんだ。よく見れば汚いことに決まっている。だが、それを償ってあまりあるものは、ただ観念だけだ。征服の背後にある一つの観念。感傷的な見栄、いいや、そんなもんじゃない、一つの観念なんだ。（中略）――我々がそれを仰ぎ、その前に平伏《ひれふ》し、進んで犠牲《いけにえ》を捧げる、そうしたある観念なんだ。[17]

〔中野好夫訳、一二頁〕

私が見るところ、コンラッドは他の誰よりも的確に要点を衝いている。領土を征服する能力が物理的な力の問題となるのは、ごく一部の点に関してのみである。というのも、そこには征服自体をある観念に従属させるような強力な道徳的・知的構成要素が存在しており、その観念のお蔭で純粋な力は、科学や道徳、倫理、一般哲学から援用された議論によって威厳を与えられ（現実に促進され）るからである。西洋文化にあって――例えば、新しい科学が自らのために新しい知的領域を獲得するように――新領土の獲得に威厳を与える潜在能力を持つものはすべて、植民地的冒険のために奉仕させられる可能性があった。そして実際、「観念」がつねに征服を活気づけ、征服を舌ざわりのよいものへと変えることによって、その奉仕も実現したのである。今日であれば植民地的侵略と呼ぶべき

行為をごく普通に正当化するため、こうした観念を公然と表明した実例が、一八七〇年代のフランスの代表的地理学者、ポール・ルロワ＝ボーリュー[*37]の記す次のような一節に見られる。

ある社会が植民活動を行なうのは、それ自体が高度の成熟と強さとに達したために子孫を産み、自らが生み出した新しい社会を保護し、これを良好な発展状態に置き、成年へと達せしめるような場合である。植民とは、社会生理学のなかでも最も複雑かつ精妙な現象である。

新しい社会が産み落とされる領域の原住民を考慮に入れることなど、まったくの問題外である。重要なのは、近代ヨーロッパ社会が「その旺盛な活動の外部への発散によって拡大する」ために、十分な活力と知力を備えていることである。こうした活動は善でなくてはならない。なぜなら、その価値は信用され、その内部には進んだ文明全体の健康な血流が脈打っているからである。かくて、ルロワ＝ボーリューはこう付け加える。

植民とは、一民族の拡張力であり、再生産の能力であり、空間における拡大と増殖であり、全世界またはその広大な部分を自民族の言語、習慣、観念、法律に従属させる行為である。(18)

帝国主義とは理論であり、植民地主義とは、世界のなかで占有されぬまま無駄に放置された領域を、ヨーロッパ本土の社会に似せた、新しい有益な社会へと変換する実践行為であった。それらの領域の内部にあって、浪費や無秩序や無限の資源を暗示するものは何であれ、生産性や秩序や、開発可能で課税対象となりうる富へと変換されねばならなかった。邪魔立てする不快な人間や動物の大半は——辺り一面に乱雑に拡がるだけであるか、または周囲を無数の大群となって非生産的に徘徊するので——排除され、残りは指定居留地や収容所や原住地に囲い込まれて、数えられ、課税され、利益のために利用される。そして、空白となった土地には新たな社会が建設されるのだった。

こうして、ヨーロッパは海外で再構成され、その「空間における増殖」は成功裏に企画・処理される。結果として、アジア、アフリカ、アメリカ大陸の至る所にきわめて多様な小ヨーロッパの群落が拡散し、そのおのおのが自らの母胎となった文化やその先駆者、前衛的植民者らの用いた固有の手段、あるいはそれらを取り巻く環境を反映しているのだった[19]。それらはすべて——お互いに相当大きな差異があるにも拘わらず——もう一つ別の点で似通っていた。つまり、彼らの生活が皆、正常さの装いのもとに営まれていたという点である。この上なく奇怪なヨーロッパの複製（南アフリカ、ローデシア等）[*38]も妥当性を持つと考えられた。最もひどい原住民差別や排斥も、「科学的に」正当という理由で正常と見做された。ヨーロッパから物理的・文化的に何マイルも離れた飛び地で、理解を示さぬ敵対的な原住民に囲まれつつ外国人の生活を送るというまったくの矛盾、ここから生み出されたのは、目下の植民地的冒険を正常かつ正当化された、善なる行為として布告する歴史感覚であり、頑強な論理であり、社会的・政治的状況であった。

　とくにパレスチナに関する限り、のちにシオニストがパレスチナ人アラブ原住民に対して取ることになる画一的な態度や、自分たちが「正常な」存在であるとして展開することになる主張は、十九世紀半ば以降、パレスチナの開発と統治に公式に関わったイギリスの学者、行政官僚、専門家らの態度と実践活動のなかですでに十二分に準備されていた。一九〇三年、ソールズベリー主教がパレスチナ探検基金の面々に語った内容を考えてみよう。

> 私が考えますに、イスラエル文明によるカナーン文明［パレスチナ人アラブ原住民を指す婉曲語法］の抑圧を遺憾に思わせるような事柄は、これまで何一つ発見されておりません。（中略）［発掘の結果が示すように］『聖書』は、イスラエル文化に取って代わられたカナーン文化の忌まわしさを決して誤り伝えていたわけではなかったのです。

アメリカの若き研究者ミリアム・ローゼンは、パレスチナ人に対するイギリス人の典型的態度を示す、きわめて刺戟的な撰集を編纂した。彼らの態度は、ワイツマンからベギンへと至るシオニストたちの、パレスチナ原住民に対する公式見解を異常なまでによく先取りしている。ここでローゼン氏の重要な著作から、いくつか引用してみよう。

ターウィット＝ドレイク[*39]は西部パレスチナを概観して記している。

> 我々がこの国を再征服しようと秘かに企んでいるのではないか。フェッラーヒーン〔農民たち。単数はフェッラーフ〕のこの不安が、きわめて多くの障碍を生み出している。その障碍が克服されたとしても、まだ甚だしい愚鈍さというものが残っていて、彼らはごく単純な質問にさえ、直接的な返答をすることができない。その質問の意図を飲み込めないからである。フランク人はどうしてこの国の取るにたらぬワーディー〔涸谷〕や丘の名前なんか知りたがるのか、というわけだ。
> フェッラーヒーンは皆、私がこれまで東洋で出会ったなかでも最悪の人間類型に属する。（中略）フェッラーフはあらゆる道徳感覚を完全に欠いている。（後略）

ウェストミンスターの主任司祭は、パレスチナ探検基金の実地踏査の前に横たわる「障碍」について次のように述べる。

> これらの仕事は、現地の人々の援助によってではなく、むしろ邪魔になるさまざまの愚かしい障碍をものともせずに実行されねばならなかった。それらの障碍を生み出したのは、オリエント人に特有の狡猾と無知と愚鈍との奇妙な結合である。

ガリラヤ実地踏査に関するキッチナー卿[*40]の所見。

我々は、主の足跡によって聖化された、パレスチナのなかでも最も興味深い遺跡の一つが、無教養なアラブ、無慈悲な破壊者の手から守られるよう希望する。私が言うのはカペナウム[*41]のシナゴーグ〔会堂〕のことであり、これは石灰を作るために石を焼くお蔭で急速に消失しつつある。

「パレスチナの現状」についてのC・R・コンダー[*42]の発言。

原住民の小作農は、数語を費やして叙述するだけの価値が十分ある。彼らは残酷なまでに無知で、狂信的で、何より常習的な嘘つきである。だが、うまく育てば役立つ人間となれるはずの性質も備えている。〔彼らの賢明さや活力、労苦や熱暑への忍耐力などが例証される。〕

フリンダース・ペトリ卿[*43]。

アラブは帳簿上、非常に多くのロマンスを必要もなしに貸し出している。彼らは他のほとんどの野蛮人と同様、うんざりするほど無能であり、アメリカ・インディアンやマオリ族[*44]と同じで、ロマンスを生み出すには値しない。私ならむしろ、どちらかと言えば抜け目がなく、物わかりのよいエジプト人のもとへいそいそと帰ってゆくことだろう。

「パレスチナのアラブ」に関するシャルル・クレルモン＝ガノー[*45]の考察。

アラブ文明などまやかしに過ぎない――そんなものはアラブ大征服の恐怖と同様、もはや存在しないのだ。それは、無力だが丁重なイスラムの手中にあって徐々に消え失せる、ギリシア・ローマ文明の最後の輝きでしかない。

あるいは、この地に対するスタンレー・クック[*46]の所見。

（前略）急速な頽廃は（見られる限り）精力的な十字軍の戦士によっても一時的にしか食い止められなかった。現代の旅行者は居住民の性格に潜む内在的弱点をしばしば指摘してきた。そしてロビンソン[*47]同様、繁栄を取り戻すためには「大地を耕す人間の手だけが必要」なことに気づいたのだった。

最後に、R・A・S・マカリスター[*48]。

幾世紀にも亘るこの長い期間、パレスチナの原住民は物質文明に対して、いかなる種類の貢献も、一つとして行なってはこなかったように見えると言って過言ではない。パレスチナはおそらく、この地球の表面上で最も進歩のない国土であった。その文化はすべて、よそから派生したものだった。（後略）[(20)]

シオニズムの背景にあるヨーロッパの帝国主義的・植民地主義的態度について、明らかにされるべき要点のいくつかがここには出揃っている。というのも、シオニズムはユダヤ人に対して何を成し遂げたにせよ、パレスチナに対しては本質的にヨーロッパ人帝国主義者と同様の見方を取り、パレスチナとはおそらくなくもがなの下劣な原住民によって逆説的に「満たされた」、空っぽな領域であると考えたからである。第一次大戦後にハイム・ワイツマンがきわめて明瞭に述べた通り、パレスチナにおける新しいユダヤ人国家創設計画を実行するさい、シオニズムは帝国諸列強と手を繋ぐ一方、「原住民」はその土地に対する計画を受動的に受け入れるものと想定して、彼らのことは否定的にしか考えなかった。ヨシュア・ポラート[*49]やネヴィル・マンデル[*50]のようなシオニストの歴史家でさえもが経験的に実証したように、（第一次大戦よりずっと以前の）パレスチナにおけるユダヤ人入植者の考え方がつねに原住民から紛うかたなき抵抗を受けたとすれば、それは原住民がユダヤ人を邪悪だと考えたからではなく、むしろ大抵の原住民は、自分の土地に外国人が入植するのを好まないからなのだった。[21] さらに、ユダヤ民族が自らの領域の「返還要求」をしているのだという考え方を定式化する上で、シオニズムはヨーロッパ文化の一般的な人種概念を受け入れたばかりでない。それはまた、パレスチナに実際に居住しているのが先進民族ではなく、自らが支配を及ぼすべき後進民族であるという事実にも依拠したのだった。こうして暗黙裏に支配が想定された結果、とくにシオニズムの場合、原住民はほとんどまともに考慮する資格もない人々として無視されるのが通例となった。[22] 従って、シオニズムは比類のない自意識を持ちながら、不幸な原住民を意識する余地はほとんど残すことのないまま発展した。マクシム・ロダンソン[*51]がきわめて正確に語っているように、パレスチナ原住民に対するシオニストの無関心は、

> ヨーロッパの優越性と結びついた無関心なのであり、それがヨーロッパの無産階級や抑圧された少数派をさえ利したのだった。実際、もしも父祖の故郷を占領したのが、当時の世界の支配者として産業化を成し遂げた揺るぎない国家、すなわち強力な民族意識を鼓吹された領域で完璧な定着を果たした国家の一つであったとしたなら、その場合はドイツやフランスやイギリスの住民を追い立てて、自らの故郷の中心部に新たな、民族的に首尾一貫した要素を導入するという問題こそが、どんなに無知で貧しいシオニストの脳裏にもまず浮かんだ事柄であろうことは疑いがない。[23]

要するに、シオニズムを構成するすべての活力の前提となったのは、パレスチナにおける「原住民」の存在排除、つまり機能上の不在であった。原住民を注意深く排斥する形でさまざまの制度が創設され、イスラエルの創設時には、原住民がその「不在地」に、またユダヤ人は自分の場所にとどまることを保証する法律が立案された。今日、一社会としてのイスラエルに電気的衝撃を与えている案件がパレスチナ人の問題であるとしても、彼らの否定こそ

シオニズムを一貫して貫く一筋の糸であった以上、少しも驚くには当たらない。そして、シオニズムを不可避的に帝国主義と結びつけるのも——少なくともパレスチナ人に関する限り——シオニズムが持つ、このおそらくは不幸な側面なのである。ロダンソンは次のようにも述べている。

ロシアその他のユダヤ人店主、行商人、職人、知識人らの抱くこれらの野望と、帝国主義の概念軌道との結びつきを可能にした要素とは、パレスチナに別の民族が住んでいるという、まったく取るにたらぬように見える小さな細部《ディテール》であった(24)。

2 シオニストの住民化とパレスチナ人の非住民化

私がこれまで議論してきたのは、シオニズムに見られるユダヤ人への配慮と、非ユダヤ人ないしはアラブ原住民に対するほとんど完全な黙殺とのあいだの、この観念上の異常なまでの不均衡であった。シオニズムとヨーロッパの帝国主義とは、認識論的に、つまりは歴史的・政治的に、原住民への観点において隣接していたのだが、そもそも私たちの認識論への着目を正当化するのは、政治の世界や、認識論が意味を持たない人々の生活において、この還元不可能なほど帝国主義的な観点が実に効果的に作用したという事実である。そうした世界、何百万ものパレスチナ人を含むそれらの人々の生活においては、その作用の結果はたんなる理論的ヴィジョンとしてではなく、巨大な心的外傷《トラウマ》を与えるシオニズムの効率性として、委曲を尽くして論ずることが可能である。*52 シオニズムに対するパレスチナ人アラブの一般的な反応は、一九二二年、ウィンストン・チャーチルの「白書」へのアラブ代表団の回答として記された文言、「ユダヤ人の民族的郷土創造を意図すれば、アラブの住民や文化、言語の消滅ないしは従属化がもたらされる[25]」という一節に最も完全な形で表現されているように思われる。つまり、何世代ものパレスチナ人アラブが目撃したのは、ユダヤ人の歴史やユダヤ人の恐るべき経験に一層深い根源を持つ一つの計画の展開だったのだが、その根源は、現に彼らやパレスチナに住む人々の眼前で発生しつつある事柄によって必然的に隠蔽されてしまったのである。アラブがそこに体現されていると看破したのは、

修道院的な自己修養と、周囲の環境からの冷淡なまでの超然性とを要求する、一つの無慈悲な教義であった。社会主義労働者の名に誇りを感じたユダヤ人は、同胞という概念を厳密な民族主義的・人種的基準で解釈した。彼らはアラブではなく、ユダヤ人との同胞意識を抱いていたからである。他者からの搾取は禁断であったため、彼らは自らの手で土地を耕作することに拘泥し、その結果アラブを自らの社会組織から排除した。（中略）彼らは平等性を信奉したが、それは自分たち内部の平等性に過ぎなかった。彼らはユダヤ人の銃が守るユダヤ人の土地で作られた、ユダヤ人のパンによって生活した[26]。

私がここで作成しようと試みるパレスチナ人の経験の「財産目録」は、単純な真理に基づいている。つまり、パレスチナに到着した喜色満面の、あるいは（その後の）恐怖に怯えるユダヤ人は、本質的にユダヤ人国家の建設を宿命と公言してやまぬ外国人と見做された、という単純な真理である。そこにいたアラブに関してはどうだったのか。これが次に提起せねばならぬ疑問である。私たちがそこで発見するのは、シオニズムの観点では肯定的な事柄すべてが、パレスチナ人アラブの原住民の観点からはまったく否定的に見えたという事実である。

というのも、パレスチナ人アラブは壮大なヴィジョンのなかには絶対適合しようのない存在だったからである。それは、「ヴィジョン」がたんに理論的問題だったためばかりではない。それは確かに理論的問題であったが、同

時にまた、のちのパレスチナのアラブ原住民に対するイスラエル政府の政策の性格や詳細がそれによって決定されたことからも窺われるように、「ヴィジョン」とはシオニスト指導者が後年（そして勿論当時も）アラブに対処するために必要とした、アラブを見る方法でもあった。前述したように、私が思い描いているのは、その日その日に現われる現実の効率性と理論とのあいだの弁証法の総体である。パレスチナの植民地化はユダヤ人の手でユダヤ人のために、しかもパレスチナ人の追い出しと同時に成し遂げられなければならない。一つの社会組織としてのイスラエルは、このシオニズムの命題から発展したというのが私の議論の前提である。さらに私が前提としたいのは、パレスチナに関する諸観念を意識的かつ公然と抱いたシオニズムが、原住民をまず最小限度に抑制し、次に排除し、最後に万策尽きるや、これを従属化しようと試みたという点である。それは、イスラエルがたんに（当然アラブをも含む）市民の国家であるのみならず、「全ユダヤ民族」の国家でもあって、土地と人民に対して、過去現在の他のいかなる国家も所有したことのない一種の統治権を行使しうるという事実の保証手段であった。パレスチナ人アラブがこれまで抵抗し、代替物を提示しようと試みてきたのは、実にこの変則性に対してなのだった。

　ヘルツル以後、その計画を実行に移す任務を帯びた、戦略上重要なシオニズム指導者が発言を行なっており、私たちはそこから実に多くを学ぶことができる。ハイム・ワイツマンがただちに念頭に浮かんでくるのは、その異常な人間性によるばかりでなく、シオニズムを一観念から征服のための政治制度へと育て上げる上で、彼が華々しい成功を収めたためでもある。パレスチナの国土をめぐる彼の命題は、ヘルツルの主張の繰り返しである点で示唆的である。

> 神はパレスチナの土地を岩と沼と砂で覆われた。それはまるで、その土地を愛し、その土地の傷を癒すために自らの生命を捧げようとする者によってのみ、その美が発見されるようにとの配慮が働いたためであるかのように思

われる[27]。

ところが、この発言の背景となったのは、裕福な不在地主（レバノンのスルスク家）[*53] からシオニストに対して行なわれた、将来性のない沼沢地の売却である。この特別な売却地がパレスチナの一部であって、決してその広い部分でないことはワイツマンも認めている。ただ、彼の口調からは、これが本質的に未使用で、正当な価値評価をされず、（この文脈でこうした言葉を使ってよいとすれば）誤解されてきた領域全体に関する発言であるかのような印象を受ける。つまり、そこに居住する人間がいたにも拘わらず、パレスチナは役立てられ、評価され、理解可能なものとされねばならなかった。原住民は奇妙なまでに歴史との接触を断たれていると信じられ、そこから、現実の存在者ではないという結論が導かれるものと見做された。次に掲げるのは、一九〇七年、ワイツマンが初めてパレスチナを訪問したさいの状況を描写した一節である。外国人入植地や居留地の導入を正当化するために、過去における無視や放擲と、現在（執筆は一九四一年）の「音調や進歩の精神」とが意図的に対比されている点に注目していただきたい。

> それは全体に悲痛な土地であり、みじめに放擲されたトルコ帝国のなかでも、とりわけひどく放擲された一角だった。［ここでワイツマンは、パレスチナ原住民を描写するのに「放擲」という言葉を使っている。彼らがそこに居住しているという事実だけでは根拠不十分なため、パレスチナはしかるべき世話を焼く人々を辛抱強く待ち受ける、本質的に空虚な領域として片づけられてしまう。］その全人口は六十万余り、そのうち約八万がユダヤ人だった。ユダヤ人の大半は都市部に居住していた。（中略）しかし、活気や音調や進歩の精神に関する限り、当時の入植地も都市居留地も、今日の入植地や居留地の比ではなかった[28]。

一つの短期的収穫は、シオニズムが「土地の（中略）価値をつり上げ」たため、たとえ政治的にはその土地がアラブの足下から切り崩されつつあろうとも、彼らも利益に与《あずか》りうるということだった。

土地の返還を求め、それを「買い戻す」ために、ワイツマンは原住民の放擲と老耄に対比させる形で、ユダヤ人の活力と意志と組織とが必要なことを説く。彼の言葉は主意主義の修辞法、意志と新しい血のイデオロギーで彩られており、そのイデオロギーによって、原住民の後進性に対処しようと試みるヨーロッパ植民地主義者の言葉（および、のちの政策）の多くがシオニズムに充当されたのだった。「新鮮な血液がこの国に輸血されねばならなかった。新しい企業精神の導入が必要だった。」[*54] ユダヤ人は、たんに土地接収の役割のみならず、ユダヤ民族自力復興の手本としての役割をも果たす植民者と植民地とを輸入せねばならなかった。かくして、仮にパレスチナに「偉大な可能性がある」としても、「意志が欠如していた。どうやってそれを目覚めさせるか。累積過程をいかにして始動せしめるか」という現実への対処法が問題となった。ワイツマンによれば、シオニストが究極的な落胆から救われた唯一の原因は、「偉大な活力の源が採掘されるのを待っているという我々の感覚――歴史的方法を誤って解釈したため、一時的に抑制されていた人々の民族的衝動」[(29)] であった。ここでの「方法」とは、シオニストがこれまでロスチャイルド家のような偉大な外国人篤志家にのみ依存して、土地それ自体における自足的な植民地機構の育成を「放擲する」傾向にあったことを指す。

これを行なうためには、諸現実のネットワーク――一つの言語、入植地の連繫、諸機関の連なり――の構築案を視覚化して、これを実行に移し、パレスチナを現在の「放擲」の状態からユダヤ人国家へと転換してやることが必要だった。このネットワークは、すでに存在する「諸現実」を攻撃するというより、むしろそれらを無視し、それらの傍らで成長し、巨木の森が一叢《ひとむら》の雑草を消し去るように、最後にはそれらを消し去ってしまうことだろう。こうした計画のため、何よりイデオロギー上必要なのは、その計画に正統性を獲得すること、つまり、すでにパレスチナにしっかりと根づいている原住民の文化を完全に包囲し、ある意味でこれを時代遅れにするような考古学と目的論とをそこに付与してやることだった。ワイツマンがバルフォア宣言の概念を、ユダヤ人の民族的郷土樹立への賛成から、「再興」への賛成に変換した理由の一つは、ありうべき「諸現実」を最も古く、最も遠くまで拡張することによって、この領域をまさに囲い込むことであった。パレスチナの植民地化はつねに、繰り返しという事実の形で進行した。ユダヤ人は原住民社会を簒奪したり、破壊したり、解体したりしたわけではない。当のその社会の方が、二千年前に消滅したはずの、あの六十年間に亘るユダヤ人のパレスチナ統治という原型を破壊した変則的な事象なのだった。だが、ユダヤ人の心のなかでは、イスラエルはつねにそこで、原住民には認識困難な現実態として存在していた。だからこそシオニズムは、パレスチナやパレスチナに対するユダヤ人の覇権の返還請求や買い戻しを行ない、それらを再三主張したり再移植したりしてその現実化を果たしたのである。新たに生まれた現実は、神秘的な紀元一世紀の父祖などよりも、むしろ十九世紀ヨーロッパ植民地主義の方法と成功との方に遙かに類似していたのだが、それでもイスラエルは原初の状態への回帰なのだった。

ここで明瞭にしておくべき事柄がある。パレスチナにユダヤ人の独立国家を「再興」するための種々のプロジェクトにおいては、つねに二つの基本的構成要素が存在した。一つは、ユダヤ人の自己改善を実行に移そうという用意周到な決意である。勿論、これについて、世界は多くのことを耳にした。ユダヤ人に新たな主体《アイデンティティー》性の意識を供給し、市民としての権利を保護して彼らに付与し、民族的「郷土」の言語を（エリエゼル・ベン・イェフダー*55の努力によって）復興し、全ユダヤ人世界に成長と歴史的運命に関する潑剌とした意識を与える。これらのために、大胆な措置が講じられた。かくて「［シオニズムには］彼らが拠るべき道具、彼らを新しい生活に吸い上げることのできる道具が揃った。」(30)シオニズムは、ユダヤ人の学校だった――そして、その教育哲学はつねに明瞭で、劇的で、理知的だった。だが、シオニズムにおけるもう一つの、弁証法的に対立する構成要素、（パレスチナ人はもろに体験しえても）決して見ることのできぬ内奥に存在する構成要素、それはユダヤ人の利益とパレスチナの非ユダヤ人の不利益（のちには懲罰）とのあいだに引かれた、同様に堅固で理知的な境界線であった。

パレスチナに対するシオニズムの計画が二極化したことは、とくにイスラエルとの真剣勝負を目論んでいたアラブにとっては重大な意味を持った。ユダヤ人にとっては、パレスチナをめぐるシオニズムの諸観念が――ユダヤ人を大切にし、非ユダヤ人を無視するという意味で――あまりに効果的だったため、これらがアラブに対して表現したのは、アラブの否定でしかなかった。こうしてイスラエル自体は、私たちにとって、アラブを排除するか従属させるかのためだけに組み立てられた、まったく否定的な実体として立ち現われる傾向にあった。従って、民族および社会としてのイスラエルおよびイスラエル人の内的な堅固さや団結は、大抵の場合、アラブ一般の理解の範囲を超えていた。かくて、シオニズムが巡らせた壁に加えて、教条的でほとんど神学的と言ってよい種類のアラブ民族主義の壁が設けられた。イスラエルとは本質的に、アラブを苦しめるために西洋が提供した修辞学的工具であるように思われた。こうした認識がアラブ諸国にもたらしたのは、抑圧政策と一種の思想統制であった。何年ものあいだ、印刷物にイスラエルの名を記すことは禁じられていた。この種の検閲はごく自然に警察国家の強化や表現の自由の不在、あらゆる種類の人権侵害をもたらしたが、これらすべては「シオニズムの侵害と戦う」という名目で正当化されることになった。言い換えれば、国内のいかなる形態の弾圧も、「国家の安全」という「神聖なる大義名分」に奉仕しているがゆえに受け入れられたのである。

イスラエルや各地のシオニストにとっても、シオニズムのアパルトヘイトが惹き起こした結果は同じように悲惨なものだった。アラブはすべて堕落した恐るべきもの、非理性的で残虐なるものの同義語と見做された。ユダヤ人にとってはその人間主義的・社会的（社会主義的とも言える）発想が明白な諸制度――キブツ、帰還法、移民の文化適応のためのさまざまな施設――も、アラブにとってはきわめて明々白々たる非人間的制度であった。アラブはその身体的存在においても、また推定上割り当てられた感情や心理においても、定義によってシオニズムの外側、その彼方に立つすべてのものを表現することになった。

私見では、アラブによるイスラエルの否定は、イスラエルによるアラブの否定およびその後の矮小化に比べれば、精巧さや複雑さの程度が遙かに劣る事象である。シオニズムは、十九世紀ヨーロッパの植民地主義と諸観念を共有していたにも拘わらず、その植民地主義のたんなる再現ではなかった。シオニズムは（本土の中心地とは最低限の紐帯を保ちつつ）「原住民による」としか言いようのない社会の創造を目指しながら、それと同時に、原住民とは折り合いをつけぬことを決意し、彼らを新しい（しかし本質的にはヨーロッパ人である）「原住民」と置き換えていった。こうした置換は、完璧に経済的なものであるべきだった。パレスチナ人アラブからイスラエル社会への横滑りは決して起こらず、アラブは逃亡しない限り、たんに柔順で従属的な対象にとどまるはずだった。そして、イスラエルに挑戦すべく踏みとどまったものはすべて、そこに存在する事物としてではなく、イスラエルとシオニズムの外側にあって――外部から――その破壊を企てる事物の徴《しるし》と見做された。ここでシオニズムは、オクシデントに対峙する恐るべきオリエントという、ヨーロッパ文化が援用したあの類型学を文字通り自家薬籠中のものとした。ただしシオニズムは、オクシデントの前衛的土地回復運動として、オリエントの内部でオリエントと対峙した点が違っている。アラブ一般、わけてもパレスチナ人に関して「全うされた」シオニズムが何を語っているかを見るには、例えば次に掲げる、一九五五年十月七日付『マアリーヴ』〔夕べの祈り〕紙[*56]に掲載された記事の抜粋に目を通せばよい。筆者はA・カールバッハ博士[*57]という著名な一市民であって、低俗な大衆煽動家ではない。彼はイスラムがシオニズムに敵対していると述べるが、それでもパレスチナ人に関しては議論の余地を残している。

これらのアラブ・イスラム諸国が苦しんでいるのは、貧困でも病気でも、非識字でも搾取でもない。彼らはただ、イスラムという最悪の疫病を患っているだけである。イスラム的心理が支配する所では、不可避的に専制と犯罪的な侵略行為が支配的となる。イスラム的心理には危険が潜んでいる。それは効率と進歩の世界に自らを統合できぬまま、劣等感と誇大妄想の発作に掻き乱され、聖なる剣の夢に沈潜し、幻想の世界に生き続ける。この危険の根源にあるのは全体主義的世界観であり、彼らの血に深く根ざした殺人への情熱であり、論理の欠如やすぐに熱くなる頭脳や自慢癖であり、そして何より、文明世界にとって神聖なすべての事柄に対する冒瀆的な黙殺である。（中略）彼らの反応は——何に対してであれ——良識とは無縁である。彼らは皆感情的で、均衡を欠き、衝動的で無分別である。喉の奥から叫び立てるのは、いつでも気違いと決まっている。[58]「仕事」の話は誰とでも、悪魔とだってできるが、アッラーとは不可能だ。（中略）これは、この国の砂の一粒一粒が叫んでいる事柄である。ここには多くの偉大な文化と、あらゆる種類の侵入者とが存在した。それらはどれも——十字軍兵士でさえ——文化と発展の痕跡を残した。だが、イスラムが通過した道では、樹木さえもが死に絶えた。［これは、ワイツマンがパレスチナの「放擲」について記した所見とぴったり符合する。もしワイツマンがもっと後に記していたなら、カールバッハと同様の事柄を述べたことだろうと思われる。］

もし我々が事態を歪めて、イスラエルと近隣諸国との国境紛争へと議論を還元してしまうなら、我々は罪の上にさらに罪を重ねることになる。何よりまず、それは真実ではない。紛争の核心は国境問題ではなく、ムスリムの心理の問題なのだ。（中略）さらに、問題を相似た二つの当事者間の紛争として提示すれば、それはアラブに、本来その資格がないはずの要求を行なうための武器を与えることになる。彼らとの議論が真に政治的なものである場合、その議論は両者の側から検討される可能性がある。すると、我々は完全にアラブが所有していた土地にやってきた者と見做され、我々は彼らのなかで異質な集団として征服と植民を行ない、彼らに難民の重荷を負わせ、彼らに対する軍事的脅威を構成している、といったことにされてしまう。（中略）正当化の可能性は、両当事者のいずれにもある——しかも、問題をこのように精巧で政治的な形で提起すると、ヨーロッパ人には理解されやすい——ので、我々には不利である。アラブが提起するのは、西洋人が単純な法律論争を理解する上では意味のある主張である。だが現実には、彼らの敵対的態度の原因がそのような点にあるのでないことは我々が一番よく知っている。その[*59]ような政治的・社会的概念は決して彼らの本音ではない。彼らの目やイスラムの目に武力占領と映る事柄は、決して不正とは結びついていない。それどころか、それは真の所有権を証明する行為なのだ。彼らの思考のなかには、難民や土地を奪取された同胞への悲嘆の念が入り込む余地など存在しない。アッラーが追放されたのだから、アッラーが面倒を見て下さるだろう、というわけだ。ムスリムの政治家は（大惨事によって自分の個人的地位が危険に晒されない限り）こうした事柄に心を動かされたためしがない。難民や征服が存在しなくても、彼らはやはり同じように我々と敵対したことだろう。西洋的観念を基準にして彼らと議論するのは、野蛮人に正義というヨーロッパの衣装を着せかけてやることに等しい。

「アラブの態度」に関するイスラエル人の研究――ハルカビー将軍[*60]の規範的作品[31]がその典型――は、およそ遭遇可能ないかなるパレスチナ人の態度よりずっと魔術的で人種差別的なこの種の分析を一顧だにしていない。だが、パレスチナ人はそこに存在しないか、野蛮人であるか、あるいはその両方であるという見方とともに始まったアラブの非人間化は、現在イスラエル社会のあらゆる事柄に満ち溢れている。一九七三年の〔第四次中東〕戦争の最中、中央司令部のラビ、アブラハム・アヴィダンが執筆した（中央司令部のヨナー・エフラティー将軍の序文入りの）小冊子を軍が発行したときも、それは特段異常な事態とは考えられなかった。その小冊子には、次のような重要な一節が含まれていた。

　わが軍が交戦中もしくは追跡ないし侵攻の過程で民間人に遭遇した場合、その遭遇した民間人が我々に報復できないことを確認しえぬ限り、これを殺しても構わないし、ハラハー〔ユダヤ教の宗教法[*61]〕の基準に照らせば、むし

ろ殺さねばならない。アラブは、たとえ文明化された印象を与える者であっても、絶対に信用してはならない。(32)

児童文学には勇敢なユダヤ人が登場し、最後はいつもマストゥール（気違い）、バンドゥーラ（トマト）、あるいはブクラ（明日）といった名前を持つ下劣な裏切り者のアラブを殺すところで幕になる。『ハ＝アレツ』紙へのある寄稿者が述べているように（一九七四年九月二十日）、児童文学は「我々の話題を扱っている。アラブは快楽からユダヤ人を殺害し、純真なユダヤ人の少年は「臆病者の豚」を打ち負かす！」こうした熱狂的な観念は、大衆が購読する書物の著者個々人にのみ限られているわけではない。のちに示すように、こうした観念は多かれ少なかれ論理的に、国家制度それ自体から派生するのであり、この制度の温和な別の反面が、ユダヤ人の生活を人間的に整える仕事を行なっているのである。

この二面性の完璧な実例がワイツマンに見られる。彼にとって、こうした問題はただちに政策や行動や詳細な結末へと発展するものだった。彼は、サミュエル・ペヴスナー*62を「偉大な才能を持ち、精力的で実際的で才気に溢れ、妻と同様に高度の教養を身につけた人物」として称讃する。これには何ら問題のありようがない。そのあとすぐに、何の前ぶれもなしに、次の部分が来る。「この種の人々にとって、パレスチナへ行くことは事実上、社会的な曠野に分け入ることだった——今日パレスチナへ赴いて、西洋世界に優るとも劣らぬ知的・文化的・社会的資源を見出す者は皆、この事実を想起せねばならない。(33)」シオニズムがすべての前景に立ち、他は皆背景に退いた。そして、その文化的達成という前景が「文明化の先駆的業績(34)」として立ち現われてくるために、背景は抑えられ、弱められ、減じられねばならなかった。何よりも原住民のアラブは、矯正し難い対立物、野蛮性と超人性との一種の合成品、そしていずれにせよ和解不可能（あるいは和解が無益）な存在と見做されねばならなかった。

アラブは――教養ある平均的ヨーロッパ人と比べ、遙かに――あざとい論客であり、この技術を身につけない限り人は非常に不利な立場に立たされる。とくにアラブは、相手と正反対の意見を絶妙な、持って回った丁重さで表現する偉大な天賦の才に恵まれているため、相手は彼が自分とまったく同意見であり、すぐにも自分と手を結ぶものと思い込んでしまう。アラブを相手にした会話や交渉は、沙漠で蜃気楼を追いかけるのに似ていなくもない。希望を持たされ、見てくれも悪くはないが、渇きで死に至ることになりかねないからである。

直接の質問は危険である。そんなことをすれば、アラブは巧妙に退却し、完全に話題を転換する。問題へはくねくねとした迂回路から近づかねばならない。かくて、話題の核心に到達するまでには、いつ果てるとも知れぬ長い時間が必要である。(35)

別の箇所で彼は、事実上テルアビブ建設の起源となったある経験について語っている。ユダヤ人の中心地としてのテルアビブの重要性は、隣接する（より古い）アラブの町ヤーファーを骨抜きにしたという事実にきわめて多くを負っている。ところが、ワイツマンが読者に語るところでは、将来テルアビブとなるはずの隣接地にすでにアラブが生活していたことなどは、ごく軽く触れられるだけである。重要なのはユダヤ人の存在を作り出すことであり、その価値は多かれ少なかれ自明なものとして現われる。

ヤーファーに滞在中、ルピン*63が訪れてきて、私を町の北側に拡がる砂丘へと散歩に連れ出した。我々が砂地のかなり奥まで踏み込んだとき――踝《くるぶし》まで砂に埋まったことを覚えている――彼は立ち止まって、きわめて厳粛にこう言った、「ここにユダヤ人の町を作ろうじゃないか」と。私はやや狼狽して、彼の方を見た。何一つ育たぬこんな曠野に、どうしてわざわざ人がやってきて住むだろう。私が彼に技術的な質問を浴びせ始めると、彼は注意深く、正確に答えていった。技術的なことなら、どうにだってなるさ、と彼は言った。最初の数年間は、新しい居留地との連絡が難しいだろうが、住民はじきに自給自足するようになる。ヤーファーのユダヤ人は新しくできた近代的な都市に移り住み、そこは付近のユダヤ人入植地から農作物が集中する市場となるだろう。中心にはギムナジウム〔高等学校〕が建ち、パレスチナ各地や海外のユダヤ人家庭から多くの学生を引き寄せることだろう。何しろ彼らは、自分の子供がユダヤ人の町のユダヤ人の高校で学ぶことを希望するだろうからね。

このように、テルアビブの最初のヴィジョンを作ったのはルピンだった。その町はやがて、規模においても経済的重要性においても、ヤーファーの古い町を追い抜き、東地中海の大中心都市の一つとなる宿命にあった。[36]（後略）

言うまでもないことだが、テルアビブの卓越性はやがて、ヤーファーの軍事占領によって一層強化されてゆく。ヴィジョンに満ちたプロジェクトがのちの軍事征服の第一歩となり、入植地という観念は後年、現実の入植地および植民者と被植民者の出現によって肉づけされていった。

ワイツマンとルピンの言行には、確かに先駆者の情熱的な理想主義が滲み出ていた。二人はまた、根本的に遅れた非西洋の領域や原住民を睥睨《へいげい》し、彼らに代わって将来計画を立案する西洋人の権威を以て語り、行動をしていた。ワイツマン自身は、原住民にとって何が最大の利益になるか（例えば、ヤーファーは近代的なユダヤ人都市によって追い抜かれねばならないといった事柄）を決める能力が、ヨーロッパ人としての自分により多く備わっていると考えていただけではない。彼はまた、ありのままのアラブを自分が「理解」できるとも信じていた。アラブの「偉大な天賦の才」が「実は」決して真実を述べないことだと語りながら、彼は、他のヨーロッパ人が他の場所の非ヨーロッパ人原住民について観察してきた事柄を繰り返していたのだった。シオニストにとってと同様、他のヨーロッパ人にとっても課題となるのは、多数派の原住民を比較的少数の大胆な先駆者の手で管理することであった。

あれほどの精神的・肉体的資質を備えた男性的で有能な諸人種を、およそ話にならぬほど不十分な力で、どうして我々が管理できるのかと問われるのも無理はない。私が思うに、彼らには二つの欠点があるから、というのがその答えだ――平均的アフリカ人の精神的・道徳的素質に関してである。（中略）生来正直さに欠けることが、第一の重大な欠陥だと私は言いたい。（中略）アフリカ人がお互い同士、当てになる約束をできるのは比較的稀な例である。ごく稀な場合を別とすれば、ヨーロッパ文明との接触によってこの欠陥が減少するのではなく、むしろ拡大しているのは残念な事実である。第二の欠陥は、精神的主導権の欠如である。（中略）外部から強制されぬ限り、原住民はめったに決まった轍《わだち》から逸れることがない。この精神的な昏睡状態は、彼らの精神の特徴である。(37)

これは、C・L・テンプル*64の『原住民とその統治者たち』（一九一八年）の一節である。この著者はナイジェリア統治におけるフレデリック・ルガード*65の助手を務め、ワイツマン同様、親ナチスの人種差別主義者というより、むしろ外見上はリベラルなフェビアン協会*66の会員だった。

ワイツマンにとってもテンプルにとっても、原住民は静止し沈滞した文化に属しているというのが現実だった。つまり、原住民は自分の住む土地を評価できないため、進んだヨーロッパ文化の先導のもとで刺戟を受け、場合によっては移住させられることさえもおそらくは必要だった。さらにワイツマンは、自分がユダヤ人国家を再構成し、ユダヤ人を反セム主義から救済するのだといった理屈づけを密かに用意していたことも今となってみれば疑いない。だが原住民としては、自分たちが入植地で対面するヨーロッパ人がイギリス人だろうとヨーロッパのユダヤ人だろうと、そのことはそもそも問題ではありえなかったはずである。また翻って、パレスチナのシオニストやアフリカのイギリス人の立場に立てば、自分たちは現実主義者であり、事実を見つめてそれと対処し、真理の価値を弁《わきま》えているということになるのだった。生まれ育った領域に長年居住しているという「事実」にも拘わらず、非ヨーロッパ人はつねに真理から退却していった。ヨーロッパ人のヴィジョンとは、現に存在する事柄のみならず、そこに存在しうる事柄をも見通す能力を意味した。ヤーファーおよびテルアビブをめぐるワイツマンとルピンとのやり取りはここに由来する。パレスチナのシオニストにとって、アラブの原住民が現実にはそこに存在しないという可能性を信じること――そして、そのために画策すること――は、眼前にある明白な誘惑だった。そして、その可能性は（a）原住民がパレスチナに対するユダヤ人の主権を認めず、（b）一九四八年以降は法律上、自分たちの土地における局外者と化したときに、紛れもない現実の事態となった。

　だが、シオニズムの成功の理由は、それが未来の国家像の輪郭を大胆に構想した点や、原住民を現在、あるいは将来において無視可能な数量と見做しえた点にのみ存するわけではない。私見によれば、シオニズムがパレスチナ人アラブの抵抗をものともせず、効率的に地歩を固めえたのは、それがたんなる一般的な植民地ヴィジョンにとどまらず、むしろ細部描写を備えた政策であったためだと思われる。かくして、パレスチナはたんに約束の地という、およそ遭遇可能な最も曖昧かつ抽象的な概念であっただけではなく、特別の特徴を備えた特別の領域として、最後の一ミリメートルに至るまでも詳細に探査され、植民され、計画され、建設されねばならなかった。シオニストによる植民のそもそもの最初から、この点に対してアラブ側は何らの返答も与えず、これと同様の詳細さを備えた反対提案も何一つしなかった。自分たちはこの土地に住み、法的にこれを所有しているのだから、これは自分たちのものだ。彼らがそう考えたとしても、おそらくは間違ってはいなかっただろう。自分たちの遭遇しつつあるのが細部描写《ディテール》を備えた規律《ディシプリン》＝訓練――というか、細部描写《ディテール》によって成立する規律《ディシプリン》＝訓練の文化そのもの――であり、そのお蔭で、従来は想像上のものに過ぎなかった領域が、かつてワイツマンの語ったごとく一インチまた一インチ、一歩また一歩、「さらに一エーカー、さらに山羊一匹」という形でパレスチナに建設されることになるのだとは、彼らにはとても理解できなかった。パレスチナのアラブは、つねに一般原則に立って、政策一般と対立した。彼らの言葉に従えば、シオニズムとは外国の植民地主義であり（初期シオニストが認めていたように、厳密には実際その通りだった）、原住民に不正を働き（これも、アハド・ハ＝アム[*67]のような初期シオニストの何人かが認めていた）、種々の理論的弱点のために滅亡する運命にあった。今日でさえ、パレスチナ人の政治的立場はこうした否定語の周辺に集中するのが普通であり、シオニズムの企図の細部《ディテール》に対応する試みはまだ十分にはなされていない。例えば今日、西岸地区には七十七の「不法な」シオニスト入植地があり、イスラエルはアラブが所有する西岸の土地の二七パーセントを没収しているが、それでもパレスチナ人には、この新たなイスラエル人入植地の成長ないし「濃密化」を物理的に食い止めるだけの力は事実上ないように思われる。

　シオニストは不正な植民地主義的支配者の遙か上をゆく存在であり、どのような上級裁判所にその不正を提訴しても無駄であることがパレスチナ人には理解できなかった。彼らは、シオニストの挑戦が細部《ディテール》描写や制度、機関に依拠した政策であることを理解していなかった。その結果、（今日に至るまで）人々は——全世界の非難を浴びながらも——不法に領地に入り込み、家を建て、居住し、そこを自分の土地と呼ぶありさまである。ユダヤ人の土地に入植し、ある意味でそれを生み出そうとするこの強い衝動が看取できるのは、ワイツマンが「来たるべき事態の輪郭を先取りしたかのように見える」と評し、実際その通りになった一通の文書である。これは「シオニズム運動の願望に合致する、ユダヤ人のパレスチナ再植民計画概要」と題され、一九一七年初頭に現われた。その一部は引用するに値する。

　宗主国の政府［連合国であると否とを問わず、当該領域を統治するあらゆる政府］は、ユダヤ人によるパレスチナ入植のため、ユダヤ人企業の設立を是認する。この企業は宗主国政府の直接の保護下に置かれる［つまり、パレスチナで進行する事態は何であれ、原住民ではなく外部の権力によって正当化される］。企業の目的は、（a）現にパレスチナに存在するユダヤ人居留地を可能な限り多くの方法で援助・育成すること、(b) 移民の組織化、情報の提供、その他あらゆる形態の物質的・道徳的援助によって、パレスチナ入植を欲し、かつ入植するにふさわしい他国出身のユダヤ人に助成と激励を与えることである。この企業の有する権力は、農業・文化・通商・産業のあらゆる面で国土を発展させるに足るだけのものとし、そのなかには土地の購入・開発に関する全権、とくに宗主国の直轄植民地の獲得、道路や鉄道港の建設権、パレスチナの輸出入品や旅客輸送のための海運業者創設権、その他国土開拓に必要と見做されるあらゆる権力についての便宜が含まれる。(38)

この異常な一節の根柢にあるのは、軍隊に匹敵する機能を備えた諸機関の母胎というヴィジョンである。というのも、軍隊こそ国土を「開拓」して入植地を作り、外国領土内の入植地を組織化し、移民・海運・供給のような事柄を「可能な限り多くの方法で」援助し発展させ、何よりも一般市民を転じて、それに「ふさわしい」規律《ディシプリン》＝訓練を受けた媒介者《エージェント》に仕立て上げ、土地の上にあってさまざまの建造物や機関や制度を構築するという任務を彼らに負わせるものだからである。(39) 軍隊が――一般市民に軍服を着せ、作戦や演習で鍛錬し、一人ひとりにその目的に合った規律《ディシプリン》＝訓練を施すことによって――彼らをその目的に順応させるのと同じように、シオニズムもまた、ユダヤ人のみが着用可能という条件つきの制服を与えることで、ユダヤ人の労働ならびにユダヤ人の土地からなる体系のなかにユダヤ人植民者を押し込めたのだった。シオニズムの軍隊の戦力は、その指揮官たち、あるいは征服と防衛のために蒐集された武器ではなく、むしろワイツマンが語っているような、農業・文化・通商・産業において取られる一連の立場、すなわち体系全体の機能に存していた。要するに、シオニズムの「企業」とは、一つの理論、一つのヴィジョンを翻訳して、調査・開発がなおざりだったアラブの領域の只中にユダヤ人植民地の領域を保持・開発するための、一連の道具を作り出す過程に他ならなかった。

シオニズムの植民装置、その「企業」の魅惑的な歴史をここで詳しく辿っている余裕はないが、少なくともその働きについては一言しておきたい。スイスのバーゼルで開催された第二回シオニスト会議*68（一八九八年八月）の席上、ユダヤ植民信託会社が創設され、一九〇三年、ヤーファーにその子会社が作られてアングロ・パレスチナ商会と命名された。こうして、パレスチナの変容に異常なまでに重要な役割を演じることになる機関が始動した。一九〇一年には、植民信託会社からユダヤ民族基金（JNF）が生まれ、土地を購入して、それを「ユダヤ民族」からの信託という形で保持する権能がここに付与された。その当初の提案を記した文言によれば、JNFは「ユダヤ民族のための信託財産であり、（中略）パレスチナおよびシリアにおける土地購入の目的にのみ充当されうる」ものだった。JNFはつねに世界シオニスト機構*69の管轄下に置かれ、一九〇五年に最初の土地購入が行なわれた。

そもそもの最初から、JNFは――ユダヤ人のためだけに――土地の開発・購入・賃貸を行なう機能的中心として存在した。ウォルター・レーンが説得的に（私がここで述べる細部の典拠として用いた、JNFに関する重要な研究論文において）(40)示しているように、シオニズムの目標は土地を獲得して、そこに入植者を配置することだった。かくて一九二〇年、JNFの一機関としてパレスチナ土地開発商会が創設されたのち、移民と入植を組織化するためにパレスチナ建設基金が作られた。同時に、「ユダヤ民族」のための土地の獲得と保持を行なうことが制度上強調された。この名称が確証しているように、シオニズム国家はその市民の国家ではなく、大多数がディアスポラ〔離散の地〕にある全民族の国家であるという点において、他のどんな国家とも違ったものになるはずだった。国家内の非ユダヤ人は二級市民に仕立てあげられたばかりでなく、シオニズム諸機関、のちには国家が、自ら主権を持つとされる重要な所有領域に加えて巨大な治外法権をも保持することになった。JNFが取得した土地でさえも――ジョン・ホープ・シンプソンが*70一九三〇年に述べた通り――「治外法権が設定された。それは現在および将来に亘って、アラブが何らかの便宜を得られる土地であることを停止する。」これに対応して、パレスチナにおけるアラブの土地所有を制度化しようとする努力はアラブ側には見られなかったし、「アラブ民族」のために「永久に」土地を所有する目的の機関を創設する必要があろうなどとも考えられなかった。何より、情報蒐集や資金集めや陳情活動は行なわれなかった――一方のシオニストは、ヨーロッパや合衆国でこれを行ない、「ユダヤ人の」領域を拡張し、逆説的にそこにユダヤ人の存在性と、ほとんど形而上学的な国際的地位とを付与しようとしていたのだった。アラブは、土地を所有してその上に存在しているだけで十分だと誤解していた。

　こうした手のこんだ、先見の明のある努力にも拘わらず、ＪＮＦはイスラエルが国家として誕生する前のほぼ半世紀に及ぶ存在期間に、わずか九三万六〇〇〇ドゥヌム［一ドゥヌムは約四分の一エーカー――原注］の土地を入手しただけだった。委任統治下のパレスチナの土地の総面積は二六三二万三〇〇〇ドゥヌムである。ユダヤ人の個人所有者が持つわずかの土地も含めて、一九四七年末のパレスチナにおけるシオニストの所有地は一七三万四〇〇〇ドゥヌム、総面積の六・五九パーセントだった。一九四〇年、委任統治当局がユダヤ人の土地所有をパレスチナ内部の特定の地域に限定してからあとも、アラブに限定された領域全体の六五パーセントの部分で、不法な購入（と売却）が続いていた。こうして、一九四七年に分割案が提示されたとき、そのなかにはユダヤ人が不法に所有する土地が含まれていたが、それは既成事実としてユダヤ人国家の枠内に併合された。さらにイスラエルの独立宣言後、アラブの土地の広大な領域（その所有者は難民化し、「不在地主」と宣告された。彼らの土地を奪取し、いかなる状況下でも帰還を妨げるためである）が一連の印象的な法律によって、合法的にＪＮＦに吸収された。土地割譲（アラブの視点から見た）の過程が完結したのだった。

　イスラエルが占拠したアラブの土地の運命をめぐる一九六七年以降の論争は、この「企業」の領域的達成が持つ、イデオロギー的で高度に政治的な意味によって説明がつく。イスラエル国民の大多数が信じていると思われるところでは、アラブの土地がユダヤ人の土地に転換されうる理由として、（ａ）この土地はかつて二千年前にユダヤ教徒のもの（エレツ・イスラエル〔イスラエルの土地〕の一部）であったこと、（b）JNFには「放擲された」土地を合法的にユダヤ人の財産へと変容させる方法が存在すること、の二点を挙げられる。[41] 一たびユダヤ人入植地が建設され、居住が行なわれて国家のネットワークに取り込まれるや、それらは当然のように治外法権を得、確固たるユダヤ人の、つまりは非アラブの所有地と化した。この新たな土地には、イスラエルの安全のために必要だという戦略上の正当化も加えられた。だが、これらの事柄が内部のイスラエル人のみに関わる問題であり、イスラエルを組織する人々に訴えるためだけの屁理屈であったのなら、それはたんに珍妙なものとして冷静に分析されたことだろう。だが実際には、それらは――これまでずっとそうであったように――この領域のアラブ住民を侵害し、彼らに鋭利な刃を向けているのである。理論と実践の両面において、それらはさまざまの領域をユダヤ化すると同時に非アラブ化する上で有効だった。

この事実を示す特権的な証拠は、私見によればヨーゼフ・ヴァイツ[*71]の発言に見られる。一九三二年以降、ヴァイツはユダヤ民族土地基金[*72]の総裁だった。一九六五年に、彼の日記および書類が『息子たちへの日記と手紙』と題してイスラエルで刊行された。その一九四〇年十二月十九日の条には、次のように記されている。

（前略）〔第二次世界大〕戦後、イスラエルの土地の問題とユダヤ人問題とが「開発」の枠を超えて、我々のあいだで提起されることになろう。この国土に二つの民族を容れる余地がないことは明らかであるに相違ない。どんなに「開発」が行なわれようと、この小さな国土で独立した民族になるという我々の目標に近づくことはできない。アラブがこの国土を離れれば、その土地は我々に開かれた広大なものとなるだろう。もしアラブが留まれば、国土は依然として狭く悲惨なままであり続けよう。戦争が終結してイギリスが勝利を収め、判事たちが法の玉座に座すのであれば、我らが民族は判事の許に請願や要求を突きつけねばならない。そして、唯一の解決策はアラブ抜きのエレツ・イスラエル、あるいは少なくともアラブ抜きの西エレツ・イスラエルでしかありえない。この点に関して妥協の余地はまったくないのだ！　イスラエルの土地にヘブライ国家を創設するための地固めや地ならしという点では、これまでのシオニストの企図はそれなりによくなされてきたし、「土地買収」で満足することもできた——だが、これではイスラエル国家は誕生しない。それは一気に、救世主のようなやり方で（これこそがメシア的観念の秘密なのだ）誕生しなければならない。そして、アラブ全体を移住させるためには、彼らをここから近隣諸国に輸送する以外に道はない。ベツレヘムやナザレ、旧イェルサレムは別かもしれないが、それ以外で我々は村落一つ、部族一つさえ残してはならない。そして、輸送はイラクやシリアへ、さらにはトランスヨルダンにまで向けてなされる必要がある。その目的のためなら、我々は資金を、それも豊富に見つけることができるだろう。こうした輸送によってのみ、国土は何百万という我々の同胞を吸収することになり、ユダヤ人問題は一挙に解決されるだろう。これ以外に解決策は存在しないのだ。(42)［傍点引用者］

これらは将来現実に起こる事柄を予言しているのみならず、同時に、ヴァイツがシオニストの総意として語った政治声明にもなっている。シオニストのこの種の声明は、ヘルツル以来、文字通り何百回となく出されていた。そして「救世主」が現われたとき、パレスチナの征服とアラブの放逐とは、これらの観念を念頭に置いて実行されたのだった。第二次世界大戦の終結から一九四八年末までのパレスチナの混乱については、これまできわめて多くの事柄が記されてきた。さまざまの事件は、実際に起こったのかどうかの判断もつかぬほど錯綜してはいるが、ヴァイツの思考はこれらの事件に一条の光を投げかけてそれらを照らし出し、その先に、アラブ原住民の大半を難民に転化させるはずのユダヤ人国家を指し示している。新国家の誕生といった大事件は、ほとんど想像もつかぬほど複雑で多面的な闘争と全面的な戦争との結果生じたものであるから、安易にこれを単純な定式へと還元できぬことは確かである。私にはそのような願望はないが、さりとて私は、その闘争の帰結や、その闘争を惹き起こした決定的要因、あるいは爾来イスラエルで生み出された諸政策についての検討を避けて済ませようとは思ってはいない。パレスチナ人にとって――またシオニストにとって――重要なのは、かつてアラブで充満していた領域が、戦争が終結してみると（a）原住民を本質的に欠いた、（b）パレスチナ人が帰還不能な土地になっていたという事実である。シオニストの努力でパレスチナを勝ち取るためのイデオロギー的・組織的準備、ならびに実際に採用された軍事戦略、そのいずれもが想定していたのは、領域を獲得して、それを新しい住民で満たすことであった。かくて、シオニストの歴史家であるジョンおよびデイヴィッド・キムヒ[*73]の叙述に従えば、ダレット計画[*74]とは「侵攻するアラブ軍が取る可能性の最も高い経路を睥睨《へいげい》すべく戦略高地の確保を行ない、撤退するイギリス軍が残す空白を埋める形で、ユダヤ人が保持する土地を北から南へと連続的に生み出すこと」[43]であった。ハイファーのアラブ区域は勿論、ガリラヤや、ヤーファーからアッカーに至る海岸地帯、イェルサレムの一部、リッダやラムラの町といった場所では、シオニストはイギリス人の地位を継承しただけでなく、ヴァイツの言葉を借りれば、「輸送」されつつあるアラブ居住者の住む空間までも満たそうとしていたのである。

頻繁に主張される説――パレスチナ人は指導者たちの命令によって立ち去ったのであり、侵入するアラブ軍は、一九四八年五月のイスラエル独立宣言に対する不当な反応であった――に対しては、私は断固としてこう答えねばならない。これほど大規模で決定的な脱出行《エクソドス》を生み出すのに十分な命令が下されたという証拠は、これまで一度も提出されたためしがない、と[44]。つまり、一九四八年に七十八万ものパレスチナ人が立ち去った理由を理解したければ、私たちは視線をずらして、一九四八年の直接の事件以外の事柄をも考慮に入れなければならない。脱出行《エクソドス》を生み出した原因として、むしろ私たちが見なければならぬのは、シオニストの効率性に対してパレスチナ人の側では政治的・組織的反応が比較的欠如していた点、ならびに失敗と恐怖という心理状況が存在していた点である。一九四八年四月にメナヘム・ベギンとイルグーンのテロ組織が行なった、あのデイル・ヤースィーンでの二百五十名のアラブ民間人虐殺といった残虐行為も、それなりに功を奏したことは疑いがない。だが、その恐ろしさにも拘わらず、デイル・ヤースィーンでさえ、第一次大戦終了直後の時期に始まり、アメリカのインディアン殺しに匹敵する意識的なシオニストの殺人者を輩出させた、それこそ数多くの大虐殺のうちの一つに過ぎないのだった。[45] おそらくさらに重要だったのは、武器を持たぬパレスチナ民間人が（多くの場合）戦争の残虐行為を避けるために一たび移動するや、彼らを遠ざけたままにしておく仕掛けであった。彼らが立ち去る前にも後にも、彼らの存在を事実上消去するための、シオニスト特有の手段が存在した。私はすでに、一九四〇年にヴァイツが書いた一節を引用した。次の一節では、彼は一九四八年五月十八日、外務省のモシェー・シェルトク[*75]（のちのシャレット）とのあいだで交わした会話について語っている。

　事後的な——輸送。土地からのアラブの脱出行《エクソドス》を事実へと変容させ、彼らが二度と戻れないようにするために、我々は何か手を打つ必要があるだろうか。（中略）この件に関して、何か独創的提案があれば歓迎するというのが彼［シェルトク］の答えだった。さらに彼の意見では、アラブの脱出行《エクソドス》をすでに確定した事実へと変容すべく、我々はそれにふさわしい行動をせねばならないということだった。[46]

同年中にヴァイツは、撤退したあるアラブ村落を訪れて、次のように考えた。

　私はムアルの村を訪問した。トラクターが三台、村の破壊の総仕上げをしていた。私はびっくりした。この破壊の光景を見ても、心中では何の感慨も沸き起こらなかったからである。後悔も憎悪も感じず、まるでこれが世の習いだとでもいうかのようだった。我々が快適に過ごしたいと願うのは来世ではなく、この現世である。我々はただ生きることだけを欲するのに、この泥の家の住人たちは、我々がここに存在することを望まなかった。彼らは我々を威圧するばかりか、根絶しようとも望んだのだ。興味深いのは——これが、例外なしに我々の仲間すべての抱く

意見であることだ。(47)

彼が描写しているのは、パレスチナのあちこちで起こっていた光景である。だが、そのみじめな村で実際に営まれた人間の生活――確かに、それはきわめて地味でつつましいものであるにせよ――にも、そこで暮らす人々にとっては何がしかの意味があったのだという事実を、彼はまったく理解できていないように思われる。ヴァイツは、村民の実在を否定しようとはしない。彼はただ、村の破壊によって「我々」がそこに住めるようになったという事実を認めるだけである。パレスチナ原住民にとってみれば、ヴァイツは自分たちを追い出しにきた外国人に過ぎないのだとか、そのような追い出しの予測に抵抗するのはごく自然の事態だとかといった考えには、彼はまったく煩わされることがない。それどころか、ヴァイツとその「仲間」たちは、パレスチナ人が自分たちを「根絶」しようと望んだのだという立場を取る――そしてこれこそ、家屋や村落の破壊が認可される所以である。何十年にも亘ってアラブがまったく存在していないかのような扱いをした挙げ句、シオニズムは本領を発揮して、アラブの痕跡をできる限り多く、積極的に破壊した。理論上の非実在から、法的な事実上の非実在へと変化したパレスチナ人アラブは、一つの悲惨な境遇から別の悲惨な境遇への恐るべき転調を体験しつつ、パレスチナにおいて自らの市民としての死滅をいやと言うほど目撃しながらも、それを効果的に外部へ伝達することができなかった。

パレスチナ人アラブは最初、取るに足らぬ原住民であった。やがて彼らは不在者となり、一九四八年以降は、イスラエル内部で、国内に存在すると否とを問わず「ユダヤ民族」に属するいかなる個人と比べても、現実性において劣る法的地位を獲得した。恐怖に駆られて土地を離れた人々は「難民」になった。「難民」とは、イスラエルに対し彼らを連れ戻すか、損失を補償するよう求めた――そしてイスラエルもそれを約束した――毎年の国連決議*76においても、律儀に考慮されている抽象概念である。イスラエルがパレスチナ人アラブの残留者に加えた人間的侮辱や、いかなる公正な基準から見ても非道徳的と言わざるをえない抑圧の記録を列挙すれば、それらは血も凍るようなすさまじさである。とくにその記録とは対照的に、イスラエルの民主主義を讃える合唱が耳に入ってくるとなればなおさらである。惨めな十二万（現在は約六十五万）の人々が自分の土地でない場所にとどまっている、その大胆さに報いるとでも言うかのように、イスラエルは非常事態防衛法を引き継いだ。[*77] これは元来、一九二二年から一九四八年までの委任統治期間中、ユダヤ人とアラブに対処するためイギリスが利用した法律である。当然のことながら、これはシオニストが行なう政治的煽動の格好の標的となっていたが、一九四八年以降は、それが何の変更もないまま、イスラエルによってアラブを取り締まるために用いられた。

例えば、イスラエルのなかでもまだアラブ多数派を抱えている地域では、時代錯誤的でありながら、それに劣らず効率的で微に入り細を穿った「ユダヤ化」政策が急速に進行している。早い段階でルピンとワイツマンは、テルアビブがアラブのヤーファーを「追い抜く」だろうと予見した。それと同様に、今日のイスラエル政府は、ユダヤ人の新しいナザレを創造して、古いアラブ都市を追い抜こうとしている。一九七五年にあるイスラエル人が描いたプロジェクトは次の通りである。

「アラブのナザレと均衡を取るため」十五年ほど前に創造された上ナザレは、「ガリラヤのユダヤ化」政策の礎石をなしている。上ナザレは、ナザレを取り巻く丘の上に、それをほぼ全方向から取り囲む安全地帯として設立された。それが建てられた何千エーカーもの土地は、アラブの居留地、とくにナザレとラーナから高圧的に、純然たる武力によって奪取された。「上」ナザレという、上に強調を置いた名前の選択には、当局の姿勢が示されている。当局の目からすると、ナザレの町は梯子の末端に位置するため、それに対して当局は差別と軽視の政策を取り、その政策に沿う形で新しい町に特別の権利を付与しているのである。ナザレの町を訪れる者は、無視され、発展を止めたその姿をわれとわが眼で確かめることができる。また、そこから上ナザレへ「上って」ゆけば、彼方に新しい建物や幅広い街路、街灯、階段、高層建築、そしてさまざまの企業や工房を見ることだろう。そして、上の地域の発展と下の地域の放棄という対照を目のあたりにすることができる。上層ではつねに政府が建設を行なっているのに対し、下層ではまったく何の建設も行なわれていない。一九六六年以降、［イスラエルの］住宅省は旧ナザレに住宅は一棟も建造してこなかった。

［一九七五年七月三十日付『ゾ・ハ＝デレフ』[*78]〔これが道である〕所収のヨセフ・アルガズィーの記事］

支配的少数派の織りなす劇は、ナザレで生々しく演じられている。上――つまりユダヤ人の――ナザレは、あらゆる便宜とともに一万六千の住民を擁しているのに対し、下層のアラブ都市の人口は四万五千。ユダヤ人都市が、ユダヤ人のための資源のネットワークから恩恵を蒙っているのは明らかであるが、非ユダヤ人は外科的に排除されている。彼らとユダヤ人とのあいだの裂け目は、たんなる程度の違いにとどまらない両者間の完璧な差異の状態を示すため、シオニズムによって意図的に作られたものである。イスラエルのユダヤ人一人ひとりが「全ユダヤ民族」――イスラエルのユダヤ人のみならず、過去に存在した幾世代ものユダヤ人（現在のイスラエル人はその末裔）や、未来に存在するはずのユダヤ人、さらにはイスラエル以外の場所に存在するユダヤ人から構成される人々――を表象するとすれば、イスラエルの非ユダヤ人が表象するのは、過去・現在・未来のパレスチナにおいて、自分自身およびすべての他者が受けるべき便宜から永久追放された状態である。非ユダヤ人は、図書館も青少年センターも、劇場も文化会館もない村で、貧弱な生活を送っている。イスラエルの非ユダヤ人という、他に比類のない権威を以て語るナザレのアラブ市長[*79]によれば、ほとんどのアラブ村落が電気や電話、保健所の設備を欠き、ナザレ自体に一部分下水施設があるのを除けば、他ではその種の施設は皆無である。舗装道路もまったくないという。ユダヤ人には最大限の権利が保証されているのに対し、非ユダヤ人には最小限度ぎりぎりの便宜しか与えられないからである。八万のアラブ労働者からなる全労働力人口のうち、六万はユダヤ人企業で働いている。「これらの労働者は、自分たちの町や村を居留地としか見做していない。唯一順調な彼らの「産業」は、肉体労働力の生産と供給である。[48]」この肉体労働力には何らの政治的意味も、領域基盤も、文化的継続性もありはしない。一九四八年にユダヤ人国家が登場したのち、イスラエルの非ユダヤ人があえてそこに踏みとどまろうとしたならば、彼らは自分自身とその苦難とを多かれ少なかれ無限に再生産し続けること以外、ほとんど無力のままで、ただそこにいるという貧弱な生活を送るしかなかった。

一九六六年まで、イスラエルのアラブ市民を支配していたのは、アラブの生活のあらゆる側面を事実上、誕生から死に至るまで管理し、服従させ、操作し、威嚇し、改変するためだけの目的で存在する軍事政府だった。一九六六年以降も、状況がほとんど好転していないことは、留め難い勢いで続く大衆の暴動や示威行動が証明する通りである。非常事態防衛法は、アラブの財産が保安警戒地域の内側にあると宣言するか、[*80]あるいはその土地を不在者財産であると判定する（多くの場合、不在者は存在しているにも拘わらず——カフカ的精妙さを備えた法的虚構である）ことによって、何千エーカーものアラブの土地を接収するために利用された。パレスチナ人であれば誰しもが、一九五〇年の不在者財産法[*81]や一九五三年の土地獲得法[*82]、非常事態時の財産接収法[*83]（一九四九年）、一九五八年の時効法[*84]の意味を知っている。さらに、アラブはかつても今も、自由な旅行やユダヤ人からの土地賃借、さらには自由な会話や煽動や教育さえ禁じられている。村々に突然夜間外出禁止令が出され、労働者が禁止令を知りえなかったのは明らかなのに、「罪を犯した」[*85]農民が即刻射殺されるという事例もあった。理不尽なまでに残忍非道な挿話は、一九五六年十月にカフル・カースィム村で発生した。この間、武器も持たぬ四十九名の農民が、イスラエル軍の精鋭である国境警備部隊によって射殺されたのだった。これがかなりの物議を醸したのち、作戦を指揮した将校は裁判にかけられて有罪を宣告され、一ピアストル（一セント以下）の罰金を科せられた。

一九六七年の西岸・ガザ占領以降、イスラエルはほぼ百万のアラブを新たに統治下に収めた。その記録は、それ以前の記録に優るとも劣らぬ内容だが、これも驚くべきことではない(49)。実際、占領地域で発生している事柄を知る最もよい手引きは、一九六七年以前にイスラエルの合法的残虐行為の被害に遭ったイスラエル人アラブの証言である。例えば、サブリー・ジリースの『イスラエルのなかのアラブ』や、ファウズィー・アル＝アスマル[*86]の『イスラエルでアラブとして生きる』、イーリヤー・T・ズライク[*87]の『イスラエルのパレスチナ人――内的植民地主義の研究』などを見るとよい。イスラエルの政治目標は、アラブを鎮静化させ、イスラエルによる継続的支配を決して邪魔立てできぬようにしておくことであった。ある民族主義運動の指導者が少しでも名声を得るや、その指導者は追放されるか、（裁判もなしに）投獄されるか、さもなくば消え去ってしまう。罪を犯した民族主義者の見せしめにするため、アラブの家屋（およそ一万七千軒）が軍によって爆破される。アラブによって、またはアラブについて書かれた文章には、すべて検閲がまかり通る。個々のアラブには、直接軍事法規が適用される。抑圧を隠蔽し、それがイスラエル人の意識の平静さを乱すことのないようにするため、アラブの専門家――アラブの「心性」を理解するイスラエルのユダヤ人――軍団が成長した。その一人であるアムノン・リン[*88]は、一九六八年に「我々は人々に信頼され、国内のいかなる分野におけるいかなる集団も享受したことのない行動の自由を与えられた」と記している。その結果、

やがて我々は専門家として、国内で比類のない地位を築き上げ、今や我々の意見や行動に異を唱える者は一人として存在しない。我々は、政府のあらゆる部局、ヒスタドルート[*89]や諸政党内にも代表を擁している。各部局には、アラブのあいだで自分の属する省庁の大臣のためにだけ行動する「アラブ通」がいるのである(50)。

この擬似的政府は、特権的な専門知識という表看板の背後でアラブを解釈し、統治する。第一章で述べたように、

リベラルな人士が訪問して「アラブ」について知りたいと望んだ場合、彼は適宜に化粧を施した映像を見せられる。(51)勿論、そのあいだにも占領地域のイスラエル人居留地は増殖（一九六七年に九十を超過）、一九六七年以降も、植民地化の論理は同じ経過を辿り、結果として一九四八年以前と同様のアラブ追い立てが行なわれている。(52)

ユダヤ人にはシオニズムとイスラエルが存在し、非ユダヤ人にもシオニズムとイスラエルが存在する。シオニズムは、ユダヤ人と非ユダヤ人とのあいだにくっきりとした境界線を引き、イスラエルは、両者を分離しておくための総合体系を構築した。多くの称讃を勝ちえた（しかし、まったくのアパルトヘイトに基づく）キブツ制度もその一つで、ここにアラブが所属したことは一度もない。事実上アラブを支配しているのは、ユダヤ人と非ユダヤ人とに平等の権利を与えて統治することなど不可能だという前提に立った、もう一つ別の政府なのである。アラブの収容所群島[*90]が、この根源的概念から独自の生命を発展させ、固有の詳細な細部を生み出すに至ったのも当然のことだった。ウリー・アヴネリー[*91]はクネセト〔国会〕に対し、この点を次のように表現した。

> 完璧な政府、（中略）法律の認可を得ていない秘密政府がアラブ部門に設立された。（中略）その構成員や手法は（中略）誰にも知られていない。その秘密活動員《エージェント》はイスラエルの土地管理局から教育省・宗教省に至るまで、政府の諸官庁に散らばっている。その秘密政府は〔アラブの〕生活を左右する運命的な決定を人知れぬ場所で書類もなしに行ない、その決定を密かな会話や電話によって伝達する。誰が教師向けセミナーに赴き、誰がトラクターを入手し、誰が政府の役職に就き、誰が助成金を受け、誰がクネセトの議員に選ばれ、誰が地元議会――もしあればの話だが――に選出されるのか。こうした決定も皆こうして、ありとあらゆる理由づけのもとに行なわれる。(53)

だが折にふれ、イスラエル内のアラブを管轄するこの政府の実態が、不注意にも目利きの観察者によって看破されるという事態が生じた。なかでも最も無防備だった事例は、〔内務〕省の北部地域（ガリラヤ）局長イスラエル・

ケーニッヒが「イスラエル国内のアラブの処置」に関し、当時の首相イツハク・ラビンに答申した秘密報告書である（全文はその後、一九七六年九月七日付『アル・ハ＝ミシュマル』〔見張り番〕紙に漏洩された）。[*92] その内容は読むだに身の毛がよだつものだが、そこには犠牲者たる非ユダヤ人に対してシオニズムの立てた諸前提が具体化されている。ケーニッヒは、アラブが人口統計上の問題であることを率直に認める。というのも、ユダヤ人の人口の自然増が年に一・五パーセントなのに対し、アラブは年に五・九パーセントの割合で増加しているからである。さらに彼は、アラブが民族主義の不穏な動きに感染しやすいのは当然だが、彼らを二流のままにとどめておくのが国家の政策だとも考える。だが中核となるのは、ガリラヤのような地域でいかにすればアラブ人口の集中と、それが惹き起こす騒乱の可能性とを確実に減少させ、抑制し、弱められるかという問題である。その結果、彼が必要だと示唆するのは、

アラブ住民との近接性が顕著な地域、その数がユダヤ人の数を大幅に上回っている地域において、ユダヤ人居留地の規模と厚みを増大させること、また現在のアラブの人口集中を希薄化する可能性について検討することである。国土の北西部国境地帯とナザレ地域には、特別の注意が払われねばならない。従来の決まりきった手段からは逸脱した接近法と緊急の対策とが採られねばならない。同時に、国土のさまざまな地域でのアラブ居留者による「新たな土地の開墾」を制限するために、国家の法律が施行されなければならない。

これらの示唆に含まれる準軍事的戦略は、ほとんど水面直下でその正体を露わにしかけている。同時に私たちが指摘せねばならぬのは、自分の実行しようとするシオニスト的任務を、ケーニッヒが何らの疑いも抱かず絶対視している点である。彼の示唆によって促進される明らかに人種差別主義的な目標に関し、報告書中で良心の呵責を仄めかすような箇所は皆無である。また彼は、不安を醸し出すほど大人数でありながら、ユダヤ人の領域に存在する

という不運に見舞われた非ユダヤ人たちに対するシオニストの政策の歴史と、自分の語る内容とが完全に一致することも信じて疑わない。彼がさらに——論理的に——続ける議論によれば、問題を惹き起こすと見られるアラブ指導者は首をすげかえる必要があり、政府は、イスラエルの指導者にも完全に受け入れ可能な「公正かつカリスマ的で、高い知的水準を持った［アラブの］新しい人物」の「創造」(この言葉は、ユダヤ人の対アラブ政策と非常によく合致した、ほとんど神学的な響きを帯びている）に着手せねばならない。さらに、不穏な民族主義指導者たちが犯す重大な罪は、他の原住民をけしかけ、彼らの強制された劣等的地位に苛立ちを覚えさせるという点にあると思われる。そこで、これらの指導者たちを「霧散させる」ために、政府は「(中略）指導者や他の否定的人物の個人的習癖を調査する（中略）特別班」を作るべきであり、「この情報は有権者に公開されねばならない。」

イスラエルのアラブ市民を「希薄化」して操作するだけでは満足せず、ケーニッヒはさらに、彼らを経済的に「骨抜き」にし「妨害する」手だてをも示唆する。だが、「心理的に救済を見出す必要に迫られ、欲求不満に陥った膨大な知識人層」を何らかの形で頓挫させる方法が見つからぬ限り、これはほとんど効果を発揮しえない。「この不満の捌け口は、イスラエルの国家体制に向けられている。」ケーニッヒは、アラブを欲求不満の状態にとどめておくのはしごく当然だと考えていた節がある。というのも、アラブが人間であることや、彼の報告書が第二次大戦中のナチスによって書かれたユダヤ人に関する文書ではなく、一九七六年にユダヤ人によって書かれたアラブ同胞市民に関する文書であること、これらを読者に思い起こさせる部分は、彼の示唆を一読してもほとんど皆無だからである。ケーニッヒの計画の画龍点睛とも言うべき部分は、アラブの遅れた「レヴァント的性格」を彼らの不利になる形で利用するため、社会工学の活用を説いた一節である。イスラエルのアラブは不利な環境に置かれた共同体である以上、この現実は以下のようにして増幅されねばならない。

（a）アラブ学生の大学受け入れ基準は、ユダヤ人学生の場合と同一でなければならない。この基準は、奨学金の給付についても適用されるべきである。

この原則を細心に運用してゆけば、自然淘汰［進化論の術語がそれ自体で雄弁にものを言う］が働き、アラブ学生の数はかなり削減されるであろう。その結果、水準の低い卒業生の数も減少することになる。この事実によって、学業を終えたのちに、彼らを労働に編入することも容易になるだろう。［この計画のお蔭で、アラブの若者が非熟練労働に簡単に同化されることは確実になり、彼らの知的去勢が保証される。］

（b）学生の技術職、自然科学への誘導を奨励すること。これらの学問では、学生が民族運動に手を染める時間的余裕は一層少なく、中退者の比率は一層高い。［科学と人間的価値は両立しないというケーニッヒの考え方は、C・P・スノー[*93]のさらに一枚上手を行っている。確かにこれは、科学を政治的懲罰の道具として利用した不吉な実例であり、植民地主義の歴史上空前の事態である。］

（c）外国への研修旅行をもっと容易にし、帰還と雇用をさらに難しくすること——この政策が、彼らの移民を促進する。

（d）大学生を煽動する者には、あらゆる段階で厳格な処置を講ずること。

（e）卒業生の大半に対し、その資格に応じて、事前に労働への編入の可能性を準備しておくこと。この政策は、必要な措置を計画するための（数年間という）時間が当局にあるお蔭で実行可能となる。

こうした考え方が仮にスターリン主義者やオーウェル[*94]風の社会主義者、あるいはアラブ民族主義者によって定式化されていたとすれば、リベラル派からは耳を聾するばかりの抗議の声が沸き起こったことであろう。だが、少数の勇敢で西洋的なユダヤ人を、無定形で転移性の、破壊的なまでに愚鈍な膨大な数のアラブと対抗させるという事態の論理からすれば、ケーニッヒの示唆は例外なく正当化されるように思われる。ユダヤ人に対する慈悲心と、アラブに対する本質的な、しかし家父長的干渉主義に基づく敵意。シオニズムにおけるこの基本的二項対立と抵触するものは、ケーニッヒ報告書には一つもない。さらに、ケーニッヒ自身は、イスラエル社会内部の権威と権力の位置からと同時に、イデオロギー信奉者ないしは理論家の立場から執筆を行なっている。イスラエルにおけるアラブ統治責任者として、ケーニッヒは、自分が利益を保護・維持すべきユダヤ人の福祉に対しては職務上の注意を怠らぬ一方、劣った原住民に対しては家父長的干渉主義に基づく、管理者としての支配を表明するのである。かくて、彼の地位はユダヤ人国家の諸制度によって聖別される。制度のお墨付きを貰った彼は、ユダヤ人に関して最大限の未来を、また非ユダヤ人に関しては最小限の未来を、それぞれ考慮することになる。これらの観念はすべて、彼の報告書の次の一節に完璧な形で表明されている。

> イスラエルのような、発展途上の社会を含む国家での法律の施行は、柔軟性と細心の注意と多くの分別とを以て解決せねばならぬ問題である。しかし同時に、アラブ部門の行政当局は、法律が骨抜きにならぬよう、その存在と施行を念頭に置かねばならない。(54)

ワイツマンとケーニッヒのあいだには、何十年もの時差が介在している。前者にとってのヴィジョンの投影が、後者にとっては現実の法律の一文脈に変化した。ワイツマンの時代からケーニッヒの時代へと至るあいだに、パレスチナのアラブ原住民にとってのシオニズムは、自分たちの生活に向かって押し寄せる侵略行為であることをやめ、自分たちをその内部に取り込む固定した現実——国民国家——へと転換した。一九四八年以降のユダヤ人にとって、イスラエルは自分たちの政治的・精神的希望を実現しただけでなく、まだディアスポラ〔離散の地〕に生きる仲間を導き、旧パレスチナに住んでいた仲間をユダヤ人の発展と自己実現の最前線にとどめおく、その絶好の炬火でもあり続けた。パレスチナ人アラブにとって、イスラエルは一つの本質的に敵対的な事実と、いくつかの不愉快な帰結とを意味した。一九四八年以後、パレスチナ人は民族的・法律的に消え去った。一部のパレスチナ人は、法律上イスラエルの「非ユダヤ人」として再登場した。立ち去った者は「難民」となり、その一部がのちに新たなアラブ、またはヨーロッパ人、アメリカ人としての身分《アイデンティティー》=主体性を獲得した。だが、「旧」パレスチナ人としての主体性《アイデンティティー》を喪失したパレスチナ人は一人もいない。イスラエルその他の場所における非存在のパレスチナ人、このような法的虚構から、パレスチナ人は最終的に立ち現われたのだった——シオニズムの理論と実践《プラクシス》とを批判的に見ようとする心構えがついに整った人々によって、相当な国際的注目を浴びながら。

一九七五年の「シオニズムは人種差別主義である」という国連決議[*95]が採択されたのち、西洋で沸き起こった抗議の叫びは疑いもなく純粋なものであった。イスラエルがユダヤ人のために成就した仕事——あるいは、スファラディー[*96]（オリエント）系ユダヤ人多数派のためではない、ヨーロッパ系ユダヤ人のための達成——は西洋世界の前に現に存在しており、多くの基準から見て、それらは相当の偉業である。「人種差別主義」と結びつけた十把一絡げの修辞的弾劾によって、それらの価値が軽々に貶められるべきでないとする意見は正しい。だが、シオニズムが自らと自らの土地に対して行なった一連の行為を体験し、それについて今や究明を行なうパレスチナ人アラブにとってみれば、この状況は錯綜してはいても、決して不明確ではない。ユダヤ人に即座にイスラエル入国を許す帰還法が、それとまったく同様に自分の故国への帰還を妨げていることは、彼らには周知の事実である。彼らはまた、イスラエルの侵略で何千人もの民間人が殺害されたことも知っている。それらはすべて、テロ行為と戦うというもっともらしい口実に基づいてはいたが[55]、その真の理由は、種族としてのパレスチナ人が、本質的動機のない邪悪なテロ行為の同義語にされてしまったからである。自分の人間性が侵害された事実は、誰にも聞き届けられず誰にも見られぬまま、ほとんど自分を破壊したにも等しいイデオロギーへの讃辞に転換されていった。その知的過程を、彼らはおそらく十分納得できぬまでも理解はできる。人種差別主義とは、あまりに曖昧な用語であり、シオニズムは所詮シオニズムなのである。パレスチナ人アラブにとってのこの同語反復は、それがユダヤ人に対して語る内容と完全に相同な、しかしまったく正反対の意味を帯びている。

国民総生産の三五パーセントを奪い取る軍事予算の重圧にうちひしがれ、大西洋岸のわずかな、それも日増しに批判を強める友好国以外からは孤立し、社会的・政治的・イデオロギー的問題に悩まされて、完全な退却によってしかそれらに対処できないでいるイスラエルが、今日直面しているのは厳しい未来である。サダト大統領の平和使節は、ついにベギンの化石化した神学的狂気に対する抵抗の真似事を惹き起こすきっかけとはなったが、パレスチナ人の現実と人間的に和解するための制度は勿論、概念装置すらない状況では、そちらの筋から何らかの決定的変化がもたらされるとは思われない。強い影響力を持つアメリカのユダヤ人社会は、イスラエルの意志に対し、相変わらず資金と、還元的な見方とを強制的に押しつけている。それにまた、見逃してはならないのが、ずっと手ごわい合衆国の防衛体制である。これは、石油で膨張したアラブ市場の開拓に血眼になっている実業部門などの比ではない。日々「急進派」やソ連、その他合衆国の地政学的脅威と戦う用意を整え、あるときはイスラエル、そして次にはエジプトへと最新兵器を積み上げ続けているのである。これが、抑制の効かないイスラエルの軍国主義に及ぼす影響は、レバノンでの冒険を讃美した『ハ＝アレツ』紙の次のような記事（一九七八年三月二十四日）に端的に示されている。

先週の事件が鑑識眼を備えた人間すべてに明らかにしたのは、イスラエル国防軍が今日、装備の質と量においてアメリカ軍そのものに他ならないという事実である。銃器、輸送機、Ｆ15戦闘機、それにアメリカ製モーターを搭載したクフィル戦闘機[*97]さえもが、誰しもを納得させるその証拠物件である。

だが、この筆者がイスラエルの「溢れんばかりの軍備」と呼ぶものに捧げた讃歌に優るとも劣らぬのが、三十年間に亘ってイスラエルとシオニズムとを平然と祝福し続けてきた、西洋とイスラエルの知識人たちが及ぼす悪影響である。彼らは、叡智と人間性の名のもとに自らが行なった種々の異議申し立てにも拘わらず、不正直で非合理な、グラムシのいわゆる「正当化の専門家」の役割を完璧に演じてきた。その不名誉な記録を調べるなら、一九四八年の一回のみならず、以後長年に亘るシオニズムのパレスチナ人への行動を見極めようとした人物が、ごく一握り――ノーム・チョムスキー、イスラエル・シャハク、I・F・ストーン、エルマー・バーガー*[98]、ユダ・マグネスら*[99]――に過ぎないことも解るだろう。パレスチナ人原住民に対するシオニズムの教義と扱いとをめぐる、このほとんど完全な沈黙、それは今世紀の文化上で最も恐るべき逸話の一つである。矜持ある知識人なら、誰もが今日、アルゼンチンやチリ、南アフリカの人権侵害について進んで何らかの発言をする。ところが、イスラエルによるパレスチナ人アラブの予防拘束や拷問、住民強制移住、国外追放などに関しては、反駁し難い証拠が提示された場合にも、文字通り何一つ発言はなされない。イスラエルにおいては民主主義が尊重されているという、その最低限の保証がありさえすれば、それで道徳面は万事順調*[100]だとの印象を、例えばダニエル・モイニハンやソール・ベローのような人物に与えるのに十分なのである。だが、一九六二年にマルティン・ブーバーとアヴラハム・アデレット*[101]が行なった対談についての、イスラエルの宗教的季刊誌『ペタヒーム*[102]』〔扉〕一九七四年十二月号所載の記事を読むと、この国家崇拝がいかに根深いものであるかが私たちにも初めて理解できる。アデレットは、軍隊が若者の性格形成のよい機会になると述べてこれを称讃し、その例として、一九五六年のエジプトとの〔第二次中東〕戦争のさいの逸話を持ち出してくる。そのとき、一人の士官が一隊の兵士たちに「我々の手中に落ちた（中略）エジプト人の戦争捕虜は残らず」殺すようにとだけ命令した。すると、何人もの志願者が進み出て、囚人たちは即座に射殺される。ところが、志願者の一人が「自分は銃を撃ったとき目を閉じてしまいました」と言ってのける。この点について、アデレットはこう語っている。「この試験は、良心と人生経験を持った人間なら誰しもを当惑させる可能性があり、人生の門口に立ったばかりの青年なら尚更であるのは疑いようがありません。実際上の困った問題は、若者たちが行為の只中で陥った当惑ではなく、のちになって彼らの内部で発生した心の傷害なのです。」この啓発的な解釈に対して、ブーバー——道徳哲学者にして人間的思想家、かつての二民族国家主義者——が語りえたのは、ただ「これは偉大な真実の物語です。あなたはそれを書き記しておくべきです」という言葉だけである。この物語の持つ恐ろしさ、あるいは物語を可能にした状況の恐怖については、一言も発せられなかった。

だが、過去百年間にシオニズムの感化を受けないユダヤ人がいなかったのと同様、その刻印を帯びないパレスチナ人も一人として存在しない。それでも、パレスチナ人はたんなるシオニズムの一機能ではなかったことを忘れてはならない。彼らの生活と文化と政治とは、それら固有の力学、究極的にはそれら固有の真正さを備えている。私たちは次に、それについて考えることにしよう。

訳注

1 イルグーン Irgun ——「民族軍事組織」を意味するイルグーン・ツヴァイ・レウミ Irgun Ẓeva'i Le'umi の略。一九三一年にイェルサレムで成立した地下武装組織。三七年にシオニスト改訂派のもとに再結成された。四三年以降ベギンに率いられ、四八年九月にイスラエル軍に統合された。

2 六十年間——いわゆるバビロン捕囚からの帰還後、ユダヤ教徒住民はセレウコス朝に対して蜂起、紀元前一四二年にハスモン家に率いられて勝利を収め、一二九年にセレウコス朝のアンティオコス七世が歿すると名実ともに独立した。しかし紀元前六三年にローマに征服される。この間のハスモン朝独立祭司王国が約六十年続いた。

3 『ホロコースト』*Holocaust* ——一九七八年四月にNBC系で放映された四百七十五分の長篇テレビ・ドラマ。マーヴィン・J・チョムスキー監督、メリル・ストリープ、ジェイムズ・ウッズ、フリッツ・ウェーバーらの主演で、一九三五—四五年にナチスの制圧下を生きるヴァイス、ドルフ両家の姿を描く。その後、世界二十八か国で放映された。

4　H・D・S・グリーンウェイ Hugh Davids Scott Greenway ――合衆国のジャーナリスト（一九三五年生）。六二―七二年『タイム』、七二年から『ワシントン・ポスト』の記者、七六年以降イスラエル特派員を務めた。

5　I・F・ストーン Isidor F. Stone ――合衆国のジャーナリスト（一九〇七―八九年）。ベトナム反戦やパレスチナ問題に取り組んだ。邦訳された著作に、内山敏訳『秘史朝鮮戦争』新評論社、一九五二年。陸井三郎訳『危険なアメリカ』徳間書店、一九六六年。永田康昭訳『ソクラテス裁判』法政大学出版局、一九九四年など。

6　ジョージ・エリオット George Eliot ――イギリスの女流作家（一八一九―八〇年）。長篇小説に『フロス河畔の水車場』（六〇年。邦訳は工藤好美・淀川郁子共訳、筑摩書房、一九六五年）や『サイラス・マーナー』（六一年。邦訳は工藤好美・淀川郁子共訳、河出書房、一九五五年）、『ミドルマーチ』（七一―七二年。邦訳は工藤好美・淀川郁子共訳、講談社、一九七五年）、『ダニエル・デロンダ』（七六年。邦訳は竹之内明子訳、日本教育研究センター、一九八七―八八年）など。

7　聖テレサ Saint Teresa ――スペインのカルメル会修道女・神秘家（一五一五―八二年）。一般にアビラの聖テレサと呼ばれる。

8　風俗喜劇 comedy of manners ――十七世紀末のイギリスに起こった、社交界の因襲を諷刺した機知に富む喜劇。エサリッジ George Etherege やウィッチャリー William Wycherley、コングリーヴ William Congreve などの作品に代表される。風習喜劇とも訳される。

9　非ユダヤ人 Gentiles ――ラテン語の“gentīlis”に基づく英語。キリスト教徒が人間をユダヤ人（Jūdaios）と非ユダヤ人（Ethnos）とに分類し、キリスト教を異邦人の宗教としたことに由来する概念。「異邦人」とも訳され、キリスト教徒を指す。『新約聖書』「使徒行伝」第7章45節、14章5節、28章28節など参照。本書の訳文では、“Gentile”については「ジェンタイル」とルビを振り、“non-Jew”はそのまま「非ユダヤ人」とした。

10　「イギリスと同じくらいイギリス的」as “English as England”――一九二二年、イギリスの植民地大臣ウィンストン・チャーチルが出した「白書」中の言葉への示唆。イギリスはバルフォア宣言に沿う形でのユダヤ人社会の建設を認めるが、パレスチナを「イギリスがイギリス的であるのと同じくらいユダヤ的」as Jewish as England is English な国土に転換することは拒否する、と述べていた。チャーチルの「白書」については、後の訳注52参照。

11　エルネスト・ルナン Ernest Renan ――フランスの思想家・宗教学者（一八二三―九二年）。科学精神と自由思想に基づく実証主義の歴史家として、『キリスト教起源史』（六三―八三年）や『イスラエル民族史』（八七―九三年）などの著作で知られる。

12　モーゼス・ヘス Moses Hess ――ドイツの社会主義者（一八一二―七五年）。近代シオニズムの先駆者として知られ、主著『ローマとイェルサレム――最後の国籍問題』（一八六二年初刊）でユダヤ人の民族解放を説いた。

13　エルネスト・ラアランヌ Ernest Laharanne ――十九世紀フランスの著述家、シオニズムの先駆者。ナポレオン三世治下のフランスで共和派の新聞の編集や政治パンフレットの発行に従事。『新しい東方問題――エジプトとアラビアの諸帝国、ユダヤ民族の再構成』(一八六〇年)では、スエズからスミルナ(イズミル)に至るユダヤ人国家の建設を説いた。

14 ディアスポラ Diaspora ――「離散」または「離散の地」を意味するギリシア語「ディアスポラー」に基づく言葉。ヘレニズム時代以降のユダヤ人の、パレスチナから世界各地への移住・離散を指して用いられる。

15 ドレフュス事件 Dreyfus Affair ――一八九四年フランスで起きた裁判事件。ユダヤ系の将校アルフレッド・ドレフュス大尉(一八五九―一九三五年)がドイツのスパイ容疑で終身刑に処せられたが、九六年に真犯人が判明、再審請求をめぐって人権擁護派・共和派と軍部・右翼が激しく対立した。ドレフュスは九九年に再審ののち、一九〇六年無罪となる。

16 モーリス・ド・ヒルシュ男爵 Baron Maurice de Hirsch ――ドイツの資本家・慈善家(一八三一―九六年)。一八六九年以降、オリエント急行の敷設事業に従事。九一年に、ロシアからアルゼンチンおよびブラジルへのユダヤ人集団移民を援助するため、九一年にユダヤ植民協会を設立。パレスチナ植民には消極的な態度を取った。

17 フローベール Gustave Flaubert ――フランスの作家(一八二一―八〇年)。『ボヴァリー夫人』(五七年)や『感情教育』(六九年)などのほか、四九年から五一年までのオリエント旅行の記録が『エジプト紀行』その他にまとめられている。

18 デズモンド・スチュワート Desmond Stewart ――イギリスの作家(一九二四―八一年)。中東史を主題とする『初期イスラム』(六七年。邦訳は『イスラム』ライフ人間世界史、タイムライフ・インターナショナル、六八年)、『カイロの五千五百年』(六八年)などの著作のほか、評伝『テオドール・ヘルツル――藝術家・政治家』(七四年)、『T・E・ロレンス』(七七年。上村巌訳『裸のローレンス』講談社、一九八〇年)や小説三部作『役割の継承』など。

19 カロルス・リンナエウス Carolus Linnaeus/Carl von Linné ――スウェーデンの医学者・生物学者(一七〇七―七八年)。スウェーデン語名リンネ。植物分類法の創始者として知られ、『自然の体系』(三五年)、『植物諸属』(五三年)などの著作がある。

20 ジョルジュ・ビュフォン Georges-Louis Leclerc de Buffon ――フランスの博物学者(一七〇七―八八年)。『博物誌』(四九―八九年)で知られる。

21 ジョルジュ・キュヴィエ Georges Léopold Chrétine Frédéric Dagobert Cuvier ――フランスの博物学者(一七六九―一八三二年)。比較解剖学と古生物学の研究に従事、動物の自然分類体系を確立して近代生物学の基礎を築く。ラマルクの進化論を否定して、天変地異説を唱えた。

22 ジョゼフ・ド・ゴビノー Joseph-Arthur de Gobineau ――フランスの作家・外交官(一八一六―八二年)。『中央アジアにおける宗教と哲学』(六五年)、『ペルシア人の歴史』(六九年)のほか、アーリア人の健康がセム族との混血、キリスト教の信奉によって堕落したと説く人種哲学『人種不平等論』(五三―五五年)で知られる。

23　オズヴァルト・シュペングラー Oswald Spengler ――ドイツの歴史哲学者（一八八〇―一九三六年）。人類の諸文化はそれぞれ生成・繁栄・没落の過程を辿るとし、ヨーロッパ文明の没落を予言した主著『西洋の没落』（一九一八―二二年）で知られる。

24　ジョルジュ・クレマンソー Georges Clemenceau ――フランスの政治家（一八四一―一九二九年）。七〇年より代議士として急進社会党を率い、一九〇六年首相、第一次大戦末期に戦争継続を指導し、パリ講和会議では対独強硬策を主張した。引用の言葉は、講和会議席上での発言としてロイド・ジョージが『回想録』（一九三九年）で記している。

25　レイモン・ポワンカレ Raymond Poincaré ――フランスの政治家（一八六〇―一九三四年）。第一次大戦前、首相として軍備増強・同盟強化を行ない、一三年から二〇年まで大統領、二二―二四年および二六―二九年に首相を務めた。ルール工業地帯占領や戦後の財政再建を遂行。引用は一九二三年の言葉。

26　フランツ・ボップ Franz Bopp ――ドイツの言語学者（一七九一―一八六七年）。印欧語比較文法の創始者として有名。『比較文法』全三巻（一八三三―五二年）。

27　ウィリアム・ジョーンズ William Jones ――イギリスの東洋学者・法律家（一七四六―九四年）。オックスフォード大学時代にアラビア語・ペルシア語を独習し、のち多くの翻訳を出す。八三年、カルカッタの最高法院判事に赴任、翌年アジア協会設立、サンスクリットを学び、『シャクンタラー』（八九年）や『マヌ法典』（九四年）の英訳を行なった。サンスクリットとギリシア・ラテン語の類縁性を主張、印欧比較言語学の先駆者とされる。

28　フリードリッヒ・フォン・シュレーゲル Friedrich von Schlegel ――ドイツの詩人・思想家（一七七二―一八二九年）。一七九八年に兄とともに『アテネーウム』誌を創刊、ロマン派の理論的指導者となる。一八〇八年『インド人の言語と英知』を刊行、セム語に対し、サンスクリットに代表されるアーリア系諸言語の優位を説いた。

29　ハリー・ブラッケン Harry Bracken ――合衆国の哲学者（一九二六―二〇〇一年）。著作に『バークレー』（七四年）、『心と言葉――デカルトとチョムスキーをめぐる試論』（八四年）、『言論の自由』（九四年）、『デカルト』（二〇〇二年）など。

30　ジョン・ロック John Locke ――イギリスの哲学者・政治思想家（一六三二―一七〇四年）。イギリス経験論・啓蒙思想の創始者。人間の知識は感覚経験から成り立つとして、近代認識論の基礎を作った。

31　デイヴィッド・ヒューム David Hume ――イギリスの哲学者・歴史家（一七一一―七六年）。ロックの経験論を徹底させた懐疑論の立場に立ち、カントの批判哲学に大きな影響を与えた。

32　ジョゼフ・コンラッド Joseph Conrad ――ポーランド出身のイギリスの作家（一八五七―一九二四年）。極限状況での人間の苦闘を主題に、写実主義の内面化と合理主義文明批判の視点によって二十世紀イギリス小説の開拓者となった。長篇『ロード・ジム』（一九〇〇年）、中篇『青春』『闇の奥』『台風』（一九〇二年）など。本文中の引用は中野好夫訳『闇の奥』岩波文庫、一九五八年によった。

33 ロバート・ノックス Robert Knox ――イギリスの解剖学者（一七九一―一八六二年）。『人種論――人種が民族の運命に及ぼす影響についての哲学的探究』は一八六〇年にロンドンで刊行され、ゴビノーらの著作とともに人種間優劣思想の体系化に貢献した。

34 ジョン・ウェストレイク John Westlake ――イギリスの国際法学者・社会改革者（一八二八―一九一三年）。『国際私法論考』（五八年）、『国際法』（一九〇四―〇七年）。

35 エメル・ド・ヴァッテル Emer de Vattel ――スイスの国際法学者（一七一四―六七年）。『国際法』（五八年）は合衆国独立をはじめ、十九世紀に諸民族が権利を主張するさいの根拠とされた。

36 カーゾン卿 George Nathaniel Curzon ――イギリスの政治家・旅行家（一八五九―一九二五年）。一八九九年から一九〇五年までインド総督、一九―二四年外務大臣。『ペルシアとその問題』（九二年）、『極東の諸問題』（九四年）など。

37 ポール・ルロワ＝ボーリュー Paul Leroy-Beaulieu ――フランスの自由主義経済学者・地理学者（一八四三―一九一六年）。『近代諸国民のもとでの植民』（八二年）、『政治経済学概要』（八八年）など。

38 ローデシア Rhodesia ――アフリカ南部にあったイギリス自治植民地。イギリスの植民地行政官でケープ植民地の首相を務めたセシル・ローズの名に因んで命名された。ザンベジ川以北を北ローデシア、以南を南ローデシアと称し、ニヤサランドとともに一九五三年、中央アフリカ連邦を結成するが、民族独立運動の激化で六三年に解体。翌年ニヤサランドはマラウィ、北ローデシアはザンビアとして独立、南ローデシアは白人入植者を代表するスミス政権がイギリス連邦内の自治領から一方的に独立、七〇年ローデシア共和国の樹立を宣言した。しかし、白人支配は国際的承認を得られず、「チムレンガ」と呼ばれる解放勢力との内戦の結果、八〇年にジンバブウェとして正式に独立を果たした。

39 ターウィット＝ドレイク Charles F. Tyrwhitt-Drake ――イギリスの考古学者（一八四六―七四年）。パレスチナ探検基金からの派遣で、当時のダマスカス領事であった探検家リチャード・バートン（一八二一―九〇年）らとともにシリア・パレスチナを調査。バートンとの共著『未踏査のシリア』（七二年）を刊行、二十歳代で結核のため死亡。

40 キッチナー卿 Horatio Herbert Kitchener ――イギリスの軍人（一八五〇―一九一六年）。七一年パレスチナで測量に従事、九二年にエジプト軍司令官となり、九六―九八年スーダン征服。一九〇〇―〇二年のボーア戦争を指揮し、一四年陸軍大臣を務めた。

41 カペナウム Capernaum ――ガリラヤ湖北西岸にある、かつてのイエスの活動地。『新約聖書』「マタイ福音書」第8章5節、「ルカ福音書」第7章1節などに言及される。アラビア語では「カフル・ナーフーム」Kafr Nāhūm（ナーフームの村）、現代へブライ語では「クファル・ナフーム」Kefar Nahum（ナフームの村）と呼ばれ、紀元後二〇〇年頃の会堂（シナゴーグ）の遺跡が残っている。

42　C・R・コンダー Claude Regnier Conder ――イギリスの陸軍士官（一八四八―一九一〇年）。パレスチナ探検基金から派遣され、七二年にターウィット・ドレイクと、八一年にはキッチナーとパレスチナ調査を行なった。『西パレスチナ調査』（八一―八八年）の一環としてキッチナーと共同で『地誌・山岳誌・水路誌・考古学に関する報告』を執筆、他に『パレスチナでの天幕作業』（七八年）、『イェルサレムのラテン王国』（九七年）など。

43　フリンダース・ペトリ卿 Sir William Matthew Flinders Petrie ――イギリスのエジプト学者（一八五三―一九四二年）。一八九〇年にパレスチナ探検基金、九七年にエジプト発掘基金による発掘を行なって以来、パレスチナとエジプトで多くの発掘調査を手がけた。近代考古学の先駆者の一人。『エジプト史』全六巻（一八九四―一九〇五年）や自伝『考古学七十年』（三一年）など著書・報告書多数。日本の浜田耕作（青陵）が師事した。

44　マオリ族 Maoris ――ニュージーランドに居住するポリネシア系先住民族。

45　シャルル・クレルモン＝ガノー Charles Clermont-Ganneau ――フランスの東洋学者（一八四六―一九二三年）。エルネスト・ルナンに学び、七一―七四年、パレスチナ探検基金の派遣で同地を調査。のち、コレージュ・ド・フランスで教鞭を執った。『知られざるパレスチナ』（七六年）、『パレスチナの考古学調査』全二巻（九六―九九年）など、多数の著作・論文を残した。

46　スタンレー・クック Stanley Arthur Cook ――イギリスの宗教史家・セム語学者（一八七三―一九四九年）。三二―三八年ケンブリッジ大学のヘブライ語欽定教授。考古学・言語学・比較宗教学の分野で多くの業績を挙げた。『考古学に照らして見た古代パレスチナの宗教』（三〇年）、『旧約聖書――再解釈』（三六年）など。

47　ロビンソン Robinson ――合衆国の組合教会派の牧師エドワード・ロビンソン（一七九四―一八六三年）のこと。一八三八年から五二年にかけて聖地研究を行ない、『シナイ山と石のアラビア』（四一年）や『パレスチナにおける聖書探究』（五六年）などの旅行記を残した。

48　R・A・S・マカリスター Robert Alexander Stewart Macalister ――アイルランドの考古学者（一八七〇―一九五一年）。パレスチナ考古学の先駆者として、九九年以降多くの発掘調査を行なった。ダブリンのケルト考古学教授（一九〇九―四三年）。『パレスチナ文明史』（一二年）、『ペリシテ人』（一四年）、『パレスチナ発掘の一世紀』（二五年）など。

49　ヨシュア・ポラート Yehoshua Porath ――イスラエルの歴史家、ヘブライ大学名誉教授。『パレスチナ人アラブの民族運動』（一九七四―七七年）、『アラブ統一を求めて』（八六年）などの英語の著作がある。

50　ネヴィル・マンデル Neville J. Mandel ――イスラエルの歴史家。英語の著作に『第一次世界大戦以前のアラブとシオニズム』

（一九七六年）。

51　マクシム・ロダンソン Maxime Rodinson ――フランスのイスラム学者・社会学者（一九一五―二〇〇四年）。『ムハンマド』（六一年）、『イスラムと資本主義』（六六年。邦訳は山内昶訳『イスラームと資本主義』岩波書店、一九七八年）、『マルクス主義とイスラム世界』（七二年）、『アラブ』（七九年）など著書多数。引用は『イスラエルとアラブ』（六八年）の続篇『イスラエル――植民国家？』（七三年）より。

52　ウィンストン・チャーチル Winston Leonard Spencer Churchill ――イギリスの政治家（一八七四―一九六五年）。一九一七年以降、ロイド・ジョージ内閣のもとで軍需相・陸相兼空相・植民相を歴任。四〇―四五年、五一―五五年首相。五三年ノーベル文学賞受賞。二二年のチャーチルの「白書」は「覚書」Memorandam とも呼ばれ、バルフォア宣言に沿った形で、パレスチナにおけるユダヤ人の郷土建設に対するイギリスの援助を再確認した。

53　スルスク家 Sursuk family/'ā'ila Sursuq ――ベイルート在住のキリスト教徒の銀行家・大商人。ナザレ近郊の平原に広大な土地を所有する不在地主であったが、二十世紀初頭にその大半をシオニストに売却した。

54　主意主義 voluntarism ――理性や感情より、意志を世界や精神活動の根底に置く立場。哲学におけるショーペンハウアー、心理学におけるブントなどがその例。主知主義 intellectualism や主情主義 emotionalism の対語。

55　エリエゼル・ベン・イェフダー Eliezer Ben Yehudah ――近代ヘブライ語再生運動の先駆者（一八五八―一九二二年）。リトアニア生まれ、パリを経て八一年にパレスチナに移住。『ヘブライ語大辞典』全十六巻は歿後に刊行された。

56　『マアリーヴ』 ***Ma'ariv*** ――一九四八年にアズリエル・カールバッハが創刊した、テルアビブ発行のヘブライ語夕刊紙。右派シオニストが編輯陣を占め、イスラエル最大の発行部数を誇る。

57　A・カールバッハ博士 Azriel [Ezriel] Carlebach ――イスラエルのジャーナリスト（一九〇八―五六年）。一九三九年に夕刊紙『イェディオット・アハロノット』（最新情報）を、また四八年には『マアリーヴ』紙を創刊し、初代編輯長となる。

58　砂の一粒一粒 every grain of sand ――サイードの引用ではたんに "every grain" とあるが、Uri Davis and Norton Mezvinsky (ed.), ***Documents from Israel 1967-1973: Readings for a Critique of Zionism***, London: Ithaca Press, 1975, p.175によって改めた。

59　決して not at all ――引用では「必ずしも」not all とあるが、右掲書によって改めた。

60　ハルカビー将軍 Yehoshafat Harkabi ――イスラエルの軍人、アラビスト（一九二一―九四年）。ハイファー出身、イスラエル軍情報部長、ヘブライ大学教授を歴任。『イスラエルに対するアラブの態度』（七二年）、『パレスチナ人とイスラエル』（七四年）、『イスラエル・運命の刻』（八六年。奈良本英佑訳、第三書館、一九九〇年）など。右派シオニストとして知られたが、その後

「マキャヴェリ的ハト派」に転向、「ピース・ナウ」運動にも加わった。

61　ハラハー halakhah ――「歩行」を意味する語根〈h-l-kh〉に由来する単語で、ユダヤ教の法体系全般を指す言葉。アガダー（非法律的な格言・説話）の対語。

62　サミュエル・ペヴスナー Samuel Joseph Pevsner ――ロシア出身のシオニスト（一八七九―一九三〇年）。一九〇五年にパレスチナに移住し、ハイファーのユダヤ人地区発展に尽力した。

63　ルピン Arthur Ruppin ――プロシア出身のシオニストの社会学者・経済学者（一八七六―一九四三年）。一九〇七年に初めてパレスチナを訪問して以来、シオニスト機構との繋がりを深め、ユダヤ人入植地の建設・発展に尽力した。アラブ・ユダヤ二民族国家の建設を目標とした団体ブリート・シャロム（平和の契約）を二五年に創設。著作に『現代のユダヤ人』（一九〇四年。邦訳は大日本文明協会編『現今の猶太種族』同協会、一九一五年。南満洲鉄道調査部訳『猶太人社会の研究』同調査部、一九四一年）他。

64　C・L・テンプル Charles Lindsay Temple ――イギリスの植民地官僚（一八七一―一九二九年）。『原住民とその統治者たち』は「ナイジェリアにおける公的生活ならびに行政上の諸問題に関する素描と研究」の副題を付して一九一八年に刊行された。

65　フレデリック・ルガード Frederick John Dealtry Lugard ――インド出身のイギリスの植民地行政官（一八五八―一九四五年）。一九〇〇―〇六年、ナイジェリア保護領の高等弁務官、一二―一九年同総督を務め、間接統治方式を導入した。一九〇七―一二年香港総督、二二―二八年国連委任統治委員会委員。著作に『英領熱帯アフリカにおける二重委任統治』（二二年）。

66　フェビアン協会 Fabian Society ――一八八四年ロンドンで設立された社会主義団体。社会福祉の充実による漸進的社会主義改革を目指す。漸進戦術を取った古代ローマの将軍ファビウスの名にちなむ。初期の会員としてシドニー・ウェッブ夫妻やバーナード・ショーらがいた。

67　アハド・ハ＝アム Ahad Ha-ʻAm ――ロシア出身のヘブライ語著述家・思想家（一八五六―一九二七年）。本名アシェル・ヒルシュ・ギンスベルク。筆名は「大衆のなかの一人」を意味する。一八九六―一九〇三年、オデッサで『ハ＝シロアハ』（『聖書』に登場する、ギホンの泉から引いた水道の名前）誌の編輯に従事、二二年にパレスチナ移住。国家建設を前提とするヘルツルらの政治的シオニズムに反対し、ユダヤの民族・精神・文化の復興を優先する文化的シオニズムを主張した。

68　シオニスト会議 Zionist Congress ――テオドール・ヘルツルの『ユダヤ人国家』の構想に基づき、一八九七年にスイスのバーゼルにおいて第一回会議を開催、パレスチナへのユダヤ人の郷土建設を謳った「バーゼル綱領」の採択と「世界シオニスト機構」の設置を決議した。以後、ヘルツルの死に至るまでの七年間に、六回の会議がバーゼル（第四回のみロンドン）で開かれ、その後もほぼ二年ごとに（五一年の第二十三回会議以降はイスラエル国内で）開催されている。

69　世界シオニスト機構 World Zionist Organization ――一八九七年に創設されたシオニズム運動の国際的政治組織。イギリスのパレスチナ委任統治開始以降、二九年のハイム・ワイツマンによるユダヤ人機関（非シオニストをも加えた執行機関）設置まで、公式のユダヤ代表機関としての役割を演じた。イスラエル建国後も国土開発、資金調達、移民受け入れ、対外宣伝などの活動を行なっている。

70　ジョン・ホープ・シンプソン John Hope Simpson ――イギリスの植民地官僚（一八六八―一九六一年）。一六年までインドに勤務、のち中国やギリシアで難民救済問題と取り組んだ。二九年にパレスチナ人・ユダヤ人間の紛争を調査して報告書『パレスチナ――移民、入植、発展に関する報告』（三〇年）を提出・刊行。著書に『難民問題――概観報告』および『難民――一九三八年以降の状況調査』（ともに三九年）。

71　ヨーゼフ・ヴァイツ Joseph Weitz ――ロシア出身のヘブライ語作家・イスラエル入植地の管理者（一八九〇―一九七三年）。一九〇八年にパレスチナ移住、一八年以降、ユダヤ民族基金のもとで土地獲得と農業発展のために尽力。五一―七三年、同基金理事会代表議長。児童文学や農業・植民を主題とした文学作品を生み出した。

72　ユダヤ民族土地基金 Jewish National Land Fund ――ここでは「ユダヤ民族基金」の土地開発部門という意味であろう。

73　ジョンおよびデイヴィッド・キムヒ Jon and David Kimche ――合衆国在住のジャーナリスト。デイヴィッド（一九二八―二〇一〇年）は『イェルサレム・ポスト』記者やロンドンの『ジューイッシュ・オブザーバー』の特派員を歴任。両者の共著に『運命の衝突――アラブ・ユダヤ戦争とイスラエル国家の建設』（六〇年）、デイヴィッドの著作に『最後の選択――ナーセル、アラファート、サッダーム・フセイン以後の中東和平の探究』（九一年）、ジョン（一九〇九―九四年）の著作に『パレスチナかイスラエルか――我々が敗れた理由に関する語られざる物語　一九一七―二三年、一九六七―七三年』（七三年。邦訳はジョン・キムチ『パレスチナ現代史』田中秀穂訳、時事通信社、一九七四年）など。

74　ダレット計画 Dalet Plan ――イスラエル独立の直前、パレスチナ人を攻撃して難民化させるためにシオニストが立案した軍事行動計画。ダレットはヘブライ文字の字母「D」の呼称。中東の平和をもとめる市民会議編『パレスチナ問題とは何か』未來社、一九八二年、八八―八九頁「D（ダーレト）計画」に詳しい解説がある。

75　モシェー・シェルトク Moshe Shertok（Sharett）――ウクライナ出身のイスラエルの政治家（一八九四―一九六五年）。一九〇六年に家族とともにパレスチナへ移住。三三年、ユダヤ人機関の政治局長、四七年の国連分割決議では、可決のために精力的な外交努力を払う。四八年のイスラエル建国後は、名前をシャレットと変えて五六年まで外務大臣を務めた。

76　国連決議――パレスチナ人「難民」の帰還権を認めた最初の総会決議は、一九四八年十二月の第一九四号。本書第一章四節（六八頁）参照。

77 非常事態防衛法——第一章訳注66参照。

78 『ゾ・ハ＝デレフ』 *Zo Ha-Derekh* ——一九六五年にテルアビブで創刊された週刊誌。共産主義政党ラカハの機関誌。

79 ナザレのアラブ市長——タウフィーク・ザイヤードのこと。一九七五年、ラカハ（共産党）からナザレ市長に選出された。第三章訳注17参照。

80 カフカ Franz Kafka ——プラハで活動したユダヤ系のドイツ作家（一八八三—一九二四年）。特異な幻像表現によって生の不条理を描き、歿後にフランスで実存主義文学の先駆者とされる。『変身』（一六年）、『審判』（二五年）、『城』（二六年）など。

81 不在者財産法 the Absentee's Property Law ——一九四八年戦争のさいに土地を離れた「不在者」の財産を「管財人」に移管する法律。四八年十二月に条例の形で公布され、五〇年三月にクネセトを通過。この「不在者」の定義には、四七年十一月二十九日（国連の分割決議案採択の日）以降、四八年九月一日までに（一度でも）パレスチナの居住地を離れたパレスチナ人が含まれていたため、イスラエルによるパレスチナ人の土地奪取の絶好の口実となった。

82 土地獲得法 the Land Acquisition Law ——接収された土地の所有権を国家に移管するための法律。一九五二年四月一日の時点で所有者が存在せず、四八年五月十四日からその日までに開発や入植、安全保障のために利用されてきたことが証明された財産に対し適用された。

83 非常事態時の財産接収法 the Law for the Requisitioning of Property in Time of Emergency ——国家の安全保障や移民の定住に必要と見做される土地・財産の接収権を当局に付与する法律。接収期間は当初は三年、のち六年、さらに五八年八月一日まで延長された。

84 時効法 the Prescription Law ——一八五八年のオスマン土地法や一九二八年の委任統治土地法では、十年間連続してある土地を利用・耕作してきたことが証明できる者は、その土地の法律上の所有権を得られると規定されていた。「時効法」は、この時効期間（十年間）の延長を図った法律。原案では、時効期間は五十年とされたが、激しい反対運動に遭ったため、結局十五年に延長されるにとどまった。ただし、一九四三年三月一日以降に土地を取得して耕作を始めた者については、「時効法」発効の一九五八年四月六日から五年間は「時効」期間に算入しないとの規定が加えられたため、実質的な時効は二十年であった。以上の四つの法律については、サブリー・ジリース『イスラエルのなかのアラブ』に詳細な解説がある。

85 カフル・カースィム Kafr Qāsim ——テルアビブの東北東約二十キロメートル、一九五六年当時のヨルダン（現在の西岸地区）とイスラエルとの国境地帯に位置するアラブの村落。

86 ファウズィー・アル＝アスマル Fawzī al-Asmar ——ハイファー出身、合衆国在住のパレスチナ人ジャーナリスト（一九三七—二〇一三年）。七二年に合衆国に移住、『アラブ・ニューズ』紙やサウジアラビアの『リヤード』紙等の特派員を歴任。自伝『イスラエルでアラブとして生きる』は最初へブライ語で書かれ、のちアラビア語・英語等八か国語に訳された。英語版からの邦訳は城川桂子訳『リッダ――アラブ人としてイスラエルに生きる』第三書館、一九八一年。

87　イーリヤー・T・ズライク Elia T. Zureik/Īliyā Zurayq ――カナダの社会学者（一九三九―二〇二三年）。一九七一年より二〇〇五年までクイーンズ大学教授。著書に『イスラエルのパレスチナ人』（七九年）、『パレスチナ難民と和平過程』（九六年）、共編著に『パレスチナ人の社会学』（八〇年）、『世論とパレスチナ問題』（八七年）などがある。

88　アムノン・リン Amnon Lin ――イスラエルの歴史家（一九二四―二〇一六年）。ヘブライ語の著作に『嵐の前――イスラエルにおけるユダヤ人とアラブ　希望から失望へ』（九九年）がある。

89　ヒスタドルート Histadrut ――ヘブライ語の普通名詞としては「組合、同盟」の意味。ここでは一九二〇年創設のイスラエル労働総同盟を指す。

90　収容所群島 Gulag Archipelago ――ロシアの作家ソルジェニーツィン（一九一八年生）の長篇記録小説（七三―七五年）の標題。

91　ウリー・アヴネリー Uri Avneri ――イスラエルの政治家・ジャーナリスト（一九二三―二〇一八年）。国会議員、週刊誌『ハ＝オラム・ハ＝ゼー』（現世）の編集長、平和主義運動シェリーの指導者などを歴任。八二年、イスラエルのレバノン侵攻中、ベイルートでアラファート議長と会談。『シオニストなきイスラエル――中東和平の計画案』（六八年）、『わが友、わが敵』（八七年）など。

92　イツハク・ラビン Yitzhak Rabin ――イスラエルの軍人・政治家（一九二二―九五年）。国防軍参謀総長、駐米大使、労働党党首などを歴任、七五―七七年および九二―九五年首相。八四―八八年のペレス内閣で国防相。首相在任中にイエメン系ユダヤ人イガール・アミールにより暗殺された。ノーベル平和賞受賞。

93　C・P・スノー Charles Percy Snow ――イギリスの作家・行政官（一九〇五―八〇年）。物理学を専攻し、政府の科学行政に参与、五九年に講演記録『二つの文化と科学革命』を発表して、現代における精神文化と科学文明の分離とそれへの対策を説いた。連作小説『他人と同胞』全十一巻（四〇―七〇年）など。

94　オーウェル George Orwell ――イギリスの作家（一九〇三―五〇年）。スペイン内戦のルポルタージュ『カタロニア讃歌』（三八年）、スターリンの独裁政治を諷刺した『動物農場』（四五年）、未来小説『一九八四年』（四九年）などで知られる。

95　国連決議――一九七五年十一月十日に採択された総会決議三三七九号を指す。

96　スファラディー Sephardic/Sefaradi ――原義はスペイン系ユダヤ人。「スファラド」はへブライ語でスペインを指す。レコンキスタ完成後、ユダヤ人追放令によって離散したラディノ語（へブライ文字で表記するスペイン語方言）を話す人々。これに対し、ドイツ・東欧を中心にイディッシュ語を話すドイツ系ユダヤ人をアシュケナズィー（アシュケナズはへブライ語でドイツを指す）と呼ぶ。一般には、離散ユダヤ人をスファラディーとアシュケナズィーに二分し、前者を東洋系、後者を西洋系として、いわゆる「ミズラヒー」（中東・アフリカ出身のユダヤ人。複数形「ミズラヒーム」。第一章訳注49参照）も「スファラディーム」（「スファラディー」の複数形）に含める場合が多い。

97　クフィル戦闘機 KFIR planes ——第三次中東戦争後のフランスの武器禁輸政策に対応するため、イスラエル航空機産業（IAI）が開発した国産機。ミラージュ5型を基本に、合衆国のジェネラル・エレクトリック社J79-17エンジンをライセンス生産して搭載した。「クフィル」kfirはヘブライ語で「若獅子」を意味する。

98　エルマー・バーガー Elmer Berger ——合衆国の非シオニスト・改革派ラビ（一九〇八—九六年）。四一年フィラデルフィアで設立された「アメリカ・ユダヤ主義評議会」執行委員長を五五年まで務めた。著書に『ある反シオニズム派ユダヤ人の回想』（七八年）、『パレスチナの平和』（九三年）など。日本では『ラビ・エルマー・バーガー会見記』アラブ連盟事務所、一九六九年が刊行されている。

99　ユダ・マグネス Judah Leon Magnes ——サンフランシスコ出身の合衆国の改革派ラビ（一八七七—一九四八年）。二二年にパレスチナ移住、ヘブライ大学の創設に尽力し、初代総長（三五—四八年）。パレスチナに二民族国家の建設を唱える「ブリート・シャロム」（平和の契約、二五年創立）、「イフード」（一致、四二年創立）の運動の指導者としても知られた。

100　道徳面は万事順調 all is well on the moral front ——ドイツの作家レマルク（一八九八—一九七〇年）の小説『西部戦線異状なし』（二九年）の英訳標題 ***All Quiet on the Western Front*** を響かせた表現。

101　マルティン・ブーバー Martin Buber ——ウィーン出身の哲学者・神学者（一八七八—一九六五年）。二五—三三年、フランクフルト大学で教鞭を執ったのち、ナチスに追われて三八年にパレスチナ移住。四八年以降しばらくのあいだ住んだイェルサレムの家は、サイードの生家だったという。五一年までヘブライ大学教授を務めた。人間存在を対話的関係と捉えた著作『我と汝』（二三年）などで知られる。ユダ・マグネスとともに「イフード」の指導者であった。

102　『ペタヒーム』*Petahim: Quarterly Journal of Jewish Thought* ——一九六八年から八五年頃まで、ベントウィッチ Joseph S. Bentwich（一九〇二—八二年）の編輯によってイェルサレムで発行されていた小冊子。

第三章　パレスチナ人の民族自決に向けて

1　残留者、流亡者、そして占領下の人々

現在、世界には三百五十万から四百万のパレスチナ人アラブが散在している。そのうち六十五万人がいわゆるイスラエル国籍を持つアラブであり、百万人はイスラエル軍事占領下の西岸・ガザ地区に、百万人前後はヨルダンに、そして約四十五万人がレバノンに居住する。残余はアラビア半島の湾岸諸国やシリア、エジプト、リビア、イラクに離散し、ずっと小規模ではあるがヨーロッパや南北アメリカにも分布している。流亡の状況や形態が多種多様であることはまったく以て明白であるにせよ、これらの人々の誰もが、自分は流亡の身であると言うこともまた確実であろう。にも拘わらず、銘々のパレスチナ人の背後には、自分がかつて――それもそう遠い昔ではなく――パレスチナと呼ばれる自分自身の土地に住んでいたことがあり、しかもそれはもはや自分の郷土ではないのだという、共通の大きな現実が控えている。パレスチナ人がこうした言葉を吐くのに、いかなる陰影も添える必要はない。そこに付されるべき条件や制限などほとんど存在しないように思われる。だが、トルストイが家族について述べたように[*1]、幸福な家族はどれも似たり寄ったりだが、不幸な家族はそれぞれが違った風に不幸であるとすれば、個々の

パレスチナ人が抱える心的外傷《トラウマ》とは、同一主題をめぐる三百五十万種類の変奏であるようにも見えてくる。そうした変奏の一つを次に掲げよう。これは、一九四八年春、シオニストの武力に屈した西部ガリラヤの小さなアラブ集落での出来事にまつわる物語である。語り手は現在レバノンの難民キャンプに住む年配の農婦、その記録は一九七三年に行なわれた。

私たちはその晩、村の果樹園で眠りました。翌朝、ウンム・フサインと私が村へ行ってみると、雛鳥たちが道端に出ていたので、彼女は私に水を汲んできたらどうか、と言いました。村の中庭へ行く途中、ウンム・ターハーに会いました。彼女は叫び声を挙げて、「亡くなった旦那さんの様子を見てきた方がいいわ」と言います。主人は見つかりました。後頭部を撃たれていたんです。私は遺体を木蔭まで引きずってゆき、埋葬を手伝ってもらうためにウンム・フサインを呼んできました。どうしたらいいか解りません。主人に墓も掘ってやれませんでした。板切れに遺体を乗せて墓地まで運び、母親の墓の傍らに埋めました。（中略）今に至るまで、自分が遺体を正しい方法で正しい位置に埋葬したかどうか心配で、そうあってほしいと祈るばかりです。私は食物を何一つ口にせぬまま、カブリー［自分の村］に六日間留まりました。それから村を離れ、家族ともども一足先にシリアへ逃れていた妹と合流する決心をしました。アブー・イスマーイール・アルカという年配の男にタルシーハー*2まで連れていってくれるよう頼むと、彼は承知してくれました。他の人々は村に残したままです。皆に何が起きたかは知りません。アブー・イスマーイールは自分の息子と一緒にタルシーハーに留まり、私はシリアへと旅を続けました。(1)

一九六〇年代半ばから末期に至るまで、こうした物語は英語で読もうとしても読めなかった。イスラエルが出現してこのかた二十年間、世界は曖昧かつ概括的に「パレスチナ難民」、あるいはより一般的に耳にする呼称では「アラブ難民」について知っていたのである。一九五〇年代に刊行された中東に関する標準的なアメリカの社会科学文献の一つ、シドニー・N・フィッシャー編『中東における社会勢力』（ニューヨーク州イサカ、コーネル大学出版部、一九五五年）では、パレスチナ人に独立した一章が宛てられているが、これらの人々が当該地域の「発展」に対する二次的な刺戟物として、ないしは難民一般に関する国連の協議事項に登場する統計数値として以外にも存在しているという事実は、読者にはまったく示されなかった（これと同様の学術上、および「諜報活動」上の失敗は、シャーに対するイラン人の抵抗運動に関しても生じている。運動が一九七九年に勃発したとき、皆が驚嘆したのは、抵抗運動自体が存在しなかったからではなく、それがシャーの安定性を脅かすものになろうとは誰一人考えていなかったからである！）。

ある意味ではパレスチナ人を自分自身からも外界からも疎外しているもう一つの問題、それは二十年来の社会の亀裂であった。パレスチナ人のなかには、明らかに流亡の境遇にある者と、イスラエル内部で隔離された内的亡命者として生活している者とがあった。前者はアラブの政治学の脈絡で自分自身を捉えるか、または新しい居住地への順応を試みる傾向にあった。他方、後者はイスラエル支配の下で提供された小空間の内部で、できる限り自分たち自身の生を営もうと試みた結果、アラブ世界からは切り離されてしまった。いずれの場合にも、十分な統合能力を持つ政治勢力が長年に亘って構成要素から欠落していたため、パレスチナ人の経験を仕立て直し、回収不能な歴史の一点で生じた受動的な悪夢以上のものへとそれを変化させることができなかったのである。

勿論、最も重要な欠落要素は国土であった。それは、パレスチナがイスラエルに取って代わられるまではずっと、（ムスリムおよびキリスト教徒の）アラブの土地という性格が圧倒的に強かった。この事実に対するシオニズムおよび西洋の態度は、すでに私が第一章・第二章で叙述を試みた通りである。だが、どのパレスチナ人にとっても、自分の国土が独自の性格と個性を持っていることは疑いようがなかった。確かに、第一次世界大戦の終結までパレスチナはオスマン帝国の一部であったし、いかなる正当な意味においてもそれは独立国家ではなかった。けれども、その住民は自らパレスチナ人と名乗り、シリア人やレバノン人、トランスヨルダン人と自分たちとの区別を重視してきたのである。パレスチナ人の自己主張と呼びうる事柄の多くは、一八八〇年代以降のユダヤ人移民のパレスチナ流入、およびパレスチナに関するシオニスト組織のイデオロギー的発言への返答として表明された。両大戦間の時期、パレスチナ人アラブは絶えざる外国の侵入の脅威に曝されながら、一つの共同体としてともに成長を遂げた。従来より当然と見做されてきた事柄——社会構造、村落や家庭の特性、習俗、料理、民間伝承、方言、独自の習慣や歴史——はパレスチナ人によってパレスチナ人の前に提示され、この領域がたとえ植民地としてであれ、つねに自分たちの郷土であり続けてきたこと、自分たちが一つの民族を形成していることの証しとされた。人口の六割が農業に従事し、残りは都市民と、比較的少数の遊牧民集団とに分かれていた。これらの人々は皆、自分が巨大なアラブ民族の一員であるという感情を抱いていたにも拘わらず、同時にパレスチナと呼ばれる土地に属していることを信じて疑わなかった。そして、二十世紀全般を通じて、彼らはその国土をフィラスティーヌナー（我らのパレスチナ）と呼んだのだった。

　パレスチナ人が「中東危機」の核心に位置する以上、彼らがその危機を回避する過程に参加せねばならぬことは今や自明の理である。本書の議論は明らかにその自明の理を支持するのであるが、同時にそこでは、説得力のある形でその正しさを主張するという以上の事柄が試みられている。パレスチナ人の政治上の主体性《アイデンティティー》が（近年は）広く一般的に認められているために、一般的解決を行なえば、それがかえってパレスチナ人の個々具体的で詳細な現実を捕捉しそこねるばかりか、それらを破壊さえしかねない。そうした一連の危険性も存在するのだ、というのが私の論点である。つまり、私がこの論考で主張しようと試みてきたのは、従来曖昧なままにされ、無視され、恣意的に誤った形で表象されてきた「パレスチナ問題」の持つ豊かさだった。人間の諸集団——とりわけパレスチナ人とシオニストとのあいだの闘争に直接に関わってきた人々——が熱狂的な、少なくともひたむきな確信から行動に走るという事実を、私は当然のことと見做してきた。それは、パレスチナ人についてと同様、ユダヤ人のシオニズムやイスラエルに対する感じ方についても当て嵌まる。だが、シオニズムに関する共通理解とパレスチナ人に関する共通理解とのあいだには不均衡が存在するため、二十世紀を通じてパレスチナ人を活性化してきた諸問題の価値と歴史とは全面的に抑圧されてしまった。パレスチナ人はイスラエル誕生以前から、現実にパレスチナに居住していた。この事実に大半のアメリカ人が気づいていないように見えるのも、その点を裏付けてくれる。だが、それらの価値や歴史を考慮に入れさえすれば、私たちは妥協や解決、そして最終的には平和への礎《いしずえ》を視野に入れ始めることができるのである。私の任務は、パレスチナ人の物語を提示することにある。シオニストの物語はずっとよく知られ、受容されているのだから。

突如注目の的となったにせよ、パレスチナ人は依然として——しばしば自分たち自身によってさえ——本来否定的な属性の集合体と見做されている。そう言ったとしても、私にはあながち誇張とは思われない。事態がかくある以上、完全なパレスチナ人自決への過程は異常なまでに困難をきわめる。何しろ、自決とは、決するべき「自己」がはっきり目に見える形で存在して初めて可能になるからだ。流亡と離散とによって、この問題は直ちに明確化する。今世紀の大半を通じ、パレスチナ人は主として拒否や拒絶の形で世界史上に姿を現わした。彼らは、シオニズムへの抵抗、中東問題の「中核」、テロリスト、非妥協的存在——このリストは長大で遠慮会釈がない——といった観念と結びつけられてきた。彼らは郷土への植民地主義勢力の侵攻にさいし、これに抵抗する十分な根拠を主張できないという異常なまでの不運に見舞われてしまった。なぜなら、その侵攻勢力は、国際的・倫理的舞台の脈絡では、犠牲とテロ行為との長い歴史を背負う、ユダヤ人という倫理的に最も錯綜した敵対者と結びついていたからである。ユダヤ人が運命を切り拓くため、移民＝植民地主義を利用して生き残りを図り、自らその正しさを熱烈に信じてやまないとするなら、移民＝植民地主義の持つ絶対悪は大幅に希釈され、雲散霧消さえしてしまうかもしれない。分別のあるパレスチナ人、あるいは私自身のように幸運と特権とによって苦難を緩和してきた人間なら誰でも、アフリカの白人入植者とヨーロッパの反セム主義を逃れたユダヤ人とのあいだの差異を真面目に検討するとき、何故かイスラエルと南アフリカとの真の並行関係が意識のなかでひどく掻き乱されてしまうことに気づくはずである。だが、迫害者は異なるにせよ、アフリカとパレスチナの犠牲者はほぼ同様の方法で傷つけられ、その傷跡を残されているのである。ともあれ、パレスチナにおいて西洋とその手法とを臆面もなく選択したユダヤ人は、非ヨーロッパ世界の抑圧された民衆を結ぶ紐帯によって疎外されてしまった。

一連の困難の砲列はこれほどまでに手ごわい存在である。ただ奇妙なことに、それらが存在するお蔭で、かえってパレスチナ人は――それらの困難の大半を操作しているのが、自分たちの消滅を希求する戦力であるにも拘わらず――自らの耐久力や延命能力の一端を獲得できた。さらに奇妙なのは、パレスチナ人と交渉を持たざるをえなかったシオニストや（多くのアラブを含む）その他の者たちが、基本的な人間心理についてまったく無知であったという点である。ここには、政治の盲目性と抑圧勢力の粗雑さとが、ほとんど教科書的な形で現われている。パレスチナにおけるシオニストのユダヤ人入植者が理論的・実践的次元で抱いたのは、おそらく、彼らパレスチナ人が無視され、放擲され、除け者にされれば、アラブは立ち去るか、自分たちを悩ますことがなくなるであろうという希望的観測だったのだろう。後年になると、彼らは流血とテロ行為とによる懲罰を通じ、パレスチナ人にシオニズムを受け入れさせることができると考えるようになった。一九四八年以降、イスラエル国家はアラブ原住民を利用して、彼ら自身の人間的痕跡を抹消させ、精神の欠如した、ほとんど可動性のない、まったく従順な事物の一部類へと彼らを還元しようと試みた。一九六七年以後になると、さらなる残虐行為が西岸、ゴラン高原、シナイ半島、ガザ地区の占領地域に住むアラブに対して広く行なわれた。拷問から強制収容所、国外退去、村落の抹消、農地への枯葉剤散布（例えば、一九七二年七月三日付『ヌーヴェル・オプセルヴァトゥール』誌が伝えるところによると、一九七二年四月二十八日、アクラバという西岸の村では、パイパー・カブから投下された化学薬品によって小麦畑が全滅した)、家屋の破壊、土地の没収、何千人にも及ぶ住民の「強制移住」[*4]に至るまで、アラブに対して行なわれなかった事柄など何一つ存在しない。それでもパレスチナ人は消え去らなかった。たとえ彼らが、世界の人々の眼から見ればただ一つの言い回し——「パレスチナ問題」——としてのみ機能し、それがイスラエルとアラブ諸国家とのあいだに横たわる架橋不能な最後の深淵を象徴するものと言われているにしても、その事実に変わりはないのである。

私が関心を持つのは、パレスチナ人が生きのびてゆく形式である。まずは、主たる困難を考えてみよう。自前の領土的主権を持たぬ、分割され離散した一共同体が、恒常的なシオニストの抑圧と世界的無関心に直面し、(何の相談もなしに)まったく消極的、ないしは不在の対話者の役割を割り振られ、アラブ内部の力学や列強間の勢力争い、当該地域をめぐる種々雑多なイデオロギー的権力闘争のなかで演じたくもない役割を演じている。従属と抑圧とがあらゆる局面でパレスチナ人を脅かしているが、現在の不幸な状況下では、完全に統合されたパレスチナ人の自己主張など——修辞の上でのことか、あるいは個々人がほとんど分断された意志ないし自暴自棄に基づいて行動するか、または熟慮の末、究極的には危険を冒してそれぞれの受け入れ国と全面対決するか、そのいずれかによる以外には——不可能である。先に述べた歴史上の集団的災厄を別とすれば、包括的なパレスチナ人の状況といったものは存在しない。もっとも、私見によれば、集団ごとのパレスチナ人の立場について語ることは可能である。例えば、レバノンには、同地のパレスチナ解放機構(PLO)の権威によって象徴される、巨大な武装パレスチナ人の存在がある。だが、レバノンは事実上シリアによって統御され(王手を掛けられ)ているので、レバノンにおけるPLOの状況は、ある意味でシリアによって媒介されていることになる。ヨルダンのパレスチナ人はヨルダン国籍を得る資格があるが、ここでもまた、(国内居留民に対し、主権国家の特権を行使する)ヨルダンの必然的媒介は、一九七〇—七一年の同国によるパレスチナ人弾圧のお蔭で、パレスチナ人の意識にとって重荷になっている。イラクおよびアラビア半島の湾岸諸国においては、多くのパレスチナ人は卓越した存在であるかもしれないが、それでも、自国民に対してすら完全な市民的自由を与ええない、その同じ法律によって縛られている。西岸・ガザ地区の住民、およびいわゆるイスラエル人アラブも、さまざまな法律や支配の網の目のなかで生活しているため、彼らの集団としての状況を、ヨルダンやレバノンのパレスチナ人同胞の集団的状況と合致させるのは困難である。

それぞれのパレスチナ人社会は、その主体性《アイデンティティー》を維持するために、少なくとも二つの次元で苦闘せねばならない。まず第一に、シオニズムとの歴史的邂逅ならびに突然の郷土の喪失に関わるパレスチナ人としての苦闘、第二に、日常生活という実存的舞台装置のなかで、居留先の国家からの圧力に感応するパレスチナ人としての苦闘である。個々のパレスチナ人は、自分が現在居住する国家には従属することなくそれと「関わって」いるが、一個人としてはいかなる国家をも持ってはいない。ヨルダン、シリア、西岸のパレスチナ人が存在するのと同様に、レバノンのパレスチナ人やアメリカのパレスチナ人も存在する。その数は、イスラエルのユダヤ人や他のアラブ以上に高い比率で増加しており、あたかも事態の紛糾の度合いが増すにつれ、人間の数までもが連動して増大してゆくといった按配である。パレスチナ人の子供たちは今やニューヨークとかアンマンとかといった場所で誕生するが、それでもなお、自分たちをシャファーアムル[*5]、イェルサレム、ティベリアス[*6]等の「出身者」として認識する。こうした主張は、歴史と地理の論理に断固歯向かう逆説的なパレスチナ人の存在に新たな系譜を加えはするが、それ以外にはほとんど意味がない。だがパレスチナ人は、強烈なまでに具体的な時空融合の様式を用いることで、細部描写《ディテール》と具体性の感覚を保持している。その様式は、まずパレスチナにおいて、ある現実味を帯びた、部分的に神話化された地点、つまり家や地域や村落、あるいはひょっとするとたんなる一人の雇い主の人間から始まり、次に移動して、(旧パレスチナの内部に留まっているあいだにさえ生じた) 集団としての民族的主体性《アイデンティティー》の消失や、具体的な流亡の発生、パレスチナ人のために特別に企図された法律との相も変わらぬ真正面からの（のちにはより複雑な）衝突といった事柄を取り込み、最後に近年甦った希望への感触や、パレスチナ人の達成した業績に対する自負へと至る。しかもあちこちには敵意が充満している。従って、一九四八年以降に生まれた子供は、パレスチナ人が依然として存在し続けていることの象徴的証明として、失われたパレスチナとの原初の結びつきを主張し、一九四八年の事件がなければ、自分はそこで生まれていたはずだ、と語るのである。それは感傷的な一面である。だが他の一面では、一九四八年以降の子供たちは両親の流浪や苦難のすべてを記録しており、しかもなお一個人として、私たちの未来への歩みも、自分自身がその未来となるための方法をも表現することができる。

いくつかの明白な点を別とすれば、二十世紀のパレスチナ人と、歴史上で土地を奪取された他の人々とを比較することは不可能である。これは、誰がより多く苦しんだか、あるいは誰がより多くを失ったか、といった問題ではない。そうした比較は本質的に不穏当である。私が言いたいのは、パレスチナ人ほど——良かれ悪しかれ——多重で、しかも理解ないし消化が不可能な意味合いを背負わされた人々は他に存在しないということである。彼らはシオニズムや、究極的には政治的・精神的ユダヤ主義と関係を持ったがために、ユダヤ人の対話者として恐るべき重荷を背負い込むはめになる。さらに、彼らとイスラムやアラブ民族主義、第三世界の反植民地主義・反帝国主義闘争、（パレスチナに格別の歴史的・文化的愛着を持つ）キリスト教世界、マルクス主義者、社会主義世界との関係——これらすべてのお蔭で、パレスチナ人は現代の政治史・文化史上類を見ないほど苛酷な、自己解釈と自己増殖の重荷に苦しむ結果となった——は、否定と制限による濾過が行なわれているだけに、一層厄介な事実となって胸に迫る。私たちパレスチナ人が、自決のための闘争を行なっているのは明らかである。ただ私たちには、闘争を進めるべき場所も、利用しうる合意済みの物理的領域も存在しない。私たちがその闘争において反植民地主義・反人種差別主義の立場を取っていることは明白である。ただし、私たちの敵対者は人種差別主義が生んだ史上最大の犠牲者であり、私たちの闘争はおそらく、現代世界の歴史上でも厄介なポストコロニアルの時期に行なわれている。私たちがよりよい未来のために闘っていることは明らかである。もっとも、私たちに自分自身の未来を持たせまいとしている国家は、すでに自らの不幸な人々に未来を与えてしまったという事実がある。私たちはアラブであるが、たんなるアラブではない。私たちは流亡者であるが、流亡先のいくつかの国では寛大にも客人として扱われている。私たちは、国連で自分自身の問題について語ることができる。ただし、たんなるオブザーバーとしてではあるのだが。私たちは、私たち自身の未来の決定に参加しなくてはならない（民族自決という言葉をめぐるこのぎこちないバレエのステップは奇怪である）などと、合衆国大統領が*7（人権と、ウィルソン*8流の民族自決への関心が高まったこの時代に）持ってまわった発言をすることなど、明らかに権利を剥奪された他の民族に対してはちょっと考えられないだろう。しかも、その大統領自身、生きた現実のパレスチナ人と一度も会ったり喋ったりしたことがないのはほとんど確実であり、彼の政府は、パレスチナ人自決の問題に関してパレスチナ人自身の声が直接聞き届けられないようにする政策を取り続けてきたのである。抑圧者がある民族集団について、それは政治的・文化的に存在しないのだと長期間に亘って声高に言い続け、しかもその最中にこの「非民族」が連日示威行動や演説を行ない、その抑圧者と闘っているといった事例は他には存在しない。パレスチナ人にとっては、「あまりに多くの」「まったく〜ない」および「〜以外はほとんど」といった範疇が知覚不能なまでに消失して相互に融合し、不利益をもたらす結果になっている。

これらは、元来は心理的な難問ではない。それらは心理的な影響を与えはするが、しかし私がここで語っているのは現実の歴史的・物理的難問である。それあるがゆえにこそ、抑圧されたパレスチナ人の運命はかくも異常なものと化す。彼らの歴史と同時代性はキュビスム〔立体派〕的であり、不意に突出した平面という平面がすべて、何らかの領域や文化、政治的勢力圏、イデオロギー的編制、民族政体へと張り出し、融合してゆく。それぞれの平面は、問題性を孕んだ独自の主体性《アイデンティティー》を獲得し——そのすべてが現実味を帯び、注視を求め、嘆願し、責任を取ってくれと要求する。今日、このひどく複合的なパレスチナ人の現実には議すべき懸案が目白押しであり、しかもその一つ一つの項目はそれなりに意味を持つかもしれないが、全体を統合して考えることなど、政治学者にとっては悪夢でしかない。西岸・ガザ地区およびイスラエル内部のパレスチナ人が抱える基本的な、しかし個別の諸問題は当面脇に置くとしても、ＰＬＯとサウジアラビア、中国、ソ連との関係については日々なすべき決定が控えており、個々のアラブ諸国、とくにパレスチナ人の政治的利害が大きな問題となるシリアおよびエジプトとの関係についても決定がなされねばならない。国連とその付属機関におけるＰＬＯ絡みの問題も存在する。例えばレバノンでは、毎日何千もの人々に食糧と学校教育と武器と訓練と情報を与えねばならず、しかもそのさい、シリア軍やレバノン右翼、地元の同盟勢力との衝突を覚悟する必要がある。さらにまた、それぞれに明確な優先課題を持ったさまざまなパレスチナ人社会相互の連絡を何とか保持し、緊張関係を和らげたり除去したりし、協調を促進せねばならない。そして、これらすべてにも増して重要なのは、パレスチナ人流亡者にとって遠く、到達しがたい国境線を持つかに見えるイスラエルに対し、つねに圧力を加え続けるという目標である。かくして、私たちがパレスチナ人の精神——パレスチナ人およびその他の国民性分析の「専門家」にとっては新たな調査対象である——の内部にどんな心理的問題を発見したいと望もうとも、行動に向かって競合するこれら一連の物質的衝動に比べると、それらはすべてはかないものに思われてくることだろう。

およそパレスチナ人であるとは、ある種のユートピア、つまりどこでもない場所に生きるということだった。これこそ、一九四八年以降のパレスチナ人が陥った文字通りの窮状である。従って、今日のパレスチナ人の闘争もまた、同じく文字通りの意味においてきわめて場所的なものとなり、それが幻想から効率性へという、私がのちに触れるパレスチナ人の政治方針の変化を説明してくれる。パレスチナ人の生のキュビスム的形態を埋め合わせる特徴とは、その生の焦点が、自らを民族的に位置づけるべき一つの場所、一つの領域の獲得という目標に絞られていることである。これこれの場所にかつて自分が存在していたというたんなる回顧的事実、あるいはその場所で今や自分は不在の人間であるという現在の事実だけでは、もはや闘争を続行するに足る正義感や憤怒をパレスチナ人に与えることはできない。一九六七年〔第三次中東〕戦争と、皮肉なことにはその後のシオニズムによるパレスチナ領域の獲得とが、流亡と離散のパレスチナ人を自分たちの場所に繋ぎとめた。パレスチナ人をあたかも実在しないユートピア的存在であるかのように扱い、彼らが民族的に存在することを禁ずる法令の迷路のなかにその野蛮な存在を分散させ、消滅させせようとする秘教的政策から転じて、イスラエルのシオニズムが公然化したのは一九六七年のことである。このとき、一方の側にいたのは何十万というパレスチナ人であり、他方の側で公然と彼らの上に君臨し、これを軍事的に支配して、軍事占領の意味を即座に把握する一つの世界に睨みをきかせていたのがイスラエルだった。パレスチナ人の平和探求は、イスラエルの占領を終わらせて彼らをその場所から立ち退かせるという、一つの具体的意味合いを帯びていた。地域全体の紛糾を解決するために採用可能な手段の枠内で、一般にパレスチナ人自決の基盤となっていったのは、本来のパレスチナの領域のうち、解放された部分に独立国家を作る必要性であった。

だが、それが今日のパレスチナ問題であったとすれば、それは遙かに扱いやすい問題となったことだろう。スローガンとしてのパレスチナには、より大きな間アラブ的、および国際的次元（間パレスチナ的次元は言うまでもない）が存在する。同志となるべく精力を傾注した者が誰一人疑わない事実とは、「パレスチナ」がきわめて多くの他の問題をも生み出したということである。この言葉は、社会的不正に対する反対闘争の象徴となった。七〇年代初頭のエジプト学生による示威行動において、しばしば聞かれたスローガンの一つは「我ら皆パレスチナ人」というものであった。一九七八年、シャーに反対するイラン人デモ隊は自らをパレスチナ人になぞらえた。人間集団を移送可能な、物言わぬ、政治的に中立な数値として支配しようとする現代政治の傾向がはっきりと現われた実例こそ、パレスチナ人に起こった出来事であり——また別の点では、反民主的軍事政権の支配する、新たに独立した旧植民地の市民に起こっている事柄である(2)。そうした自覚が生じたのは、非白人世界である。抵抗という概念が、その内実と筋力とを獲得するのはパレスチナであり、さらに有益なことに、抑圧というミクロ物理学に対する能動的で新しい接近方法やその詳細を抵抗運動が獲得するのもパレスチナなのである。パレスチナには帰還すべき場所、およびまったく新しい場所という二つの機能があると考え、これを回復された過去と新たな未来とが部分的に織りなすヴィジョン、いやおそらくは、異なる未来に対する希望へと変形された歴史的災厄として捉えるならば、私たちはパレスチナという言葉の意味をよりよく理解することになるだろう。

パレスチナ人自身にとって、その政治闘争における帰還（自分たちの土地へ、自らの遺産や歴史・文化との接触へ、そして政治的実体性への）と革新（新たな多元主義的・民主主義的社会の誕生、統治基盤としての宗教的・人種的差別の終焉、純粋な政治的独立ならびに責任ある代議政体の獲得）とのあいだの振幅は、彼らの現在の地理的位置づけが示す基本様式と見事に呼応している。明らかな流亡の境遇にあるパレスチナ人は帰還を欲する。（イスラエル内部または軍事占領下の）内的流亡者は、今いる場所での独立と自由と自治とを望んでいる。現在レバノンまたはクウェートに居住するガリラヤまたはヤーファーからの避難民は、主として一九四八年またはそれ以後の亡命時に失ったものを基準にして考える。彼らはパレスチナに戻されるか、力ずくで戻るかのいずれかを欲している。望むのは帰還である。逆に、現在ガザ、ナザレ、ナーブルスに居住するパレスチナ人は、占領勢力やその権威の象徴、それらが基本的には無制限に自分たちに及ぼしてくる支配といったものに直面し、何らかの点でこれらと日々摩擦を生じている。彼らが望むのは、こうした権力の除去であり、イスラエル国籍を持つアラブの場合は、「非ユダヤ人」として否定的に認識され、扱われることをもはや希望しない。彼らは革新を求めている。一方のパレスチナ人は移動を欲し、他方のパレスチナ人は残留を欲する。双方が求めるのは、かなり根源的な変化である。だが、差し迫った形での物質的環境に根ざすこれらの欲求は、お互いに補完しあうものだろうか。パレスチナ人の政治的願望には、暗黙裏の調和が存在するのだろうか。

間髪を容れず「勿論」と言えば、それはあまりに修辞的で概括的な答えになってしまう。実際に生きられてきた歴史の痕跡――私が作成しようと試みているのはその財産目録である――は、パレスチナ人社会を非常に深く切り裂いてしまった。この過去の世代の、パレスチナの歴史に関する単純な基本事項を何か一つでも取りあげてみるがいい。そうすれば、流亡者と残留者とのあいだの顕著な差が明らかになることだろう。一九四八年は私たちすべてにとって同一の事柄を意味した、と認めるところから出発するにしても、そこには考慮せねばならぬ細部《ディテール》が存在する。イスラエル内部では、一九四八年以降、パレスチナ人の地平線はシオニズム的合法性によって充塡された。彼らが最大限に自己を定義しえたのは、マパイ*9〔労働党〕のようなイスラエル政党の文脈かクネセト〔国会〕での議論、または土地をめぐる訴訟の場においてであった。その土地の権利はほとんどつねに紛争の的となったが、それが自分たちにとって確固たる、しかじかと認定可能な存在であることは争いようがなかった。イスラエル内部で彼らが教育を受ける機会は、ユダヤ人の場合に比べると乏しかった（し、今もなお乏しい）。国家は、アラブの子供たちに対する義務教育を実際上強制しておらず、落ちこぼれの率も高い。教員が劇的なまでに不足しており、雇用されている教員のほとんどは専門的訓練を受けていない。国家は一九五六年になってようやくヤーファーに教員養成大学を開校したが、それでもなお、アラブの教育水準維持という問題はまともには改善されていない。イスラエルはあくまでもユダヤ人の国家であって、非ユダヤ人のための国家ではない以上、こうした好意的傍観政策は正当化されるのかもしれない。だが、イスラエルにおいてアラブが蒙ってきた実質的被害とは、イスラエルのアラブ市民を孤立化させ沈滞させるという確かな政治的効果だった。

イスラエル内部では、アラブは伝統的に、民族的自覚の獲得を阻害されるべき人間と見做されてきた。教育カリキュラムは突然変更され、アラブの学校や教育設備は著しく劣悪な状態に置かれ、アラブはその劣等性や国家へのみじめな従属とともに生きるべきことを、ありとあらゆる手段を通じて教え込まれる。七〇年代初頭まででも、イスラエル内部の四十万人以上のアラブのうち、大学卒業者はまだ五百人に過ぎなかった。この数字と対置さるべきは、同時期のイスラエル外部におけるパレスチナ人大学生の数が、難民人口千人につき十一人の割合に上ったという事実である。職業訓練学校の卒業者数はずっと多かったが、それでもやはり、サブリー・ジリースが指摘するように、ユダヤ人と非ユダヤ人との不均衡は意図的に維持されている。「アラブ地区では、十九の職業訓練校に一〇四八人の生徒が学んでいるのに対し、ユダヤ人地区では二百五十の学校と五万三八四七人の生徒が存在する。」学校・大学の教育制度全体を通して、ヘブライ語はアラビア語以上に優遇されており、アラブの歴史よりユダヤ人の歴史にはずっと大きな注意が払われ（「[中等学校の][10]文科系四年間の授業計画では、歴史に割り振られた全四百十六時間のうち、わずか三十二時間のみが（中略）アラブ史に費やされ、イスラム時代のスペインには触れられることもない。[他方]ユダヤ人の歴史は各段階で広く教えられている」）、アラブ関係の主題が教えられる場合にも、それらはつねにアラブの衰退や堕落や暴力性を強調する視野の枠内で提示される。最近の試験問題を一覧すれば、ムハンマドやハールーン・アッ＝ラシード[11]、サラディン[12]についての設問はまったく存在しないことが判明する。ジリースはより詳細な事実を示しながら、イスラエル政府のアラブに対する教育政策の目標が「国家への忠誠心」や「イスラエルにおけるアラブの孤立を強調する」意識を生み出すことにあると論じている——それは、一九七一年三月十九日の『ハ＝アレツ』紙に掲載された記事のなかで、アラブのための教育カリキュラム改編を進める政府の委員会が明らかにしている通りである。ジリースは次のように述べている。

とくにアラブ・ヘブライの歴史・言語教育課程には、広範囲に亘る政治的主題が織り込まれている。歴史教育の授業計画をざっと一瞥するだけでも判るように、そこではユダヤ人の歴史を称讃し、これを可能な限り最良の観点から提示するような調整がなされているのに対し、アラブ史への見方はほとんど欺瞞に近い点まで歪められている。アラブの歴史は革命と殺害と打ち続く闘争の連鎖として提示され、その結果、アラブの偉業は覆い隠されてしまう。同様に、アラブ史の学習に宛てられる時間もわずかである。例えば、第五学年では十歳の生徒が「ヘブライ人」については十時間（つまり十回）学ぶのに、「アラビア半島」については五時間しか教えられない。アラビア半島の学習にさいしても、授業計画に明記されるように、同地のユダヤ人社会への注目が要求される。第六学年では、六十四回の歴史の授業のうち三十回が「イスラム史」に宛てられ、その始まりから十三世紀末までが、モーゼス・マイモニデス[*13]やスペインのユダヤ詩人イブン・ガビロール[*14]の勉強を含めて教えられる。第七学年では、アラブ史への言及はなされないのに、歴史の授業回数の六分の一は、ディアスポラ〔離散の地〕のユダヤ人とイスラエルとの関係を学習するために費やされる。第八学年は、「イスラエル国家」について三十時間学習するのに対し、十九世紀から現在までのアラブの歴史は十時間だけである。このお蔭で、アラブ史には五世紀の空隙が残ることになる。第八学年で教えられる話題には、シリア・レバノンにおける宗教的危機と、一八六〇年のドルーズ派およびマロン派のあいだの諍いが含まれている[(3)][*15]。

こうした政策が最近まで効を奏したお蔭で、イスラエル国籍を持つアラブ市民は他のアラブやパレスチナ人から孤立したばかりではない。他のアラブやパレスチナ人にとっても、イスラエル領内のパレスチナ人アラブと折り合いをつけることがずっと難しくなってしまった。その顕著な政治的結末の一つが、両者のあいだに浸透する不確実性の感覚であった。イスラエルのアラブ市民はイスラエルの旅券を持っており、彼らがアラブ世界を訪れるのはきわめて難しかった。流亡者といわゆるイスラエル人アラブとの対面が実現した場合にも、信頼が交流の基礎となるまでには、お互いに多くの疑心暗鬼を払いのけねばならない。郷土への憧憬という、アラブ民族主義イデオロギーでたっぷり味つけされた料理を常食としてきた流亡者にしてみれば、ナザレから来た同胞がイスラエルの諜報部員に転向してしまったのではないかと訝るのも無理はない。彼は、イスラエル領内に住む相手が寂しさを紛らすため、ヘブライ文学やイスラエルの法律に関心を示したのではないかと考え、彼が土着のアラブ文化の発展から切り離されているという純粋な疎外感を感知することだろう。

かくて、イスラエル内部のパレスチナ人に開かれた自己改善の道や、のちの国家による虐待に対する抵抗の道は、非ユダヤ人に過重な重荷を負わせるイスラエルの法律によってつねに閉ざされてしまうのだった。イスラエルには憲法がない（国家当局の司法的基盤は、一連の「基本法」である）ため、イスラエル内部のパレスチナ人が抵抗運動にさいし依拠したのは、第一に（ユダヤ人とアラブとを党員に擁する）共産党、第二に民族主義集団、それぞれの果敢な先導であった。ただし、それら両者の地平線は、イスラエルの法律によって限定されていた。五〇年代半ばから後半にかけては、人民戦線[*16]のような集団がイスラエル内部に現われ、国家がパレスチナ人に対して行なう、容認しがたいほどの人権侵害を防ごうとした。だが、おそらく最も重要なパレスチナ人の民族主義的政治勢力は、ウスラ・アル＝アルドであっただろう。これは一九五八年、一群の若きパレスチナ人民族主義者たちによって創設され、その歴史は短かったにも拘わらず、イスラエル内部の原住民社会が抱く不満への触媒として機能した（ここで私たちは、その発展形態としてのパレスチナ解放機構に対し、流亡者の社会が示した政治的反応を忘れるわけにはゆかない）。ウスラ・アル＝アルドとはアラビア語で「土地の家族」を意味し、その名は残留人社会の関心を完全に惹きつけた。この集団の存在理由は、パレスチナ人のパレスチナでの存在権であった。当初よりこの団体が機能を果たすために取った方法は、解放を強調することではなく、むしろイスラエルの覇権の内部で、独立した政治的存在としてのパレスチナ人アラブの育成を試みることだった。私見によれば、その主たる達成は消極的なものにとどまった。アル＝アルドは、イスラエルにおいて非ユダヤ人に平等の権利を求めるのが不可能なことを証明したのである。つねに合法的活動を追求したにも拘わらず、それは六〇年代初頭までに法律の餌食となって、新聞の発行も、印刷所の経営も、合法的政党としての登録すらも禁じられてしまった。アル＝アルドは、分離独立したパレスチナ人国家を要求する、パレスチナ人アラブによる最初の政治集団であった。

イスラエル内部のパレスチナ人の発展については、少しあとで再び触れることにしよう。ここで私が強調しておきたいのは、彼らの主体性《アイデンティティー》が政治的には独立と抑圧からの解放とに向かって作用するという、その主体性《アイデンティティー》の特殊な構造である。これらのパレスチナ人にとって、それ以上に単純化しえない現実とは、彼らを当面回避しがたい歓迎されざる厄介者と見做している国家の内側で、自分たちが土地の上の不安定な存在であることだった。彼らの生の根本的安定性の源にあるのは土地であり、あるいはそれを逆説的に言えば、イスラエル内部の非ユダヤ人として、自分たちが土地と結びついていることを実効的に保証する正統性が欠如しているという事実である（一九六七年のイスラエル占領地域に住むパレスチナ人についても、かなりの程度まで類似の主体性《アイデンティティー》が存在するが、これらのパレスチナ人は外側のアラブ世界と長い結びつきの歴史を保ってきた）。[*17] 残留者の社会の一員によって記された詩のうちでも、最も見事な実例が、タウフィーク・ザイヤードの「我らは留まり続ける」である。骨髄に徹するほど強烈な残留の意志を述べたその言葉は、イスラエル人に対し、パレスチナ人が「汝らの咽喉に突き刺さる／ガラスの破片、仙人掌《サボテン》の棘《とげ》」のような存在であることを思い起こさせようと意図している。パレスチナ人の意識は、ある次元では「二十の不可能事」の集合として表現される。また別の次元では、ザイヤードは自分の屈辱（ホテルで皿洗いをし、「雇い主らの酒杯に酒を」つぐこと）が自分を高貴な存在に変えてくれると考える。なぜなら、

ここにこそ　我々の過去も現在も未来もあるのだから

あたかも二十の不可能事のように　我々は
リッダ　ラムラ　ジャリールの地にとどまる
おお生命ある我々の根よ　土のなかに割り込め
深く　さらに深く[4]

〔池田修訳、一部改変〕

これと正反対の感情を抱いているのが、流亡の境遇にあるパレスチナ人である。彼らは現在の居場所に根を持たないため、その生は耐えがたいものとなっている。彼らの地平線を構成するのは、国連パレスチナ難民救済事業機関（UNRWA）のような国際機関、アラブ諸国内の難民キャンプ、そして彼らの周囲を直接取り巻く（きわめて多様な）環境である。グルバと呼ばれる流亡者の社会は、全体として現代アラブの生の――多種多様な――社会政治意識を反映し、またその形成に寄与しているため、これを叙述したり簡潔に特徴づけたりすることは事実上不可能である[5]。今日、ほとんどのアラブ諸国にはパレスチナ出身の難民キャンプ住民や知識人、技術者、労働者、土地なし農民が存在している。階級構成は受け入れ国の中心的構造を踏襲しているが、（とくに一九六七年以降は）必然的に、パレスチナ人政治指導者の掲げる何らかの最重要概念にも従属させられてきた。私見では、パレスチナ人のナーセル主義者[*18]、パレスチナ人のバァス党員[*19]、パレスチナ人のマルクス主義者、パレスチナ人ブルジョワジーについて合法的に語ることが可能である。それぞれが固有の、しばしば独特の方法で、帰還の具体的計画とまではゆかずとも、帰還の理論を定式化してきたのである。さまざまな政治思想や政党については後述しよう。

流亡の境遇にあるパレスチナ人の日々の生の営みは、イスラエル内部の場合とは違って、受け入れ国と難民救済事業を扱う国際組織、それにパレスチナ人自身のあいだで明らかに不均等な形に配分されてきた。一九六七年が転換点だった。それは、アラブ旧来の姿勢が破綻したことを示す象徴であったし、合意に基づく政治組織という形で、パレスチナ人の自己救済や自己責任、自己の主体性意識が主張され始める淵源も、ある程度までは一九六七年に見出すことができる。それまで、アラブ諸国がそれぞれパレスチナ人を支援するさいの様式は、パレスチナ人の願望に沿うというより、むしろ国家的理由に基づいたものであった。またその目的も、自分がパレスチナ人の悲劇に民族主義者として関わっているのだという、純粋な庶民感覚を満足させることにあった点は銘記しておかねばならない。パレスチナ難民固有の問題に対処するため、主だった流亡地にはUNRWAのような国際機関が設置された。だが、その主たる目標はつねに、政治的独立には至らない形でのパレスチナ人の延命だった。UNRWAの政策は、イスラエルに難民の帰還を求めた国連年次総会決議〔一九四号〕に沿うものではあったが、その要求は多かれ少なかれ中立的な人道的根拠に基づいて発せられ、ここでもパレスチナ人とイスラエル人が民族的・政治的理由で対立していることを認めるには至らなかった。

UNRWAに対するパレスチナ人の感情の二面性《アンビバレンス》は、それ自体が複雑な問題であり、ここでそれを検討するつもりはない。ただ、私が関心を寄せるのは、UNRWAの役割をめぐってつねに潜在する不満である。私たちはまず、難民が（今日なおそうであるような）高度に政治化した集団となるのに、さして多くの時間はかからなかったことを想起せねばならない。パレスチナの各活動地域で見られる明確な民族的自意識にも拘わらず、UNRWAは、配給食糧・衣料ならびに医療・教育設備に象徴される非政治的・家父長的な干渉主義を代表していた。パレスチナ人を襲った政治上の災厄に対するUNRWAの慈善的関心は、詰まるところ――何か月間食糧を与え、何人分の衣料と医薬品を用意すればよいか、といった――不毛の数値に還元可能であったように見受けられる。UNRWAが提供することになっていた政治的保護被膜のなかに住むパレスチナ人にとって、自分がその膜を破って純粋な自決の道を選ぶべきかどうかを決定するのは不可能だったと言っても間違いではないだろう。難民とは、いつかどこかへ立ち退いて再定住するあいだの過渡期的存在というのがUNRWAの見解である以上、仮住まいの生活は、移住がさらに悪い代替措置に繋がるのではないかというあからさまな恐怖と結びつき、パレスチナ人にＵＮＲＷＡへの必然的不信感を抱かせる結果となった。さらにまた、ＵＮＲＷＡの学校教育はパレスチナ人が担当したため、シオニズムやパレスチナについて学校で教える内容から、また新たな緊張が生まれてきた。子供たちが次々と学校へ通うようになるにつれ、彼らは自らの歴史と現実との不快なまでの乖離に気づくようになった。ＵＮＲＷＡはその骨折りの報いとして、不快感や敵意までも引き受けることになる。

ＵＮＲＷＡの職員のなかには国際公務員もいたが、大多数はパレスチナ人だった。この現象についてこれまで調査した例があるわけではないが、難民キャンプが極端に集中していたレバノンやヨルダンなどの国々で生じた変化に関して、ＵＮＲＷＡで働くパレスチナ人が重要な役割を演じたことは多分事実だろう。これら両国では、パレスチナ人が徐々に社会事業に責任を持つようになっていった。その変化は、政治的次元では（ＵＮＲＷＡがその活動を続けていたにも拘わらず）ＰＬＯの勃興とともに正式に完了した。ＰＬＯは、綱領に基づく民族的組織として、難民キャンプ内外のパレスチナ人の監督を準政府的立場で担ったからである。だが、ＰＬＯがＵＮＲＷＡの機能を部分的に代替したという事実は、もう一つ別の現象とも切り離して考えるわけにはゆかない。パレスチナ人がその受け入れ国、つまりこの場合も主としてヨルダンおよびレバノンとの関係において摩擦を昂じさせていったのである。

一九六七年戦争が重大な事件であったことはすでに述べた。それは、イスラエルに対するアラブ旧来の接近方法への信頼を失わせたばかりではない。このお蔭で、多くのパレスチナ人は、シオニズムとの闘いを彼らの代理軍や代理国家に解決してもらうのが不可能であることを悟ったのだった。レバノンおよびヨルダンの膨大な数のパレスチナ人に関する重大な事実は、彼らの大半が、一九六七年以前のイスラエルからの難民だったことである。イスラエルが西岸およびガザ地区を占領するや否や、イスラエルの占領をやめさせようとする努力の一端は、ヨルダンやレバノン在留のパレスチナ人が何ら特別の権利を持たないこの地域に集中された。彼らは、自分の出身地でもない地域への送還を求めるわけにはゆかなかった。彼らのなかのいわゆる「拒否派」[*20]が、西岸地区にパレスチナ国家を建設するという考えに反対したのもこのためである。さらに、彼らの窮状のお蔭で、イスラエルに直接隣接する二国において徐々に具体化し始めたのが、パレスチナ人の離散の問題、ならびに西岸国家へであれ全パレスチナへであれ、ともかく何らかの形でパレスチナ人を帰還させる必要性であった。他の亡命社会から次々と援助が集まってきて、とくに信頼に足るパレスチナ武装勢力が、敗北したアラブ諸国軍の空隙を埋めるようになったとき、ヨルダンおよびレバノンにおけるパレスチナ人の存在は、これら両国の支配体制の権威を脅かすようにも思われた。かくして、六〇年代末以降、パレスチナ人は自らの離散が惹き起こす三重の課題と直面することになった。自決の希求、安定性のある適当な領域基盤の欠如、そしてできるだけ地方当局との争いに巻き込まれることがないような、パレスチナ人指導部を立ちあげる必要性である。一九六七年以来今日に至るまで、パレスチナ人が直面する困難のどれ一つを取ってみても、それはこれら三つの課題へと収斂する。

　そして、パレスチナ解放機構について異常と思われるかもしれない事柄も、多くはこれら三つを念頭に置けば説明がつく。ＰＬＯが元来、パレスチナ人の活力を制度化（おそらくは制御）する手段として、アラブ連盟によって一九六四年に設立されたことは疑いがない。だが、私見によれば、パレスチナ人がこの問題にまったく発言権を持たなかったというのは誤りである。彼らにも発言権はあった。ただし、この機構は当初、政治的組織というよりは修辞的装置という性格が強く、それに惹きつけられたのも政策決定者ではなく役人であった。私はすこしのちに証明を試みるつもりだが、ＰＬＯがやがて闘士たちを惹き寄せたのは、彼らにとってこうした機構が（ＵＮＲＷＡとは違って）純粋に民族的な、責任や統治能力をも兼ね備えた組織になりうると思われたからである。しかし、他の民族解放機構や臨時政府とは異なり、ＰＬＯには基盤とすべき故国としての領域が存在しなかった。おそらくこれこそ、本来の場所で抑圧者と闘う原住民を主体とはしない、亡命者による解放運動としてのPLOが、その構造上に抱えている悲劇的欠陥であっただろう。ある意味でPLOは、国際的民族集団であり、現地ではさまざまな主権国家と問題を惹き起こしたとしても、早い段階から国際社会で民族的正統性を獲得した。今日に至るまで、PLOが実際上は民族独立運動なのか、それとも民族解放運動なのかという問題を自らは解決してはいない。それでも、その構成員のためにきわめて高度な社会事業を起こそうと努め、流亡のパレスチナ人の組織化と動員に瞠目すべき成果を収め、流亡の境遇にあったり、占領地やイスラエル内部に生活したりするパレスチナ人の圧倒的多数から、長年に亘る積極的な参与を得てきたのである。

PLOに対する最も重要な貢献の一つは、流亡の地で息づく鞏固な民族主義的伝統によってなされてきた。一九五六年には、ガザ占領後のイスラエル人を攻撃するため、パレスチナ人の小集団があまた形成された。一九六〇年ないし六一年までには、帰還とイスラエルへの敵対という考え方に身命を捧げるパレスチナ人組織が四十前後、流亡の地には存在していたかもしれない。膨大な量の文献——詩歌、政治パンフレット、歴史、新聞・雑誌——が現われ始めたのは、最初の難民がパレスチナを立ち去るのとほとんど同時だった。これらの成果の大半は、アラブ諸国の激励の賜物だったが、それでも実質的部分ではパレスチナ人の主導権が発揮された。アラブ世界は民族的自己主張の重要な時期にさしかかっており、これに対して亡命パレスチナ人は、多くの卓越した人材と比類のない証言とをもたらした。五〇年代・六〇年代がガマール・アブド・アン＝ナーセルの独壇場だったとすれば、彼の抱いたアラブの統一、反帝国主義、革命闘争といった観念もまた、そのパレスチナ体験に負うところがきわめて大きかったことを忘れてはならない。

逆境と流亡のなかで、胡桃の殻に包まれていた民族集団[*21]は事実上の民族集団になる。パレスチナ人はきわめて多くの国々にさまざまな状況で離散したため、社会的に均質な民族となることができなかった。難民キャンプの住民でさえ、徐々に周囲の社会に入り込んでいった。より幸運な者は大学に進み、商売を始め、専門職に就いた。けれども、喪失という事実——通常は抑圧された喪失という事実までも——が、受け入れ社会からは切り離された真正の共同体を生み出した。私自身の経験は、ある種の亡命者の典型例であった。長いあいだ、アラブの傘によって私独自の歴史はすっぽりと覆い隠され、その傘で十分と思われてきたのだが、ある時点で私は、多くのパレスチナ人同様、私たちの生活や現在の境遇がアラブ世界の他のすべての事柄から切り離されているのに気づいたのである。今日、あらゆるパレスチナ人がパレスチナ革命として言及するのは、自分たちが他の人々とは異なっていないという消極的区別ではなく、パレスチナ人の経験全体を癒やさるべき災厄として捉え、またパレスチナ人の主体《アイデンティティー》性を私たちが失ったものによってのみならず、これから築き上げようとしているもの——非実体性や抑圧、流亡からの解放——によっても理解可能な特質として捉える、ある種の積極的な感覚である。

　流亡者主体の組織として、ＰＬＯが歴史的に関心を持ち続けてきたのは、解放の主たる成果および利益としての帰還である。この点で、イスラエル内部に住むパレスチナ人の社会が掲げる目標との対比が重要となる。残留者たちは、ウスラ・アル＝アルド、すなわち「土地の家族」という組織が示唆するその言葉や戦略のなかに、端的に自分自身が現われていると考えた。イスラエル内部での彼らの行動を支えていたのは、土地の上に踏みとどまり、共同体の結束を強化し、イスラエルの政策に順応しつつも、そのなかで権利の平等のために闘わねばならないという至上命令であった。言い換えれば、パレスチナ人は自分白身が固有の民族的主体《アイデンティティー》性を持つ存在だと考えてきたが、明らかな物理的事実のお蔭で、イスラエルを考慮に入れるべくその主体《アイデンティティー》性を再定義したのだった。それでも彼らは、ユダヤ人国家の内部で非ユダヤ人であるという差別に正面から立ち向かうことはなかったし、シオニズムに由来するあからさまな排除政策への対応がなされることもなかった。逆に、流亡者たちは——おそらく異邦に住む人間が抱くある種のロマン主義的理想論とともに——自らの政策を全体論的観点から表現してこう述べた。自分たちはパレスチナの一部ではなく全体から放逐されたのだから、パレスチナ全土が解放されねばならない。これまで原住民たるパレスチナ人アラブ[*22]に対してなされ、また今なお行なわれつつある行為を考えれば、シオニズムは運動として正当化しえないばかりか、社会としても道徳的に受け入れがたい、と[(6)]。ただ、流亡者たちが十分には説明せず、考慮にも入れなかったのは、イスラエルがそのユダヤ人市民や国際社会の一部から得てきた支援であった。さらに、イスラエルはその選ばれた市民から、自らを国家（たとえそれが非ユダヤ人市民や流亡者にとっては邪悪な国家であるにしても）として成立させるための正統性と一体性を獲得している。パレスチナ人がその事実に目をつぶったのは、さらに重大なことであった。

ここまで来ると私たちは、パレスチナ人の闘争に最近付け加わった構成要素、すなわち一九六七年に突如イスラエルの占領下に置かれた第三部門の人々が果たす重要性を正当に評価できる。その時点まで、西岸地区の住民はヨルダンによってヨルダン国民と見做されてきた。ガザ地区の住民はエジプト施政下にあり、西岸・ガザ両住民は当然のことながら相互に分離されていた。ところが両者とも（なかんずくガザの住民は）イスラエル軍事政権という形で、共通の重荷を背負うことになった。東イェルサレム[*23]（つまりアラブ地区）住民は、自分たちの町がイスラエルによって機能上統合されるのを目のあたりにしていたが、彼ら以外の他のパレスチナ人もまた、イスラエル内部のアラブの経験を追体験し、流亡者の苦難の一端を分かち合うようになった。ナーブルスやラーマッラーのパレスチナ人は、誰もが強制退去の憂き目に遭いかねず、実際にそうなった者も多かった。何千もの家族が多くの犯罪「容疑」（占領地域の住民なら誰でも、占領者に対して犯す権利があると感じる類いのものが大半を占める）で家屋を破壊された。何千もの人々が別の場所へ「移住」させられた（これはとくにガザ地区の二万人の遊牧民たち、それに他の地域の多数の者について痛切なまでに当て嵌まる）。なかでも、占領地区の住民は、自分の土地にいながらあらゆる公民権を拒絶された。彼らはヨルダン人でもイスラエル人でもなく、ある意味では難民になったのだが、最初の七十八万人と違うのは、彼らが自分の土地に踏みとどまった点である。また、それ以前の難民とは異なり、これらのパレスチナ人は国際的な衆人環視下で生活を営んでいた。このため、世界の人々はジープに乗ったイスラエル軍兵士が武器も持たぬアラブの村や町を巡回し、日常的にアラブを殴ったり、ときには殺したりするさまを現実に目のあたりにすることができた。おまけに、『聖書』にまつわる時代錯誤の議論を根拠に行なわれた占領や、イスラエル人の何十か所にも及ぶ非合法な入植は、国際世論によって非難された。

　軍事制圧が社会に顕著な影響を及ぼしたこともまた、パレスチナ人の骨身に沁みる事実であった。イスラエルはたんなるユダヤ人国家にとどまらぬ、一つの占領勢力となった。一部のイスラエル人が初めて直面したのは、イスラエルが真剣に取り組まねばならぬこの地域全体との和解、そして勿論、世界との和解の中核的存在としてのパレスチナ問題であった。イスラエル人アラブとガザ・西岸地区住民との接触が復活した結果、これら両部門のパレスチナ人は、イスラエルの強制した離間と障碍とにも拘わらず、流亡の境遇にある第三部門の人々が自分たちと組織的に結びついていると考えるようになり、政治意識の突然の高揚が始まった。おまけに、西岸・ガザ地区に対するイスラエルの政策は愚かしいまでに近視眼的であった。アジア・アフリカの至る所で植民地行政官が行なったように、イスラエル人もまた、軍事支配に対する「原住民」の抵抗など、どんなわずかな痕跡すらも踏みつぶすことが可能だと信じていた。パレスチナ民族運動の指導者となる可能性があると疑われただけで、そのパレスチナ人は追放されたり投獄されたりした。「不穏な動き」がある、あるいはイスラエルの敵と見做される者に協力したというだけで、行政当局はパレスチナ人に拘禁という罰を与えることができた。イスラエルはその歴史上初めて、「アラブ」（彼らは一九四八年以降、「非ユダヤ人」市民のために創出された法律の網のなかに捕えられてきたが、特別にアラブのために確保された合法性概念と切り離して考えられることは決してなかった）というより「テロリスト」と呼ぶべき新たな階級を生み出し、それを文字通りでっちあげたのだった。

この「テロリスト」について、イスラエルはきわめて狭隘で、奇妙なほど想像力に欠けた定義しか与えてこなかったように思われる——彼らは国家の安全に対する敵対者と見做された——が、重要なのは、彼らが民族主義的愛国者に変貌し続けている点であった。一九六七年以前のイスラエル法の下でのアラブと、一九六七年以降のイスラエル占領下のアラブとの一つの違いは、前者がイスラエル建国の遙か以前から、シオニズムによって認識論的に注意を払われていたことにある。新しいアラブは旧体制下へ適応させることが不可能であり、そのため、非ユダヤ人（あるいは非人間）に対して円滑に機能してきた法規の迷路に彼らをうまく埋没させることもできなかった。パレスチナ人一般の民族主義的感情が圧倒的な高揚を見せたため、新しい領地を統御するためにイスラエルが採用した場当たり的な手段は、どれもがいかにも急場しのぎの、ぶざまで自滅的なものに思われた。そして、イスラエルがＰＬＯを占領地域内部の「テロ行為」と同一視すればするほど、パレスチナ人はますますＰＬＯを自分たちの唯一の政治的希望と考えるようになった。一九四八年以前、パレスチナに植民して現地人を制圧することは正当な企てと見做されていたが、一九六七年以降、合意に基づくイスラエルの国際的境界線を越えてまでその仕事を拡張することが可能だとする主張は領土拡張主義と化し、もはや土地の文明化にも、ましていわんや失われた土地の回復にもならなかった。一世代のうちに、イスラエル人は犠牲者から権力者へとのし上がった。そして今度はパレスチナ人が、新たなパレスチナ人として現われた。

ごく一握りの人々を別とすれば、これまでイスラエル人にとって、独自の政治的実体としてのパレスチナ人という考え方が受け入れ可能であったとは思えない。ただ、少なくともパレスチナ人は、人口統計上の実体という地位を確保してきた。パレスチナ人に関するイスラエルの公式の方針は、近年の首相たちがパレスチナ人を叙述するのに用いた表現からも十分に伝わってくる。一九六九年、ゴルダ・メイルはパレスチナ人など存在しないと述べた（その一方で、配下の情報部局や学界のアラブ専門家は、パレスチナ人が実は「南シリア人」であるなどと御託《ごたく》を並べていた）。イツハク・ラビンはつねに「いわゆる」パレスチナ人という言い方をした（当時の占領当局は、ヨルダンとの国境地帯を開放し、パレスチナ人を実際上ヨルダン人にする政策を取るべきだと進言した）。メナヘム・ベギンは彼らをエレツ・イスラエル〔イスラエルの地〕のアラブ、イスラエル「独自の」黒人と呼んでいる（そして、彼らにイスラエルの軍事的保護下での自治を提案する）。これら三人は皆、パレスチナ人を政治的に粉砕することにかけてはとくにひたむきだった。三人とも、イスラエル外部の一般パレスチナ人市民に対する大規模な国家テロを是認し、パレスチナ原住民の土地奪取を繰り返してきたイスラエルの歴史にはまったく無関心でいることを当然と考えた。諸地域におけるイスラエルの対パレスチナ人政策に関して、私たちがこの上なく悲観的にならざるをえないのは、イデオロギーが理性や常識に対して表向き、ほとんど完全に勝利を占めているという状況である。パレスチナが今なお、忘却からの癒やしを待ち望む空っぽの曠野であると信じるのであれば、パレスチナ人の存在を否定することも認識論的には意味を持つ。だが、明らかにその逆が正しいのに、なおこうしたたわごとを信ずるのは、政策における理性の役割を否定することに他ならない。さらに、イスラエルが領土を保持する資格があるのは、『聖書』の記述や安全保障上の理由から（その同じ領土が戦争時、とくに被害を受けやすいことが明らかになったあとでさえ）であるとする考え方には、イスラエルの最も熱心な同盟国でさえ信を置くことができない。

国際舞台でのPLOの驚くべき成功、そしてパレスチナ人社会のあらゆる分野でのその継続的成功の秘訣は、イスラエルの政策が持つ否定的側面、およびイスラエルの姿勢への代案をめぐるパレスチナ人民衆の一致した意志に求められる。パレスチナ人は、多民族共存の問題を取り上げた最初のアラブ共同体だった。パレスチナにイスラム教徒、キリスト教徒、ユダヤ教徒のための世俗的民主国家建設を提案するといった、進歩的な立場を取った集団は彼らの他には存在しなかった。一九六七年以降の劇的に変化する現実に対して、この地域の他の政治組織は皆、アラブのものであれユダヤ人のものであれ、それほど的確に反応することがなかった。第一にPLOは、あらゆるパレスチナ人――流亡の人々、占領地区の人々、イスラエル内部の人々――に対する責任を意識的に引き受けた。これは、少なくとも理論的にユダヤ人の存在（社会、構成員、政体）を重要なものとして認めるという包括的ヴィジョンの枠内で、ほとんど途方もなく断片化してしまった人々に対処すべく、パレスチナ人指導部が行なった最初の試みであった。具体的にはＰＬＯは、パレスチナ人に対する学校教育や武装、保護、食糧供給、その他一般的援助の仕事を可能な限り引き継いだ。第二にＰＬＯは、その国際的権威を活用し、それまでほぼ一世紀以上に亘って世界から覆い隠されてきたパレスチナ人の現実を、全世界に対しても、またより重要なことだが、パレスチナ人自身に対しても解釈してやった。学習センターや研究所、印刷所などを含む堂々たる情報・研究設備の出現とともに、独立したパレスチナ人の外交上の主体性《アイデンティティー》も明らかになっていった。この複合的解釈機関のお蔭で、パレスチナ人はついに集団として、植民地化されたアフリカ・アジア・南北アメリカの他の諸民族とも連携を保つことになり、シオニズムは（パレスチナ人および他のアラブにとって）途方に暮れるほどの神秘的な力をある程度まで喪失した。パレスチナのシオニスト入植者は、回顧的にも現実にも、無慈悲なほど物静かな主人から、アフリカの白人入植者の同類へと変貌を遂げ、彼らに対するさまざまな姿勢は直ちに一体化して、動員可能な一大勢力を構成した。第三に、政治組織としてのＰＬＯは、四方八方に門戸を断固開放し、全共同体をその構成員に迎えようとした。実際、パレスチナ人であることが（共同体の壊滅的分断化のもとでも）そもそも可能であるばかりか、居住地や最終的なイデオロギー上の立場に関わりなく、すべてのパレスチナ人にとって意味ある事柄となったのは、ＰＬＯのお蔭と言っても過言ではない。パレスチナ人を受動的存在から主体的に参与する政治的存在へと変えたのも、ＰＬＯの非凡さの賜物だった。それはまた、あとで論ずるように、おそらく危険な不統一性の源泉ともなった。

　こうしたパレスチナ人の歴史と発展の相異なる諸部分は、どのようにすれば統合的に捉えることができるのか。[*24]その最良の概観は、私見によれば、最も明晰なパレスチナ人思想家の一人、イブラーヒーム・アブー・ルゴドの最近の分析のなかに見出される。一九四八年の直後、パレスチナ人流亡者とイスラエル内部への残留者とは、彼の言葉を借りれば「適応政策」を採用した——脱政治化したとはいえ、流亡者は（パレスチナではなく）アラブの政治学に参加することが可能だった。他に選択肢がなかったというのがその大きな理由であり、またシオニズムとは違って、アラブ民族主義が排他的ではなかったことも理由の一つである。残留者はイスラエル国家に服従し、シオニズムが課した枠組みの内部で政治活動を行なうという伝統的なパレスチナ人の手法を踏襲した。五〇年代になると、「流亡者と残留者とは、拒絶の政治学とでも呼ぶべきものに従事した」。そのイスラエル内部での形態がウスラ・アル＝アルドの企てであり、流亡者が行なったのは、「パレスチナ解放」に向けた「同胞アラブ」の政策を批判すると同時に、脱政治化を拒否することであった。

革命と希望の政治学の到来には、一九六七年の六月戦争の衝撃が必要だった。それが流亡者に対して意味したのは、抵抗運動へ参与し、アラブの政治学への関わりから身を引き、最終的にはＰＬＯとその綱領に結実するような、より開かれたパレスチナ人としての主張を行なうことだった。残留者にとってのその意味とは、断片化にもめげずにパレスチナ人の一体性を主張する一方で、体制の枠内でより大きな闘いを展開し、共産党にさらなる支援を行ない、パレスチナに二つの国家を建設するという同党の主張を支持することだった。流亡者・残留者の両部門とも、アラブ「民族」への文化的親近感を表明したが、統合というアラブの政治綱領には最小限の評価しか与えなかった。ある意味で、我々は今日、これら二つの部門の取り組みが一つに収斂するのを目のあたりにしている［ただし私見では、アブー・ルゴドの言う二つの部門に、さらに占領地域のパレスチナ人という第三部門を加える必要があるだろう］。(7)

だが、「革命と希望の政治学」には、それなりの苦痛と挫折が伴った。それでも、これと同時代の一時期が持つ密度は綿密な検討に値するので、次に私はそこへ話題を転じねばならない。同時代史と緊密に連携し、自決へ向かっての共同体のゆるやかな前進とも精確に波長を合わせながら、純粋に一体化したパレスチナ人の政治的自己意識はどのように発展していったのか。それが私の議論の焦点となるだろう。

2　パレスチナ人意識の発生

民族的自己意識のように歴史に敏感な主題を論ずる場合、抽象的明晰さを犠牲にしてでも具体的正確さを尊重する心構えが必要なことはほとんど言うまでもない。現在のパレスチナ人の状況はきわめて錯綜しており、彼らの過去・未来の自己感覚や歴史的・政治的主体性《アイデンティティー》の感覚を表象する事柄について私が何らかの説明を加えようとする場合、一方ではこの感覚が彼らの運命にもたらしたもの、他方ではそれが現実に対処せねばならなかった課題をも考慮に入れる必要がある。だが、それだけが唯一の問題なのではない。さらにまた、パレスチナ人の錯綜した厄介な状況を、この上ない動乱や混乱を背景にして論じるという複雑な問題が存在する。例えば、一九七五年から七七年にかけてのレバノン内戦は、たんにレバノン人・シリア人・パレスチナ人が演ずる芝居の舞台装置というだけにはとどまらなかった。実際にはその戦争自体、国際政治の力学や大国の利害、アラブ世界の少数派の歴史、社会政治的変革、そして近東における西洋植民地主義および帝国主義の悲劇的遺産全体が形作る一つの縮図だった。今なされねばならぬ重要な事柄は、私が語りたいと願う中心的主題、すなわち一九六七年以降のパレスチナ人の延命およびパレスチナ人の民族的主体性《アイデンティティー》の明瞭化という問題への序論として、上記の諸問題に大雑把な見取図を提供することである。

まずレバノンから考えてみよう。アラブ近東世界を研究する歴史家ならその炯眼によって直ちに見抜く通り、レバノンで生じた事柄は、パレスチナ人およびシリア人の存在を別とすれば、一八四五年ならびに一八六〇年に起こった事件の繰り返しだった。レバノンの二大共同体――マロン派とドルーズ――は激しい敵対関係にあった。現在と同様、当時もまた大国の介入が行なわれ、二つの共同体のあいだには社会的・政治的軋轢が生じた。ただし、当時も今も、これら両者が自らを宗教的根拠によってのみ定義づけているわけではないことは言っておかねばならない。そして、私が信ずる限り、十九世紀と二十世紀とのあいだの有効な相似はここで終わる。第二次世界大戦以降、この地域の一市民が自分自身およびその政治的帰属意識について感じてきた事柄には、決定的とまでゆかずとも、重要な変化や付加要素が数多く見られた。その第一は、国民国家に寄せる人々の感情がかなり肥大化したことである。勿論、この国民国家への執着の強さにもさまざまな度合いがあることは、国民国家の独立や領域的統一性が脅かされるときに生まれる感情に多種多様な程度や類型が存在するのとまったく同じである。また、別の観点から見て疑いようもないほど確かなのは、第二次大戦以降、国家と国家の諸機構が圧倒的な権威を獲得したという点である。その権威の種類はやはり国によってまちまちだが、今日では、例えばかつてオスマン帝国が自らに付与していた権威とはまったく異なる権威が存在し、それが全領域に広がっているのである。

二十世紀における第二の大きな変化は、政治思想に関する限り、純粋に地域的な問題を大きな地球規模の一般性のなかで把握し、取り扱い、分析し、争う可能性がずっと高まっていることである。シオニストがパレスチナ獲得闘争を遂行するやり方には、確かにそれが当て嵌まった。例えば、二十世紀マロン派の狂信的信徒にとってもまた、自分たちの立場は西洋文明の精髄を体現し、門口に激しく打ち寄せる野蛮人の群れを撃退することだと考えるのが普通だった。同様にパレスチナ人も、一九六七年以来、ヴェトナム、アルジェリア、キューバ、ブラック・アフリカを包含する同一の枠組みのなかで自らの闘争を眺める傾向にあった。この焦点の変化を惹き起こした原因の一端は、世界規模で高まった政治意識に求められる。その意識は、自由と知識に関する諸観念が広範に拡散し、反植民地主義・反帝国主義闘争が普遍化した結果として形成された。その上、マスメディアの影響によって、地球上の遠く隔たった諸地域や、さらに遠くかけ離れた思想集団同士がときには無分別に、またときには正当に結びつけられた。メディアや人間精神の持つ単純化・劇化の傾向に、さらに一般化の傾向を加えるなら、フィードバックの結果生ずるのは、問題と行動とを膨張させ、強調し、理論化するお粗末な政治的雄弁術である。これを免れることのできる者など一人もいなかった。

人間はお互い同士の差異を解釈の問題として考える。これはおそらく、今日に至るまで変わることのない真理であろう。十九世紀においては、ある事柄に対するいかにもフランス的、ないしイギリス的な態度というものが存在すると言った場合、それは——漠然とではあれ——現実に対処するいかにもフランス的、イギリス的な方法が存在するという意味に他ならなかった。こうした発言はまた、態度決定の根拠となる純粋にフランス的ないしイギリス的な物質上の利害というものが存在するという認識をも含意している。中東およびその住民については、現在の状況下でも同様の発言がなされるが、上述した二つの現実の変化のお蔭で、この種の発言はかなり危険な程度まで解釈上の自由を獲得している。今日、私たちがアラブ、レバノン人、ユダヤ人、イスラエル人といったものについて語る場合、語られている対象は安定した実体であるように見えるが、実際に議論されているのは、きわめて不安定な、推測に基づく度合いのずっと強いさまざまの解釈である。確信を持ってそれと指示できる国家が存在することは確かだが、しかし——ここで二十世紀の第二の変化が第一の変化と衝突する——これらの国家は政治的語彙のなかに搦め取られ、つねに立場を変えてやまぬかと見える政治的領域の内部に位置づけられる。この現象が政治取引や政治過程に及ぼした影響は見誤りようがないほど明白である。一九七六年のシリアによるレバノン侵攻以後、「アラブ」といった画一的表現が持つ意味とは何なのだろうか。「急進的アラブ諸国」といった表現は何を意味するのか。イスラエルや合衆国のような国々が、アラブにイスラエルを「認知する」気があるのかどうか問いかけつつ行なった要求は、正確には何を意味するのか。「アラブ」が考慮するよう要求されているのがどのイスラエルなのか——一九四八年または一九六七年のイスラエルか、それとも、その哨戒艇が（しばしばシリア船舶と共同で）南レバノン沿岸を封鎖したり砲撃したりしたイスラエルのことなのか——はっきりしない以上、この問いはとくに重要になる。

この種の問題は、政治に関わる生の局面では普通に見られる特徴であったし、中東で現在は常軌を逸しているように見える物事も、実際はそれほどでもない。そう主張することも、私には十分理があるように思われる。私見によれば、この地域では近年、国家と国家機構の必要性や重要性がきわめて重視されてきており、また国家の定義自体、ほとんど宇宙大の野望が孕む一般性と粗雑に結びつけられているので、これらの直接の結果として、現代近東の奇矯性も際立たせられているのである。これら一連の諸問題に、さらにそれらのなかでパレスチナ人が占める比類のない構造上の位置を付け加えるなら、変則性は一層倍加することだろう。パレスチナ人は、近東における他のいかなる土着集団にも先駆けてアラブ民族主義の問題と直面したが、その問題は、一般的で大きな、解釈に関わる形態と、国家を要求するという遙かに具体的な形態との双方において現われた。シオニズム運動が進めるパレスチナの植民地化と遭遇したさい、パレスチナ人アラブに課されたのは次のような二重の課題であった。(1)自分たちの抵抗運動を、オスマン帝国崩壊後のアラブによる政治的独立や国家形成のための闘いと同一視する必要性。(2)自分たちをまるごと排除するように思われる——そしてのちには実際に排除した——明確なユダヤ人国家樹立の要求と対峙する必要性。

パレスチナ人および彼らが属する地域は、かつての植民地世界の他の部分と同様の困難な状況をある程度まで共有している。だが、私が第一章で示したように、近東史の異常なまでに重大な側面とは、そこに——通常は少数派政権に体現される――好戦的とは言わぬまでも、能動的で明確な、解釈の主体となる機関が存在し、そのおのおのが、自らを含む世界に対して自前のヴィジョンを押しつけるべく挑戦を行なってきたばかりか、折にふれて（イスラエルのように）闘争を敢行したことである。私が先に述べた二十世紀の変化にこの要素を付け加え、さらに当然のこととして、少数派は外部勢力を自らの取り組みの後援者にしたがるものだという傾向も考慮するならば、私たちは現在近東で何が生じているのかをずっとよく理解することができるだろう。アルバート・ハウラーニー*25が述べる通り、これら少数派は固有の自己意識を保持し続けてきた。

これらの集団は概して閉じた社会を形成した。それぞれはその構成員にとって十分な、究極的忠誠を要求される一つの「世界」であった。それらの諸世界は相互に接触はしても、混淆はせず、それぞれが他者を猜疑心と憎悪を以て眺めていた。それらのほとんどすべてが停滞し、変わることなく、限定的だった。ただスンナ派世界のみは、さまざまな内部紛争によって引き裂かれてはいたものの、他者には欠けるある種の普遍性、それに自信と責任感とを保持していた。これらすべては周縁的存在で、権力や歴史的決定からは締め出されていた。(8)

元来が小さく雑多な中東の少数派は、その構成員にとっては一層小さく見える。そればかりか、彼らはそれらがもっと小さくなるように行動する傾向を持っている。少数派はそれぞれの人間的環境から自らを切り離しており、内部ではほとんどつねに再分割が行なわれるものである。これは、オリエント系ユダヤ人とヨーロッパ系ユダヤ人（そして言うまでもなくアラブ）が国をはっきりと再分割しているイスラエルについて当て嵌まる事実であった。普通はオリエント系すなわち東方キリスト教徒*26と呼ばれる中東のキリスト教徒も、自分たちが決して萎縮した不可視の集団だったわけではないレバノンのような国においてすら、イスラムとの大きな乖離に気を配る場合と同様の排外主義および技巧を用いて、相対立する諸宗派間の区別に腐心しているように見受けられる。レバノン内戦は、

「イスラム教徒」と「キリスト教徒」との闘いだったかのように思われているが、これまで覆い隠されてきた事実を示すなら、戦争勃発時にスンナ派イスラム教徒と対立したのは、東方キリスト教会の特別な一変種であるマロン派であり、スンナ派自身もまた、多くの人口を擁するシーア派イスラム教徒とは連携していなかった。すさまじいマロン派の闘争には、ギリシア正教会[*27]やプロテスタント[*28]、アルメニア・カトリック[*29]、ギリシア・カトリック[*30]などの諸共同体はまったく加わっておらず、その点ではほとんど考えられうる限りの見事さで足並みを揃えていた。そこで、マロン派を煽動して武器や補給物資や政治的支援を与える上では、イスラエルがやはり積極的な役割を演じたのだった。レバノンにおけるイスラエルの政策を部分的に支配していたのは、「キリスト教徒」に対する共感などではなく、むしろパレスチナ人を粉砕しようというキリスト教徒右派の野望とも共通する、少数派としての大義であった。すでに第二次世界大戦以前（一九三七年七月二十九日から八月七日にかけての、ポアレイ・ツィヨン[*31]〔シオン労働者党〕世界評議会の大会において）、ダヴィッド・ベン・グリオンはこう語っていた。「レバノンが近くに存在することは、ユダヤ人国家にとっては屈強の政治的支援となる。レバノンは、ユダヤ人のエレツ・イスラエルに対する自然な同盟者である。レバノンのキリスト教徒は、ユダヤ人と同じような運命に晒されているのだ」と。

近東における戦闘的少数派は、ほとんどつねに、スンナ派——つまり多数派——イスラムの普遍性、自信、責任感とハウラーニーが呼んだものに対して攻撃的だった。この点も付け加えておかねばならないと私は考える。この地域における、イスラム教徒とキリスト教徒との関係の歴史を考えてみよう。これについては、ノーマン・ダニエル[*32]がその著書『イスラムと西洋——イメージの形成』(9)のなかで論じている。現代のオリエント系キリスト教徒、あるいはイスラム的・アラブ的「心性」を自らの敵と信ずるイスラエルのアラブ研究者にとっては、ダニエルの書物はしばしば激しい不快感の源泉となっている。彼の論証によると、イスラムやムハンマドを攻撃するための神学上ならびに（通常は破廉恥な）教義上の素材を最初にヨーロッパのキリスト教世界に提供したのは、ダマスカスの聖ヨアンネス[33]（六七五年頃―七四九年頃）をはじめとするシリアのキリスト教徒、および九世紀の哲学者キンディー[34]だった。これらの素材はやがてオクシデント〔西洋〕の文化の主流に流れ込み、今日でもなお、それらをそこに見出すことができる。好色漢、偽預言者、偽善的官能主義者といったムハンマドに関する共通のステレオタイプは、その大半がシリアのキリスト教徒に由来する。彼らは、アラビア語およびいずれかの教会言語を知っていたため、悪意に満ちた神話を広く流通させることができたからである。彼らの動機は理解可能なものだった。イスラムは改宗者を生み出す征服途上の宗教であったし、シリア人はこれに抵抗するキリスト教徒として、ヨーロッパの強力な同盟者を勝ちえるべく、イスラムに対する攻撃を遂行することが自らの義務であると感じたのである。今日のレバノンにおいて、キリスト教徒とイスラム教徒とが抱く怨恨の多くは、この長く忘れ去られていた背景から発生した。しかも、この非教訓的な遺産に対して、多くのシオニストが賛同者として登録したのだった。他方、パレスチナおよび同時代のパレスチナ人一般においては、唯一支配的で不変のキリスト教徒共同体というものが一度も存在せず、さらに一八八〇年以降は、最初のヨーロッパ人シオニストの入植者がアラブ共通の敵となったため、そうした神話がキリスト教徒としての教養の一部になることは絶えてなかった。

少数派意識が野望に満ちた政治的普遍化の習慣と結びつき、それら両者が比類のない政治的国家主権のなかに押し込まれるとき、一般にその後に続くのは――対立を惹き起こす分離主義という形での――混乱である。イスラエルを含め、今日の中東諸国のほとんどにおいて見られるのは、政治的な自己分離と政治的な自己の普遍化とのあいだの葛藤が鬱積し、解消されずにいる状態である。例えば、エジプトにおいては、アラブ統一に向かう衝動と、サダト大統領の「聖なる使命」[35]の期間に最も劇的な形で明るみに出たような、エジプト人としての明確な民族的主体性《アイデンティティー》という複雑なイデオロギー的傾向とががっぷり四つに組んだまま動かない。軋轢が生じたのは、少数派意識から生まれる排他性や分離主義、自信の欠如とも、また政治的普遍性の無差別の飛躍とも連携する可能性を、国家が多かれ少なかれ当然のこととして持っているからであった。シリアにおけるアラブ民族主義と、国家的な理由による――まさにこの瞬間にレバノンで生じているような――アラブ民族主義からの撤退とのあいだの弁証法的対立を考えてみれば、私の論点は明確になることだろう。同様に明らかになってほしいと私が望むのは、そうした弁証法的対立が、主権とかアラブ統一とかといった概念をめぐる相異なる解釈にきわめて多く依拠しているという事実である。この相対立する諸解釈の世界に孕まれる皮肉が一層明らかになるのは[36]、一九七六年七月二十一日の演説で、シリアのハーフィズ・アル＝アサド[37]大統領が自らのレバノン政策とPLO攻撃とを正当化し、自分はアラブ民族主義とパレスチナ革命のためにこうした行為を行なっているのだと主張したときである。それ以上に皮肉に満ちていたのは、シリアの政策がアラブの利害にではなく、国家的理由に基づいているという点であった。

　二十世紀のパレスチナ人アラブを襲った奇妙な運命とは、この地域の他のいずれの原住民とも異なって、彼らが少なくとも第二次大戦終結以来、自分自身の祖国を持っていないということである。彼らの運命を一層深刻にしたのは、まずその政治的喪失の具体性であり、次に、異邦人による自分たちの土地の明らかな占領に対して闘争を開始したそもそもの最初から、彼らがシオニズムと対立したという事実である。この対立の根拠となったのは、この地域に関する限り、シオニズムが外来のものであり、同時に少数派の政治文化でもある点だった。同様に、パレスチナにおけるユダヤ人の最初期の生活形態が、周囲の多数派との関係で、少数派の偏狭性という道を辿ったことも想起するに値する。この傾向は、以来ずっとイスラエル国家のなかで継続している。シオニズムが、同じ地域の他の少数派共同体に比べて一層閉鎖的なものとなったのは、おそらくこの地域において、多数派であるスンナ派アラブとの有機的紐帯を持っていなかったためであろう。かくして、イスラエルというユダヤ人国家の具体的形態と、流亡の境遇にあるパレスチナ人アラブの自我の具体的形態とのあいだには、正確な（そして厄介な）対称性が見られることになり、後者はイデオロギー的に喪失という事実の上に基礎づけられるようになった。

これまで私が論じてきたように、今やパレスチナ人の主体《アイデンティティー》性に関するさまざまな教義は、土地を再所有し、パレスチナ人国家を実現するという必要性の上に構築されている。シオニズムは、これらの必要性が正当であることも、現実的であることも一貫して否定してきた。パレスチナ人の要求が大きくなればなるほど、シオニストの拒絶はますます頑なになり、イスラエルの少数派意識は一層具体的に表明される。そしてその意識は、紛争の期間中明らかに増大するのである。一九六七年戦争の一年ほど前、著名なイスラエルの軍人で「アラブ専門家」である人物は次のように記していた。

彼ら［アラブ］に属する事柄のうちで、我々が模倣するのにふさわしいのは何か、という疑問が湧いてくる。これは、アラブのうちに素晴らしい特徴や徴候が存在しないという意味ではないが、それらは政治的綱領の基盤を構成してはくれない。生活様式や組織について言えば、アラブは伝統的な流儀を放棄して西洋へと向かう傾向にある。彼らが放棄しつつあるものを我々が採用するとなれば、それは奇妙なことであろう。また、文化的側面から見ても、両者が相互に提供しあえるものはあまり多くないように思う。アラブ文化の主要な資産は中世〔ママ〕に属するので、それが二十世紀の人間を魅惑することは漠然とは想定できるにしても、その人間に導きや霊感、そして差し迫った問題への解答を与えるようなものが含まれているかどうかは疑わしい。月に到達した世代が、『ムアッラカート』[*38]の沙漠の詩や『マカーマート』[*39]の文体、あるいはガザーリー[*40]のような偉大なアラブ思想家の哲学的瞑想から感銘を受けることは困難である。それらの精神的風土は、今日のそれとあまりに異なっているからである。アラブに相対する我々の文化に関しても、事情がそれほど違っているとは思われない。ヨーロッパ文化の方が、提供しうるものをずっと多く備えている。(10)

論理的に敷衍するなら、この議論が言わんとするのは、アメリカ人が月面を歩いたお蔭で、シェイクスピア[*41]は時代遅れになってしまったということである。だがおそらく、もっと適切な言い方をすれば、ここにはパレスチナ人の抱くイスラエルへの明確な不満に対するシオニストの反応が、少数派の文化的優越感の形で表現されているのであろう。パレスチナ人の土地奪取や排除の具体的行為については、何の注釈も加えられることがない。きわめて大雑把な概論が提示されるだけであり、これではパレスチナ人がシオニズムにぶつけるはっきりした不平不満を理解することはできない――今後もそれは不可能であろう。

右の一節には、さらに注意すべき問題がある。私たちが問わねばならないのは、いかにしてイスラエルの論客が、痛ましいまでに現実的なパレスチナ人の喪失体験を変形し、これをシオニズムに対する「アラブ」の全面的敵意にまで仕立て上げてしまったかという点である。この専門家にとってみれば、パレスチナ人が貧乏で取るに足らぬ小作農から、アラブの文化的劣等性の象徴そのものへと変化したのとまったく同じように、イスラエルもまた、一つの国家から進歩的ヨーロッパ文化の象徴へと（ジョージ・エリオット流に）変貌を遂げたのだった。シオニズムとヨーロッパ植民地主義との共通の起源をここで私が再び指摘する必要はないし、パレスチナにおける初期のユダヤ人入植者がいかに平然とアラブを無視したかは示唆するまでもない。彼らの流儀は、アフリカ、アジア、南北アメリカにおいてヨーロッパの白人が現地人を存在しないものと見做し、彼らの土地を無人の、「放置された」不毛の地域だと信じたのとまったく同様であった。ただここで私が強調しておきたいのは、パレスチナ人がアラブ文化の普遍性のなかに政治的・イデオロギー的避難場所を求めた点、またこの探求がその後、イスラエルおよび他のアラブによって利用された点である。順応から拒絶、革命、希望への転換はいかにして、また何故起こったのか。

パレスチナ人の実存的苦難とは、領土的・政治的疎外がもたらす明白な結末と連動する形で、自らの政治的延命を図る必要性が生じたことであった。パレスチナ人アラブと近東の他の地域に住むイスラム・アラブ同胞とのあいだの共同体感覚でさえ、この苦難の刻印を帯びて歪められている。パレスチナ人にとって、他のアラブはある次元では兄弟であるが、別の次元では越えがたい溝によってパレスチナ人から隔てられている。この逆説的関係が生ずるのは、言わば現在の時点においてである。というのも、パレスチナ人と他のアラブとを結びつけたり分離したりするのは、現在の問題、同時代の問題であるからだ。パレスチナ人にはアラブとしての過去、近東人・アラブとしての共通の未来がある。だが、共同体の不安定性やその崩壊の危険性が生じているのは今現在なのである。

この難しい関係を具体的に、かつ雄弁に表現した実例としては、管見に入る限り、パレスチナの作家ガッサーン・カナファーニー[*42]による中篇小説『太陽の男たち』の冒頭場面に優るものはない。カナファーニーは六〇年代初頭までイスラエル内部に留まり、その後は流亡の道を選んで、戦闘的なジャーナリスト・作家となった。一九七二年にベイルートで、イスラエル人によって暗殺されている。その一節を引用しよう。

アブー・カイスは湿り気をおびた土に胸を憩わせた。すると大地は身体の下で息づき始めた。心臓の鼓動はもの憂く脈打ちながら砂の粒子に伝わり、それから彼の細胞のすみずみに行きわたった。砂の上に腹這いになるたびに彼はこの脈動を感じ取る。それはちょうど大地の心臓が、彼が初めてそこに胸をあててこのかた、遙か地底の暗闇から光を求めてたゆみなく険しい道を切り拓いているかのようであった。ある日、すでに立ち去って十年にもなるかの地で、畑を分かちあっていた隣人にこの話を告げると、隣人は揶揄するように言った。

「それはおまえさんの心臓の音さ、大地に胸を当てるとそれが聞こえるのさ。」馬鹿げた話だ。するとこの香りはどうなのだ。それを嗅ぐと額の奥に波打ち、血管を流れおりて眠気を誘うこの香りはどうなのだ。大地に身を横たえ、その香を嗅ぐたびに彼は、冷たい水を浴びて浴室を出てきたばかりの妻の洗い髪の香を想い起こす……そうあの香りだ、女が冷水で髪を洗い、まだしっとりと水気を含んだ洗い髪で彼の顔を掩うときのあの香り……そして鼓動はまるで、両の掌で小さな雀を慈しみ持ったときのそれだ……(11)

〔黒田寿郎訳、五―六頁〕

これに続く場面では、アブー・カイスがゆっくりと覚醒し、自分を取り囲む環境が正確にはチグリス・ユーフラテス川河口付近の一地点であることを認識する。そこで彼は、自分をクウェートに不法入国させる手筈が整うのを待っているのだ。クウェートでは仕事にありつくつもりでいる。右の引用からも窺われるように、彼は過去の回想を通して、現在の自分の位置や場面設定を「理解する」ことになる。その回想に現われるのは、一九四八年以前のパレスチナの村の学校で、地理の授業として河口の描写文を唱える先生の声だった。つまり、アブー・カイス自身の現在は、切れ切れの記憶と、次第に強まる目下の難局からの圧迫感との混合物である。彼は家族持ちの難民で、自分の運命への一般的無関心がまばゆい太陽によって示される国へと、職探しにゆくことを余儀なくされている。私たちは、近づいてくる光が、実は小説の結末への予期的暗示になっていることを発見するだろう。アブー・カイスは、他の二人のパレスチナ人難民と一緒に、給水車の空っぽのタンクに潜んでクウェートに密入国しようとしている。国境の検問を通過するあいだ、三人はタンクのなかにあまりに長いあいだ放置されたままになる。炎天下、三人は自分たちがここにいるという合図さえ送れないまま窒息死するのである。

右の一節は、この作品を分割する多くの場面のうちの一つである。時間的観点からすると、ほとんどどの場面においても現在は不安定であり、現在が従属しているように思われるのは、過去からの谺《こだま》であったり、聴覚や嗅覚が視覚に取って代わり、一つの感覚が別の感覚と絡み合うような共感覚であったり、あるいは厳しい現実から身を守りつつ、とりわけ慈しんできた過去の断片を保護しようとする感情であったりする。カナファーニーの文体（翻訳ではぎこちなく見えるが、複雑な文章構造をできる限り正確に写すことが重要と考えた）においてさえ、意識の中心（三人の男のうちの一人）が指示する時間上の点は不確実である。引用した部分では、「なるたびに」が「初めて（中略）このかた」と溶け合い、それがまた曖昧な形で「すでに立ち去って十年にもなるかの地で」を包み込んでいるように見える。これら三つの節は、闇を切り裂いて光に至る道を付けるというイメージによって比喩的に支配されている。さらに先の、小説の中核部分では、行動の大半がイラクのある町の埃っぽい街道筋で行なわれることに気づかされるだろう。そこで三人の男たちは、国境を越えるため、それぞれ別々に「専門家」をおだて、なだめすかし、これと掛け合う。本書の中心的対立は、現在におけるそうした争いをめぐって展開する。流亡と混乱に強制されたそのパレスチナ人は、自力で生存の道を切り拓かなくてはならない。だが彼にとってのその生存とは、アラブ同胞のあいだですら、決して「既定の」安定した現実なのではない。彼があとにした土地と同様、彼の過去もまた、実を結ぶ一瞬手前でもぎ取られてしまうように思われる。だが男が対応すべき家族や責務や生活それ自体は、現在に存在している。未来が不確かだからというだけではない。自動車が渦巻くように行き来する埃っぽい街道で彼がようやく心の平衡を保とうとするあいだにも、現在の状況はますます困難の度合いを増してゆく。日、太陽、現在——それらは敵対者として同時にそこに存在し、彼を駆り立てて、ときにはおぼろげな、またときには硬直した、記憶と幻想の保護被膜からの出発を促す。男たちがようやく精神的沙漠地帯を抜け出て現在に至り、否応無しに選んだ未来へと向かうとき、彼らは死ぬ——彼らを過去から召喚し、無力と怠惰をなじったその同じ現在において、誰の眼にも見えぬ場所で、誰とも知られぬまま、白昼殺害されるのである。

このようにしてカナファーニーは、パレスチナ人が土地喪失の初期において直面した基本的闘争に注釈を加える。パレスチナ人は現在を作り出さねばならない。なぜなら現在とは、想像上の贅沢ではなく、文字通りの実存的必要性だからである。彼らが一つの場面にようやく適応すると、その場面が彼らを挑発する。パレスチナ人にとって、現代性の矛盾は実に大きい。現在が単純には「与えられ」ないとするなら（つまり、挿話群の背後に隠された挿話としてしか言及されない一九四八年の災厄が連続性を阻害するため、過去と現在を明確に弁別し、あるいは両者を結びつけるだけの時間が彼らに許されていないのであれば）、それは一つの達成物としてのみ理解可能である。登場人物の男たちが地獄の辺境を脱してクウェートに入り込めさえすれば、彼らは何らかの意味で、大地と大空とが生命一般の存在を不確実な形で確証するだけの、たんなる生物学的持続を越えた存在となることができる。彼らは――最終的には死ぬために――生きなければならない。それゆえ、現在が彼らを行動へと駆り立て、その行動が今度は作家や読者に「小説」の素材を提供することになる。

これに関連して、私は真に一級品と呼べるもう一つのパレスチナ小説、エミール・ハビービー[*43]の『悲楽観主義者サイード・アブ・ン＝ナハスの消滅に関する奇妙な出来事』にも触れておかねばならない。ハビービーはハイファー在住で、二十年以上に亘ってクネセト議員を務め、現在イスラエル内部で指導的意見を表明するパレスチナ人の一人である。彼の書簡体小説は徹頭徹尾皮肉に満ち、奇妙な形で「目立つ」と同時に「不可視」でもあるイスラエル内部のパレスチナ人の状況を描くために、驚くべき抑制の効いた力強い文体を用いている。この点では、アラブ文学史上他に比類がない。ハビービーもカナファーニーの作品と並んで、パレスチナ人の主体性《アイデンティティー》を、どんなに純粋な政治パンフレットでもかなわないほど完璧な形で素描する。二人の作家が記録するのは、イスラエルの内部であれアラブ世界であれ、そこで存在と非存在とのあいだをカフカ的に往来するパレスチナ人の姿である（多くの現代パレスチナ文学に関する見事な叙述としては、ハナーン・ミーハーイール・アシュラーウィー[*44]の『占領下の現代パレスチナ文学』西岸ビール・ゼイト、ビール・ゼイト大学出版局、一九七六年刊を参照のこと）。

私がここでパレスチナ人の著作について詳しく述べたのは、それがアラブ・イスラム的環境におけるパレスチナ人の延命の性質そのものを、正確に、また痛切に劇化していると考えられるからである。一九四八年および一九六七年のアラブ敗北の象徴として、パレスチナ人は、容易には拭い去れない記憶の一形態を表象する。パレスチナ人は流浪し、至る所に存在し、何よりも自分と自分の著作が多くのアラブ文化の主題になっていることを自意識とともに自覚している。この点で彼らは、不安と場所の移動とを必然化するような緊急性に囚われた人物である。彼らがアラブの独立を強調する声に順応できるなら、万事は順調である。だが、物事が悪い方へ進み始めると、彼らは自国を追われた治外法権的存在であるにも拘わらず、その傍らに存在する——国家、党、政府あるいは宗派の——安定性への脅威と見做される。一九六七年以降、修辞上のアラブ・イスラム的多元主義という進行中の企画に彼らが加わったとき、他のアラブがつねに想起したのは、毒性の強い排外主義の犠牲者である彼らパレスチナ人が生まれ故郷の地に再統合されない限り、こうした多元主義も真の意味を持ちえないということだった。こうしてパレスチナ人は、ついに代表的アラブであると同時にのけ者となった。

一九六七年以降、皮肉にもパレスチナ人と他のアラブとのあいだの緊張が高まり、それがPLOの外交上の威信や、パレスチナ人のすさまじい「再発見」、アラブ全体の状況に対する関心の相対的低下といった異常な事態のなかに反映された。同様に、パレスチナ人諸組織がパレスチナ人の自律性の矛盾を内包し、またそれを象徴する一方で、アラブ諸国からパレスチナ人が定期的に放逐されても、パレスチナの大義に対するそれら諸国の支援は減少しないように見える。というのも、パレスチナ人は何があろうと、パレスチナの外部に自らの生活を築き上げることはないし、完全な流亡という不面目から自由になることもできないからである。彼らの組織すべては、流亡という事実の焼き直しである。このことはまた、現在西岸・ガザ地区でイスラエルの支配や、イスラエル内部の住民に従属しているパレスチナ人アラブについても明らかに当て嵌まる。PLOが象徴的に異常なまでの成功を収めたとしても、パレスチナ人がパレスチナの外部で生き延びようとすれば、その試みはある意味でその一時性や基盤の欠如、自らの未来に関するパレスチナ人のはっきりとした絶対的意志の欠落のために潰えてしまう。パレスチナ人が達成した仕事のそれぞれを損なうのは、この矛盾に満ちた真理なのである。つまり、PLOの自由がつねにアラブ諸国によって現実に侵害されている以上、それらの仕事の達成には主体性《アイデンティティー》喪失の危機や、アラブ社会の普遍性のなかに呑み込まれてしまう危険が付き纏う。逆に言えば、パレスチナ人の達成した仕事の一つひとつは、アラブ社会一般への明確な批判なのだとも解釈できる。なぜなら、アラブ社会は敗北の結果と共存することを学んだのだが、敗北の最も重要な結果、つまりこの場合パレスチナ人は彼らの共存の対象外だったからである。

その結果、パレスチナ人の行為の大半、パレスチナ人の思考の大半は、彼らの主体《アイデンティティー》性と関わりを持つことになる。私はこれを自己省察と呼ぶことには躊躇を覚える。なぜならそれは、たんなる内省の問題ではなく、むしろ第一級の重要性を帯びた政治問題だったからである。他方、パレスチナ人であることの明らかな労苦や具体的な苦難の数々は、あらゆる作家たちにその才能を発揮させた。そのため、（自伝文学や告白文学の幅広い世俗的伝統を持たない）アラブ文学が今や、パレスチナ人のいわゆる「抵抗」文学、つまり、匿名性や政治的抑圧などへの抵抗と自己主張の文学という範疇を誇るまでになっている。パレスチナ人の書いた愛国詩と呼べるものがあるとすれば、それはマフムード・ダルウィーシュ[*45]の短篇「身分証明書」であるに違いない。この小詩が持つ奇妙な力の秘密は、六〇年代末葉の発表当時、それがパレスチナ人を表象するというより、むしろ体現していた点にある。というのも、世界における彼らの政治的主体《アイデンティティー》性は、ほとんど身分証明書《アイデンティティー・カード》の上の名前一つへと還元されてしまっていたからである。ダルウィーシュはこの事実を取り上げ、ある意味でそれをカードから読み取り、増幅し、それに声を与えた――それ以上のことは不可能だったのである。詩全体は動詞命令形サッジル――書きとめてくれ――によって支配されており、あたかも警察のイスラエル人係官に向けられるかのごとく、それが周期的に繰り返される。その係官には、一枚の身分証明書が与える貧弱な枠組みのなかでしか呼びかけることができないが、しかし彼が思い起こさねばならないのは、身分証明書の言葉によっては、そこに内包されるはずの現実は十分表現しきれないということである。ダルウィーシュの詩には皮肉が不可欠である。作品は次のように始まる。

書きとめてくれ、
おれはアラブ。

身分証明書番号は　五〇〇〇〇。
子供の数は　八人。
九番目が
この夏　生まれる。
気にさわったかね？
〔土井大介訳、以下同じ〕

第三連目で、詩人は言う。

書きとめてくれ、
おれは　アラブ。
おれの名前に　苗字なんぞない。
ものみな　怒りをはじけさせて生きる片田舎では
おれは　がまんづよい男だ。

詩の中盤は、語り手の私的な家系を記録し、不幸と喪失を連禱のごとく並べ立てることに費やされる。だが最後を締め括るのは、パレスチナ人の擡頭という、パレスチナ人を主題とした七〇年代のパレスチナ文学に多く見られるようになる標準的モチーフである。

書きとめてくれ、最初のページの真先に。
おれは　民衆を憎まない。
おれは　だれからも盗まない。

けれどもだ、
　もしも　おれが怒ったなら
　おれは　わが略奪者の肉を食ってやる。
気をつけろ、おれの空《す》きっ腹に、
気をつけろ、おれのむかっ腹に。

「身分証明書」には、パレスチナ人擡頭の脅威が示されている。この数年後には、彼らの擡頭は脅威としてではなく、むしろ存在感として、また多くの場合希望として、アラブの政治的生活のなかで最も頻繁に繰り返される現実となってゆく。アラブ世界有数の小説家ナギーブ・マフフーズ[46]は、細部に至るまで深いエジプト的な刻印を帯びた作品をそれまで一貫して書き続けてきたのだが、戦争も平和もないエジプトを扱った一九七三年の小説『雨のなかの恋』の山場に彼が持ってきたのは、意味深長にもパレスチナ人の擡頭であった。その最後の場面で私たちに紹介されるのが、パレスチナ人ゲリラのアブ・ン＝ナスル・アル＝カビール（偉大なる勝利の父）である。最近の「アメリカの主導権」は、神経質になったエジプト人の登場人物たちを欺き、混乱に陥れるが、それに対する彼の考えは、現在起こりつつある出来事を長い目で見る必要があるというものだった。筋金入りの皮肉屋として、マフフーズがそこで同時に述べていたのは、武装パレスチナ人が突如、アラブに対する革命的代弁者の役割を演ずるようになったこと[47]、そして革命の約束や修辞がすでにそれ自体のパロディーと化したこと、この二点である。勝利の父はまだ潜在的な父に過ぎなかった。だがマフフーズは、今やいかなる政治的判断にもパレスチナ人が含まれねばならないという事実を矮小化しようとはしなかった（し、読者にもそれは不可能だった）。

　七〇年代初頭のアラブ世界に劣らず、マフフーズの小説のなかにはっきりと籠められていたもう一つの皮肉は、誰の眼から見ても、パレスチナ人の主体性《アイデンティティー》がパレスチナの外部で澎湃と沸き起こったように思われる点である。マフフーズの作品中のパレスチナ・ゲリラ、アブ・ン＝ナスルが暮らすのは、ナザレでもナーブルスでもなくカイロである。誰もが知るように、ダルウィーシュが描くイスラエル内部での身分証明書的存在は、以前と同様に不満の多い不幸なものであった。一九七五年ないし七六年までに、イスラエルのパレスチナ人アラブは流亡生活の魅惑に敗れ去った。だが彼らの擡頭は、その根源的な皮肉の貫徹のために、また具体的成果の記録のためにも重要だった。次にそれらの成果を検討してみよう。

3　PLOの擡頭

流亡パレスチナ人はいかにして難民の立場から、評価に値するだけの重要性を持った政治勢力になりおおせたのか。管見に入る限り、この点に関しては満足のゆく分析的説明も、段階を追った十分論理的な報告も存在しない。だがこれは、諸要素の算術的合計を遙かに超えていると思われる民衆運動のすべてに当て嵌まる事柄である。私見によれば、このパレスチナ人の変容の物語的筋立ては、誤解を招きかねぬほど単純である。ファタハ[*48]は一九六五年、イスラエル内への小さな襲撃とともにその存在を開始した。その後、武装パレスチナ人組織の数は増え、同時にイスラエルとの（およびイスラエル内部での）軍事的に重要な衝突も増大した。それでも一九六八年三月までは、パレスチナ人の努力はアラブ全体の（とくにナーセル主義およびバァス党主導の）民族的発展に取り込まれていたと見るのが最も妥当である。一九六八年三月、より正しくは一九六七年の六月戦争以降、パレスチナ人の運動は装いを新たにし、政治的にも象徴的にもアラブ的な舞台装置と別れを告げた。この日付が重要なのは、それが一九六七年および一九四八年以降に行なわれた、イスラエル正規軍とパレスチナ人不正規部隊とのあいだの最初の闘いだったからである。このときイスラエル正規軍はヨルダン川を越え、ヨルダン領内の町カラーマを襲撃した。パレスチナ人戦闘員たちは後刻、その丸一日がかりの闘いにおいてヨルダン軍正規兵の支援を受けたが、しかし（パレスチナ人側の説明では）戦闘の中核はイスラエル軍とパレスチナ人のあいだで担われた。カラーマの守備隊はたんに踏みとどまって奮闘したというだけでなく、イスラエルの武装縦隊に多くの損害を与え、多数の死傷者を発生させた。それまでイスラエル側は（例えば西岸の村サンムーゥ*49の場合のごとく）何ら損害を受けずに悠然と乗り込み、家屋財産を破壊し、アラブを殺害し、ほとんど無傷のまま立ち去るというやり方に慣れ切っていたのだった。

カラーマは、パレスチナ人のすばやい成長過程の始まりだった。アラブ世界の四方八方から志願兵が流れ込み、一年後、パレスチナ人フェダーイーン*50はヨルダン国内で侮りがたい勢力となった。だが、先に私が示唆した通り、この時期に形成されたのは、革命的方向付け（解放）と、パレスチナ人勢力の構造を一アラブ国家の構造へと変換するように思われた方向付け（民族的独立）とのあいだで、パレスチナ人――より適切な言い方をすれば、PLO――の悩みの種となるはずのゆらぎであった。これらのいずれも、私が本書で描いてきた矛盾に満ちたパレスチナ人の「状況」から生まれた、必然的な結果である。この二つの可能性は、理論上は必ずしも対立しないのだが、パレスチナ人の主体性という問題全体の枠組みでは相互に軋轢を生じた。いずれか一方への選択がはっきりなされた場合でさえ、二つの選択肢が提起した問題は解消しなかった。新たな武装パレスチナ人たちは、多くの武器を獲得して、急速な政治的・軍事的部隊編成を開始し、しかもそれが、当然のことながらパレスチナ内部ではなく、つねに同胞アラブ国家内部で行なわれたため、彼らは中央の国家権力に対する挑戦と見做されるようになった。やがて、パレスチナ人の自決は、パレスチナの一部に国家を建設するという当初の目標と折り合いをつけたことが明らかになったが、そのときでさえPLOは、当面のあいだ受け入れ先のアラブ国家の内部でパレスチナ人のための擬似国家を運営した。そして、最初ヨルダン、のちレバノンにあったこの国家は、より大きな国家と衝突するようになった。他方、パレスチナ人の運動が大きな政治的・イデオロギー的力を獲得したのは、何よりもまず、ほとんどすべての要素を前衛的地域に集中させる能力のお蔭である。ある意味で「パレスチナ人」とは、語の最良の意味における斬新さと同義語になった。

それはまた、政治活動とも同義語である。一九四八年以降アラブ世界で生じた重要な政治運動や思想潮流、論争はすべて、何らかの意味でパレスチナ問題に支配されていた。そう言っても過言ではないと私には思われる。ましてや、パレスチナ人の論争や議論や組織についてそれが一層よく当て嵌まることは火を見るより明らかであろう。その最終的な成果は洵《まこと》に実り豊かである。近年、パレスチナ人の政治活動を担ってきたのは、さまざまな組織――そのうちでも最も重要なのは、ＰＬＯ傘下に集結した諸組織、すなわちファタハ、パレスチナ解放人民戦線[51]（ＰＦＬＰ）、パレスチナ解放民主人民戦線[52]（ＰＦＬＰの分派）、サーイカ[53]（シリアの後援を受けた一派）、そしてずっと小規模な多くの部隊――であり、またパレスチナ人固有の問題をアラブの政治学や第三世界の政治学、その他雑多な利害と結びつけるさまざまの哲学、傾向、そして現実に報いられる忠誠心であった。パレスチナ人の政治活動は、目まぐるしいまでに支離滅裂――その理由はすぐあとで述べるつもりである――かと思えば、血なまぐさいことも、きわめて明快なこともある。ただ、つねにそこに存在していたのは、パレスチナ人の自決と独立の必要性に関する驚くべき合意であり、さらに瞠目すべきは、信条を曲げて闘争を放棄したり、抗議もせずに保護や占領を甘受したりすることへの拒絶を貫くという、これまで破られたことのない記録である。

パレスチナ人最大の派閥は、ヤーセル・アラファートと幹部集団に率いられたファタハであり、流亡の境遇にあったり、ガザ・西岸地区に居住したりする最大規模のパレスチナ人が彼らの勢力や影響圏、政治的思考の範囲内に含まれる。ファタハ（およびアラファート）が手本としたのは基本的にはナーセル主義であったが、ナーセルとは異なり、ファタハとアラファートは実際上、アラブのいずれか一国の地域的政治問題にはあまり深く関わらない方針を取った（レバノンとヨルダンは、高価な代償を支払った――しかしある意味では不可避の――例外である）。ナーセル主義的政治活動という言葉で私が意図しているのは、つねに眼に見える権威の象徴――ザイーム〔指導者〕アラファートは「親父」としても知られ、彼が居続けるだけでパレスチナ人の大義の存続が保証される――がそこに存在するということのみならず、運動を導く穏健な民族主義的哲学も基本的に存在するということである。これはある意味では欠点となる。というのも、対シオニズム闘争に関する部分以外、政治機構は最小限に抑えられ、アラファートとファタハとは一心同体とされた上、単純にアラブ・パレスチナ人組織としてのみ把握されかねないからである。しかし、別の意味でそれは利点でもある。なぜなら、それは（a）ファタハが政治概念や政治様式における真の民主主義を暗黙裏に奨励しているという意味になり、（b）例えばサウジアラビア、リビア、ソ連、ドイツ民主共和国〔旧東ドイツ〕との関係にも拘わらず、ファタハがそれらに従属し、従ってパレスチナ人の組織ではないなどと証明しえた者は一人もいなかったことを意味するからである。何より重要なのは、自分たちが抑圧されたパレスチナ人であるという肝腎かなめの事実をファタハが表象しながら、人民戦争[*54]や階級分析の理論には、必ずしも個々のパレスチナ人を巻き込まなかった点である。

だが、ファタハが意味するのはこれだけではない。ファタハには多くの支持者がおり、比較的長い闘争の歴史があり、多くの人材（何千もの熟練した闘士や士官など）と、どちらかと言えば楽観的な世界観とが備わっている。この最後の点は意外な発言と思われるかもしれないが、ファタハが世界と政治的に交流を持つさいの自信や打ち解けやすさ、本質的な積極性などは、これによってかなりよく説明できる。その原因の一端は、ファタハがガマール・アブド・アン＝ナーセルの樹立したアラブ民族主義政治学の主流と融合したのみならず、その（現実には非常に進歩的な）スンナ派イスラムの文化的エートス〔特質〕をほとんど隠そうともしなかった点に求められる。要するにそれは多数派集団であり、自らを（私見によれば正当に）パレスチナ問題の代弁者と見做しているのである。ファタハがＰＬＯ全体を統括する理由もここにある。だが、ファタハとは何か、何を意味するのかという定義のかなりの部分は、ある意味で消極的に——政治上の競争相手がそれについて語る事柄や、彼らがなしたと主張するパレスチナ人の政治学の世界への貢献によって行なわれる。ここには、明らかにせねばならない重要な論点がいくつかある。

パレスチナ人の政治学の歴史は、パレスチナのために部外者によって企画された案（バルフォア宣言から一九四七年の分割案、キャンプ・デーヴィッドへと至る）への参加を頻繁に拒み続けたという事実によって特徴づけられるとするなら、ファタハは他の何にもまして拒絶することの少ない（最近の用語を用いるなら、拒否派的ではない）政治団体である。換言すれば、ファタハは、集団としての力の増大を肌で感じつつ取引を行なうため、敵側とのあいだで責任ある政治的解決に至る可能性が最も大きなパレスチナ人政治集団なのである。ファタハ、とりわけアラファートは実践主義的であり、その結果、より多くの時間と注意と技巧とが駆け引きや策略に費やされ、イデオロギーや規律正しい作戦行動に宛てられる部分がより少なくなるように思われる。ファタハの主要な競争相手である〔パレスチナ解放〕人民戦線や、のちに圧倒的となる〔パレスチナ解放〕民主人民戦線は、パレスチナ問題を取り巻く困難や文脈、イデオロギー的争点について、当初からファタハより遙かに意識的な問題関心を払っていた。例えば人民戦線は、パレスチナ回復の手段としてのアラブ革命を要求し、イスラエルや合衆国、「アラブ反動派」との（軍事的解決に対立する）政治的解決はいかなるものも断固、考慮することを拒否し続けてきた。今やこの地域の主導的マルクス・レーニン主義団体の一つの中核となった民主戦線（ＰＤＦＬＰ）[*55]は、もっと精妙な政治方針を主張し、一九六九年の創設以来、伝統的に、集団としてのパレスチナ人の地位に漸進的変化を求める前衛の役割を担ってきた。一九七四年、全パレスチナの解放からは程遠い当面の目標としてＰＬＯが採択した暫定的計画も、その最初の提案を行なったのはＰＤＦＬＰだった。一九七七年、さらに洗練されたこの計画は、イスラエル撤退後のパレスチナのいずれかの部分に、パレスチナの民族的政府（現在では国家）が樹立されるべきであるとする考え方を受け入れた。

拒否派（リビアおよびイラクの財政援助を受けた小規模組織を含む）とＰＤＦＬＰ（拒否派ではない集団）は、ファタハの多分に行き当たりばったりな、ときには融通無碍とすら言える政治方針を批判することによって真の挑戦を行なう。彼らの批判はイデオロギー、組織、戦略に関わっている。ＰＬＯとサウジアラビアあるいはシリアとのあるべき関係とは正確には何か。人口統計上パレスチナ人が多数派を占めるヨルダンに対して、我々はどのように振舞うべきか。ＰＬＯの構成員とイスラエルの公的人材とのあいだで一九七六年秋に会合[*56]が持たれたのは何故か、それにはとくにどんな目論見があったのか。サダトのイェルサレム訪問以降、彼への全面的非難がなされなかったのは何故なのか。未来のパレスチナ社会についてのファタハのヴィジョンはどんなものか。帝国主義の諸問題についてファタハが明確な決定を行ない、合衆国やその同盟国への甘えをきっぱり断ち切ろうとしないのは何故か。何より問題なのは、ファタハ主導のパレスチナの政治学では、ある指導者が甲と言い、別の指導者は乙と言って、あちらこちらから少しずつつまみ食いをし、官僚主義とスローガンが革命組織と意識高揚の働きをし、仕事の見返りとしての利益供与が行なわれ、真面目に説明責任を果たすこともなく大将ごっこ[*57]が横行する現実だ。こんな状態はいつまで続くのか。

こうした議論はしばしば、シオニズムとの闘い以上に多くの精力を消耗させる[*58]。ときには、全パレスチナ人にとってこの上なく重要な事柄——例えば国連安全保障理事会決議第二四二号をめぐる一九七七年末のＰＬＯの立場——に関する重要な決定が二、三行の短い文章に定式化されるかと思えば、ある事務所の拒否派職員と、隣の事務所のファタハ幹部とのあいだの一時的な揉め事の原因となった問題が、何頁にも亘ってぎっしり詰め込まれた

（往々にして不透明な）文章に記されることもある。私がつい先ほど述べたような、選択肢のあいだの優先順位の歪みや首尾一貫性の欠如の感覚は、競合するさまざまの政治哲学の機能であるばかりか、パレスチナ人の生が持つキュビスム的形態の働きでもある。自分たちの足下に領域をまったく持たない状態では、何が採るべき最良の道なのかを抽象的な意味で確実に見極めることはきわめて難しい。そこからしばしば、政治的忠誠心と友好関係との絶望的な混合物が生じ、それが半ば緩みかけた臍の緒のもつれのごとく、パレスチナ人同士、あるいはパレスチナ人と居留国とを結びつけている。アラブ世界の内部だけを考えても、各国・各政権はパレスチナの政治学において自らが何らかの影響力を持つか、代理人として発言するか、あるいは実際の党派活動が行われるか、いずれかのための保証が必要だと感じている。パレスチナ闘争との繋がりがアラブの政治家に与える正統性や権威のお墨付きは、かくも強い力を発揮するのである。こうして、ほとんどすべてのパレスチナ人は、それぞれイラク、エジプト、シリア、サウジアラビア（あるいはその他どこの国であれ）のかなりの量の知的・物質的重荷を背中に負ったまま、あるときは意識的に、またあるときは無意識裏に自分の政治活動を行なうことになる。アラファートはこれらすべてを取り込み、それらを（ナーセルのように）活かすことにかけては一種の天才だった。だがそれは、例えば一九七八年前半のファタハとイラクに援助された拒否派とのあいだの抗争のように、時として血なまぐさい内部闘争をも惹き起こした。それでも全体として見れば——おそらく少々逆説的ではあるが——パレスチナの政治学は抗争よりは和解へと進む傾向にある。ヴェトナムやアルジェリアの解放運動と比較した場合、パレスチナ解放運動の特徴は、敵対者同士が相互に争ったり、相手を粛清しようと試みたりする激しい派閥抗争がなかった点にあるが、この事実は右のような傾向によっても説明できる。一部の批評家はこれを運動の重大な欠陥と見做し、パレスチナ人（とくにファタハ）が拳銃の銃身からではなく、議論で相手を打ち負かすことによって力を得られると考えている点に言及する。他の批評家はこの事実を認めて、ＰＬＯが十分な政治的・革命的意志を欠いたたんなる軍国主義体制だと批判するためにそれを利用している。

管見の限り、これまであまりに多くのパレスチナ人が誤解に基づいて信じてきたのは、解放運動に刺戟を与える活力源がその武装闘争の哲学にあるという説である。この哲学は、人民戦争の一般理論とともに、パレスチナ人諸集団によって導入された新しい概念と考えられている。というのも、六〇年代末葉を通じ、アラブの闘争をなお敢えて反帝国主義の観点から眺めようとしたのはパレスチナ人だけであったし、一九六七年以降は、ナーセルもバァス党員も概ね、国連安全保障理事会決議第二四二号がもたらす世界観の不可避性を受け入れていたからである。一九七〇年のロジャーズ提案[*59]受諾はその徴《しるし》であった。パレスチナ人の武装闘争の現実的意味は複雑であったが、少なくともある次元においてそれが表象したのは、解放闘争の終焉と、武力（および軍隊）の使用によって中心となる民族的権威を守ろうとする民族主義的努力の始まりであった。これこそまさに、国連安全保障理事会決議第二四二号がナーセル主義とバァス党主義になした事柄であった。なぜなら、そのお蔭で軍隊は（理論上）革命的・反帝国主義的勢力であることをやめ、必然的に保守派に属する現状の守り手へと変身したからである。その限りにおいて、パレスチナ人の武力は革命の道具であるよりも、むしろ国家形成の武器となる可能性の方が高まった。

従って、ヨルダン政府軍とPLOとの闘いにおいて、パレスチナ人の武器によって守られたのは、言ってみれば独立したパレスチナ人の主体性《アイデンティティー》だったことになる。武器が革命を前進させることはできなかった。というのも、ヨルダンという国家の脈絡においては、銃にできるのはせいぜい、国家が独占する暴力に挑戦することぐらいであり、しかもその基本にあるのは、国家の内部で個別に制度化されたパレスチナ人の利益を守ることだからである。だが、一方でパレスチナ人をヨルダンの泥沼にはまらせたその同じ要因が、他方では彼らに意外なほどの自由を与えることにもなった。仮に武装闘争と人民戦争の哲学とが、パレスチナ人の運動に備わるすべてであったとすれば、運動の活力はヨルダンで終息していたことだろう。明らかにそうならなかったのは、私が別の場所で「パレスチナ的観念」と呼んだパレスチナ人のヴィジョン、およびそこに内包される諸価値が、一時的なアラブ内部の諍いや、血なまぐさいアラブ同士の暴力を超越していたからである。パレスチナに世俗的・民主的国家を建設するという考え方は、最初にPLOの支持を得た結果、運動の持つ真の斬新さと革命的活力とを表象することになった。この考え方のお蔭で、いまださまざまな種類の反動と抑圧の桎梏に苦しむ地域へもその民主的諸価値が推し進められたばかりでなく、たんに多くの干戈を交えたり、あるいは怒りに燃え、失地回復を求めて歴史に復讐を加えたりするといったヴィジョンだけにはとどまらない、より多くの事柄が約束された。

こうして、カラーマの闘い以後の時期、パレスチナ人の運動は革命のヴィジョンと実際的・民族主義的駆け引きとのあいだを往復した。ヨルダン追放へと至る一連の軍事的挫折はあったものの、全体として見ると、PLOはその事務所や幹部や闘士や支持者の算術的合計を遙かに上回る力を持って浮上した。この運動を分析する西洋人がつねに誤解してきた事柄の一つに、PLOは世界をテロの恐怖に陥れるために作り上げられた「装置」である以上、人々の人気を博することもなく、支持者どころか、参加を希望する志願者すらも得られなかったとする主張がある。[12] 実際はむしろ、パレスチナ人の歴史と悲願とに感応したパレスチナ人の総意に基づく仕事こそが、この機構の表象するものだった。時としてPLOが、全体的に混沌状態にあるように見えたとすれば、それもまたある面では、多方面からパレスチナ人を一度に徴集するというこの組織特有の才能がなせる業であった。PLO内部のさまざまな政治的党派——人民戦線、民主戦線、その他——がパレスチナ（および他のアラブ）の多くの思想潮流によって弄ばれたり、逆にそれらを弄んだりしたことは事実である。だが、PLOの根深く永続的な正統性は変化しなかった。それどころか、一九七四年以降、支持基盤はより強化されてきた。

その理由を単純ないくつかの要素に還元することもまた、厳密に言えば不可能である。私自身は、PLO内部にさまざまな価値や考え方、公開の論戦、革命的主導権が豊かに併存しているという事実に深い印象を受けている

――これらの人間的無形資産が果たす役割は、一個の戦闘的党派が行なう千篇一律の組織化などを遙かに凌ぎ、より多くの忠誠心を喚起してきたように私には思われる。PLO内部のパレスチナ人官僚組織の発達にさえ、こうした無形資産が伴っていた。六〇年代末葉というごく最近まで、パレスチナ人はアラブ諸国が提供する政治的枠組みの完全な内部で生活していたことに思いを馳せてみるがいい。それが十年のうちに、驚くほど活動的なパレスチナ人諸組織がずらりと勢揃いし、そのすべてを合意に敏感なPLOがある意味で統括しているのだった。数多くの学生組織、女性団体、労働組合、学校、驚くほど洗練されて面倒見のよい復員兵福祉・援助計画、広範な健康管理と物資供給のネットワーク――こうした一覧表にはさらに多くの追加が可能であり、増え続けるパレスチナ人の要求に答えるべく、それらはつねに洗練され続けている。要するに、PLOの役割とは、他のどんな機関にも不可能なやり方でパレスチナ人を代表＝表象すること（ここでもまた、PLOはパレスチナ人のための居場所をどこにでも即座に準備する。それがこの組織の達成した最も重要な仕事であった）であり、政策や指導力の欠陥にも拘わらず、パレスチナ人の大義を活かして、これを一時的な組織や政策以上に大きなものとし続けることである。

さらに二つの要素についても触れておく必要がある。それらはいずれも、従来十分になされて然るべき議論の対象とはなってこなかったからである。その第一は、中心的指導者たち、とくに多くの誤解と中傷を受けてきた政治的人格であるヤーセル・アラファートによって、パレスチナ人の資源が概ね順調に管理・運用されてきたという点である。アラファートは、きわめて本質的な二つの事柄を行なった最初のパレスチナ人指導者であると言っても不適切ではないように思われる。つまり彼は、（1）至る所でパレスチナ人に影響を及ぼす主要な要素（パレスチナ人相互の諸問題、アラブ的・地域的諸問題、国際的動向）のすべてを実に知的に把握し続け、（2）パレスチナ人の生活の細部にも、同様の驚異的管理能力を発揮したのである。彼がかくも長いあいだ、巧妙に中心的地位を占め続けてきた理由もそこにある。イギリスの委任統治のあいだも、ある種の指導部といったものは存在したのだが、そこには少数独裁制の色合いが混じっていたし、おそらく何よりもその効率性を殺《そ》ぐことになったと思われるのは、中心的かつ広範な基盤を持つ政府に準じた存在として、指導部が自らの行為に責任を負うことができなかったという点である。アラファートとファタハは、細部へ注意を払い、全体への気配りをしながら、しかも独裁や気まぐれを思わせることなしにこれを成し遂げた。分析的に扱うことがずっと難しい第二の要素は、資金である。これについては次に略述しよう。

　流亡の地のパレスチナ人は、パレスチナ民族基金[60]に定期的に送金している。この基金は、ＰＬＯ自体を含めたすべてのパレスチナ人機関と同様、議会すなわち立法部門の機能を果たすパレスチナ国民会議[61]に対して責任を負う。国民会議は全体的な政策を公布するが、それを実施する責任はＰＬＯとその諸機関にある。パレスチナ人の予算は膨らみ続けた結果、ついに百万前後の人々の公益業務や物資調達、訓練、武装などを効率的にまかなうまでになっている。パレスチナ人から自発的に供与される浄財を補うのが、サウジアラビア、クウェート、その他石油で潤沢な国々を含むアラブ諸国から集められた、年ごとに額の変動する資金である。さらに、シリアとエジプトは、物質的規模よりは威信により多く依拠した貢献によって、その影響力を行使してきた。これらすべてについて重要なのは、それらがパレスチナ人の教育の発展と同様、政治的・領域的に人々が不利な状況に置かれているという見方の誤りを明らかにしてくれる点である。第三世界の民衆運動の古典的分析においては、連続的な疎外と貧困とが運動の主たる定数に変換されるが、そうした分析はここでは破綻する。パレスチナ人人口の実質的部分は今なお貧困に喘いでいるが、巨大な少数派集団は教育を受け、圧倒的な資源を活用できる立場にある。こうした矛盾のせいで、いくつかの問題が先鋭化した劇的表現を与えられる。社会的理想と、本来的に保守的傾向が弱いというよりはむしろ強い諸制度、これらのあいだの軋轢がその一つである。また別の問題は、政治の実務をこなす上でのアラブ諸国の慣行が、しばしばパレスチナ人の発展の立役者となってきた進歩的潮流と公的な場で齟齬をきたす可能性である。

最後に、パレスチナ人がブルジョワ化するという危険な見通しもある。勿論、こうした見通しは、パレスチナ人のあいだの開かれた階級対立を健全な形で強調し、さらにはそれを明確に喚起するのだと主張することも可能である。こうした対立が労働者階級の勝利に終わるのであれば、それは革命にとって一層望ましいことになる。

だが、こうした議論がそっくり回避しているのは、流亡の地で内輪もめを起こすとはどういう意味なのかという本質的問題である。パレスチナ人の求めるのが民族的自決である以上、その探求を歪めるものは何であれ、おそらくは利益より害悪をもたらすことだろう。他方、パレスチナ人の探求を保守的に解釈し、私たちは皆一九四八年へ、自分たちの土地財産の許へ、そしておそらく伝統的なアラブ専制君主に支配されたアラブ国家へ戻ることができるなどと考えるのは、歴史的にも道徳的にも許容しがたい。この種の探求は、至る所で多くの不正の犠牲者を惹きつけてきたパレスチナ人のヴィジョンとは真っ向から対立する。だが、流亡先での富の蓄積と成功とが、未来に対する退行性のヴィジョンを生み出しているという不快な真実も存在する。従って、比類のないアラブの富が蓄積されたこの時期の有用性（と、この場合は不可避性と）を認めつつ、そこから生ずる可能性が高い腐敗の餌食にならないようにすることが課題となる。

だが、流亡者を引き裂き、社会を分極化してこれを麻痺させる究極の原因となるものは何であれ、パレスチナ人同士を団結させる内的な絆によって、これまできわめて高い確率でその働きを阻止されてきた。最も成功したブルジョワジーにさえ及ぶ流亡の効力は、決して過小評価されるべきではない。さらに、当該社会は今世紀初頭以来、少なくとも精神的に結束してきたのみならず、一九六七年以降の時期の具体的な歴史によっても実際上一つに結び合わされてきた。一九六七年の悲劇的大敗北以降、アラブ諸国にはイスラエルとの紛争を軍事的に解決する力のないことが否応なく明らかになった。政治的解決が新たな風潮となり、その一環として、この地域への合衆国の影響力が劇的に復活した。ガマール・アブド・アン＝ナーセルは、一九七〇年に死亡する以前、アラブ統一と反帝国主義解放闘争を放棄し、合衆国との政治的協調や、当該地域諸国家の完全性の尊重、限定的な政治目標の達成へと、自らイデオロギー上の方向転換を成し遂げていた。これらすべては（かつて拒絶していた）イスラエルの容認を示唆している。こうした方向転換がパレスチナ人に及ぼした効果のなかには、一九七〇―七一年および一九七五―七六年にそれぞれ生じたヨルダンとレバノンでの危機が含まれる。

先に私が述べたように、恐るべき数の犠牲者を出したこれら二つの危機は、避けることが不可能であったと言っても言い過ぎではないように思われる。それはちょうど、その逆説的結果として、PLOの民族主義的権威の高まりが不可避であったのと同様である。PLOを唯一正当なパレスチナ人の代表と呼んだ一九七四年のラバト会議[*62]の決定は、一九七〇年および七一年のヨルダンとパレスチナ人とのあいだの衝突の結果だった。レバノン内戦の結果の一つとして、パレスチナ人社会のほとんどあらゆる部門（占領地域およびイスラエル内のものを含む）がPLOの周辺に再編成された。つまり、パレスチナ人は予期の通り、ヨルダンおよびレバノン――それぞれの状況はいかに異なっていようとも――での治外法権的存在を攻撃され、制限されていた民族主義的悲願をさまざまな形で一層強く抱くことになった。ここに再び見られたのは、パレスチナ人の主体《アイデンティティー》性に関する実効的定義が必要だという圧力と、その圧力および急速に変化する政治的現実に対するパレスチナ人の反応である。

ヨルダンならびにレバノンでの二つの大きな危機のあいだに、一九七三年戦争が勃発した。それまでの二年間、ロジャーズ提案とヤーリング特使の調停[*63]が惨めな失敗に終わったあとだっただけに、その戦争はまるで、独自の方法で政治的妥協という考え方を強調した観があった。一九七一年にサダト大統領や、より不鮮明な形ではあれシリア人・ヨルダン人たちが行なった提案は、サダトが一九七三年に行ない、一九七七年末のイェルサレム訪問時にも行なったように思われる提案と同一であった。つまり、イスラエルが占領地域から、不明瞭さを残さない形で完全撤退することを条件に、イスラエルと和平を結び、パレスチナ国家を建設するというものである。この提案とともに、パレスチナ人の立場は大きく変動した。一九七四年のパレスチナ国民会議総会ののち、またより積極的には一九七七年の総会後、少数派がなお（激しい感情的訴えかけによって）完全解放を主張したにも拘わらず、パレスチナ人は国家建設を決議した。最後にＰＬＯを揺さぶったのは、私の見るところ、中央の民族主義的政策を支持する新規参入の強力な構成員、すなわち西岸・ガザ地区のパレスチナ人であった。彼らは、ほとんど十年に及ぶイスラエルの厳しい支配の後、一九七六年の市政選挙において、自らの代表としてのＰＬＯに対する強力な支援を公言していた。さらに、イスラエル内部のパレスチナ人も、ほとんど同じようにＰＬＯを歓迎した。彼らが（自らの闘争の歴史に合わせて）取った手段は、一九七六年三月三十日の土地の日[*64]（ヤウム・アル＝アルド）であった。このとき以来、ＰＬＯを支持するパレスチナ人が文字通り何十回となく意見表明や宣言や示威行進を行なった。ＰＬＯが現在行なっているような形で、自らが中心となって強力に人民を代表し、かつ人民の側に立ったパレスチナ人組織は、これまで一つとして存在したことがない。

4　審議未了のパレスチナ人

だが、パレスチナ人の根源的苦難はなお続いており、歴史は無慈悲にも、そうした苦難のまわりに自らの皮肉を統合して積み上げていった。私がこれまで一貫して述べてきたように、パレスチナ人は奇妙な運命を体験しつつあり、今ほどそれが痛切に当て嵌まるときはない。シオニズムによる植民地主義的入植のさいには、彼らはパレスチナに存在しているがために罰せられ、その後彼らは、パレスチナに存在しないという理由で罰せられてきたのである。追放者、あるいは国籍を超越した治外法権的存在として、またイスラエル内部の抑圧された非存在者として、パレスチナ人は中東問題の中心、ないし中核に位置すると認められている。一九七四年、国連において百以上の国々が、PLOをパレスチナ人代表として受け入れた。しかし、パレスチナ人と最も深く関わっている諸国は、その考え方のみならず、パレスチナ人の主体《アイデンティティー》性の存在それ自体にも異議を唱えている。どんな社会にも国際的に与えられるべき、民族としての基本的で正当な認知を拒絶されながらも、パレスチナ人は歴史上かつてないほどのめざましい卓越性と成功、発展の段階に生きている。さらに、彼らがPLOを通じ、今ほど同胞と政治的に結びつけられたことも、また地理上・人口統計上の断片化が今ほど克服困難な障碍となったこともかつてなかった。

ただし、彼らを取り巻く矛盾や皮肉も、それに劣らず実に厳しい。考えてもみるがいい。一九六七年および七三年の戦争以来、アラブ世界はイスラエルとの和平という考え方に同意するようになったが、アラブ内部での暴力沙汰がこれほど増加したこともそれまでは一度としてなかった。パレスチナ人の大義はどのアラブ政府にとっても最優先事項であるが、アラブ政府の手で殺されるパレスチナ人の数はぞっとするほど多い。この地域には、少なくとも和平機構の内部に祀り上げられた形で、超大国間の勢力均衡が存在するものと見做されている。例えば、〔一九七三年の〕ジュネーヴ和平会議[*65]では、合衆国とソ連が共同議長国を務めたが、実際には後者が武器供与者としての周縁的役割を演じるにとどまるのに対し、前者は無傷のままでこの地域を支配している。パレスチナ人も和平交渉の過程に参加すべきだ、という言葉が今や世界を飛び交っている。だが、実際に参加しているパレスチナ人を探そうとしても、そのような者は一人として見つけることができないだろう。その代わり、エジプトやイスラエル、合衆国その他の指導者たちがパレスチナ人を代弁し、彼らのために目標や行動規範を定式化している。理論上、すべての扉はパレスチナ人に開かれているはずだが、実際には一つも開かれていないというのが実感である。この矛盾の具体例として、パレスチナ人および中東に対する合衆国の最近の一般的反応を検討してみよう[*67]。

一九七四年および七五年のシナイ協定締結以後の数か月間[*66]、ヘンリー・キッシンジャーによるこの地域での合衆国の政策が強調したのは、漸進主義と個別交渉主義であった。そのお蔭で、アラブ統一という巨大な、しばしば錯覚に基づく構造体はなし崩しにされ、この地域の諸国家を分離するため、油断なく張りめぐらされた境界線を保持することに近視眼的努力が集中された。ほとんどの解説者が述べなかったことだが、一九七五年のイスラエル・シリア・エジプト間の仮協定に明らかなように、合衆国のこの地域に対する考え方の全体的傾向が促進したのは、過去でも未来でもない現在、つまり（歴史的にはきわめて不安定な）現体制のみを視野に入れる思考であった。キャンプ・デーヴィッド合意によって頂点に達したこの傾向の本質は、政治的な注目度や重要性の単位を収縮させることに他ならなかった。合衆国がこの地域の諸政権に奨励したのは、事物を全体として動態的に捉えるかわりに、それらを現在の離散的状態のまま凍てついたものとして見ることであった。その結果、事物のあいだの連続性や人間生活の首尾一貫性は、突如として引き裂かれてしまった。国家間や共生する社会のあいだの関係、現在の諸問題と過去や未来の諸問題との関係――これらすべては無効と宣言されたように思われた。重要なのは、おそらく第二のキッシンジャーのような、巡回好きな合衆国の仲介役の登場によって、複数の「協定」を一つに編み上げることだけだったように見受けられる。合衆国が自らに課した役割とは、諸国家や民衆、諸制度のあいだを媒介して、自らの利益――そのきわめて市場優先の考え方――を国家間・社会間の地域的協調の代用品にすることであった。

従って今日の中東では、共通の利害はより大きな統合的見取図の一環としてではなく、さまざまの少数派集団――少数派政権や少数派の小共同体――の自己保全のために相互を連携させる、狭隘な個別交渉主義の一部と見做されるようになっている。旧来のオスマン帝国のミッレト体系や、*68 その背後で固く凍てついた思考が時代風潮となってしまった。そして確かに、国籍を超越した社会を作るパレスチナ人ははみ出し者であった。こうしてパレスチナ人は、その流亡のつけを全額、繰り返し繰り返し支払わされ続けており、レバノンの進退きわまった板挟みの状況はその具体化に他ならない。パレスチナ人は離散して自前の領土を持たないため、今やこの地域の国家はいずれも、彼らの延命が他のあらゆる問題に影響を及ぼし、それらを一層深刻にしかねないと考えるに至っている。

しかしながら、パレスチナ人を位置づけ、彼らの延命の問題を定式化する概念的語彙（彼らを叙述するために用いられる単語までも含めて）から確認できるのは、パレスチナ人の存在を図式化し、その要求や歴史、文化、政治的実体を発音しえない単語へと変換してしまう、ある効果的な失語症的体系の存在である。西洋では、パレスチナ人はイスラエルの従来の思惑通り、即座にテロ行為と結びつけられる。文脈を抜きにすると、パレスチナ人の自暴自棄の行為は、理由なき殺人のようにも見える――実際、私見によれば、個々人の冒険的行為（ハイジャック、誘拐その他）の多くは均衡を欠いた、結局は非道徳的で無益な破壊行為でしかなかったように思われる。だが、少なくとも七〇年代初頭以降、ＰＬＯがテロを回避し、これを断罪してきたことには注意せねばならない。一九七四年五月のマアロット事件*69のような出来事の前には、南レバノンのパレスチナ難民キャンプに対し、イスラエルが何週間にも亘ってナパーム弾の爆撃を加えていた。だが合衆国では、けしからぬことに、こうした事実は無視され、報道もされない場合があまりに多い(13)。同様に、イスラエルや西岸・ガザにおいて爆弾が仕掛けられるという事実も、日常的抑圧と長期間の軍事占領の残虐性という文脈のなかで理解されねばならない。さらに、シオニストがアラブや他のユダヤ人、国連職員、イギリス人に対して行なったテロの記録は、パレスチナの歴史のなかでも類のない、まさに空前のものであった。また、シオニストはアラブ諸国の内政問題に干渉し（レバノンはそのうちでも最も近年の、最も隠されることの少なかった事例というに過ぎない）、イスラエルはパレスチナ人を抑圧し、国家の是認する拷問を加え、国際的な不法行為（国連決議の遵守の拒否、民間人の扱いに関するジュネーヴ条約*70違反、核拡散防止条約署名への消極的態度、イスラエルによるヨーロッパでのアラブ暗殺、そして言うまでもなく、ヨルダン・レバノンのパレスチナ人に対する侵攻の繰り返し）を働いてきた歴史がある。これらすべてを前にすると、パレスチナ人の「テロ」など、きわめて影の薄い、益体《やくたい》もないものになってしまう。ただし私は、そうでないことを望んでいるわけではないのだが。

　つまりイスラエルにしてみれば、パレスチナ人とは「テロリスト」であるか、（非ユダヤ人である以上）イスラエルの統計を肉付けする徹頭徹尾非政治的な一項目であるか、あるいは従順かつ有用な臣民であるか、そのいずれかなのである。今日、西岸・ガザ地区の八万から十万のアラブ労働力はイスラエルの労働市場を膨張させているが、これらのアラブは皆、言ってみれば芝刈り人と水汲み人[*71]である。[14]イスラエル人の普通の言い回しでは、「アラブ」という形容詞は不潔、愚鈍、無能と同義である。他の場所でこのような――事実上人種差別に基づく――搾取が続けば、リベラルで民主的な西洋においては一斉に非難されるべきところだが、イスラエルの記録は許容されるばかりか、称讃すらされている。何故か。それは、パレスチナ人に対してなされた仕打ちについて、イスラエルが自らと世界の眼を閉ざすことにうまうまと成功したためである。さらに悪いことに、西洋の知識人や思想家（例えば、イェルサレムにおけるイスラエルのやり方を非難するユネスコ〔国連教育科学文化機関〕の声明が出されたとき、イスラエルの側に馳せ参じた著名人たち）は密集方陣を組んでその偉業を讃えているが、人間的・民族的見地からすれば、実はその偉業の暗黒面こそ、一民族全体の存在を破壊してきたものなのである。

　最近、平和と理解のためにはある程度の危険も厭わないという、イスラエル人「ハト派」集団[15]が擡頭してきたことは心強い。だが、イスラエルの安全とアラブの脅威についての古くからの議論によって、つねに彼らの前からあらゆる代替案が押し流されてしまうのは残念至極である。また、アラブ諸国に住まうパレスチナ人についても、その存在が各国固有の利害に従属するものと見做されている以上、状況は五十歩百歩である。どのアラブ諸国も、あらゆる機会を捕えてパレスチナ問題に一定の態度を取ってみせるが、それは大抵の場合、抽象概念としてのパレスチナ問題に対してであり、しかもその「神聖さ」が、現体制の体面を幾許かは取り繕ってくれるからである。さらにその体面なるものも、国際的には体面とは見做されてこなかった。むしろ、パレスチナ人寄りの修辞法は反セム主義と解釈される場合があまりに多く、政治的意図は往々にして宗教的・文化的色彩を帯びるため、それがどんなによいものであっても信用を失ってしまう。エジプト、レバノン、ヨルダン、シリアが、パレスチナ人の望むのと同じパレスチナ人自決を心底から望んでいるなどと、今や誰が断言できるだろう。パレスチナ人の権利のための闘争と、アラブがイスラエルと折り合いをつけたという事実とが本当に同義であるなどと、どうして確信することができるだろう。

こうして、パレスチナ人の自決達成への障碍となる要素を簡略に概観しただけでも、私たちが悲観的にならざるをえない政治の文脈は間違いなく感知できる。少なからざる障碍となっているのは、自決が積極的には何を意味するかについて、パレスチナ人の一貫した主張が比較的稀にしかなされなかったことである。つまり私が言わんとするのは、パレスチナ人が土地を奪取され、政治的に疎外された民族であるために、また（私がこれまで述べてきたように）イスラエルのシオニズムが成功した大きな要因の一つに、その効果的な自己主張の力があったために、流亡の境遇やイスラエル治下にあるパレスチナ人はせいぜい、自分たちの非存在を否定するだけで満足せねばならぬ場合が多かったということである。そして、この拒絶と抵抗と反対の立場は、今日のパレスチナの政治文化において強力な伝統となっている。シオニズムが国際的に成功した秘訣は、パレスチナをパレスチナの内部から把握したこと、そしてさらに重要な点として、パレスチナ人原住民をあたかも部外者のごとく見せかけたことにある。それ以後のほとんどの期間、パレスチナ人は部外者として内側を覗き込み、追放の事実こそが自己の存在を定義する主たる特徴であることに気づくという状況に置かれてきた。私たちが以前の所属先や、長い歴史的な祖国との絆を主張するためには、相続権を剝奪された部外者という、現在の私たちが陥っている立場を継続的に否認してゆく必要がある。そして、それを否認すればするほど、私たちは——部外者であることをやめ、民族的自決権を行使しない限り——ますますそれを認める結果になってしまう。そのとき私たちは、これまで私が列挙してきたさまざまの困難にたちまちのうちに直面することになる。どうすれば人間は、限定的な境遇や消極性を乗り越えて、自分たちの実像と欲求とを積極的に主張することができるのだろうか。だがこれは、たんなる意志の問題にはとどまらない。それはまた、適切な手順や利用すべき諸勢力の正しい配合、同胞や友人を動員するための適切な修辞と概念、主張するにふさわしい目標、訣別すべき過去と闘い取るべき未来、これらの発見の問題なのである。

私見によれば、私たちはこれらすべてを把握し始めているのだが、先にも述べた通り、まだ十分には効果的で持続的な力を伴っていない憾みがある。私たちに敵対する形で配置された諸勢力は今なお恐るべき強さを誇っており、私たちとアラブ諸国や超大国、あるいは友好的だが時として要求過剰な同盟国などとの縺れた関係は――現代史の混乱とも相俟って――重大な制限要素となっている。だが、今ではいくつかの根本的真実がパレスチナ人の現実性の一部となっているように思われ、それらの真実を媒介として、私たちは未来を築き始めている。私の見るところ、イスラエル人とは違って、大多数のパレスチナ人は、彼らの「他者」であるイスラエル・ユダヤ人が、未来において自分たちとともに生きるべき具体的・政治的実体であるという真実を十分認識している。またこれと同様に強烈に自覚されているのは、パレスチナ自決の問題に西岸・ガザのパレスチナ人のみでなく、全パレスチナ人が関わっているという点である。この、勝ち取られた共同体という考え方はPLOの生み出した重要な業績であり、それが一九六七年および七三年の戦争以後のさまざまな事件から生じてきたことは言うまでもない。ただ、パレスチナ人についての全体論的感覚というものが存在し、それがPLOの働きや構造のなかに具現化されているとするなら、そこにはまた、パレスチナ人の新たな未来についての正確に表現された理解というものも存在する。全面的解放から限定的解放へ――つまり、パレスチナ全土に世俗的民主国家を樹立するという希望から、西岸・ガザ地区におけるパレスチナ人国家へ――という目標の変化を体験するなかでも、パレスチナ人社会は自決という目標とその価値とを保持してきた。思うに、ヤーファーやハイファー、ガリラヤは二度と再び一九四八年以前の状態には戻らないし、私たち何千人もが失ったものは永久に失われてしまったのだという深い、忘れがたい喪失感は、私たちの大半にいつまでも燻り続けることだろう。ただ、私たちはパレスチナにおいて、本来なら一種平等な主権を得てしかるべきだったのに、実際は何一つ所有しなかったのである。たとえミニ国家や旅券、国旗、国籍のために妥協がなされたとしても、人間が人種や宗教によって定義されたり制限されたりするべきではないというより大きな理想は、依然としてその影響力を持ち続けることだろう。

私自身の信念——それを私は本書の最後の章でより詳しく議論するつもりであるが——によれば、一民族としての私たちが閲《けみ》してきた過去一世紀間の歴史を充足させるためにも、現段階で独立したパレスチナ人主権国家を樹立することが要求されている。私たちが何者であり、過去に何をなし、何をなされてきたのかという財産目録は、一国家という形で完全に正当化されたり、そのなかに具現化されたりしうるものでは決してない。これとは逆に、一国家が過去の苦難の歴史を矯正し、これを食い止め、その記憶を体現することができるとする考え方は、パレスチナ人にとっては、ユダヤ人のためだけの分離国家というイスラエル人の理論と、シオニストによるその国家創造の実践とをもたらす原因であったように思われた。イスラエル内部においても、ディアスポラ〔離散〕の地においても、ユダヤ人は主として自分たちが惹き起こしたパレスチナ人問題に対し、頬かむりを決め込むことで実に多くのものを失っている。他民族と一緒に今や共通の土俵に立ち、（排他的ではない）共通の未来のための共同の探索に従事するといった可能性を、確かに彼らは捕えそこねてきたのである。パレスチナ人の祖国建設の努力において、今や私は孤独からはまったく程遠い地点にいる。というのも、それこそが、今世紀の私たちの歴史が持つ積極的意味だと信じるからである。また、そのような祖国がパレスチナ人アラブとイスラエルのユダヤ人との和平に向けての、最初にしておそらく最も重要な第一歩になると信じる点でもまた、私は多くの同志を持っている。隣接する国家間の平和とは、共通の国境線、定期的な交流、相互理解を意味するだろう。やがて、差異によって敵意よりもむしろ交流が活性化し、人々のあいだの人間的接触が国境線自体より遙かに重要になることを、いったい誰が想像しえないであろうか。

しかしながら、これらの差異の形式自体が異常なまでに変化を遂げ、それと同時にパレスチナ人自決に向けた進歩の質も変容してしまった。その結果、私たちに明らかになったのは、イスラエルがかつても今も、ある種の効率性の政治学の極限形態だったという事実である。これは、明らかな受益者としての今日のイスラエル・ユダヤ人と、喪失者としてのパレスチナ人アラブの双方に等しく当て嵌まる。パレスチナ人アラブにとって、それを見ることと知ることとはまったく別物であった。アラブにとってこれら二つが何を意味したかを示すために、私は、自分の生涯に出会った劇的に異なる対照的な二つの経験を引き合いに出すことにしよう。四〇年代中葉をパレスチナで少年として過ごした私は、しばしば大人たちの政治談議に耳を傾けたものだった。とくに強い印象を受け、片時も忘れたことのないのは、家族ぐるみでつき合っていたさる年配の知人――イェルサレムのアラブ社会では著名人で、国内で次第に力を強め、組織化されつつあったシオニストの存在をきわめて正確に意識していた弁護士――があるとき、自信に満ちた口調で語った所見である。それまで、議論の雰囲気は悲観的だった。「奴らは実によく組織されている。訓練を積み、完全武装して、明らかに俺たちの財産を狙っているのだ」などと、皆が異口同音に言うのだった。すると彼が、あたかも天からの声のごとくにこう語った。「我々と奴らとのあいだでいざ実際の戦闘が始まれば、ハリーリーの一団［いつであろうと闘いを厭わず、その幾分非情な強さによって格言的存在だったヘブロン［ハリール］のアラブ住民］を繰り出してやるさ。そうすればシオニストの連中など、棒切れで追い払ってくれるわ。」

何年ものあいだ、パレスチナのシオニズムに関するあのおめでたいほど愚かな言葉は、土地のための闘いに対するパレスチナ人の反応の典型として私の心に残った。にも拘わらず、それに対する私の批判的態度がやや不当であったことも私には理解できる。今世紀、パレスチナ人アラブが直面した混乱や圧力、相矛盾する諸問題はきわめて巨大であったが、その試練に備えるための足しになるものは、彼らの歴史や社会のなかにはほとんど存在しなかった。パレスチナ社会は封建的・部族的基本線に沿って組織されていた。ただしそれは、パレスチナ社会に独自の統一性が存在しなかったという意味ではない。統一性は存在したのだが、その民族的統合だけでは、イギリス委任統治とシオニストの植民の努力、それに近代化の始まりという、主として第一次大戦以降のしかかってきた三つの巨大な重圧に対処することは容易ではなかった。四世紀に亘るオスマン帝国の統治のあと、独立を考え始めていた社会にとっては、こうした重圧のうちの一つ、あるいはひょっとすると二つにまで首尾よく対処できたとすれば、それだけでも大手柄と言えたことだろう。だが、仮にシオニズムに対する民族的団結があったとしても、一九四八年までパレスチナを管理していたイギリス委任統治政府へのアラブ側の政策にはしばしば混乱が見られた（のみならず、明確な反帝国主義イデオロギーも存在しなかった）。さらに、「名士たち」[*72]による伝統主義的指導と、それに対するイギリスおよびシオニスト側の反撥、アラブ農民・労働者階級のそれへの忠誠ならびにそこからの経済的・社会的疎外、これらのあいだで社会に生じた亀裂――そのすべてが分裂を強制し、その分裂は、パレスチナにおいて一つの社会として進み続けるために自分たちに事実上何ができるのか（あるいはできたのか）についての、悲惨なまでに不完全なアラブの意識のなかに反映された。

だが、そうした社会そのものではないにせよ、その社会に関する観念はずっと存在し続けた。これはほとんど驚異以外の何物でもない。パレスチナ人は、帰還の望みに見切りをつけたりはしなかったし、周囲を取り巻くアラブの海のなかに無差別に溶解するという別の選択肢など、一瞬たりとも考えたことがない。自らの歴史の意味や、世界の多民族共同体の陰鬱な運命を踏まえた多元主義的社会の意味、流亡と帝国主義的抑圧、植民地主義的土地奪取を背景とした民族的独立と自決の意味、これらをかくも短期間に――一世代にも満たぬあいだに――これほど深くかつ真剣に共同体として洞察した事例は、他のアラブ社会には存在したためしがない。だが、集団としてのパレスチナ人の成熟を示すこれらの指標はすべて、政治的効率へのパレスチナ人の取り組みという、人類史上新しい現象によって可能となったのだし、それらの基盤もまたそこに存在した。

ここから私は、第二の経験へと導かれる。それが、政治的効率性とは何を意味するかについての（物言わぬ証拠とは正反対の）劇的に把握された知識を説明してくれるだろう。一九七七年の春、流亡の地におけるパレスチナ人の議会であるパレスチナ国民会議の一員として、私はその審議に参加した。カイロのアラブ連盟ビルに集まった会議の代表は、総勢二百九十名に達した。西岸の百五十人ほどの議員は、会議に出席した場合、イスラエルが帰国を許可しなかったため不在だった。それでも、会議はあらゆるパレスチナ人社会とあらゆるパレスチナ人個人とを広範囲に代表していた。決議案が定式化されて議論される前の一週間に行なわれた公開討論では、パレスチナ人に関わる最近の事件を概観するというのが議論の定石だった。だが、この場合、ＰＬＯが議会の立法部門に対する執行部であるため、本当の主題は、ＰＬＯがどれくらい十分に活動したかという点にあった。一九七四年に行なわれた前回の会議以来、かなり重要な出来事が数多く起こっていた。レバノン内戦や、多くの外交上・政治上の変更があったし、パレスチナ人内部での態度の変化もきわめて大きかった。そのなかでもとくに重要なのは、イスラエルと並行する形での国家を選択するという決定、ならびに、パレスチナ人の権利のために支援を表明したイスラエル人（この場合はシオニスト）ハト派との会合を持ち始めるという決定だった。

そのとき以来私を驚愕させたのは、多数の記者団やメディアの代表者たちのうち、誰一人としてカイロで起こっている事柄の重要性に気づくだけの炯眼を持ち合わせていなかったことである。こうした障碍は、会議に続く数か月のあいだ、欧米の巨大な中東「専門家」集団についても同様に現われた。近年記憶される限りでは初めて、アラブ世界において広範な代表者からなる民族団体が、まったく民主主義的な方法で現実に重要事項を議論したのである。ＰＬＯは厳しい批判を受け、ヤーセル・アラファートその他の執行委員会は、徹底的かつ批判的に吟味された。このように事柄が進められうるアラブ国家、つまり指導層の説明義務が追求され、その責任が整然とした形で公開の場において検討され、議論と分析と決定がなされるようなアラブ国家は一つとして存在しない。記憶にとどめておく必要があるのは、カイロに参集した人々が流亡者であり、誰一人自分の領域を持たず、さまざまな国に居住して、さまざまな状態の、しかし本質的には制限された政治的自由しか享受していないという点である。多くの演説は予期した通り愚にもつかぬ内容であったが、私が見たところ、会議の活動にのしかかる最大の重荷は、パレスチナ人の問題に影響を与える事柄を一つ残らず隅々まで理解しようという集団的意志であった。パレスチナ国民会議が存在するという事実、あるいはPLOが社会・軍事・外交上の綱領を備えているという事実だけに惑わされて、表面的な楽観主義を抱いたり、束の間の刺戟を得たりした者がいたとは思えない。ただ、自分たちを祖国から追い出したその張本人によって存在を否認され、離散（その場にいたのは、南北アメリカ、ヨーロッパ、シリア、ヨルダン、サウジアラビア、クウェート、エジプト、リビアからのパレスチナ人で——実際にパレスチナに居住している者は一人もいなかった）の結果複雑化し、本来の民族的郷土のわずか三分の一からイスラエル軍を追い出すという、最小限受け入れ可能な目標の達成すら覚束ない状態の共同体にとってみれば、そうした事実は重要な事柄であった。その場に居合わせた誰もが、いかにすれば闘争を遂行しうるのか、可能な限り詳細に知りたがった。さらに——これは印象深い事柄であるが——イスラエルとユダヤ人を、究極的には回避可能だが、当面は回避不可能な政治的事実として捉えるのではなく、むしろパレスチナ人の政治的運命の理解に不可欠な事柄として取り扱おうとする試みがなされつつあった。パレスチナ人の存在の全否定の上に構築されてきたシオニズム運動にとっては、カイロで行なわれたほどに徹底した形でその現実全体の認知を誇ることなど、とうてい不可能であっただろう。

これら二つの典型的なパレスチナ人体験のあいだに横たわる政治的距離は恐るべきものである。その距離を測定しうるとしても、それは何か低俗な、おそらくはご都合主義的方法で「現実主義的」になってしまえばよいというような問題ではない。かつての四〇年代と今の七〇年代と、いずれの場合にもパレスチナ人は、政治的・人間的権利を喪失しつつある民族の観点から発言をしていた。ただし、現代のパレスチナ人は、自分たちにとって何が確実で何が可能かについての感覚を回復しつつあった。そして、その中心にあるものこそが効率性の鋭い把握であり、過去の所産であると同時に新たな未来の作り手とも見られる現在において、自分が何者であり、どこに位置し、いかにして闘争を進めればよいかという点についての自覚であった。勿論、今日のパレスチナ人の現実をきわめて大きく左右するのが、シオニズムの手で直接もたらされた苦難であることは言うまでもない。その歴史と現状を避けることができないのは、それを超越しない限りいかなるパレスチナ人の未来もありえないのと同様である。従って、カイロでの多くの議論の焦点となったのは、イスラエルという明確な現実、ならびにその現実がパレスチナ人の反応に影響を及ぼし、ある程度はそれを形成するに至った過程であった。

かくて、パレスチナ人意識に生じた一種の重要な進歩とは、パレスチナ原住民の抑圧にさいしてシオニズムとイスラエルとが日常的に発揮する効率性を、集団として、民族的かつ詳細に理解し、記録にとどめ、甘受し、目撃することであった。このパレスチナ人の方法における視覚と認知は、弁証法的にシオニストの盲目性と対応する。こうした視覚と認知とがともに継続したお蔭で、パレスチナ人は、ユダヤ人を取り込み、非ユダヤ人を差別する実践としてのシオニズムに対し、批判と代替案とを定式化することができたのである。現実の歴史的経験に裏打ちされた注意深い批判がなければ、こうした代替案の提示も不可能だったことだろう。そしてまた、現代パレスチナ人の政治綱領——ここで私が言うのは、特定の文書、あるいは特定のパレスチナ人指導者ないし知識人による個々の公式発言によっては十分に表象されない（さらに言えば、表象不可能な）広範な合意のことである——の主要な土台となるのは、選ばれた受益者にとってのシオニズムの成功を認めつつも、何より現実を、シオニズムが犠牲者に及ぼした明確な効果として歴史的に定義せねばならないという考え方である。その結果、それらの点においてパレスチナ人の政治的現実は変化を遂げ、棒切れで武装した屈強の村人による抵抗計画から、原住民であるパレスチナ人アラブに対するシオニストの効率性を取り込み、改訂することによって始まる抵抗へと移行していった。かくして、パレスチナ人の効率性というものがゆっくりと浮上してくる。

きわめて字義通りに見ると、パレスチナ人であることの簡約化不可能な機能的意味とは、第一にパレスチナを獲得し、第二にパレスチナ人の土地を奪取して流亡化させ、第三に国家たるイスラエルを維持するという、方法としてのシオニズムを体験することであった。そして、そのイスラエル国家においては、パレスチナ人は非ユダヤ人として扱われ、（六十五万のイスラエル国籍を持つパレスチナ人の場合）土地に存在し続けているにも拘わらず、政治的には流亡者であり続けているのである。いずれの場合にも、シオニズムの前提となっているのは、多数派原住民によるパレスチナ明け渡しであった。すでに述べたように、この紛れもない真実を矮小化することはできないし、名だたるシオニズム指導者たちは皆、この真実とじかに対面してきた。アジアに一国家を創設し、そこに当初、主としてヨーロッパ出身の移民を住まわせるためには、元来その領域に住んでいた人間を無化することが必要である。これこそシオニズムが単純直截に希求するところであり、そこから複雑な派生物が分岐した。だが、原住民たるパレスチナ人アラブと、彼らに取って代わった移民ユダヤ人にとっては、代替という事実そのものは決して多様ではなかった。そして、中東和平の模索はあくまでもこの事実を起点として始められねばならないのだが、それを議論の対象にすることすらいまだ始まってはいないのである。

訳注

1　トルストイが家族について述べたように——ロシアの作家トルストイ L. N. Tolstoj（一八二八—一九一〇年）の小説『アン

ナ・カレーニナ』（一八七五—七八年）第一編第一章冒頭にある言葉。

2　タルシーハー Tarshīḥā ——西部ガリラヤ地方、ハイファーの北西にあった、ローマ時代にまで遡る古いアラブ村落。第一次中東戦争のさい、アラブ側の司令部が置かれたため、一九四八年十月三十日にイスラエル軍に奪取された。一九五七年、北アフリカのユダヤ人入植者を主体とした村マアロットが二キロメートル東側に建設され、六三年にはタルシーハーもこのマアロットに併合されてしまった。マアロットについては、本章訳注69参照。

3　ゴラン高原 Golan Hights/al-Jawlān ——シリア南西部に位置する海抜一千メートル程度の高原地帯。戦略上の要地であるとともに、豊富な水資源を擁する。一九六七年の第三次中東戦争によりイスラエルの占領下に置かれたのち、七四年のシリア・イスラエル間兵力引き離し協定によって一部の返還が実現、しかし八一年にはイスラエルに一方的に併合された。

4　パイパー・カブ Piper Cub ——小型軽飛行機の種類。パイパー社はウィリアム・パイパー（一八八一—一九八〇年）が設立した合衆国の飛行機会社。

5　シャファーアムル Shafāʻamr ——上ガリラヤ地方の人口五千人程度の町。

6　ティベリアス Tiberias/Ṭabarīya ——パレスチナ北部のガリラヤ湖（ティベリアス湖）に面する都市。ローマの第二代皇帝ティベリウス（在位一四—三七年）の名に因む。

7　合衆国大統領——ジミー・カーター第39代大統領（在位一九七七—八一年）のこと。この言葉は七八年一月四日にエジプトのアスワンで行なわれた「パレスチナ人の権利」に関する演説のなかに織り込まれ、さらにやや表現を変えた形で、九月十七日のキャンプ・デーヴィッド合意文書のなかにも記された。

8　ウィルソン Wilson ——合衆国第28代大統領ウッドロー・ウィルソン（在位一九一三—二一年）のこと。第一次世界大戦中の一八年、いわゆる「十四か条」の平和原則のなかで、東欧・ロシアの少数民族の自決を唱えた。

9　マパイ Mapai——一九三〇年創立の「イスラエル労働党」Miflagat Poʻalei Ereẓ Yisraʼel の略称。

10　中等学校の——原文では「大学の」university となっているが、サブリー・ジリースの原典（二一二頁）によって改めた。

11　ハールーン・アッ＝ラシード Hārūn al-Rashīd ——アッバース朝第五代カリフ（在位七八六—八〇九年）。『千夜一夜物語』にも登場する、王朝全盛期の君主として知られる。

12　サラディン Saladin/Ṣalāḥ al-Dīn ——アイユーブ朝初代君主（在位一一六九—九三年）。十字軍と闘ってパレスチナの領有権を確保した。

13　モーゼス・マイモニデス Moses Maimonides/Mūsā ibn Maymūn/Mōšeh bēn Maimōn——中世ユダヤ教世界の代表的思想家（一一三五—一二〇四年）。コルドバに生まれ、パレスチナを経てアイユーブ朝治下のフスタートに定住、医師ならびにユダヤ教指導者として活動した。主著『迷える人々の導き』など。

14　イブン・ガビロール Ibn Gabirol/Sulaymān ibn Yaḥyā/Šᵉlōmōh bēn Gabīrōl——中世アンダルスで活動したユダヤ教徒の詩人・哲学者（一〇五八年歿）。ヘブライ語詩『王冠』や、ラテン語訳で伝わる形而上学的著作『生命の泉』など。

15　サブリー・ジリースの引用——サイードの引用は、原著第二版（一九七三年刊）の英訳によっているが、初版（一九六六年刊）に基づく英訳からの重訳、若一光司・奈良本英佑訳『イスラエルのなかのアラブ人』では一七五—七六頁に対応する。

16　人民戦線 Popular Front——一九五八年五月、ナザレおよびウンム・アル＝ファフムで生じたデモ隊と警官隊との衝突を契機として、七月にアラブの共産主義者と民族主義者によって設立された組織。軍政の廃止、土地奪取の終結と収用された財産の返還、民族的差別の撤廃、政府組織へのアラビア語の導入、難民の帰還などを目標として掲げたが、政府の厳しい弾圧により間もなく活動停止を余儀なくされた。「人民戦線」の崩壊後、民族主義者を中心に「（ウスラ・）アル＝アルド」が結成された。

17　タウフィーク・ザイヤード Tawfīq Zayyād——ナザレ出身のパレスチナの詩人（一九三二—九四年）。モスクワ留学後、ラカハ（イスラエル共産党）を通じて政治活動を続け、七四年クネセト議員、七五年および七八年にはナザレ市長に当選した。「我らは留まり続ける」（一九六五年）は、池田修氏によって「異常者」の標題で邦訳されている。以下の引用も主として池田訳によった。板垣雄三編『アラブの解放』ドキュメント現代史13、平凡社、一九七四年、二六七—六九頁。のち、中東の平和を求める市民会議編『パレスチナ問題とは何か』二一九—三〇頁にも転載された。なお、引用中の「リッダ」「ラムラ」はイェルサレムとヤーファーのあいだにある都市名、「ジャリール」は「ガリラヤ」のアラビア語訓み。

18　ナーセル主義 Nasserism/al-Nāṣiriya——エジプトの第二代大統領ガマール・アブド・アン＝ナーセル Jamāl ʻAbd al-Nāṣir（在位一九五六—七〇年）に象徴される民族主義的政治思想。

19　バァス党 Ḥizb al-Baʻth al-ʻArabī al-Ishtirākī——一九四七年、ミシェル・アフラクらを中心にシリアで創設された民族主義政党。バァスは「復興」「再生」を意味するアラビア語。「統一・自由・社会主義」を標語に掲げ、シリアでは六三年、イラクでは六三年および六八年に政権党となった。

20　拒否派 rejectionists——七三年の第四次中東戦争後、ＰＦＬＰ（パレスチナ解放人民戦線）をはじめとするパレスチナ急進諸派が合衆国主導の対イスラエル和平に反対して結成した「拒否戦線」（第四章訳注42参照）、およびこれを支援するイラク・リビアなどを指す。

21　胡桃の殻に包まれていた in nuce——元来はローマの博物学者プリニウス Plinius Secundus（七九年歿）の『博物誌』第七巻85で、「ホメロスの『イリアス』の詩を記した羊皮紙が胡桃の殻に包まれていた」とするキケロの言葉を引用するさい用いられた表現。英語圏では、ジョージ・エリオット訳（一八五四年）のフォイエルバッハ『キリスト教の本質』第二巻22章が初出。

22　原住民たるパレスチナ人アラブ――この部分の原文は "the native 3b 24 Palestinian Arabs" となっているが、"3b 24" は誤植と思われるので訳出しなかった。その代わり、この部分に原注番号（6）が脱落していると判断し、これを補った。

23　東イェルサレム East Jerusalem――一九四八年の第一次中東戦争の結果、イェルサレムはヨルダンとイスラエルの軍事境界線（グリーン・ライン）によって東西に分割され、旧市街を含む東イェルサレムはアラブ地区、西イェルサレムはユダヤ人地区とされたが、六七年の第三次中東戦争後、東イェルサレムもイスラエルに併合された。

24　イブラーヒーム・アブー・ルゴド Ibrahim Abu-Lughod――ヤーファー出身の政治学者（一九三〇―二〇〇一年）。一九五七年、プリンストン大学で政治学の学位を取得、のちノースウェスタン大学で長らく教鞭を執った。九二年の退官後、パレスチナの西岸地区にあるビール・ゼイト大学の副学長となる。『アラブのヨーロッパ再発見』（六三年）、編著『パレスチナの変容』（七一年）など。

25　アルバート・ハウラーニー Albert Hourani――イギリスのアラブ思想史家（一九一五―九三年）。レバノン移民の家庭に生まれ、オックスフォード大学で長く教鞭を執った。『リベラル期のアラブ思想』（六二年）、『アラブ人民の歴史』（九〇年）、『ヨーロッパ思想のなかのイスラム』（九一年）など。

26　東方キリスト教徒 Eastern Christians――いわゆる東方教会に属するキリスト教徒。東方教会とは、①ビザンツ帝国内で発展し、一〇五四年にローマ・カトリック教会と決裂したギリシア正教会（東方正教会）、②四三一年にエフェソス公会議で異端とされたネストリウス派、③四五一年にカルケドン公会議で異端とされた単性論派からなり、単性論派にはシリア正教会、コプト教会、エチオピア教会、アルメニア教会が含まれる。オスマン帝国時代、カトリック側はこれら東方キリスト教徒に働きかけ、カトリックの教義の受容と教皇への服従を誓うユニアート（合同）教会を分離独立させた。こうしたユニアート教会としては、ギリシア・カトリック、カルデア・カトリック、コプト・カトリック、アルメニア・カトリック、それにマロン派が挙げられる。

27　ギリシア正教会 Greek Orthodox――ビザンツ帝国の統治下で正統化され、のちイスラム世界に包摂された東方教会。コンスタンティノポリス、アレクサンドリア、イェルサレム、アンティオキアの四主教区を持つ。

28　プロテスタント Protestant――十九世紀以降、中東ではアメリカ人・イギリス人宣教師がシリア・レバノンを中心に熱心な布教・教育・文化活動を開始し、信徒はキリスト教徒少数派を形成した。ベイルートおよびカイロのアメリカ大学は、プロテスタント長老派宣教師により、それぞれ一八六六年および一九一九年に設立されている。

29　アルメニア・カトリック Armenian Catholic――十八世紀中葉、カトリックとの合同によってアルメニア教会から分離したユニアート教会。総主教座はベイルート近郊のブズンマール（一八六六―一九一一年のあいだはイスタンブル）に置かれる。

30 ギリシア・カトリック Greek Catholic ――カトリックとの合同によって一七二四年、ギリシア正教会から分離したユニアート教会。マロン派に次ぐ規模を持ち、中東に約二十七万人の信徒を擁する。メルク派、メルキト派とも呼ばれる。

31 ポアレイ・ツィヨン Po'alei Ẓiyon ――「シオンの労働者」を意味するヘブライ語。イツハク・ベン・ツヴィー Yitzhak Ben Tzvi（一八八四―一九六三年。のちのイスラエル第二代大統領）やベール・ボロホフ Ber Borochov（一八八一―一九一七年）らが創設した社会主義シオニズム政党。のちのイスラエル労働党の基盤となる。

32 ノーマン・ダニエル Norman Daniel ――イギリスのイスラム史家（一九一九―九二年）。一九四七年にブリティシュ・カウンシルに入り、中東各地で勤務した。『イスラムと西洋』（六〇年）の他、『アラブと中世ヨーロッパ』（七五年）、『英雄たちとサラセンたち――武勲詩の再解釈』（八四年）などの著作がある。

33 ダマスカスの聖ヨアンネス Saint John of Damascus/Johannes Damascenus ――キリスト教の哲学・教義を初めて集大成した神学者。七三五年頃、パレスチナの聖サバス修道院に入る。レオ三世のイコノクラスム（聖像破壊運動）に反対して聖像擁護論を発表、ギリシア語による主著『知恵の泉』はラテン語訳され、後世の教会に大きな影響を与えた。イスラムについては、『サラセン人とキリスト教徒との対話』『異教論』などで論じている。

34 キンディー al-Kindī ――クーファ出身のアラブの哲学者（八六六年頃歿）。ラテン世界ではアルクインドゥス Alquindus として知られた。彼に帰せられた『論攷』*al-Risāla* はラテン語訳されて、尊者ピエール（一〇九二年頃―一一五六年）の編纂した『クリュニー集成』と呼ばれるイスラム関係文書集成に収められ、イスラム理解の重要な情報源となった。

35 「聖なる使命」 sacred mission ――一九七七年十一月、サダトが行なったイスラエルへの劇的訪問を指す言葉。

36 一層明らかになるのは――この部分の原文は "become clearer than when" であるが、この "than" は意味をなさないので、削除した上で訳した。

37 ハーフィズ・アル＝アサド Ḥāfiẓ al-Asad ――シリア・アラブ共和国大統領（在位一九七一―二〇〇〇年）。当初のアサドのレバノン政策は、PLOに支援されたレバノン左派と、マロン派中心の右派との勢力均衡を図ることに重点が置かれ、PLOとの友好関係が続いた。だが、PLOの勢力拡大とともに、マロン派がシリア国境側に親イスラエル寄りの分離国家を建設すること、および左派がイラク寄りの急進的政権を樹立することを恐れ、一九七六年に右派を援助する形でレバノン内戦に介入した。

38 『ムアッラカート』*al-Mu'allaqāt* ――イスラム以前の時代の最も著名なアラビア語カスィーダ（長詩）七つを集めた詞華集。ウマイヤ朝時代以降に編纂された。標題は「高く掲げられたもの」「貴重視されたもの」の意味。

39 『マカーマート』*al-Maqāmāt* ――娯楽や教訓を目的とした物語形式の技巧的押韻散文。アラブの文学者ハマザーニー（九六九―一〇〇八年）が創始し、ハリーリー（一〇五四―一一二二年）が大成した。

40　ガザーリー al-Ghazālī ――イラン出身の思想家・法学者（一〇五八―一一一一年）。一〇九一―九五年、バグダードのニザーミーヤ学院教授を務めたのち、神秘主義者（スーフィー）として各地を放浪した。『哲学者の意図』『宗教諸学の再興』『誤謬からの救い』など。

41　シェイクスピア William Shakespeare ――イギリスの詩人・劇作家（一五六四―一六一六年）。『ハムレット』をはじめとする数多くの劇や『ソネット集』などで知られる。

42　ガッサーン・カナファーニー Ghassān Kanafānī ――パレスチナの作家・批評家（一九三六―七二年）。一九四八年に故郷のアッカーを追われ、ダマスカス大学で学ぶ。五五年にシリア追放後、クウェートとベイルートで活動、当初はナーセル主義を奉じ、のちパレスチナ解放人民戦線（ＰＦＬＰ）に参加してその公式のスポークスマンとなった。作品の邦訳に黒田寿郎・奴田原睦明訳『太陽の男たち／ハイファに戻って』現代アラブ小説全集7、河出書房新社、一九七八年。引用は同書によった。

43　エミール・ハビービー Emile［Amīl］Ḥabībī ――ハイファー出身のパレスチナの小説家（一九二二―九六年）。四〇年にパレスチナ共産党に参加、イスラエル建国後はイスラエル共産党（ラカハ）に加わり、五一―七二年年のあいだクネセト議員を務めた。九〇年にＰＬＯのイェルサレム賞、九二年にイスラエル文学賞を受賞。『悲楽観主義者サイード・アブ・ン＝ナハスの消滅に関する奇妙な出来事』は七四年発表、八二年には英訳、八四年にはヘブライ語訳も刊行された。

44　ハナーン・ミーハーイール・アシュラーウィー Ḥanān Mīkhā'īl 'Ashrāwī ――ナーブルス出身のパレスチナ女性知識人（一九四六年生）。西岸ラーマッラーで育ち、ベイルート・アメリカ大学で英文学専攻、七一年にヴァージニア大学で学位取得。七四―九〇年、西岸のビール・ゼイト大学で教鞭を執った。八七年のインティファーダに参加、九一年のマドリード和平会議ではＰＬＯの報道官、九六年には暫定自治政府の自治評議会議員を務めている。邦訳された著作に、猪股直子訳『パレスチナ報道官――わが大地への愛』朝日新聞社、二〇〇〇年がある。

45　マフムード・ダルウィーシュ Maḥmūd Darwīsh ――アッカー近郊の村ビルワ（現存せず）出身のパレスチナの詩人（一九四一年生）。六一年にイスラエル共産党（ラカハ）に入党、七一年にイスラエルを去ってからは、パリやチュニスなどで活動している。『翼なき鳥』（六〇年）、『オリーブの葉』（六四年）、『パレスチナの恋人』（六六年）など。六九年、アジア・アフリカ作家連盟よりロータス賞を授与される。引用の土井大介「身分証明書」は、中東の平和を求める市民会議編『パレスチナ問題とは何か』五四―五五頁による。

46　ナギーブ・マフフーズ Najīb Maḥfūẓ ――エジプトの小説家（一九一一―二〇〇六年）。八八年にノーベル文学賞受賞。邦訳された作品に、塙治夫訳『シェヘラザードの憂愁』河出書房新社、二〇〇九年、同訳『泥棒と犬』近代文藝社、二〇〇九年、同訳『張り出し窓の街』『欲望の裏通り』『夜明け』（カイロ三部作）国書刊行会、二〇一一―一二年、その他がある。

47　潜在的な in potens――原綴のままでは意味をなさないので、例えば "in potentia" に読み替えて訳した。

48　ファタハ Fatah/Fatḥ――「パレスチナ民族解放運動」Ḥaraka al-Taḥrīr al-Waṭanī al-Filasṭīnī の頭文字を逆転して作られた呼称。ここには「勝利」を意味するアラビア語 "fatḥ" も含意されている。ＰＬＯの最古にして最重要な組織。一九五〇年代後半に、ヤーセル・アラファート、サラーフ・ハラフ（アブー・イヤード）、ハリール・アル＝ワズィール（アブー・ジハード）らによって創設され、一九六四年十二月三十一日、武装組織「アースィファ」（嵐）が作戦を開始した。六八年のカラーマの闘い以降、とくにその威信を高め、急進派のＰＦＬＰとともにＰＬＯの二大潮流を形成する。

49　サンムーゥ al-Sammūʿ――ヘブロンの南十五キロメートルの地点にあるアラブ村落。一九六七年の第三次中東戦争の結果イスラエルに併合される。『旧約聖書』「ヨシュア記」第15章50節ほかに登場する町エシュテモア Eshtemoʿa の遺跡が発掘されている。

50　フェダーイーン Fedayeen――「自らの生命を犠牲にして闘う者」を意味するアラビア語「フィダーイー」fidāʾī の複数形「フィダーイーユーン」fidāʾīyūn（口語では「フェダーイーイーン」fedāʾīyīn）に対応する英語表記。

51　パレスチナ解放人民戦線 Popular Front for the Liberation of Palestine/al-Jabha al-Shaʿbīya li Taḥrīr Filasṭīn――ＰＬＯ内部でファタハに次ぐ重要組織。一九六八年にジュルジー・ハバシュによって創設され、ハイジャック作戦で世界の注目を集めた。マルクス主義を信奉、七三年以降は「拒否戦線」の中心となり、いわゆるオスロ合意にも反対するなど、ＰＬＯ主流派の現実主義を牽制する役割を演じている。

52　パレスチナ解放民主人民戦線 Popular Democratic Front for the Liberation of Palestine/al-Jabha al-Shaʿbīya al-Dīmuqrāṭīya li Taḥrīr Filasṭīn――一九六九年、ＰＦＬＰから離脱した分派が結成した組織。略称ＰＤＦＬＰ。七四年には「パレスチナ解放民主戦線」（略称ＤＦＬＰ）と改称した。主な指導者はナーイフ・ハワーティマ、ヤースィル・アブド・ラッブ、アブー・ライラーら。サイードの本文ではＤＰＦの略称が用いられているが、訳文中では一般的なＰＤＦＬＰに改めた。

53　サーイカ al-Ṣāʿiqa――一九六八年、ズハイル・ムフスィンらシリアのバァス党の一派によって創設された組織。アラビア語で「雷電」を意味する。七〇―八〇年代には勢力を失った。

54　人民戦争 people's war――人民が主体となって支配階級や外国勢力と闘う戦争。ここではとくに毛沢東の主張を指す。

55　ＰＤＦＬＰ――訳注52に記した通り、本文ではここを含めて以下数か所、ＤＰＦの略称が用いられている部分をこのように改めた。

56　会合 meetings――一九七五年十二月にシオニスト左派を中心として結成された「イスラエル・パレスチナ平和評議会」のマッティー・ペレド議長らと、ＰＬＯのイサーム・サルタウィーらとのあいだで行なわれた接触を指す。本章の原注15、および

「九二年版への序文」の訳注61参照。

57 大将ごっこ follow-the-leader——大将になった者の動作を真似る、北米の子供の遊び。

58 国連安全保障理事会決議第二四二号 United Nations Security Council Resolution 242——一九六七年十一月二十二日に全会一致で採択された決議。最近の紛争による占領地域からのイスラエル軍の撤退、交戦状態の終結、すべての国の主権の認知および領土の保全、政治的独立などを内容とする。同決議はパレスチナ人の民族的権利を無視し、「難民問題の解決」にしか言及していないため、PLOは一九八八年までこれを認めなかった。

59 ロジャーズ提案 Rogers Plan——合衆国ニクソン政権初期の国務長官ウィリアム・ロジャーズが一九七〇年六月に行なった和平提案。スエズ運河を挟んで六八年以来続いていたエジプト・イスラエル間の消耗戦に対し、九十日間の停戦、国連のヤーリング特使による調停工作の再開などを提案、エジプト、ヨルダン、イスラエルがこれを受諾した。

60 パレスチナ民族基金 Palestinian National Fund/al-Ṣundūq al-Qawmī al-Filasṭīnī——PLOの活動資金をまかなうため、一九六四年の第一回パレスチナ国民会議で設置が決定された基金。

61 パレスチナ国民会議 Palestine National Council/al-Majlis al-Waṭanī al-Filasṭīnī——PLOの国会に相当する最高機関。定足数は全議員（現在は約四百名）の三分の二、議決は単純多数決による。パレスチナ国民評議会ないし民族評議会とも訳される。

62 ラバト会議 Rabat Conference——一九七四年十月にモロッコのラバトで行なわれた第七回アラブ首脳会議。

63 ヤーリング特使の調停——一九六七年十一月の国連安全保障理事会決議第二四二号に基づき、スウェーデンのグンナー・ヤーリング駐ソ大使が特使に任命され、同年十二月に調停に入ったが不首尾に終わる。さらに七一年二月、前年のロジャーズ提案を受けて再度の調停工作を行なったが、イスラエルの拒否によって失敗、九三年初頭にはその使命を終えた。

64 土地の日 Yawm al-Arḍ——一九七六年三月三十日、ガリラヤ地方で大規模な土地没収に反対するパレスチナ人市長らが、イスラエル共産党（ラカハ）とともに大規模な一日のゼネストを組織、これに対し軍が出動して弾圧を加え、パレスチナ人六人の死亡者のほか多くの負傷者・逮捕者を出した。以後、アラブはこの日を「土地の日」として、その闘争を記念している。

65 ジュネーヴ和平会議 Geneva Peace Conference——一九七三年十月の第四次中東戦争勃発ののち、停戦を要請した国連安全保障理事会決議第三三八号に基づいて十二月二十一・二十二日に開催された。

66 シナイ協定 Sinai Agreements——第四次中東戦争後、合衆国のニクソン政権の国務長官キッシンジャーの仲介によって、七四年一月十八日にスエズ運河西岸で調印されたエジプト・イスラエル間のシナイ半島における兵力引き離し協定。さらに七五年九月四日には、ジュネーヴで第二次シナイ協定が結ばれた。

67 ヘンリー・キッシンジャー Henry Kissinger——ドイツ出身の合衆国の外交官・政治学者（一九二三―二〇二三年）。六二年ハーヴァード大学教授に就任、その後ニクソン政権の国家安全保障問題補佐官（六九―七三年）、国務長官（七三―七七年）を務める。第四次中東戦争直後、「往復外交」と呼ばれるアラブ・イスラエル間の調停工作を行ない、シナイ協定締結に導いた。

68　ミッレト millet ――「宗教共同体」を意味するオスマン語。オスマン帝国では、イスラム教徒の「ウンマ」（信徒共同体）を中心に、さまざまの宗教・宗派のミッレトが契約によって寛容に統括されていた。

69　マアロット事件 Ma'alot Incident ――一九七四年、パレスチナ解放民主戦線（ＤＦＬＰ）の武装隊員がイスラエル北部の村マアロットを襲撃し、小学生を含む多くの死傷者を出した事件。第二章原注55参照。

70　ジュネーヴ条約 Geneva Convention ――戦時中の民間人保護に関する第四次ジュネーヴ条約。一九四九年、イスラエルやアラブ諸国を含む国連加盟国によって批准・採択された。紛争や軍事占領下の個人にも適用される。同条約は、個人および集団の現住地からの移送、占領者による占領地域への入植、占領者による集団的懲罰等を禁じているが、イスラエルは「占領地」の解釈の違いを理由に、西岸・ガザ地区への条約の適用を認めていない。

71　芝刈り人と水汲み人 hewers of wood and drawers of water ――『旧約聖書』「ヨシュア記」第9章21節にある言葉。社会で卑しいとされる仕事に従事する人々。

72　名士たち notables/a'yān ――イスラム世界において、権力者と民衆のあいだを媒介する、伝統的な共同体の指導者。アラビア語で「眼」「泉」を意味する「アイン」の複数形「アァヤーン」の名によって呼ばれる。

第四章　キャンプ・デーヴィッド以降のパレスチナ問題

1　委託された権限——修辞と権力

今後の中東アラブ世界をめぐる議論の中心になると予想されるのは、何が——とくにエジプト・イスラエル間の平和条約とパレスチナ人の——次に起こり、何が起こらないのかという不安に満ちた疑問であり、あるいはキャンプ・デーヴィッドとともに始まった新時代やシャー以後のイランについての、魔法にかけられたような肯定的・否定的報告である。イラン革命ののちにますますくっきりと姿を現わし始めた諸傾向のお蔭で、明確な変化へのお膳立ては整ったように見受けられる。とはいえ、カーター政権発足以来、中東の出来事はその劇的混乱のなかで方向性を見失い続けてきた。西洋の多くの解説者の議論に従えば、第二次世界大戦以来アラブの政治活動の糧となってきた反帝国主義的解放運動の感情は、その深層部分で感知された、ほとんど崇高と言ってもよい活力が弱まっているように思われるという。(1)その結果、古くから尊重されてきた境界線や守られてきた信仰心、安定した社会などの重要性も後退してしまった。そして、私見によれば、より窮屈でより不寛容な——派閥主義とさえ呼ぶべき——民族主義がアラブに瀰漫《びまん》していることも確かである。サダト大統領による、イスラエルとの驚くべき予備折衝ならびにその後の和平の過程で、アラブ世界もこのときばかりは、芝居じみた所作や修辞が芝居じみた行動によって凌駕されるのを目のあたりにした。アメリカの影響力はたんなる潮流にとどまらず、今や一個の制度と化している。そして、その制度を保証するのが、シナイの戦場からも、パレスチナのオレンジの森と平原からも、はたまたシリアの高原地帯からもできる限り遠く離れた、ワシントンおよびメリーランドの丘〔キャンプ・デーヴィッド〕で署名・調印された国際協定なのである。かつてアラブの文化的・政治的議論の知的中心地であったレバノンは、今日ではほとんど統一性を失い、町や村は荒廃し、市民は忍耐の限界を越えるほどの懲罰を受け、理想は皮肉に満ちた記憶の集合体と化してしまった。他のどの場所を見渡しても、そこに存在するのは異常なアラブの富と異常なアラブの混乱、異常なアラブの抑圧という事実ばかりである。それらは互換性がほとんどないまま、それぞれの場所に鎮座している。それでも私たちは、いわゆるアラブ民族主義の死を超える形での、偉大なアラブ民族の集団的可能性をも目のあたりにしつつある。アラブ民族は今や分裂の局面を経験しつつあるように見えるものの、ヴィジョンが確実かつ真正でありさえすれば、なお人々の心と知性とを動員することも可能である。これは、私たちが決して過小評価してはならない現実である。

だが、ここ数か月間、中東には恐るべき多くの視線が集中したにも拘わらず、それらの視線には格別の分析的特質が備わっているわけでもなかった。合衆国では、報道機関や専門家、知識人、そして何より政府の広報担当者が、中東をわくわくしながら眺めるべき見世物として扱った。アメリカの利害が絡んでくると、この地域の戦略的・文明的重要性が頻繁に示唆され、壮麗で劇的な事件の勃発が繰り返し新聞の見出しを飾った――こちらで君主[*1]〔シャー〕の退位があるかと思えば、あちらでは芝居じみた首脳会談が行なわれ、小艦隊や非武装のF15戦闘爆撃機が突然登場した。これらすべてを支える枠組みとはいったい何だったのか。以前からの紛争がいまだ少しも衰えを見せぬこの時期、イスラエル・エジプト・アメリカ間の条約締結やイランの事件、一九七八年十一月のバグダード首脳

[*2]会議、アフガン・エチオピア・イエメン・極東の情勢、ＳＡＬＴ〔戦略核兵器制限交渉〕の対話、そしてある雑誌が呼ぶところの「新しい世界（無）秩序」(2)、これらが生み出す新たな舞台装置のなかで、私たちはパレスチナ問題をどのように理解すればよいのだろうか。

まず言えるのは、中国やキューバ、ヴェトナム、さらにはアルジェリアなどと違って、東方アラブ世界は歴史・地理・文化において奇妙なまでに中間的な、混淆的位置を占めているという点である。アラブ世界は、第三世界の多くの地域と似ているようでいて似ていない。かくて、アルジェリア人とパレスチナ人の抵抗運動のあいだには多くの類似性がありそうだが、結局それらの類似性は潰《つい》え去ってしまう。同様にイスラエルは、原住民アラブの扱いにおいて植民地主義的入植国家であり、南アフリカに似ていることは確かだが、前にも述べた通り、ユダヤ人とアフリカーナー[*3]との完全な類似が決して事実ではないことも明白である。アラブ世界は、東と西から自らを隔離する相対的能力において、またそのいくつかの組織が持つ相対的自律性において、インドや中国、日本とは異なっている。これらすべての事柄の総和から生まれるのが、アラブ世界は他の第三世界と比べた場合、進んでいながら遅れており、似ているようでいて似ておらず、違っているようでいて違っていないという、おそらくどこかすっきりしない真実なのである。その結果、時空の分離や断絶や不連続が生ずるお蔭で、大きな観念——例えばイスラム、アラブ民族主義、民族解放といった諸観念——は容易には適用されないし、実際に適用することも不可能である。そうした観念を活用するためには、神話的過去を回復するという観点からではなく、現実と可能な未来とを生きるという観点から、それらを再定義してやることが必要になる。この再定義と政治的適用の問題は、現代アラブ文化においても、また西洋による当該地域の分析においても等しく最重要課題であり続けてきた。だが、アラブの熱い議論においても、あるいは冷静な雰囲気のなかで行なわれるはずの、合衆国の政策上の——あるいは学術的な——分析においても、具体的分析の代用品となってきたのは、瘴気《しょうき》に満ちた巨大な力を孕むイデオロギー的レッテルだった。

アラブ世界を正確に見るとは、具体的にはどういう意味なのだろうか。その主たる意味とは、アラブ地域が独自の歴史的首尾一貫性と文化的主体性《アイデンティティー》とを持った、世界のなかの分離した一部分と呼ばれうるにも拘わらず、アラブ世界はなおその世界の内部にあって、アジア・アフリカ、それにある面ではヨーロッパの一部をなしている、ということである。だが、アラブのイデオロギー的論争の多くに耳を傾け、最近のアラブの社会文化思想に目をやるなら、それらの多くはアラブ・イスラム的独自性、美徳や罪悪の特殊アラブ的類型、あるいは特殊な運命を再主張するために、アラブ世界を他のすべてから切り離そうと躍起になっていることが解る。こうしたおめでたい企てにおいては、西洋の専門家がイスラム的・アラブ的「思考態度」やアジア的人格、「イスラム」への回帰といった空想獣《キマイラ》について（あたかもそれらが皆、すべてを説明可能な一枚岩的で単純な概念であるかのごとく）延々とまくしたてる場面にも事欠かない。従って、西洋人もアラブも往々にして、一つの還元的観念に一致しない議論や現実の扱いは拒否するという立場に立つこととなり、その結果、議論や思考はしばしば、密閉されたパッケージの内部に閉じ込められてしまうように思われる。だが皮肉なのは、こうした防水性のパッケージが期待したほどは政治的に意味をなさず、分析が思ったほど現実世界に即した形でも、独立した形でも行なわれていないという点である。さまざまな民族的経験や文化的集団は、それぞれ世界の他の部分と異なっていながら、なおそれと関係しており、時間も人間も推移する。こうした事実についての正確な理解もないまま、中東はこれまでしばしば、全体として安易な概括化（と政策）の対象となり、実際以上に楽天的な、把握しやすい形で他の諸文化や諸民族と同類視されたり、あるいは単純な自己肯定の表現を与えられ、もっぱら自分に好都合な歴史を所有しうることが示唆されたりする傾向にあった。

　これがとくによく当て嵌まるのは解放という概念であり、またそれと関連した、近代化、平和、独立、発展、革命的進歩といった諸概念である。アラブ全体を今日の隘路《あいろ》に導いたのは、解放に関して、たんによそから借りてきた概念と、純粋に自力で獲得した概念とを区別できなかったからである。この考え方の正しさを示すには十分な証拠が存在する。アメリカの仲介による対イスラエル和平で頂点に達したサダトの新規構想の狙いの一つは、敗北と戦闘能力の欠如とを公然と認めるよりも、むしろ――国内を抑圧し、戦場で戦果を挙げることも、戦場に現われることもまったくないまま――解放について対話を行ない、解放の太鼓を叩く方がよいのかどうか問うた点にある。しかも後者を選択した場合、イスラエルから占領地域を返還され、アメリカの巨額の援助を受けられるという条件付きであった。ただ、サダトが取ったのとは別の選択肢もなお残されてはいるものの、それが採用されることはまずないだろう。国家規模での戦争が何を意味するかは誰でも知っている。その意味は、国家総動員であり、犠牲であり、ヴィジョンと勇気とを備えた純粋な指導者である。今日では、そうした指導者や、そうした民族闘争の実例はほとんど存在しない。それらはただ、水も漏らさぬ周到な美辞麗句と、大袈裟な、私に言わせればメロドラマ風の語彙のなかにのみ存在する場合がほとんどである。

目下のアラブ世界が痛切に感じているのは、自分たちはいかなる種類の解放を目指して闘うべきなのか、（いや、そもそも解放とは闘い取られるべき目標なのかどうか）、またアラブが「解放された」暁には何をなすべきなのかという問いかけの必要性である。この場合にも、表面的類似を根拠にした外来の解答は、短期間に（大言壮語と大袈裟な威嚇とが目下の難局への解答として通用するあいだ）は間に合っても、結局は役立たないであろう。いずれにせよ、ジェラール・シャリアン[*4]がそのかなり辛辣な書物『第三世界における革命』[(3)]のなかで論じたように、第三世界における解放闘争の大半から生み出されたのが、国家崇拝と非生産的官僚機構と抑圧的警察権力とに支配された平凡な政権であったというのは何とも興ざめな話である。現時点でのアラブ世界が解放の達成から程遠い状態であることは認めるとしても、将来何を避け、何を望むべきかを今決することにはなお価値がある。だが、こうした考察からただちに導き出されるのは、驚いたことに、現代アラブの政治・社会文化のなかで、人間社会に関する議論が十分にはなされてこなかったという事実の認識である。ポストコロニアルの時代の国家の性質についても、まともな関心はまったく払われてこなかった。二つの非常に異なる書物、ヒシャーム・シャラービー[*5]の『アラブ社会研究序説』と、一八六八年から一九三六年にかけてのスペイン無政府主義運動に関するマレー・ブクチン[*6]の研究[4]とを対置してみると、この欠落は劇的な形で理解できる。これら相異なる二つの書物を通じ、私が何を言わんとしているのか説明してみよう。

シャラービーの書物が試みているのは、アラブ社会を解剖し、そこでの問題が絶望的なまでの家父長制的・独裁主義的・先祖返り的家族構造にあるという事実を示すことである。シャラービーの分析に同意するかどうかは別として、読者が書物の末尾で思わず自問自答したくなるのは、合衆国で教鞭を執る著名なアラブ知識人であるシャラービーが、この家族の代替物として提案するのはいったい何なのかという点である。ここで私たちは、ほとんど完全な空白に直面する。伝統的な家族が崩壊した場合にアラブが得るはずの自由や民主主義、現代性といったものについては、確かにかすかな示唆がなされてはいるのだが、それらはあちこちに散見する示唆以上のものではない。何故か。理由は簡単である。アラブが闘い取ろうとしているのがいかなる種類の人間社会であるのか、シャラービーは考えたこともなく、私たち自身の現代社会思想もまた——少なくとも学術的な形では——不十分にしか彼に具体的観念を提供してこなかったからである。そして、ここで重要な洞察を与えてくれるように思われるのが、一八六〇年代から一九三六年に至るスペイン無政府主義運動について行なわれた、ブクチンの感動的な研究である。抑圧や中央集権的官僚制、独裁主義政権とは無縁の社会を持ちたいという、本質的に貧しく遅れた何百万ものスペインの農民・労働者の願いを表現したのが無政府主義であった。ヨーロッパの他の諸国にはこうした運動は起こらなかったが、それが空想的社会主義やマルクス主義の影響を受けた、西洋のあらゆる運動と関連していたのは明らかである。新しい形態の社会機構について語ろうとする、今ではほとんど忘れ去られたパレスチナ人の試みと、レバノン社会の新たな形態について議論を喚起すべく、一九七五—七七年の内戦時に登場したレバノン民族運動の試み、この二つを例外とすれば、解放とアラブ国家に関する曖昧かつ難解な発言以外、アラブ世界の民衆や知識人や諸共同体が実際に闘い取ろうとした具体的な社会形態はほとんど存在しなかったというのが私の論点である。私のもう一つの論点は、その結果として、国家や社会構造についてであれ、現代アラブの生活の現実的形態についてであれ、この種の議論を始めるための術語が見当たらないということである(5)。何よりここに見られるのは、一方での否定的批判、拒絶、弾劾と、他方でのアラブの自己讃美、自己称讃、自己美化という二種類の修辞学である。これら二つの言語は、結局のところ、歴史とも政治ともほとんど無関係で、どちらに対してもあまりに閉鎖的である。そして、両者が保証するのはただ、未来のアラブ世界がかつて物事の生起しただけの場所、つまり、内部の人間が自分たちの闘い取ろうとする人間社会の諸観念・諸価値に従って、そこに変化を生じさせるための十分な仕事をしてはこなかった場所と見做されることだけである。

現在の状況に反映されるアラブ全体の欠落を補うのは、他によい名称がない以上、アラブ・中東世界の事象に対する合衆国のヴィジョンとでも呼ぶしかないものである。アメリカの報道機関や政府、大学知識人階級のあいだでは若干の意見の相違があるものの、合衆国の政策と合衆国の利害に関するその考え方とが及ぼす紛うかたなき影響は随所に見出される。この政策は、石油を獲得し、大衆的・民族的潮流に対抗する武装した同盟者を作り上げることにその主要任務があると言っても過言ではない。これは、ジョン・フォスター・ダレス*7の世界観へのあからさまな回帰である。現在の合衆国の政策に関する最も明瞭な発言は、一九七八年六月十二日、ハロルド・H・ソーンダース*8国務次官補によって行なわれた、ヨーロッパ・中東に関する議院小委員会での証言である。「利害の基本目録」全般を提示しながら、ソーンダースがそのなかに含めたのは、紛争を防止したいという合衆国の願望や、「イスラエルの安全、力、福祉への最終的参与」、アラブ世界（とくに「主要アラブ諸国の力と穏健性」）の重要度の認知、そして「一世代に亘る苦難の原因となった紛争の終結を助けるため、中東の人々に道義的・人道的な参与を行なうこと」であった。こうした利害に沿う形で、ソーンダースは合衆国の政策に関する四つの前提の概略を述べた。

第一——中東における我々の利害はそれぞれに重要である以上、これらの利害のすべてを我々が一挙に追求できるような政策こそ、唯一実行可能な国家政策となる。（後略）

第二——過去四年間の経験が教えるところでは、アラブ・イスラエル紛争の平和的解決に向けた進歩が見られる状況においてこそ、我々は最もよく、これらすべての利害を同時に追求することが可能となる。（後略）

第三——主要中東諸国と中東の外部の主要勢力とのあいだの関係においては、過去数年間、西側へ向かう重要な方向転換があった。（後略）

ここでソーンダースは、この地域におけるソ連支配の終焉と、中東諸国が「自国の発展に必要な科学技術と経営技術とを提供してくれる西洋」により好意を寄せているという認識とを列挙した。さらに続けて、彼は「穏健なアラブの指導者たちが平和と発展を達成するため、合衆国に協力を求めている。彼らの成功は、急進勢力の役割に制限を加えるであろう（後略）」という、一層重要な論点を引用している。

第四——中東における合衆国の利害を定義する場合、他の面での我々の参与を減らすことなく、当該地域と合衆国とのあいだの経済関係の新局面を真剣に考慮する必要がある。

証言の少し先の方でソーンダースは、サダトの〔イスラエル〕訪問以降、合衆国を「両陣営のあいだの郵便集配人」以上の何者かに変えることが合衆国の政策になったと断言した。三つの問題——和平の性格、イスラエルの撤退「および撤退に伴う安全保障手段」、そして「パレスチナ人の役割」——が合衆国とイスラエル、エジプト、ヨルダン、シリア、レバノン、サウジアラビアとの議論の焦点となったが、これらの問題について合衆国は、アラブ諸国およびイスラエルの双方と重要な点で意見の一致および不一致を見た。ある一点に関して、ソーンダースは断言した(少なくともそのように思われた)。「我々の意見では、西岸・ガザ地区の未来はヨルダンと密接に連動しており、未回収地を回復しようとする感情を孕んだパレスチナ国家をこの切断された領域に作ったとしても、それは現実的・永続的な解決とはならないであろう。」(6) *9

ソーンダースの証言はすべて、生気を欠いた「急進主義」や民族主義、軍事的・社会的・経済的現状への大衆的反対運動などを外側へ押し出そうとする意図もあらわな言葉遣い、つまり「平和と穏健性」をめぐって構成されている。しかし、変化の欠如、合衆国の企業が中東の石油および巨大消費市場を入手しうる可能性、そして合衆国政府と中東の主要「穏健派」政権とのあいだの個別的繋がりこそが「我々」にとって重要である以上、いかなる紛争も――正当性・妥当性・現実性の如何に拘わらず――合衆国にとっては悪であるという、そこに含意された考え方は私にはさらに重大であるように思われる。かくして、アラブ・イスラエル紛争の水準の引き下げは、紛争の原因となった諸問題の解決によってではなく、合衆国という――いとも単純な――理由によってもたらされねばならない。その過程で領土上・軍事上・外交上の諸問題も一緒に解決できれば、それは願ったり叶ったりである。イスラエル・エジプト間の条約の意図は明らかにそこにあり、合衆国にはソーンダースが言う「たんに政府としてのみにはとどまらない――国家としての存在感」が付与されるというおまけまで付いた。だが、最優先事項として確保されたのは、合衆国に好意的で、これと違った考え方をする急進派や民族主義者、大衆運動には限りなく敵対的な軍事力を集中させることであった。その最終的な結果として、エジプトとイスラエルは服従により、合衆国の兵器産業に完全に従属する顧客《クライアント》=保護国となってしまった。

合衆国の政策上の利害をもう少し詳しく分析してみよう。石油と地政学が重視される背景にあるのは、たんに民族主義や急進主義（それらは決して十分に理解されることがない）に反対するのみならず、それらの論理上の敵対者と一体化さえしようとする意志、そして合衆国との同盟に反対するイランやパレスチナの民族運動のような勢力に対しては、合衆国側の無条件の敵意を公言しようとする意志である。さらに合衆国は、人権に対する公式の関心を鳴り物入りで喧伝しているにも拘わらず、(7) 顧客＝保護国である政権（それがいかに抑圧的で民衆に支持されていないにせよ）の変容を目論むあらゆる努力に対して、その敵対者との一体化を積極的に進めている。イランにおいてそれが意味したのは、たんに合衆国がシャーの側についたということだけではなく、シャーが国を去ったのちも、軍がホメイニー勢力に対するクーデター*10を企ててくれればよいとの希望を抱いて、一九七九年一月のあいだ、軍に石油を供給し続けたという事実でもある。その意味は、ヨルダンやサウジアラビアやクウェートの反対を押し切って、イスラエル・エジプト間で単独の平和条約締結を成し遂げるということでもあった。そしてまた、孤立した、抑圧的政権と合衆国の利害とを連携させ続けるということをも意味した。イスラエルやエジプトの場合、そうした政権の最大の美徳は、彼らが合衆国の武器や借款を唯々諾々と受容し、また国民の大多数をさらにトランジスタ漬けにし、さらに政治的分別を失わせるような科学技術の専門知識をも進んで受け入れようとする点だった。もっとも、ケンタッキー・フライド・チキンの独占販売権やコカコーラ、デトロイト製の自動車、マリオット・ホテルを輸入してみても、それらが大多数の国民の利益に貢献することは決してないであろう。そして、この政策の失敗が——ヴェトナムからイラン、エチオピア、アフガニスタン、パキスタン、ヨルダンに至るまで——明らかになるたびに、あたかも合衆国は、自らにシャーやハイレ・セラシエ*11のような失敗例への惑溺を繰り返すだけの無限の潜在能力があるかのごとく振舞い、より強力に、より多くの代価を支払って、新たにその政策に参与していったのである。

合衆国にサダトやベギンのような熱心な顧客がいる限り、合衆国の政策も否応なく、それらの顧客に有利な形で調整されることは請け合いである。だがここでも、私たちはイランの後でどんな教訓が学ばれたのかを知りたいものである。何しろイランでは、何十億ドルもの資金と合衆国の武器とを投入し、シャー（およびその諜報機関・警察組織）擁護の熱い声明を繰り返し発したにも拘わらず、本質的に武器を持たず、本質的に民意を掌握した反対運動から王位を守ることはできなかったのである。おそらくその教訓は、イスラエル・エジプト間の条約に直接活かされているのだろう。その条約においては、合衆国は自らを地域政権の一つ、それらの地域政権と互換性を持った存在へと変身させている。そして、それらの政権は、他者が所有する経済資源を固守するためには戦場に赴くことも厭わないとはっきり宣言し、平和、穏健性、進歩といった外来の観念に素直に追従しない運動があればいつでも攻撃する構えを見せ、実行されるかどうか五分五分だと合衆国が踏んだソ連の行為に敬意を表して、民衆の利益を棚上げにしようと望むのである。

現在の脈絡において、こうした政策上のヴィジョンが持つ欠陥を分析したり、さらにはそれを述べたりすることが本当に難しいとすれば、それは、メディアやリベラルな知識人階級が――ただでその利益に奉仕させられている政府の煽動に乗って――平和、穏健性、近代化、進歩といった観念を、合衆国およびその同盟国に固有の戦略のために確保してしまったからである。I・F・ストーンのように勇猛果敢な独立独歩の解説者でさえ、キャンプ・デーヴィッド合意に抵抗することは難しく、カーター大統領を叙事詩の英雄とでもしない限り、彼について語らないのはもっと難しいと感じたほどだった。(8) 一九七八年九月以降、他のリベラルなコラムニストたち――アンソニー・ルイス[*12]はこの点についてとくに熱心だった――が論じ続けたように、ここでの狙いは、キャンプ・デーヴィッドが「我々にできるすべて」であり、従って中東和平に関する他の考え方は、徹頭徹尾暴力的で破滅的で有害であるというものだった。確かに、ベギンとサダトとの合意は一歩前進のように思われた。それはまた、イスラエルとアラブ最大最強の国家とのあいだにもはや戦争が起こらないという意味ではなかったのか。キャンプ・デーヴィッドに反対した他のアラブは反米主義、反平和主義、反セム主義だという意味ではなかったのか。何よりも、パレスチナ問題の存在について、さらにはその解決方法についてさえ、初めて公式の国際的合意がなされたというのが事実ではなかったのか。キャンプ・デーヴィッドによって共産主義は排除され、立派なアラブの平和と繁栄が提供されるというおまけまでついたのではなかったか。アラブとユダヤ人は、無益な戦争にその精力を費やす代わりに、アメリカの保護の下で、ついに進歩的で繁栄した新たな社会を建設し始めることができる。これが今や現実となるのではなかったか。

こうした議論、そして——それらの議論によっては——解答不可能なこれらの疑問に随伴したのは、完全な沈黙であり、とくにパレスチナ問題に関しては、キャンプ・デーヴィッドが他に何を含意しているのか見極めることに対する非歴史的で、衝撃的なまでに頑迷な拒絶であった。キャンプ・デーヴィッドが西岸・ガザ地区およびゴラン高原のイスラエル人入植地の問題を処理——するどころか、言及さえ——し損ねている点に論評を加えた者は一人もいなかった。キャンプ・デーヴィッドに関するクネセト〔国会〕での議論のあいだ、ベギンの説明が明らかな頼みの綱とせざるをえなかったのは、エジプトや「アラブ」にとってよりも、イスラエルにとって有利な交換ないし取引、つまりシナイ半島はエジプトに返還されるが、その他の地域はイスラエルが保持するという点だった。これについての論評も何一つ行なわれなかった。PLOや個々のパレスチナ人には、いわゆる自治提案を非難するだけの理由があることを示唆した者も一人としていなかった。それは詐欺ですらなく、イスラエルの軍事的権力の下、パレスチナ人を永遠にバントゥースタン[*13]に閉じ込めようとする公然たる計画だった。だが、例えばアフリカにおけるバントゥースタンの原理全体については、合衆国は自決と相容れないとしてこれを非難してきたのだった。確かに、キャンプ・デーヴィッド交渉のあいだやその後に〔報道機関向けに設けられた、明らかに公認の「背景説明の記者会見」の場でようやく明るみに出されたように〕、自治提案はパレスチナ人の自決に至る「不可逆の」過程における第一歩であることが示唆されてはいた。だが、キャンプ・デーヴィッド文書も、自称パレスチナの闘士であるサダト自身も、合意文書の本文ではなく、協定に付随する一連の書簡のなかでのみこの点に言及していたに過ぎない。しかも、それらの書簡は、西岸およびパレスチナの人々の独立への希望を無効とするイスラエル側の書簡によって取り消されてしまった(9)（サダトのイスラエル訪問中に始まった一定の傾向は具体化していた。テルアビブからイェルサレムへ移動する自動車のなかで、ダヤン〔外相〕はサダト側の外務大臣代理に対し、クネセトでの演説からPLOに関する言及をすべて削除するよう求めていた(10)。一九七九年三月二十六日の署名式典のあいだ、イスラエル人を「刺戟する」ことがないようにと、サダトは自分の発言からパレスチナ人への言及をあっさり削除した）。自治提案がパレスチナ人にとっていかなるものになると想定されていたのか、明確な点があるとすれば、それはイスラエル側にとっての明確さであり、より決定的な形で現われたのは、現地におけるイスラエル側の行動であった。「和平」が調印されつつあったその当日、イスラエルはすでに七十七の入植地が点在していた西岸地区に、新たに二十の入植地を設けると発表したのである。

　占領地域に対するイスラエルの政策については、このあとすぐまた問題にするとしよう。ここで問われねばならないのは、政府も、報道機関やリベラルな知識人階級も、「和平過程」が現実にパレスチナ人になしつつあることと、パレスチナ人（そして、もっとはっきり言えば、世界の残りの部分の大半）が語ったり経験したりしていることとを何故結びつけようとしないのか、という問題である。ワシントンで平和条約が調印された翌日、西岸の町ハルフール[*14]に関するジョナサン・キャンデル[*15]の報告が『ニューヨーク・タイムズ』に掲載された。この町の人々は、三月十五日に条約反対の示威行動を行なったため集団的懲罰を受け、その過程で二十一歳の労働者と十七歳の女子学生がイスラエル兵に殺害されたのだった。八千人の住民に対して二十三時間の外出禁止令が出され、電話線は切断され、学校や商店や農場の活動は停止された。キャンデルは続けて次のように記す。

部外者の訪問は許されない。一日一時間だけ、住民は武装イスラエル兵の監視下に自宅から解放される。女性は食糧を仕入れ、子供たちは運動し、否応なく仕事を奪われた男たちはお喋りに興ずるため、外に出る。「その男に話しかけるな。」禁止令が解除された一時間のあいだ、一人の新聞記者が町はずれの街道にいた老人に近づいてゆくと、イスラエル兵が叫んだ。「奴らに話しかけることは誰にも許されていないんだ。」

［一九七九年三月二十七日］

人権侵害に関する一九七八年の国務省報告書が刊行されたとき、『ニューヨーク・タイムズ』は、政府が故意に問題（平和と、拷問を受けたという「供述」と）を混同しているとする非難の社説を掲載した。それはまるで、キャンデルが報じたような、あらゆる人権協約に違反する事例など、ささいで的外れの事柄だとでも言わんばかりであった。さらに悪いのは、「和平過程」の言説の背後にある前提、すなわち相談も表象もされていないパレスチナ人は、彼ら自身のためを考えて、気前よく目の前に置かれたものに満足すべきであるという考え方であるように思われる。しかもそれとまったく同時に、占領下の何十万ものパレスチナ人やPLO、文字通り随所にいるパレスチナ人たちが自治提案を拒絶し、自決と独立という目標への支持を表明し、自らの声を世界中に発信していたのである。(11)至る所に散在するおよそ四百万もの人々が、流亡と占領に終止符を打つという剝奪しえない権利のためになお闘い続けている。彼らの言葉が心底から発せられたものではなく、自分たちになされつつある提案が受け入れがたいものであることを心底から感じているのでないとすれば、どうしてそのようなことが可能であろうか。問題は、合衆国内の誰一人として、そうした疑問を声高に発しないことにある。

それどころか、ズビグニュー・ブレジンスキー*16がパレスチナ人について語った言葉を借りれば、お前たちの組織であるPLOは一巻の終わり、「さらばPLO」というわけだった。パレスチナ人には自らの未来の決定に参加する権利があると寛大にも断言したカーター大統領（結局のところ、これでも相当の譲歩である）もまた、ＰＬＯが「我々にとっては」アメリカ・ナチス党[*17]やクー・クラックス・クラン[*18]、共産党などと同じ組織であり、「消えてなくなってくれればいい」とも主張した。カーター大統領は就任以来、多くの機会にパレスチナ人についての見解を表明したが、知られる限り、パレスチナ人の代表と話し合うことはおろか、一人のパレスチナ人に会うことさえしなかった。リベラルな人士、アメリカのハト派ユダヤ人、公民権運動の指導者、この社会の道徳的権威とされる人々――彼らの誰一人として、パレスチナ人の権利の問題について公式の立場を明らかにした者はいなかった。あたかもパレスチナ人は、上流社会では避けるべき修辞表現であり、イスラエルによって――イスラエルの承認の下――組織的に虐待されているパレスチナ民間人と、最後の残党まで植民地支配下に置こうと願うシオニズムに侵略され、強制退去や土地奪取の憂き目に遭わされてきた人々とは別人だとでも言うかのようである。メナヘム・ベギンが記者会見しても、あなたが東岸とともに西岸の併合をも公約に掲げて当選したのは何故なのか、とか、シオニズムにまつわる倫理的情熱とパレスチナ社会の破壊との辻褄合わせをどのように行なうのか、とかといった質問が浴びせかけられることは一度もなかった。ところが、ヤーセル・アラファートが登場すると、報道陣が決まって発するのは、海へのユダヤ人追い落としや、イスラエルの承認、ＰＬＯ憲章[*19]に関する質問であった――現実には、彼と彼の代表するパレスチナ人たちが連日、パレスチナ人抹殺に邁進する国家によって攻撃されていることなど、彼らはおくびにも出さないのである。

合衆国によって今日、異議申し立てもないまま用いられている中東和平の修辞学は、パレスチナ問題を切り詰め、あわよくば消滅させたいという欲望と隣り合わせだと言っても過言ではない。そして、パレスチナ人が今抵抗しているのは、実際に計画されているにせよいないにせよ、まさにそうした最終的解決方法に対してなのである。従って、このような形で定義された「和平」に、一人として自発的に参加しようとするパレスチナ人がいなかったとしても、それは少しも驚くべきことではない。シオニストの植民に対する百年間に亘る抵抗を通じ、西洋列強が公式に是認した敵対勢力の圧倒的な密集方陣を前にして、パレスチナ人の服従を受け入れようとした裏切り者や「代表者」は、パレスチナ人のあいだからはついに一人として生まれなかった。そのことをも併せて想起するなら、右の事実は少しも不可解ではなくなることだろう。*20 きわめて現実的な意味では、中東和平の達成には二つの可能な道があるように思われるが、同じように現実的な意味において、二つの道のあいだの差異は現時点では埋め合わせが不可能である。一つの道はキャンプ・デーヴィッドに始まり、イスラエル、エジプト、合衆国が無期限に支配する「自治」によって終わる。その結果、紛争が続き、ますます多くの武器が供給（されて使用）され、ますます多くの民衆勢力が合衆国とその顧客＝保護国の前に立ち塞がることは確実である。その道の前提にあるのは、力というものがパレスチナ人の自決への意志を挫くのに十分な説得力を持っていてほしいという希望である。それはかくも単純なことなのだ。近代化や進歩やアメリカの援助の約束によって事実がいかに粉飾されようとも、その根柢にある取引の不当性を緩和することは不可能である。何しろ、服従の見返りとしてパレスチナ人に約束されるのは、民族的な非独立状態の継続であるからだ。

その道に並ぶ標識を読み取ることは、パレスチナ人にとってはきわめてたやすいが、例えばアメリカ人のなかには、その道の象徴性を示してくれる適切な案内人が付いている者などほとんどいない。それでも、一九七〇年以降の数年間、パレスチナ人が四つの大きな戦争（シリア、ヨルダン、イスラエル、レバノン右派によって敢行され、しばしば合衆国の公然たる援助が伴った。その合衆国は、いまだにパレスチナ人自決に賛成の立場を表明する気になれないでいる――パレスチナ人を消滅させるためにこの地域につぎ込んだ費用のかさみ具合からすれば、それもまったく理不尽な考え方ではないのだろう）を経験せねばならなかった事実を想起するなら、パレスチナ人の闘志も多少はその不可解さを減ずることだろう。イランにおいて同様の政策を取ったあと何が起こったか――そこで合衆国は、イラン民衆の大多数を抑圧する傀儡《かいらい》政権と同盟を結んだのだ――という観点から見ると、アメリカがより多くの直接的犠牲を払いながら、再びそのような道を取った場合の結果は悲惨なものになる。おまけに、イスラエルが単独講和を結んだエジプトは、リビアに対して自由行動が可能となり、指導者たちがパックス・アメリカーナ〔アメリカ支配による平和〕のために放棄した政治的・社会的責務からも解放されるので、ほくほく顔でいることは疑いがない。今やイスラエルは、パレスチナ人ならびにアラブ民族主義の残存勢力に対するさらなる侵略態勢を整え、合衆国からほとんど無尽蔵の武器を供給され、アラブ世界とやがてどこかの地点で折り合いをつけねばならぬという国民の真の要求を忘れたまま、未来に対して向き合っているのである。

　これらすべてが何故、包括的な中東和平に通ずると考えられているのかを分析することは不可能である。忌憚なく評価するなら、私がこれまで叙述してきた道は、ワシントンの政策研究所に所属する才気煥発なパキスタン知識人、イクバール・アフマド[*21]によって最近「指導者たちに歴史的作用を見えなくさせる遺伝本能の例」（『ニューヨーク・タイムズ』一九七九年三月二十八日）と呼ばれたものに他ならないことが証明されるだろう。ヴェトナムやイラン以降、大衆的民族運動の傾向を持った事象に対するアメリカ指導層の抵抗はきわめて盲目的で、それがきわめて無批判に受け入れられてきたため、彼らはさらに多くの武器を売りつけ、エジプト・イスラエル間の条約のような企みにさらに多くの資金を融通するといった対応しかできなくなっているのだろうか。

　他のさまざまな好機――私が先に述べた第二の道――の存在が明らかなだけに、こうした頑迷さはひときわ私たちを失望させる。しかもその頑迷さは、知性を侮辱する修辞学となってアメリカ国民に供給されるのである。第二の道の現実性については、私は以下の頁で詳細に論じるつもりである。ただ、ここで強調しておきたいのは、アラブ諸国が皆、当該地域の平和の基礎として国連安全保障理事会決議第二四二号を承認している事実、また、合衆国が最終的に独立国家へと至るパレスチナ人の自決を援助すると宣言するなら、ＰＬＯはその見返りとして、平和に関するきわめて具体的な提案を定式化する用意があると示唆した事実である。その上、近代パレスチナ人の歴史上初めて浮上してきたのが、（a）正統性を持ったパレスチナ人指導部と、（b）パレスチナ人の民族的合意であり、さらに（c）いずれの場合にも、自らの自決の形態を（一九七四年、七七年、七九年と、過去三回のパレスチナ国民会議において明確化された方針に沿って）定義するのみならず、積極的な和平推進のためにその立場を変更しようとする潜在能力であった。これらすべてに加えて、合衆国との将来関係に関するアラブ指導層の明らかな「穏健性」、それにこの同じ指導層が、アラブ民族主義に対する合衆国の一世代に亘る抵抗に逢ったのちにもなお、合衆国についてある種の理想を抱き続けようとする自発的態度、これらを考え合わせるなら、合衆国がより広い視野に立った、より偏執狂的ではない政策を取ることの魅惑は、アメリカ人にとって抵抗しがたいものとなるはずである。

目下の問題は、合衆国が善意と平和の言葉を語りながら、いつまでその言葉とは正反対の目標を追求し続けるつもりなのか、ということである。多くの先任者と同様、ジミー・カーター大統領が皆に納得させようとしているのは、狭量さや軍事中心主義、党派性、干渉政策などが、ある時点で公正かつ包括的な和平に翻訳されうるとする考え方である。私に言わせれば、それらの限定条件が保持される限り、そうした変容は起こりえない。なぜなら、歴史的にずっとそうであったように、その変化には、パレスチナ人による自らの民族的存在の放棄が前提されているからである。その受け入れ不可能な「連関戦略《リンケージ》」が理解されない限り、幻想と暴力と人的浪費は続くことになるだろう。

2　エジプト、イスラエル、合衆国——それ以外に条約が含意したもの

一九七九年三月二十六日、ジミー・カーター、アンワル・アッ＝サーダート、メナヘム・ベギンの三人がワシントンに並び立って喜びの握手を交わし、中東紛争終結の前兆となるはずの和平へと準備を整えたとき、彼らは一瞬、恐ろしく曲がりくねった歴史を抹消し、意気揚々と世界の舞台の中央に踊り出たかのように思われた。紛争と憎悪の連鎖の終焉と喧伝されたこのイメージは、恐るべき巨大な力を発揮した。だがそれは、やむことなき弁証法の上に一種のテレビCMを押しつけただけであったし、実際それ以上のことは不可能だった。そして今や合衆国は、その弁証法に対して公式には初めて、その巨大な力を直接行使したのである。まさにその瞬間、北イエメンでは百人ばかりの合衆国軍事顧問が、南イエメンと闘う同政権に援助の手を差し伸べていた。この地域の他の至る所で、合衆国はこっそりと、いわゆる危機の三日月地帯、[22]つまり民衆の「混乱」や不安定性に立ち塞がるあらゆるものを強化し（あるいは、ヨルダンやサウジアラビアの場合のようにおだて）始めていた。合衆国の立場が意味しえたのは、中東の歴史過程、つまり合衆国が自らの歴史において敬意を表してきた独立や人権、独裁からの自由といったもののための闘争をそれ以上促進したくはないという、心底からの消極的態度でしかなかったろう。大衆の心はイスラムの叛乱に対する恐怖と嫌悪感——イスラム的オリエントが発する西洋文明への脅威について、私たちは何と多くの記事を読んだことだろう——を一層掻き立てられ、アラブの石油価格に対する憤りを募らせるという状況下、イスラエル・エジプト間の条約をよいものに見せかけようとした政府の努力は、かなり常識的な反対意見に遭遇した。一九七九年三月末にCBSと『ニューヨーク・タイムズ』が実施した世論調査によると、大多数の国民は条約に感

銘を受けてはいなかった。あまりに高くつき過ぎた、というのが一般の評価だった。エジプト・イスラエル双方に約束された武器供与の額（その見積りは、五十億ドルから百五十億ドルまで幅があった）には広範な不賛成が見られた。この先十五年間に亘って、アメリカがイスラエルに石油を供給するという約束については、回答者の七割以上が不賛成だった。(12)

だが、すでに何度も述べてきたように、そこには、単純に切り捨ててしまっては不誠実の譏りを免れないある矛盾が存在した。ジミー・カーター[*23]は、幾分抽象的にではあれ、パレスチナ人について真剣に語った最初の大統領だった。シモン・ペレスのような野党議員もまた、初めてパレスチナ人の権利・利害について語り始めており、これは過去からのかなりの変化を示していた。かくして、パレスチナ人は真面目に対処すべき存在であることが認められた。とはいえ、政治的に彼らの地位はきわめて脅かされ、その存在もつねに危機に瀕していたため、アラブ世界を超える形で、自分たちの地位や要求の内実を伝達するのがいかに難しいかを彼らが認識していたことは付け加えておかねばならない。では、この新しい雰囲気を前提としながら、何故あの条約はこれほどまでパレスチナ人を軽視したのか。十分注目されることのなかった別の何かが進行していたのだろうか。

まずエジプトから始めよう。サダトに対しては、あまりに多くの論戦的態度（アラブにおける反対論、西洋における擁護論）が見られたため、彼もまた、歴史と政治的意味とを剝奪された一つのイメージになってしまった。早くも一九七一年、グンナー・ヤーリング[*24]国連特使が中東に派遣された段階で、サダトは領土と引き換えにイスラエルを承認し、関係を正常化する約束をしていた。彼の政治学においてパレスチナ人が占める一区画は、いつもエジプトの中央防波堤に対する付属品だった。勿論この態度において、彼はアブド・アン＝ナーセルとは違っていたし、アラブ世界への影響力をエジプトと競っていたシリアのバァス党員とも違っていた。(13)だが、直ちにこれら両者の哲学に匹敵する勢力を得ることになったのが、新たな二つの非アラブ民族主義陣営、すなわちサダトのエジプトと、石油で潤ったサウジアラビアだった。そこで今世紀、七〇年代になって初めて、アラブ世界は超国家的・汎アラブ的政治哲学による闘争だけではなく、諸国家やアラブ国家体制による闘争の場ともなり始めた。サダトは、一九七三年の対イスラエル戦争をエジプトの政治戦争と位置づけ、その後の出来事に合衆国を巻き込むため、注意深く時機を選んでこれを敢行した。のちにサダトが、エジプトとイスラエルを隔てる主要な障碍は心理的障碍であると語ったとき、彼が実質的に述べていたのは、アラブがシオニズムに対し、今世紀になってからその土俵上での対峙を企てたことは一度もなかったという事実だった。その土俵とは、つまりシオニズムが西洋において不可侵の地位を保っている心理的・文化的領域のことであり、それはアラブが一度も踏み込んだことがないため不可侵なのだった。サダトがその領域でのシオニズムとの対面を望み、イスラエルから遠く隔たった西洋の意識のなかで自らへの援助を得ようと欲したことは、彼の一つの功績である。そして、一九七三年の戦争は、最終的にイェルサレムへ、そしてワシントンへと通ずる最初の重要な一手だった。だがサダトは、彼の最も創造的な一手を台無しにしてしまった。[25]

当然のことながら、彼の計画はまったくエジプト的なものであり、その主要部分が、アラブ世界におけるアブド・アン＝ナーセルの計画と遺産と地位とを演劇的に解体する企てであったのも偶然ではない。サダトの戦略の有効性は、イスラエルと直接闘うのではなく、イスラエルによる合衆国の支援独占を衝く点にあった。彼の論法によれば、自分がつねに主導権を握って、物事を世界の舞台の上で動かし続けていられる限り、イスラエルは既得権を保持しようと試みて反応するだろう。その結果、自分はイスラエルの地位に食い込むことになるというのだった。合衆国の直接的支援なしには、イスラエルが戦争に乗り出せないことは明らかである。その限りにおいて、サダトがイスラエル、エジプト、合衆国を一つに束ねれば束ねるほど、彼の地位は強力になり、イスラエルの地位は弱体化することも明らかだった。この目的のために、彼はソ連との関係を完全に断ち切った。

サダトが、それ以前にシオニズムが保持していた位置からこれを退却させた最初のアラブ指導者であったという事実は否定できない。それは彼の一貫した戦略であった。これに比べると、サウジアラビア人はその法外なまでにかさばる富、ならびにその富と政治的・軍事的力とのあいだの不均衡に邪魔立てされて、せいぜい自分たちの砦を守り、アラブ世界の反対潮流を――例えばレバノン右派とPLOといった係争中の勢力の双方に対し、巨大な全面的支援を行なうことによって――制限するくらいが関の山であった。かくして、エジプトとサウジアラビアはともに、レバノンの紛争が点火し煽り立てた、いまだ激しさの衰えぬアラブ民族主義の炎の矢面に立たされることになった。そこで、転換点となったのが一九七五年だった。というのも、この年に、一九七三年戦争の同盟国であったエジプトとシリアの進路の分離が始まり、両者を隔てる亀裂が決定的に広がったからである。進路の分離の原因は第二次シナイ協定、[*26] 亀裂拡大の原因はレバノン内戦だった。サダトが第二次シナイ協定において取った方策は、自分の領土回復への着手を目的としたものだったのに対し、シリアは領土喪失の苦境をアラブ的観点から――包括的解決ののちに回復さるべきものとして眺めていた。両者の立場はこの点において今日に至るまで対立しており、現在のシリアのレバノンへの関与は（シリア支持者にとっては）アラブの国際主義の重要性を示す指標であるのに対し、その反対者にしてみれば、レバノンが証明するのは、シリアの政策が生んだ泥沼のような結末でしかなかった。そのシリア・バァス党の方針とは、アラブ民族主義こそが、（バァス主義の監視下にある）アラブの集団的な囲いを離脱しようとするどんな試みにも増して優先さるべきだというものだったからである。同様にシリアは、エジプトの個別主義や、一九七六年六月の〔レバノン内戦介入の〕事例のように、パレスチナ民族主義――という最も神聖なアラブの大義――に対してまでも対峙する構えを見せていた。シリアのアサド大統領は、その軍隊がレバノンでPLOを攻撃したさい、PLOがその神聖な大義を裏切ったと信じたのだった。

　一九七六年十月のリヤド会議[*27]のあいだに打ち出された政治合意の結果、エジプトとPLOとシリアとは、サウジアラビアのお膳立ての下、きわめて短期間ではあったが、再び相互に連絡を取り合うようになった。そこへジミー・カーターが就任した。彼が突然発したパレスチナ人および包括的和平に関する声明は、アラブ世界にとっては評価も対処も一様に不可能なものであり、彼の到来はそこに、突如として重大な変化を惹き起こすことになった。一つには、カーターが——気質によるにせよ、分析の結果によるにせよ——紛争の解決に関して、アラブ民族主義（つまりシリア・バァス党）の議論に親近感を抱いていることはほとんど明らかなように思われたからである。一九七七年十一月中葉までに生じたあらゆる事柄は、シリアの方針受け入れが不可避であることを示していた。カーターは五月に、ジュネーヴで会見したアサドから強い印象を受けたと述べただけではない。合衆国もまた、ジュネーヴ和平会議開催へのアラブの同意を取り付け、そこにパレスチナ人を出席させ、そして何より重要なことだが、ソ連の協力を得る方向で調整を図りたがっているように見受けられた。十月初めまでには、アラブ対イスラエルという線に沿って組織されるジュネーヴ会議の開催に疑いの余地はなくなった。これは、ヘンリー・キッシンジャーの個別交渉政策の終焉を示していたが、エジプトとイスラエルは仰天した。今や両者は、大多数のアラブとパレスチナ人、それに二大超大国を反イスラエルの線で結びつける政治解決の可能性が浮上してきたことに気づいたからである。

従ってサダトは、イスラエルに負けず劣らずはっきりと、一九七七年十月一日の合衆国・ソ連共同声明に反対した。この声明は、パレスチナ問題をエジプトの領土返還と等価に位置づけたばかりでなく、明らかにシリアの汎アラブ民族主義が勝利したことをも意味していた。一九七七年初頭の恐るべきエジプト食糧暴動のあと、*28 サダトはあえて（a）領土返還と戦争状態の終結を延期するわけにはゆかなかったし、（b）暴動に由来する広範な進歩的・敵対的潮流に向かって、エジプトを政治的に開いてゆくこともできなかった。それらの潮流は、彼が正確に見抜いた通り、パレスチナのような政治傾向と明らかに連関していたからである。また彼は（c）国内の悲惨な経済的・社会的崩壊を無視するわけにもゆかなかった。一九七七年に彼が行なったこと——例えば、七月のリビア攻撃——

はすべて、確実に合衆国の気を引いて、これを満足させようという意図に出たものだった。もっとも、十一月十七日にイェルサレム行きを宣言するまでは、彼が合衆国から集中的かつ真剣な眼差しで見られることはなかった。彼の宣言がすべてを変えた。

〔合衆国〕政府は、彼の宣言がまったく寝耳に水であったと主張した。私には、それが真実だとは思えない。というのも、一九七七年末までの少なくとも七年間、サダトがやってきた行為はすべて、彼がイスラエルとの単独講和に完全に（彼の批判者に言わせれば、恥知らずにも）乗り気であることを示していたからである。それはともかく、合衆国はただちに新情勢に対応し、エジプト・イスラエル間の単独平和条約に適合する形で優先事項を整理し直した。最初に削除すべき項目は、国連を通して進展してきたパレスチナ問題だった。そのあと、合衆国とソ連の共同声明や、すでに合意を見ていたジュネーヴ会議でのパレスチナ人の代表権も削除された。サダトはほとんど時を移さず、PLO――彼は私的な会話で、アラファートには何一つ「実行」できないと漏らしたことが知られている――からも、アラブ民族主義の残滓からも身を遠ざけた。エジプト国内での民族主義的反対運動はすべて沈黙させられ、パレスチナの大義は（言わば）言い換えられて、あたかもサダトはその擁護者であり、エジプトはイスラエルと合衆国に対していかなる譲歩もなしえないかのような粉飾が行なわれた。サダトが抜け目なく見越していたのは、（PLOを別とすれば）敵対者たちがあまりに不人気なため、それぞれの国内で自分に叛旗を翻すような危険を冒すことはできないし、あるいは（サウジアラビアやヨルダンの場合）あまりに弱体であるため、みじめに、かつ無力な形でしか、自分の主導権への従属を拒否することができないという事実だった。

サダトが十一月よりずっと以前からイスラエル人たちと接触していたこと、また彼らが最初に合意した事柄の一つに、合衆国の承認する同盟関係によって両国が得る経済的利益があったことは、私には疑いようのない事実である。彼らは皆、この同盟が一種の相互共栄圏として、サウジアラビアによっても暗黙のうちに支持されるであろうことを信じていた。この同盟は、両国経済の軍事・消費部門に直ちに利益を及ぼすのみならず、中東を「持てるもの」と「持たざるもの」とに二分し、後者の陣営に急進主義やアラブ民族主義の残滓を押し込めて、その後これを消滅させるという利点があるはずだった。その上、サダトは自分の精力をアフリカ——エジプトはすでにチャド、ザイール、ソマリアに密かに介入していた——に集中させ、エジプトを新しい三極構造を持った世界の一部へと変容させるべくその力の焦点を絞ってゆくことができた。一九七八年夏までに、彼は西方の沙漠地帯を核廃棄物処分場とし、オーストリアとフランスに提供するということさえ行なった。九月のキャンプ・デーヴィッド会談の時期には、イランの事件があったお蔭で、合衆国およびイスラエルと和平を結ぶというサダトの決意は固まっていた。ただし、バグダード首脳会議（とくに、十年間の敵対関係ののちに実現した、シリアとイラクのあいだの厄介な結合）とイランでの暴動、それに当初のPLOとイランとの同盟関係によって、彼の決意が厳しい試練に晒されることも明白であった。一九七七年九月から七九年三月にかけて、アラブ諸国は表面上、怒り狂ったような激しい弁舌を弄していたにも拘わらず、実は相互に連絡を取り合っていた。各国はそれぞれ、自国の力と責任感とを相手に印象づけようとしているように思われた。またこのようにすれば、合衆国とイスラエルに対して自らの主張を明確にすることもできた。合衆国に対し、エジプト・イスラエル単独和平に代わる別の魅力的選択肢を提供しているのだという考え方が、やがて明らかになるはずであった。進んでイスラエルと共存することにも、合衆国の援助や友情と引き換えに易々とソ連を捨て去ることにも、躊躇を示さないアラブ国家など一つもなかった。

それでも合衆国は、エジプト・イスラエル和平というますます狭く局限されてゆく優先課題に固執した。合衆国の論理によれば、それが包括的解決への堅実な第一歩になりうるというのである。意図したかどうかは別として、その間の合衆国は事実上、エジプトとイスラエルに関する非妥協的・退行的な事柄すべてを支援することになった。私見によれば、何より悲惨なのは、このひたむきで融通が利かない合衆国の政策のお蔭で、パレスチナ人やアラブ大衆、そして第三世界の残りの部分が疎外されてしまったことである。彼らは合衆国の政策を、イラン革命に対する防御的・後退的反作用と見做していた。私には、それが間違った解釈だとは思えない。独立した精神を持つヨーロッパ人、そして勿論多くのアラブにしてみれば、サダトは第三世界における献身的で忠実なアメリカ人として、自らをアメリカ人の意識のなかに割り込ませることに成功したのだった。これは、純粋に民衆の支持を得た代表とは言えぬ指導者たち、〔グエン・カオ・〕キー元帥[*29]や蔣介石[*30]、モハンマド・レザー・シャー・パフラヴィー[*31]といった面々に手もなく騙されてしまう合衆国の、その宿命的習性を利用しただけのことだったように思われる。何より悲惨だったのは、合衆国がサダトやベギン、シャーのごとき指導者を援助した場合の結果に盲目だったと見受けられる点である。つまり、合衆国が強化していたのは、目先の（普通は最も民衆の支持を得られない）目標に適合する事柄のみを考えようとする指導者たちの決意であり、しかもその目標とは、現在の権力を無傷のまま温存することに大きく関わっていたのである。

これが何よりもよく当て嵌まったのはイスラエルである。その最初の、私に言わせれば最も不吉な徴候は、メナヘム・ベギンがかつての過激主義とテロ行為とを撤回し、サダトおよび合衆国の作業手順に順応するという変わり身の早さであった。あっぱれベギンは、誰に対しても何一つ実質的譲歩はしなかった。彼は占領地域保持の正しさを信じ、パレスチナ人アラブをイスラエルの苦力《クーリー》階級と見做し、イスラエルをこの地域で最も優れた西洋国家のままにしておきたいという願望をあからさまに語った。ベギンは首相在任中に、国連安全保障理事会決議第二四二号に対するイスラエルの立場を事実上変更した。のちに国連代表となるこの男が、一九七七年の〔合衆国の〕上院〔司法〕委員会において主張したのは、イスラエルが占領地域を保持するあらゆる権利を持っていること、その地域に対するイスラエルの行為がジュネーヴ条約その他いかなる条約にも違反しないこと[(14)]、そもそもそれらの条約はここには適用されないし、今後も適用されないであろうということであった。その間、イスラエルは南アフリカやチリ、ニカラグアとの結びつきを強化したが、他方で同国の軍事指導者たちは、イスラエルが征服国家であり、アラブ（とくにパレスチナ人）に対する政策は彼らを無期限に再征服することであるとの立場を繰り返し表明した。一九七九年一月十九日、「ユダヤ・サマリア」（西岸）のユダヤ人入植地について訊ねられたさいの参謀総長の談話によれば、イスラエルはそれら入植地の保持を計画しているのみならず、ガリラヤ（これは一九六七年以前のイスラエル領内にあり、イスラエル国籍を持つパレスチナ人が最も集中している地域である）に住むアラブは「土地の獲得、仕事の獲得、非合法的移住、テロといった一連の行為にかまけている」というのだった。重要なのは、エイタン将軍[*32]の言うパレスチナ人が新参者ではなく、過去三十年間（かなり悲惨な境遇のまま）ただそこに留まってきた人々だったという点の認識である。だが、彼にはこれでも不十分だった。彼は、「イスラエル国家が誕生する前に、我々はこの国を征服するためにここへやってきた。そしてその目的のために、国家が樹立された」という事実を再び確認せねばならなかった（『イェディオット・アハロノット』[*33]〔最新情報〕紙、一九七九年一月十九日）。

イスラエルは事実上、エジプトとは領土をめぐる係争が何もなかったので、非武装化されたシナイ半島の返還をサダトに約束するのは比較的容易だった。その上、シオニズムが百年間求め続けてきたさまざまな事柄――正統性、最大のアラブ国家の中立化と、その全アラブ世界からの政治的孤立、合衆国との包括的「安全保障」の取り決め、十五年間の石油供給の保証、およそ百五十億ドルにも上る武器・資金援助、食い物にしやすい巨大なアラブ市場、安価なエジプト人非熟練労働力の膨大な蓄え――が簡単にイスラエルの手に入るという、お得なおまけつきだった。だが領土が問題になるときは、イスラエルがつねにそれを確実に掌握できるよう、きわめて異常な措置が講じられた。ごくわずかの例外を別とすれば、アメリカの報道機関は、西岸に関するイスラエルの言行にほとんど何の注意も払ってこなかった。これは、ジャーナリズムの歴史上、最も恥ずべき怠慢の一つかもしれない。というのも、合衆国の報道機関は、パレスチナ人に提案された「自治」が、その言葉の文字通りの意味に幾分かは適ったものであるかのごとき粉飾を施すことによって、西岸・ガザ地区におけるイスラエルの継続的抑圧・入植・併合を正当化するという、驚くべき離れ業をやってのけたからである。さらに悪いことには、報道機関にも、キャンプ・デーヴィッド合意の本文中にも、占領地域に対するイスラエルの政策を批判する言葉がまったく見られなかったため、パレスチナ人やヨルダン人が「自治」「自立」立ち上げへの参加を拒否するのは不合理で不当な事態と見做される結果になった。西岸・ガザ地区で生じている事柄に合衆国とエジプトが暗黙裏に同意する気でいる限り、イスラエルは結果的に自分の意図を語ったり計画したりすることばかりでなく、それらを実行することもまた――イスラエル制圧下に生活するパレスチナ人なら身に沁みて知っている通り――思いのままなのだった。

歴史的に見た場合、一般原則よりも具体的細部《ディテール》の方がずっと重要だというのが、つねにシオニズムに適用される真理であった。それらの具体的細部を力と法律上の「事実」によって覆い隠すことで、シオニズムは新たに「創造された現実」の永続性を保証された。そこで、こうした段取りをつけるためにベギンはその特殊な法律的手腕を発揮し、以前の労働党政権が行なったことをさらに拡張した。ベギンはたんなる力や急場凌ぎの方策にはほとんど信用を置かない。この点においてのみ、彼の政策は、例えばラビン将軍の政策と違っていた。占領・管理地区は「解放」地区として知られるようになった。このお蔭もあり、さらには、一九六七年のイスラエルによる対アラブ攻撃が防衛手段だったという、一九七七年十二月二十六日にイスマーイーリーヤで彼がサダトからもぎ取った確認事項(この合意には、アメリカ右派のみならず、リベラル左派の中核からも好意的な反響があった(15))とも相俟って、ベギンはアラブ領土の獲得を法律的に正当化されたものと見做せるようになった。ここで留意する必要があるのは、一九四八年にダヴィッド・ベン・グリオンがイスラエル建国を宣言したとき、彼は周到にも、イスラエルの国境線に関するいかなる文言もその宣言に組み込まなかったという点である(16)。この、つねに拡張し続ける国境線の正統性を保証するために、ベギンは遙かに巧妙な手段を取ったのだった。それればかりではない。パレスチナ人自治の計画を発表したときも、彼は住民の自治と、彼らが住む土地の統治権とを注意深く区別した。イデオロギー上の師であるウラジーミル・ジャボティンスキーと同様、ベギンもまた、ユダヤ人が劣等人種に煩わされねばならないのは決して望ましい事態ではない（それどころか、はっきり言って有害である）と認めつつあったが、その一方で彼は、神がユダヤ人の土地だと（どこかで）語った領域に対して、イスラエルが支配と植民の権利を持っていることを主張した。合衆国の報道機関もリベラルな学者社会も、イランにおけるイスラムの過剰については、何度となくそれなりの不安を表明してきたくせに、神学と手の込んだ法律操作、それに純粋な詭弁、これらの結合に対してはほとんど何も発言することがなかった。ルーホッラー・ホメイニーのイスラム共和国がどんな意味を持ちうるかについては、ほとんど無知に基づく、悲しげな論説が際限もなく紡ぎ出されつつあったとき、他方ではベギンの神権政治的世界観を理解しようとするどころか、人々に自治を認めても、彼らが住む土地については認めないという彼の発言の真意に細かい注意を払おうとする努力すらまったく見られなかったのである。

イスラエルのジャーナリストや政界の大立者たちは、さすがにこの点についてざっくばらんであった。勿論、言葉よりも行動の方がつねにずっとよく物を言った。キャンプ・デーヴィッド会談の直後、ベギンはさらに多くの入植地建設を強く要求し始め、そのプロジェクトをアリック・シャロン将軍[*34]の有能な手腕に委ねた。彼は農務大臣であるとともに国内屈指の超タカ派であり、パレスチナ民間人の集落に何度も残忍な襲撃を加えた前歴があった。[17]一九七八年末までに、イスラエルは西岸だけで七十七の入植地を持ち、土地のほぼ二七パーセントを没収していた。確かにキャンプ・デーヴィッドの「枠組み」によって、五年間の移行期間に現場に残るイスラエル軍の数が「削減」されることは規定されていたが、そこではイスラエル人入植者の数が増大し続けているというずっと重大な事実も存在した。その先頭に立つのはグーシュ・エムニーム[*35]〔信仰の陣営〕という熱狂者集団で、その情熱と暴力の前では、「イスラム」軍団さえまったくやわなものに見えてしまう。信頼できる筋によると、アラブの居住するイエルサレムを含め、その人数は九万と言われ、さらに数十万へと増やす計画を立てている。

自治とは結局、パレスチナ人を囲い込むために、また、テルアビブ大学で教鞭を執ったパレスチナ民族運動に関する一権威者の言葉を借りれば「彼らの民族的悲願を摘み取る」[18]ために、注意深く規制され、事細かに管理された特別居留地という以上のものにはなりえない。この点について、パレスチナ人の心にはいかなる疑いも残っていなかった。西岸の現場では、これを保証するために多くの重要な事柄がなされつつあった。[19]二脊柱理論によれば、西岸そのものを再構成し、これをイスラエル本土の構造に並行する軍事的脊柱としない限り、グリーン・ライン（一九六七年以前の国境線）の東側のイスラエルは攻撃に晒されやすい。この目的を達するため、西岸は南北および東西に走る一連の道路によっていくつもの部分に分割されることになる――そして実際、すでに分割がなされている（地図3参照）。これらは（カーター・サダト両大統領の寛大さのお蔭で、キャンプ・デーヴィッド「枠組み」によって許可された）軍事上の連絡道路になるとともに、パレスチナ人人口が集中する一連の四分円の外側の境界線を構成することになるだろう。かくして、かなり大規模なパレスチナ人集団をそれぞれに取り囲む形で道路が巡らされ、この地域に対するイスラエルの軍事的支配が保証される。おまけに、道路それ自体はイスラエル人入植地によって強化される。一九七九年一月二十六日、『マアリーヴ』紙のインタビューでシャロンが述べたように、「ただ入植地だけ［が必要なの］ではありません。道路だけではありません。軍のキャンプや軍事訓練地帯といった広範な基盤設備も必要です。」こうしてシオニズムの継続と、パレスチナ人の断絶とが図られる。

イスラエルの水道の約三割は西岸から来ているため、自治があろうとなかろうと、水資源はイスラエルが利用できるよう確保されねばならない。このため、現在の給水網は、西岸の行政当局とはまったく別個に機能している。西岸・ガザ地区の目下の安全保障体制のお蔭で、軍政府長官にはあらゆる書類を検閲し、破壊活動の疑いがある住

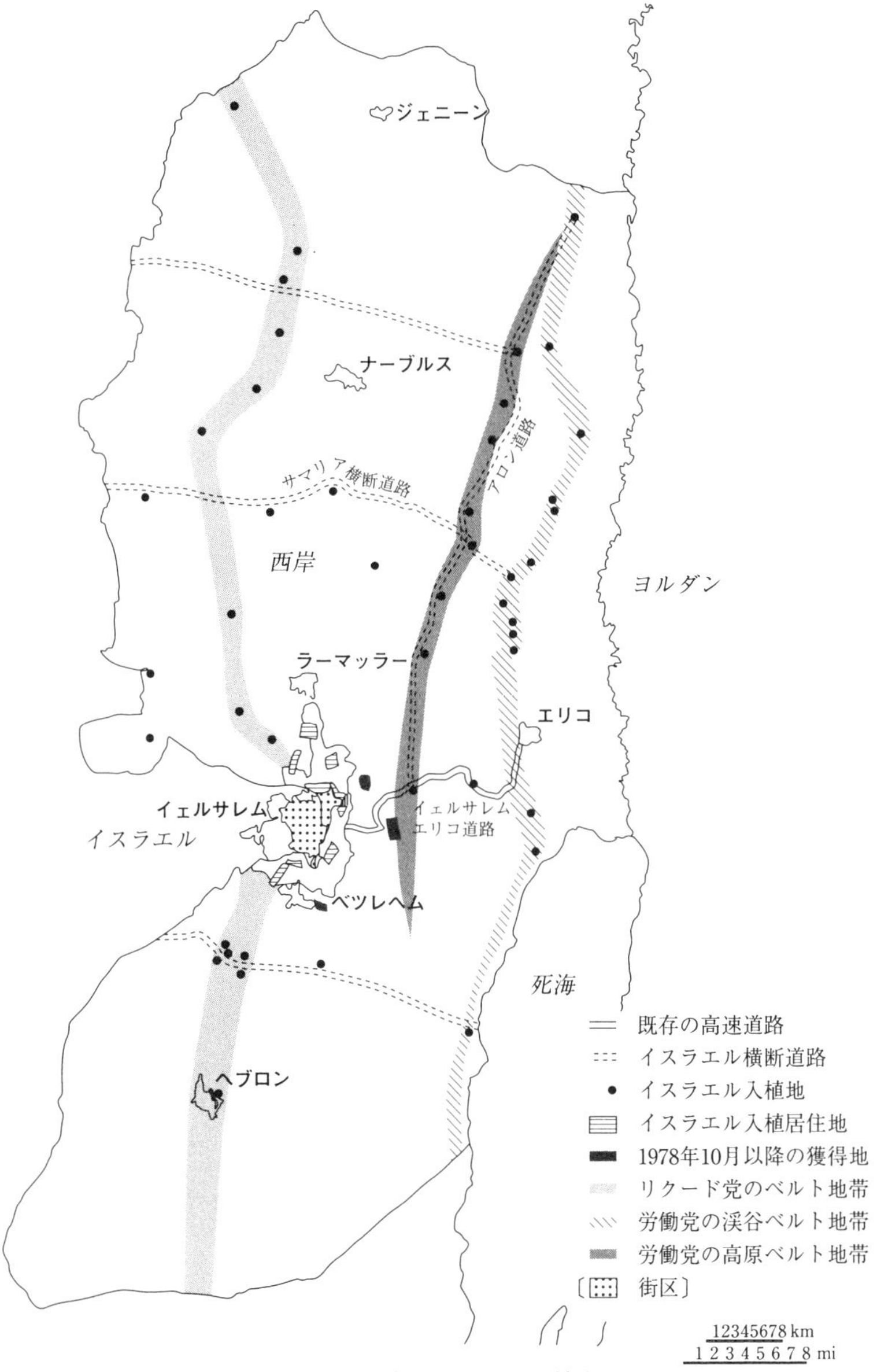

地図 3　西岸のイスラエル入植地

民を追放・拘束して、その家屋を破壊するなど、イスラエル国家の保護を目的としたあらゆる行動を取る権力が付与されている。だが、一九七九年一月十四日および十六日付けの『ハ＝アレツ』紙でゼエヴ・シフ[*36]が書いているように、パレスチナ自治が始まれば、イスラエル政府と軍に対し、ほとんど無期限にこうした事態を継続する権利が与えられることは確実である。キャンプ・デーヴィッドの条項に基づいて、イスラエルは政治的「破壊活動」と闘う権利を得たが、シフがきわめて明瞭に述べた通り、その「破壊活動」の目的とされるのは、パレスチナ国家建設の可能性を高めるあらゆる事柄なのである。こうして、西岸に軍隊が駐留し続ける以上、拘束や追放、集団的懲罰は継続されることだろう。パレスチナ人、イスラエル人、ヨルダン人、エジプト人の代表が管理評議会を構成する自治において、「警備作戦」がどのように行なわれるかを、シフは次のように予見する。

［西岸およびガザ地区の］総合警備当局は、良質で複雑な諜報網を展開することに成功した。この態勢は、自治の下での存続が想定可能である。だが問題は、情報の蒐集ではなく、その情報をどう扱うかである。当局には自由な活動が許されるのか、それとも情報を記録し、情勢を把握するに留まるのか。

テロリスト［シフは、独立を願うパレスチナ人に適用される、イスラエルの標準的婉曲語彙を用いている］と闘う目的で、諜報活動によって得た情報の正しい活用を保証するためには、他の側面とも関わる特別態勢を整えておく必要がある。キャンプ・デーヴィッド合意に盛り込まれた類いの、強力な地域警察力だけでは不十分である。パレスチナ人警察官とイスラエル警備当局との協議でも十分ではない。テロリストとの闘いを欲する者なら誰でも、テロ行為や敵対行為の疑いがある人物の逮捕権を他者の手に委ねることはできない。これは、安全上の見地からして明白である。

パレスチナ人警察官が、イスラエル警備当局からテロ行為の嫌疑がある人物についての情報を得た場合、彼はすぐさまその容疑者に身の危険を知らせてしまうであろう。従って、こうした逮捕にさいしての地元［パレスチナ人」警察の協力は、たんなる形式的なものにならざるをえない。安全保障の問題に関する取り調べが、将来においてもなお、イスラエル総合警備当局の手に残されるべきであることは疑問の余地がない。自治体制下ならびにイスラエルにおいて、我々がテロリストとの闘いに成功することを望むのであれば、これは必須の条件である。だが、テロリストの起訴となると、また話は別である。この問題については、イスラエルと自治の管理当局とのあいだで十分な協力が可能である。裁判の領域でもまた、協力は可能ではあるが、これは起訴よりもっと微妙な問題であり、イスラエルがある程度の主導権を握るべきである。同様のことは、難民受け入れ委員会でのイスラエル代表に関しても言え、彼らが［イスラエル］総合警備当局の出す指示に従って行動すべきことは明白である。

［『ハ＝アレツ』一九七九年一月十六日］

パレスチナ人自決の要求を満足させると想定された自治に対するイスラエルの管理については、他にもさまざまな予測がなされている[20]。それらの多くと同様、シフもまた、イスラエルの警備体制が「パレスチナ人の生活のあらゆる側面に関連する」ことになると結論づける。自治に関するこの予測的観念と、パレスチナ人に対するイスラエルの敵意とが軌を一にすることは十分理解できる。だが、この計画がパレスチナ人に受け入れ可能なものとして提示された理論的根拠は、どこを探しても見つからない。何しろ、その苛酷さを体験せざるをえないのはパレスチナ人なのである。パレスチナ人に対し、「自治」が継続的な軍事支配以上のものになるという希望を抱かせる要素は、イスラエルには（勿論ベギンの言葉のなかにも）何一つ存在しない。自治や自立が適用されるのは、西岸・ガザ地区のパレスチナ人だけであることも思い出していただきたい。難民帰還条項が対象とするのは、元来ガザまたは西岸に居住していたパレスチナ人、つまり一九六七年に追い出された約十五万人だけである。これら「正統的」帰還要求者ですらイスラエルによって篩《ふるい》分けがなされる以上、ガザや西岸出身ではなく、現在流亡の境遇にある二百万以上のパレスチナ人がそこに含められることなど、どう見ても不可能である。モシェー・ダヤンによれば、それらのパレスチナ人は現在の場所にそのままとどまることを期待されている。つまり、ある卓越したパレスチナ人著述家が記すように、キャンプ・デーヴィッドの枠組みによる自治が正確に――しかもまったく曖昧さのない形で――意味するところは次の通りである。

パレスチナ人の一部（全体の三分の一以下）が、その郷土の一部（全領域の五分の一以下）において、権利の一部（自決と国家建設という民族的権利は含まれない）を約束される。この約束は今から数年間のうちに、段階的手順を踏んで履行される。だが、その手順においては、イスラエルがいかなる合意に対しても決定的拒否権を発動しうる。それ以外に、圧倒的多数のパレスチナ人が宣告された運命とは、パレスチナ人としての民族的主体性《アイデンティティー》の永遠の喪失であり、永遠の流亡と国家喪失であり、お互い同士およびパレスチナからの永遠の別離であり――つまりは民族的な希望も意味も持てない生活である。[21]

エジプト・イスラエル間の条約は、いかなる曖昧さも残さぬ形でこうした体制を神聖化している。合衆国のリベラルな人々の議論によれば、（a）目下の状況では、これが従来パレスチナ人に与えられてきたもののなかでの最大値であり、よって受け入れられるべきである。（b）それに、一旦自治の手続きが――選挙や正常な政治活動などとともに――軌道に乗れば、おそらく事態はパレスチナ国家へと展開してゆくだろう。トプスィー[*37]同様、こうした国家は気づかぬうちに成長するだろう。これが、一九七九年三月十九日付[*38]『ニューヨーク・タイムズ』のアンソニー・ルイスによる同情に満ちた論説「今やパレスチナ問題は」の含意するところであった。だが、こうした議論すべてがまったく考慮に入れていないのは、パレスチナ問題をまさに問題たらしめてきた次の三つの要素である。（1）ユダヤ人の利益を図り、非ユダヤ人に対抗する体系的実践としてのシオニズムの実態。（2）パレスチナの歴史の実態。それは偶発的事件の雑多な集合ではなく、シオニズムによる土地奪取という首尾一貫した経験であるとともに、闘争による自決への前進という、それに呼応した弁証法でもある。(3) シオニズムとパレスチナ人とのあいだの現実の闘争。それは誤解などではなく、対立する力同士の真の対決であり、さらには特定の地域に根ざし、具体的歴史を持ち、さまざまに異なる多くの地域的・国際的・文化的要因の連関を活用した闘争である。これら三つの要素の縺れが生み出す密度と、善意の政策立案者が折にふれて表明する楽観論とのあいだの対照には、ほとんど絶望的なまでの皮肉が存在する。PLOの崩壊——あるいは、少なくともその消滅——と、それに代わって、曖昧な形での自らの政治的無力化交渉に熱を上げる、「穏当な」裏切り者パレスチナ人の時宜を得た登場、これらがパレスチナ人自治成功の明らかな前提条件とされるとき、この皮肉はぐっと尖鋭化する。まだそうした裏切り者は現われていないが、これからも抵抗を続けられるという保証は勿論ない。

パレスチナ人自身は——キャンプ・デーヴィッドの枠組みおよびイスラエル・エジプト条約で明言された類いの取り決めに一貫して反対すること以外に——何を行ない、何を語ってきたのか。これが今、私たちの問うべき問題である。私は次に、そのほとんど知られていない劇的状況に目を向けることにしよう。

3　パレスチナ人および地域の現実

先に私が中東を混淆的・中間的な場所だと述べたとき、私の念頭にあったのはパレスチナ問題の奇矯性であり、また文化的・政治的・歴史的にパレスチナ問題が置かれている地域の特殊性であった。つまり、パレスチナ人にとってみれば、侵入する入植者の植民地主義によって自分たちの土地奪取が生じたことは確実なのであるが、そうした見方は、犠牲者としての彼らに起こった事柄についてのみ合致する。そこではヨーロッパの反セム主義の真の恐怖が理解されていないし、現在の文脈では、イスラエルがユダヤ人にとって現実的成果を伴う国家であり、その国民や世界の多くの部分からの肩入れがあること、イスラエルのシオニズムとパレスチナ人の抵抗運動には、南アフリカの黒人多数派対白人少数派の闘争のごとき素朴で比較的単純な特徴が見られないこと、こういった事実も論じられてはいない。さらにまた、アラブの解放闘争は他の多くの闘争とは違って、比較的豊かな資金を供給されているという厄介な事実もある。ほとんど無尽蔵の資金が存在し、それが利用可能であるということ自体、非常に奇妙な形で解放という観念そのものにまで影響を及ぼしている。通常「アラブ解放闘争」と呼ばれる事柄について語る場合にも、同様の――質的にはそれほど深刻ではない――問題が適用されることは、さして議論するまでもないように思われる。そうした修辞学的文脈において（アラブの石油国家は自発的に西洋経済に吸収され、その政治活動はきわめて因襲的で、急進的な人々でさえパレスチナ人の闘争を中途半端に支援するのが関の山であるような場合）効率的に論点を明示するためには、アラブの解放の正確な意味を問いさえすればよい。

だが、たとえそうであっても、私は本書や『オリエンタリズム』のなかで自分が語ってきた事柄をもう一度繰返さなければならない。つまり、アラブ世界全般、とりわけパレスチナ人に関する議論は、西洋においてはきわめて錯綜し、不公平な形に歪められているため、善かれ悪しかれ、パレスチナ人やアラブにとって実際あるがままの姿で物事を眺めるためには、非常に多くの努力が払われねばならないということである。パレスチナ人対シオニストの紛争が孕む複雑な状況を公平に表象する試みにおいて、私たちの闘争の実態をめぐるさまざまな嘘や歪曲、故意の無知といった膨大な蓄積を一掃するため、私が十分な仕事をしてはいないかもしれないという危険はある。多分こうした場合、真実を浮上させる単純な処方箋など存在しないのだろう。そしてはっきり付け加えておきたいのだが、私自身の場合、パレスチナ人には歴史的・倫理的に十分な大義があるため、それを誤った形で表象しようとする試みはすべて、最終的にその大義によって抹殺され凌駕されるだろうという強固な信念を抱いている。結局のところ、歴史を決定するのは民族の闘争であって、その民族について記す著作家の闘争だけでないことは言うまでもない。にも拘わらず、著述にもまたそれなりの重要性はあるので、いくつかの論点を明確にしておく必要がある。

第一点は、パレスチナ人についてありとあらゆる事柄が言われているにも拘わらず、政治やジャーナリズム、さらに文化の分野では、つねに彼らに関する真摯な議論を先送りにしようとする傾向があったことである。ジョージ・ボール*39のように聡明な体制側の大立者が主張するのも、まさにこの点であると私は理解している（一九七九年四月一日付『ニューヨーク・タイムズ』の社説対面頁に掲載された「中東の挑戦」と題する寄稿を参照）。イスラエル・エジプト間の和平を守り、これを正当化しようとする当然の情熱に駆られて、合衆国政府がこの先送り傾向を助長することになるのはほとんど確実である。さもなければ、（政府高官筋が私的に述べてきた通り）PLOこそパレスチナ問題であることが明らかであり、それに代わるパレスチナ人指導部が登場する可能性など万に一つも存在しないこともまた明白であるにも拘わらず、どうして政府は、PLOを無視しうるなどといった愚かな考えにしがみつき続けるのだろうか。PLOはあまりに正統的かつ代表的な機関であるため、別の指導部の登場などという事態は起こりえないのである。第二次シナイ協定の条項ならびにヘンリー・キッシンジャーとイスラエル側との合意によれば、PLOが国連安全保障理事会決議第二四二号を受け入れてイスラエルを承認しない限り、合衆国はPLOを承認しないし、これとの話し合いにも応じないという。この、あまりに現実離れした窮屈な条件は、大国の力をみだらな形で一保護国の傲慢な気紛れと結びつけ、パレスチナ人の問題をもっぱら難民問題に限定するものであり、アメリカの政界においては、このためにPLOの正統性も、従ってパレスチナ人の正統性も認められていない。勿論それは、ボールが述べるところの先送りにも貢献した。そしてまた、イスラエルや合衆国における頑迷なイスラエル支持者たちはこれに勢いづいて、PLO（およびパレスチナ人全体）をテロ行為や急進主義、無責任と結びつけ続けていることも言うまでもない。

これはたんなる修辞的戦略の問題ではない。一つには、報道機関や知識人社会がわずかな例外的事例を除いて、この見方を支持してきたからである。最近、主要テレビ放送網の一つがゴールデン・アワーに、非共感的とは言えぬパレスチナ人の肖像を放映するという大胆な一歩を踏み出したときも、何故「テロリスト」はテロリストなのか（つまり、彼らにはテロリストたるべきそれなりの理由があるのだ）という点を説明する映画の形が採用された。しかも語り手は視聴者に対し、自分はテロ行為を容認してはいないと請け合うため、前代未聞の言葉を挿入した。何と、その番組はスポンサーなしで放送されたのである。国家としてのイスラエルに支援を表明せねばならないと感じているアメリカ人のほとんどは、今イスラエルのある土地にもともとパレスチナ人が住んでいたことを理解せず、パレスチナ人が難民であるのは反セム主義者だからではなく、シオニストが彼らの多くを追い出したからに過ぎないのだという事実も認識していない。私見によれば、これは掛け値なしの事実である。こうした状況がシオニストの政治宣伝《プロパガンダ》を大いに利し、異なる見解が人々の耳に入ったり、真面目に受け止められたりするのを防いできた。従って、パレスチナ人の権利について語るためには、キャンプ・デーヴィッドの監獄体制を受け入れるか、あるいは受け身になってPLO憲章を説明したり、「アラブ」がユダヤ人を殺したがるのは何故か、民主主義的なイスラエルが多くの中世的・抑圧的イスラム教徒を耐え忍ばねばならないのは何故か、その理由を説明したりせざるをえない。そのあいだにも政府は、これまで無謀に投資してきた政策を促進させ、あるいはパレスチナ人、リビア人、イラク人への軍事攻撃という選択肢を残しておくための手段として——イラクやリビアのような国家の孤立化を継続させることは勿論——パレスチナ人の「急進主義」を利用し続けることができる。

こうした悪の権化にも、便利な使い途はある。そうでなければ、一九七八年三月にイスラエルが南レバノンに侵攻するという極悪非道な犯罪を犯したとき、合衆国とそのリベラルな知識人階層がまったく沈黙していた理由をどうして理解できるだろう。「急進主義」や「テロ行為」が懲罰の対象となりうることを示すため、合衆国の同盟軍は民間人に対し、クラスター爆弾のような合衆国製の兵器を用い、大規模な「予防」戦争を仕掛けることが許されていた。その一方で、イスラエルのような合衆国の同盟者が露骨な大量虐殺戦争（インドネシアによる東ティモール民間人の継続的殺戮はそのもう一つの例）を支援しても、それについて何らとやかく言われることはない。その重要な結果として、イスラエルは依然、ソ連におけるユダヤ人の異議申し立てといった「善」とされる政治上の大義名分と結びつけられ、パレスチナ民族主義の除去が進められたのだった。

議論や政策編制、文化的論争の輪はどんどん狭まってゆき、一つの圧縮傾向が別の圧縮傾向を呑み込んで、それをさらに強化する。(22) そのあおりを最も強く受けたのが、現代中東・アラブ政治における最大決定因子であったパレスチナ問題である。今ほど悲惨な形で論争が痩せ細り、貧弱化したことはかつてなかった——その理由をここで述べる必要などほとんどないだろう。そこで、以下の頁で私が試みようとするのは、パレスチナ人とアラブとを巻込んでいるさまざまな過程がどのようなものか、それについてある程度の感覚を与えることである。そうすれば、中東の圧倒的多数の人々によって事態がどのように見られているのかを理解する上で、読者の多少の助けになるかもしれないし、より広くより正確な議論と論争の枠組みが徐々に展開するかもしれない。少なくとも、普段は具体的な紋切り型のスローガンとして取り扱われることの多い諸問題に、人間的・政治的な切迫感が回復される可能性もある。何より私が願うのは、これまで自分が本書を通じて行なってきた試みの継続、すなわち、きわめて多くの人々を純粋に人間的な理由から突き動かしてきた事象としてのパレスチナ問題を語ること、またたんに生起しているのではなく、実際に体験された動態的かつ歴史的な事象としてのパレスチナ問題を語ることである。

今言った事柄を前提にするなら、キャンプ・デーヴィッド以降の時期を分析するさい、考慮されないのが普通なくらい重要な二つの考え方を私はとくに発展させたいと望む。考慮されないとはいえ、中東の政治的現実を把握しようとする場合、それらの理解は不可欠である。その第一の考え方は、一九六七年以降、パレスチナ人の立場にきわめて重要ないくつかの変更と発展があったこと、そして、それらの変更と発展は表現されてはきたのだが――当然早急になされて然るべき政治的重視がなされてこなかったということである。第二は、中東の大きな歴史過程との関連でパレスチナ問題を眺めさえすれば、その純粋な中心性と力も評価し理解することが可能になるという考え方である。

私が本書冒頭で議論したのは、（もはや存在しない）歴史的実在としてのパレスチナと、現在の政治的大義、すなわち国家も固有の民族的存在性も所有しないパレスチナ人の、自決へ向けた過程としてのパレスチナとのあいだの相違であった。パレスチナが消失してから、その大義が政治的要素として世界の舞台に再登場するまでの期間、とくにパレスチナ人社会自体の内部では実に多くの歴史が生起せねばならなかった。現実にパレスチナを失ったパレスチナ人たち――政治的指導者という点からすれば、私の両親の世代――にとって、パレスチナはアラブのパレスチナ、フィラスティーン・アル＝アラビーヤ*40であった。パレスチナがイスラエルになったという事実、あるいは自分の生きているうちに、それが再びアラブ主体の国に戻ることはないという事実は、いかなる意味においてもこの世代には受け入れられなかった。一九四八年から六七年までの期間、アラブ世界の政治・文化活動の多くの部分が同様の考え方を反映した。私たちの災厄すべてをもたらした言いようのない元凶であり、知られざる私たちの現実のうちの最たるものでもあるイスラエルは、アラブの民族的活力を驚くほど吸収してしまった。イスラエルはアラブ民族主義の限界を劃定し、私たちの敵（帝国主義や西洋など）を私たちのために定め、「シオニズム」と闘うという名目で行なわれるほとんどすべての事柄について、諸政権を正当化した。これらの年月の歴史は今後――植民地主義によって歪められ、方向転換を迫られたばかりか、イスラエルと無能で抑圧的な軍事政権とのあいだの不均衡な闘いによってもさらに歪められてしまった諸制度という観点から――記述されなければならない(23)。だが、「アラブ国家」およびアラブのパレスチナへの新たな、輝かしき帰還を前提としたさまざまの哲学と政党以外、その歴史においてパレスチナ人に大いなる貢献をしたものは何もなかった。

私がこうした事柄をあれこれ述べるのも、一九六七年以降継起した劇的事件のためである。ナーセル主義、バァス主義、アラブ民族運動、イスラム原理主義、そしてほとんどありとあらゆる左派政党が、六月戦争〔第三次中東戦争〕以後、劇的に崩壊した。それらは特権的に生命を維持する場合もあったが、この敗北から立ち直ることはなかった。私見によれば、これらの運動の大半は、自らが対象とする社会政治的・文化的現実とほんの部分的にしか触れ合っていなかった。残りの部分について言えば、それらは世界のさまざまな地域、歴史上のさまざまな時代から借り集めてきた哲学であり、しかもそれらは、自らに割り振られた現代的役割を演じられるよう消化され、十分な再定式化がなされることもなかった。東アラブ諸国のどの国においても（エジプトでさえ）、植民地時代とポストコロニアルの時代とのあいだに決定的な断絶はなかった。アルジェリアと、例えばシリアやエジプト、イラクとを比べてみれば、きっとこれははっきりするだろう。政権交代がもたらしたのは、主として人事の入れ替えであった。階級構造や文化の編制、経済制度などはきわめて重要な進展を遂げたが、革命的変容という段階までは到達しなかった。この点でもまた、アラブ中東世界は、大西洋沿岸世界の完全にブルジョワ的な安定性からも、戦後第三世界の革命的地殻変動からも一種等距離に位置する、中間の場所であり続けた。

アブド・アン＝ナーセルは、彼の世代では唯一、第三世界の反帝国主義という考え方を真面目に取り上げた指導者だったが、その彼でさえ、左派やソ連に関心を持ち始めたのは、西洋に鼻であしらわれてからのことだった。この事実が、つねに彼の政策を形成したように私には思われる。そのお蔭で、彼は一面では偉大な指導者となり、他面では非常に限界のある人物となった。彼に追随した多くのアラブ政治エリートと同様、彼は大衆的次元での純粋に対抗的な民族文化の発展を、国家安全保障優先の、頭でっかちな国家の発展に従属させた。そして、その国家の主たる敵に含まれたのが、「シオニズム」と呼ばれる抽象概念であり、エジプト左派であり、（エジプトが引き寄せたいと望んだ）合衆国であり、おいそれとはエジプトの覇権を認めようとしないアラブの指導者たちであった。ナーセル時代を通じ、体制に遙かに先んじる形で前衛としての政治的役割を担ったのが、エジプト文化ならびにアラブ文化一般であったのは興味深い事実であるが、マルクス主義がエジプトで鞏固な足場を築けなかった理由もそこにある。[24] それでもナーセルは、その欠点にも拘わらず、アラブの民族的活力を長い眠りから呼び醒ました巨人であった。その過程で彼はエジプトをアラブ世界の焦点に据えたのに対し、サダト時代のエジプトは、そのアラブ的霊気《オーラ》を喪失したため、むしろナイジェリアやブラジルのごとく、巨大だがこれといった特徴のない国家になってしまった。

先に述べた通り、パレスチナの政治学は一九六七年まで、アラブ世界の潮流と並行しつつその巨大な影響を受けて、いくつかの発展段階を経過した。一九六七年以降、パレスチナ人の抵抗運動が力を得るや、それはパレスチナにおけるユダヤ人の存在と直接対峙する、アラブ世界最初の政治運動として浮上した。一九四八年から六七年にかけてのヨルダンによる西岸統治の期間、パレスチナ民族運動は高揚し続けたが[25]、イスラエルの占領によってパレスチナ問題全体が、イスラエルのシオニズムとのきわめて直接的な敵対関係に置かれた。これはかつてない事態であった。一九四八年段階では、シオニズムに対するパレスチナ人の抵抗は政治的に首尾一貫しておらず、効率的なものでもなかった。国土の喪失は主にアラブの喪失と見做され、シオニストの政策の主要目的は、既述の通り、国土を空《から》にすることであって、アラブを支配することではなかった。一九六七年以降、この状況は一変した。

離散と流亡にも拘わらず、（のちにPLOとして知られるようになる）パレスチナ人の抵抗運動は、過去のあらゆる観念をきっぱり捨て去って、中東に関する一つの観念、一つのヴィジョンを定式化した。これこそが、パレスチナにアラブとユダヤ人のための世俗的民主主義国家を建設するという考え方であった。この考え方をあざ笑うのが一つの習慣と化したにも拘わらず、その途方もない重要性を過小評価することは、まともなやり方では不可能である。それは、アラブやパレスチナ人が何世代にも亘って受け入れられずにきた事柄——征服によって国家を獲得したユダヤ人の社会がパレスチナに存在すること——を受け入れ、しかもたんにユダヤ人を受け入れるという以上に先へと進んでいった。パレスチナ人の考え方が前提としたのは、私見によれば、多元的共同体としての中東にとって今なお唯一考えうる、唯一受け入れ可能な運命、すなわち宗教や少数派による排他主義、あるいはシリアの民族主義者の場合のような理想化された地政学的一体性に基づくのではなく、世俗的な人権に基づいた国家を作るという観念であった。植民地主義や宗教によって政策が決定されてきた地域においても、社会生活を構成するための新たな基盤が宗教上の内紛から生まれてこなければならない。ゲットー国家や国家安全保障優先の国家、少数派政権、これらは諸共同体がより大きな全体的利益のために融通を利かせあう、世俗的な民主主義政体によって超越されるべきであった。[*41]

このパレスチナ人のヴィジョンには、多くの問題があった。根本的には、こうした考え方を受け入れる心構えのある者がほとんどいなかったし、それを実行に移すのにうってつけの手段を持っている者も確かに一人として存在しなかった。だが、それを定式化したということだけでも、その仕事の大半はなされたも同然だった。アラブのパレスチナという考え方が初めて、歴史的な文化変容を蒙った。この地域の近代史において初めて——私にはこれがきわめて大きな価値を持つと思われる——過去に（シオニズムやアラブ民族主義のような）外来の絶対主義的哲学が奉仕してきた人間的・政治的素材との取り組みが試みられた。西洋の政治解説者たちはほとんど例外なく、この変化の意味を把握してこなかった。

シオニスト支配層のなかにも、それを把握した者は一人もいなかった。その結果、中東和平をめぐる目下の政治的議論においても、この考え方は長らく脚注にすら付されることがなかった。パレスチナ人は無知なテロリストと想定された。彼らの憲章が示すのは、ユダヤ人とシオニズムとを根絶しようという相も変わらぬ決意だと見做され、世俗的民主国家という考え方を民族大量虐殺と同一視するのが習慣となった。[26] そのあいだも、イスラエルはなおパレスチナ人を非ユダヤ人、あるいは——重要な進歩であるが——「エレツ・イスラエル〔イスラエルの地〕のアラブ」と呼び続けた。イスラエルがパレスチナの他の部分への入植を続け、何十万ものパレスチナ人が軍当局の支配を受けたときにも、西洋のリベラルな知識人たちはイスラエルによるパレスチナの子供たちの搾取についてほとんど何も語らず、イスラエル内部で働くパレスチナ人が夜間仕事場に監禁され、取り調べにおいて拷問が日常的に行なわれ、イスラエルや占領地域においてユダヤ人ではなくアラブに対してのみ特別の法律が適用されている実態についてもほとんど沈黙していた。[27] 反対に、イスラエルの慈悲深い占領について語ったり、イスラエルの占領がパレスチナ人にもたらす経済的利益を批判したりすることが、慣習に適った決まり文句となった。レバノンの難民キャンプがイスラエル軍のジェット機によって日常的に爆撃され、機銃掃射され、ナパーム弾を落とされても、こうした戦争の過酷さは「テロリストの巣窟を一掃する」という名目で受け入れられるようになっていった。

過去十年間の歴史を振り返っても、正確には何がパレスチナ人に求められていたのかを知るのは難しい。彼らの友人や同盟者たちは、パレスチナ人のある種の復権を望んでいたが、国連安全保障理事会決議第二四二号が示唆すると思われる以上の事柄については、当然限られた援助しか期待できなかった。そこでPLOは、西岸・ガザがパレスチナ国家樹立の可能性が最も高い場所と目された瞬間に、西岸・ガザ地区以外の出身者が主体の難民（例えばレバノンの何十万ものパレスチナ人の大半は、ハイファー、ヤーファー、ガリラヤの出身である）を構成員として率いなければならないという問題と直面した。だが、パレスチナ人が民族的目標達成のために圧力を加えれば加えるほど、彼らにはますます多くの対抗的圧力が課され、ますます多くの紛争の種を自分たちが背負い込むことになった。ヨルダンとレバノンは、そうした紛争のなかでも最も高価な代償を払った二つの事例である。パレスチナ人自決のためには、パレスチナ独立とアラブの支援という、しばしば相互に激しく食い違う要素を調和させる必要があるだろう。日を逐うごとに、このほとんど実現不可能な調和の必要性が証し立てられていった。

一方でイスラエルは、パレスチナを管理しながら、あるときは政策問題として、またあるときはたんに過激派が主導権を握ったという理由で、占領地域を入植地に転換するという古くからの考え方に惹かれていった。西岸・ガザ地区の統治のお蔭で植民地主義的諸制度が生まれ、歴代政権は年とともにますますその制度への参与を深めてゆくように思われた。イスラエルはその歴史上初めて、パレスチナ人を対処せねばならぬ問題であると認識したユダヤ人市民と争わねばならなくなった。これもまた疑いようがない事実である。イスラエルやヨーロッパ、合衆国では、（ありとあらゆる多様な理由で）憂慮するユダヤ人がパレスチナ人の現実に目覚めた。パレスチナ人の抵抗や（テロに至るほどの）攻撃性が一定の役割を演じたことは確かだが、それと同時に、イスラエル軍兵士によって小突かれたり、ユダヤ人治安警察によって逮捕されたりする集団としてのパレスチナ人を目の当たりにするという現実もまた、それなりの役割を演じたのである。私見によれば、ともかくパレスチナ人が存在し続けることほど重要な事柄はなかった。彼らは四散し、追い立てられ、征服されたあとでさえ、立ち去ろうとはしなかった。彼らは相変わらず自分たちをパレスチナ人と呼び続け、パレスチナへの帰還の権利があるものと信じ続け、いかに多くの報酬を提示されようとも、イスラエル人（あるいはアラブであっても）の領主を戴くという考え方は不快なものと感じ続けた。歴史的にシオニズムはパレスチナ人を無視してきたため、イスラエル人にしてみれば、六〇年代後半から七〇年代にかけてのパレスチナ人の政策とは、つねにその圧倒的な数に物を言わせることであるように思われた。パレスチナ人という観念を受け入れることと、彼らに対してなしうる事柄――つまり、イスラエルへの侵害なしに彼らが位置づけられる場所を見出してやること――について実践的な提言を行なうこととは別物だった。

ユダヤ人が国を作る必要性について、イスラエル人とその支援者たちは雄弁かつ説得的であったとしても、何故パレスチナ人がおとなしく立ち去り、誰も煩わせぬようにしないのかについては、彼らは少しも理解してこなかったことを認めねばならない。実際のところ、パレスチナ人がそこに留まり続ける限り、彼らの存在自体がイスラエルに対する権利の主張になっていた。パレスチナの一部に対してであれ、民族的主張を持ったパレスチナ人の存在を認めてしまえば、それはシオニストの主張と競合する。そして、折にふれてグーシュ・エムニームの狂信者が率直に語る通り、ユダヤ人がナーブルスやヘブロンに入植する権利を持たないことを認めてしまうと、パレスチナ人もヤーファーやハイファーへの入植を求め始める可能性がある。西岸へのイスラエル人入植について良心の呵責を覚え、パレスチナ人への償いの必要性を純粋に感じている「ハト派」のシオニストでさえ、パレスチナ人が国家樹立のために西岸・ガザを所有しうると言うことには不安を覚えた。ユダヤ・サマリアはシナイの沙漠ではない。もしそれがパレスチナ人のものであると認めるなら、イスラエルが征服と乗っ取りの産物だという事実もいっそう明らかになってしまうのではないか。イスラエルやシオニストの政治活動においては、個人の良心と極左の政策以外、パレスチナ人に場所を譲ることはできなかった。いかなる領土、いかなる政治的・社会的空間といえども彼らに明け渡すことはできないのである。西岸・ガザ——世界の残りの部分に住む人々にとっては、かなり明確な譲渡の候補地である——ですら、「安全保障」上の危険を帯びているように思われた。その場所にパレスチナ国家を作れば、イスラエルを攻撃するゲリラの根拠地になってしまうというのが一般になされる示唆であったが、そこに隠されているのは、パレスチナにおいて競合する民族的権利の存在をシオニズムがつねに否認してきたという洵《まこと》に動かしがたい事実である。パレスチナ国家の樹立には重大な政治的危険が付き纏い、パレスチナ人の民族主義、あるいは単純なパレスチナ人の存在についてもまた同様であった。

テロ行為について語ることがしばしば、そうした板挟み状態からの迂回路になった。パレスチナ人とテロ行為とを同一視しようとするイスラエルや西洋のキャンペーンですら隠しおおせなかったのは、(a) パレスチナ人のテロが最小限の犠牲者しか出さなかったのに対し、(b) 一九七八年五月にグール将軍が述べた通り、イスラエルの公式の軍事政策はアラブ民間人をひとまとめに攻撃することだったという事実である。だが、一九七四年にパレスチナ指導部は重要な結論に達した。このとき、アラブのパレスチナ回復は無理でも、一九七三年の〔第四次中東〕戦争以降、アラブの軍事的圧力と政治的圧力とがうまく噛み合えば、イスラエルの覇権に食い込めることが同時に明らかになった。さらにラバト会議によって、すでに明白だった事実――PLOが唯一可能な全パレスチナ人の代表であること――も確認された。こうして、一九七四年十一月にアラファートが国連にやってきたとき、パレスチナ問題を純粋に軍事的に解決しようとする考え方はまったく放棄されていた。パレスチナ人の歴史上初めて、彼らはシオニストがほぼ一世紀も前に乗り込んでいた国際政治の舞台に、多少なりとも意識的に登場したのである。

機会あるごとに、PLOは西岸・ガザでのパレスチナ国家樹立を受け入れる用意があると表明してきた。一九七四年および七七年の二度のパレスチナ国民会議の会合では、民族共同体全体がこの考え方、ならびにイスラエルを隣人として暗黙裏に認知しようという考え方に委ねられた。だが、こうした変化が生ずるまでには多くの困難が伴った。アラファートはその支持者の大多数に対し、イスラエルのせいで永遠に失われた家庭や財産や権利という観点からではなく、新たな政治的利益――パレスチナ人に否認されてきた国家や国籍、政府、権利――の観点から考え始めることを求めつつあった。敵対者たちは、彼が「シオニストの帝国主義」に屈服したと主張し、拒否戦線[*42]は至る所で無期限の革命闘争を呼びかけた。それはまるで、アラファートのなすことすべてがパレスチナ人の悲願を縮ませたのに対し、拒否主義はそれを膨らませたのだと証明せんがためのようにも見えた。シオニストたちは、アラファートとPLOが行なう政治提案を無視した。公式筋はひたすら頑迷に、パレスチナ人など存在しない、PLOはナチスの一団であり、アラファートは子供たちの殺害者だと言い続けた。イスラエルのハト派は、ある次元ではPLOを受け入れようと試みたが、別の次元ではそこから距離を置いた。武装闘争の放棄によって、まずイスラエルを認めることが要求され、アラファートは譲歩の身ぶりを見せるよう求められたりもした。PLOの実際の変容ぶりや、相手側の応答によってＰＬＯがさらになしうる事柄については、まったく理解がなされなかった。そのあいだもイスラエルは、西岸・ガザの入植地「密集」政策を取り続け、両地域で「代替的な」パレスチナ指導部を作り出そうとする的外れの努力がなされた。

　一九七四年から七七年にかけての三年間、合衆国は驚くほど破壊的で無責任な役割を演じた。ヘンリー・キッシンジャーと彼が仕えた二人の大統領は、イスラエル史上かつてないほど短期間に、かつてないほど多くの武器を同国に供与した。合衆国の政策は、故意にパレスチナ人を無視し、この地域のアラブ民族主義の感情を殺《そ》ぎ落とそうと試み、政治運動を個別交渉による段階的手順のなかに押し込めることだった。つねに合衆国の国内問題であり続けてきたパレスチナ問題は、いかにしてパレスチナ人を対エジプトや対シリア、対サウジアラビア政策のなかに埋没させうるかという問題へと変化したように思われた。キッシンジャーは、ＰＬＯを消耗させられるのであれば、レバノン戦争を拡大させるためＣＩＡ〔中央情報局〕を利用することさえ考えたふしがある。[28] イランは東方における合衆国の政策上の防波堤であり、西側においてはイスラエルの防衛能力がシャーのそれを補完しうるほどにまで膨張した。こうして合衆国は、民衆の支持が得られぬ体制にとってなお脅威であった民族主義的・急進主義的運動を窒息死させることにより、ソ連を締め出して自らに有利な安定性を生み出すという長期計画を策定しつつあった。[29]

　国際社会と合衆国とに向けて出されたパレスチナ人の意思表示は、故意に無視された。ＰＬＯは、自らが自決を求める国際的権利と、パレスチナ人の唯一正当な代表である事実とを保障した国連総会決議第三二三六号（一九七四年十一月二十二日）によって武装し、今や一層の自信を持って合衆国の対話者になろうと試みた。例えばレバノンでは、一九七五年および七六年、ＰＬＯがアメリカ市民を守るために可能なあらゆることを行なった。一九七六年一月二十二日、「国連憲章に則ってパレスチナに独立国家を建設する権利も含め、パレスチナ人はその剥奪しえない自決権を行使できるようにされるべきである」という条項が再度述べられた安全保障理事会決議をＰＬＯは公式に支持した。この決議はさらに、当該地域のすべての国家が平和共存と領土保全、独立の権利を持つことを明確に謳っていた――これは、イスラエルの生存権についての、まったく曖昧さを残さぬ形での宣言である。だが、合衆国のダニエル・P・モイニハン国連大使は、格別馬鹿げた仰々しい演説によってこの決議に対し拒否権を発動した。

カーター大統領が就任し、一九七七年三月にマサチューセッツ州クリントンで重要な「パレスチナ人」宣言がなされた後、PLOの反応はきわめて肯定的だった。当時カイロでは、パレスチナ国民会議が開催されており、そこで行なわれたアラファートの基調講演でも、パレスチナ人がカーターの宣言に応えるべきである旨が慎重に述べられた。この会合全体の調子は、パレスチナ人を合衆国との対話へとにじり寄らせるものだった。しかも合衆国は伝統的に、パレスチナ人の悲願の敵対者であったことを想起せねばならない。その年のうちには、事態はさらに好転してゆくように思われた。キッシンジャーは第二次シナイ協定の合衆国・イスラエル間付属文書に、PLOが国連安全保障理事会決議第二四二号を受け入れない限り、合衆国もPLOを認めないし、これと対話すらしないという条項を書き加えていた。だがこの決議は、パレスチナ人にとってはまったく受諾不可能な政治文書であった。第二四二号決議は「難民」についてのみ述べているため、それを受け入れることはパレスチナ問題の民族的次元を否定することに他ならなかった。それでも、一九七七年夏の終わりまでには、サウジアラビア、エジプト、シリアの仲介によって、合衆国とPLOは第二四二号について一定の合意に達していた。PLOはそれを受け入れるが、ただし「留保条件」――第二四二号が、剝奪しえないパレスチナ人の民族的権利とは関係しない旨を具体的に記した条項――付きとする。代わりに合衆国はPLOを認め、これと話し合い、パレスチナ人自決について何らかの確定的な事柄を語る、というのである。八月末の土壇場になって、合衆国は「対話」以上には進む気のない旨がPLOに伝えられた。こうして、第二四二号を呑んだ見返りは自決ではなく、合衆国との対話の開始という絶対的とは言えぬ利益だけとなった。

この条件では、PLOが決議を受諾できないことは明らかであった。というのも、それではあらゆる政治的利益を相手に譲り、パレスチナの民族問題を新たな難民問題へと還元する――振り出しに戻る――ことになってしまうからである。サダトがイェルサレムを訪問する前の月、PLOと合衆国とのあいだの間接交渉によって、ジュネーヴ会議にパレスチナ人が参加しうる方策を見つける努力がなされたが、十一月十九日、この努力は突然取り消された。

それでもアラファートは、意思表示を続けた。多くの機会に彼は、パレスチナ人が国家樹立を受け入れ、イスラエルを事実上認める用意があること、さらにある機会に私に語ったように、「不可能な事柄が自分に求められているのでない」限り、合衆国と直接交渉する意思があることを断言した。一九七八年五月にアラファートは、『ニューヨーク・タイムズ』のアンソニー・ルイス記者に対し、自分が国家樹立を受け入れて、然るのちにイスラエルと平和裏に共存しうることを語り、一九七九年一月には、ポール・フィンドレー下院議員[*43]にも同じ発言をしている。しかし、相変わらず不可能な事柄が要求され続けた。まずイスラエルを承認し、PLO憲章を改訂し、武器を捨て、PLOを解散し、サダト提案を受け入れて、何らの前提条件もなしにカイロへ行け、と。岐路に立つごとに、アラファートの率いる人々は――レバノンや、アラブ世界の至る所、西岸・ガザ地区、それに合衆国で――恒常的な攻撃に晒された。一九七八年の夏、続いて七九年初頭には、活動中の彼の側近たちに対し、暗殺作戦が敢行された。南レバノンでは、彼は三万のイスラエル軍と対峙した。アラブの政治的支援は、修辞学から非修辞学へと転換した。それでもカーター大統領は、「パレスチナ問題のあらゆる局面」について語り続けた。それはまるで、「局面」――あるいは、もっとはっきり言えば、中心的内容――がどこかの宇宙空間にあって、着陸を待っているとでもいうかのようであった。

パレスチナ人にとっても、ヨルダンのフセイン国王[*44]にとっても、キャンプ・デーヴィッドの枠組みのなかには、勇気づけられた気になれるものは何一つ存在しなかった。イスラエル人入植地が問題の地域一帯に凝集し、サダトは実質上、エジプト国外で何らかの重要な役割を演ずることから手を引いてしまった以上（条約によって彼はアラブ世界から完全に孤立したが、イスラエルと合衆国はそうした結末を見越していたに違いない）、拒否を貫くことが戦術の大半を占めた――それは勿論、政策などではまったくなかった。状況がこうなると、悲喜劇的アイロニーの性格を帯びてくる。一方でサダトは、パレスチナ人の権利回復を声高に叫ぶのだが、おそらく彼は、イスラエルとの制限付き条約を越える形でソ連やアラブの支援、合衆国の支援を得られない限り、自分の影響力がせいぜい掛け声だけで終わることに気づいていない。他方、合衆国は、自らの将来の役割の定義や、干渉政策の継続ないし中断への誘惑、少なくともサウジアラビアかヨルダンが最後には折れるだろうという期待、そしてもはや制度化してしまった「パレスチナ問題のあらゆる局面」への参与といった事柄についてどう振舞うべきか、決めかねているように見える。おまけに、和平へ向かおうとするきわめて明白なパレスチナ人の意欲（不幸の軽減を真面目に考えないほど自分の不幸にのめりこんでいる人々など、結局のところ存在しうるだろうか）は――文字通りにも、比喩的にも――ますますその存立基盤を危うくしつつある。合衆国とエジプトとＰＬＯは、相互に食い違いを見せながらも、イスラエルを利する方向へと懸命に突き進んでゆく。

合衆国では、組織化されたユダヤ系市民は〔エジプト・イスラエル間の〕条約を不承不承に歓迎しつつも、用心深くこれを批判した（シオドア・ドレイパー「中東における非和解策」『コメンタリー』一九七九年三月、参照）。受け入れの根拠は、同条約がエジプトを中立化させ、イスラエルに一息つかせてくれるということである。他方、攻撃の理由は、ただそれがパレスチナ人自決への扉を開いてしまうかもしれないという、現在アメリカのシオニストたちが抱いている予測にある。だが、パレスチナ人と繋がる事柄すべてを――その存在すら――文字通りの災厄と見做す傾向にあるイスラエルの極右を除けば、アメリカ社会はイスラエルの政策に対して、どこよりも遙かに無批判な見方をしている。極右の見方がまったく不合理であることは別としても、それが『ニュー・リパブリック』[*45]や『コメンタリー』[*46]といった雑誌（前者の方が後者に比べ、驚くほど頑迷である）に掲載されると、知的に悪意に満ちたものとなる。それらはパレスチナ人に対し、どう反応せよと迫っているのだろうか。ただ「わかりました。あなた方は我々を銃で追い出しました。我々はもうあなた方を受け入れます。我々はもはやパレスチナ人ではなく、ユダヤ人によってアラブの土地への権利を帳消しにされた雑多なアラブ難民です。あなた方は素晴らしい。我々はこれにては戦場から永遠に撤退します」とでも言えばよいのか。それとも、『コメンタリー』『ニュー・リパブリック』の見解はパレスチナ人に対し、答えようのない形でこう語りかけているのだろうか。「ご不満は承りましたが、お気の毒様です。あなた方は追い出され（卵を割らずに卵焼きは作れない）、結局立ち去ったのです。あなた方は遅れたテロ好きの民衆なのに、あまりに多くを要求し過ぎます。一インチ与えれば一マイルよこせと言う。あなた方の存在を認めるわけにはゆきません。なぜなら、それによって我々は、世界の舞台で、いや悪くすれば我々の社会内部で、あまりに多くの道徳的威信を失いかねないからです。あなた方はいつまでも、我々が与えるもの、現実には何の足しにもならぬもので満足せねばなりません。」

そして、合衆国の公式の立場に関する限り、これが現在の状況でもある。少し前であれば、カーター大統領の就任時、有名な一九七五年の「ブルッキングス報告書」(30)[*47]がとくに最優先事項として掲げられていた事実を彼に想起させることも可能であったろう。何と言っても、国家安全保障顧問のブレジンスキーがその報告書作成委員会に参加しており、ブレジンスキーの助手ウィリアム・クワント[*48]もその一員だったのである。だがそれも、今となっては古い時代の忘れ形見である。イスラエル・エジプト間の条約が作り出すカーテンによって、シリアやイラク、PLO、それにサウジアラビアやヨルダンでさえ外に閉め出されている。シオニズムは、アラブの一政権による正統性認知と、その後の同政権の孤立化という、自らが六十年間に亘って望んできた事柄をついに実現したのだが、それを示すあらゆる徴候も合衆国には理解されなかったように思われる。何しろ合衆国は、武器と「和平過程」に関する多くの約束とをこの地域に積み上げれば、キャンプ・デーヴィッドがぬるま湯から発泡葡萄酒へと、奇蹟のごとくに変化すると考えているからである。(31)

当該地域それ自体について見た場合、重要な状況とは何だろうか。まず第一に、目下の合衆国と〔エジプト・イスラエル間の平和〕条約の同盟国とに対し、一九六七年以来初めて、純粋な民衆の支持を受けたアラブ民族主義からの反応が強まる可能性が生じ、それが同地域における異常な大変動の波の予兆となっている。先に示唆した通り、パレスチナ問題はすでに、未回収地回復の問題を遙かに超え、この地域においてアラブ、イスラムおよび第三世界の（文字通りの意味での）民衆が関わるほとんどすべての問題の象徴的中枢と化している。目下の重要課題の一つは、アラファートとPLOとがその問題をいつまでも自分たちで抱え込んでいる気なのかどうかということである。パレスチナ人に対する二月以降のイランの反応は、私が意図する事柄を示す一つの指標である。その他の反応も、これに劣らず強力であった。一九七六年末にクウェート議会が閉鎖されたのは、反体制勢力を結集させる要素として、パレスチナ問題がそこに結晶化したからであった。PLOはこの状況を活用しなかったが、そうしえたことは明らかである。ほとんどの地域では報道機関が抑制されているが、パレスチナは国家権力に影響するような批判を行なうための恰好の比喩となり、この比喩が反対勢力に著しい刺戟を与えている。一九七九年三月に招集された〔アラブ諸国の〕バグダード会議*49では、反サダト、反イスラエル、反合衆国で結束がなされたが、この動きの鈍いアラブの団塊全体を前に押し出したのはPLOだった。地域的な派閥主義、国籍問題、（しばしば痛ましいほど素朴な）イスラム復興運動の諸形態、そして往々にして性的・民族的抑圧と結びついた、相も変わらぬ富の不均等配分という緊急課題。こうした隠されていた諸潮流が、日を逐ってますます多く放出されている。

これらすべてが孕む危険とは、革命的な変化それ自体にあるのではない。むしろ危険なのは、支離滅裂の状態が長引くことであり、今や具体的・民族的実体となったPLOにとっては、パレスチナ問題に対する民族的主張の達成がいつまでも先送りされることである。パレスチナ人を完全に閉め出し、イスラエル・エジプト間で締結された駝鳥のように無節操な条約からは、パレスチナ問題に対する当座の解答も、中期的解答も見出しえない。こうした文脈のなかで、両国はそれぞれ固有の内的力学に従って、この地域に対抗する軍事的・イデオロギー的・政治的組織を強化するであろう――そして、それによって両国は、地域の一部であるよりは、孤立化した、攻撃を受けやすい要塞へと近づいてゆくだろう。ただし、そのやり方については、目下のところ私たちが想像するすべはない。なすべき義務は明白である。それをここで、ごくかいつまんで述べてみよう。

私が本書で示そうと試みてきたように、パレスチナ問題とは、四百万のパレスチナ人一人ひとりの生に刻み込まれた詳細な歴史を持つ事象である。それは、法的・軍事的・文化的・心理学的手段によって消滅させうるような事柄ではない。だが、これこそ私が強調したい肯定的側面なのであるが、パレスチナ問題は人道的観点から把握可能な具体的な歴史の問題であり、全世界を脅かそうと身構えている巨大な心理学的怪獣などではない。ところが実際には、まさにそうした形でこの問題は表象されてきたのだった。最初シオニズムは、パレスチナ原住民の存在認知を拒否し、いざ認知したと思うと、それは何ら政治的・民族的権利を持たない原住民に過ぎなかった。これらの原住民が権利を主張する限り、そうした権利への闘争をテロ行為や民族虐殺、反セム主義と同一視するよう西洋は一貫して教え込まれた。それはたんに馬鹿げているだけではない。パレスチナ人に対する一世紀に亘る暴力をさらに長期間延長させ、歴史や真実との決着を多かれ少なかれ無期限に拒絶する暴挙でもある。さらに悪いことに、こうした態度がひたすら保証するのは、さらなる暴力、さらなる苦難、さらなる破壊、さらなる無益な「安全保障のための配備」の繰り返しである。

今日の合衆国において、パレスチナ問題についての理性的な会話がほとんど完全に不可能な状況にあることは、合衆国にとってもユダヤ人にとっても、何の役にも立ってはいない。否定と拒絶と恐れの態度――これこそ、パレスチナ人に対するシオニストならびに合衆国の頑迷さが意味するところであった――からは、より多くの恐怖とよりわずかな平和しか生まれない。私にはこれが、あらゆる次元に当て嵌まる抗いようのない事実であるように思われる。合衆国はパレスチナ解放機構の構成員に対し、国内での自由な発言や旅行を許さないでおきながら(32)、同時にパレスチナ問題こそが中東紛争全体の中核であるなどと述べる。こうした事態には、驚くべき皮肉が含まれていないだろうか。パレスチナ人が消え去る気のないことは、最後には認めなければならないのである。さらに、パレスチナ人や衆目の一致して認めるその代表者たちを合わせても所詮大したものにはならないと嘯《うそぶ》いてみたところで、彼らへの恐怖心が和らげられるわけではない。合衆国はこのことも公式に認めるべきである。

イスラエルの安全保障は、将来企てられるユダヤ民族大量虐殺への純然たる防備であるという。多くのユダヤ人が抱くこの恐怖に、私は十分に同情するし、可能な限り深くそれを理解もする。だが、過去の事件の再発防止にばかり汲々とするような生活は、満足なものとなりえないことも言っておく必要がある。シオニズムにとって、パレスチナ人は今や、現在の脅威という形で復活した過去の経験と同義になってしまった。その結果、民族としてのパレスチナ人の未来がその恐怖への担保とされているのだが、これはパレスチナ人にとってもユダヤ人にとっても大きな不幸である。私がここで試みてきたのは、パレスチナ人を表象可能なものとして――私たちの集団的経験や集団的事物感覚、そして何より集団的悲願の点から、(歴史的である以上は)実在し現存する現実として――提示することであった。本書で私が語ってきたことはすべて、パレスチナ人およびユダヤ人に対する歴史の認知として理解されねばならない――両者の歴史はある期間、激しい軋轢を生じたが、両民族がお互いを共通の歴史的視野のなかで眺めようと試みるなら、和解は本質的に可能なのである。隠された、言うに言われぬ恐怖や、窮屈な神学の衣裳を纏った幻想を「他者」に対して抱くよりも、十分認め合った上で軋轢を生ずる方がまだましである。

パレスチナ民族運動は今日、民族的悲願の具体的集合という形でその周囲に結晶化している。私がそれを信じていなければ、パレスチナ人のシオニズム体験についてこれほど詳細に語ることもなかったであろう。従って、私の目的は過去を甦らせることではなく、過去を克服するためにそれをはっきりと目撃することであった。パレスチナ民族の悲願は、一民族としての私たちの具体的経験の内奥から滾々と沸き上がってくる。そしてそれは、私見によれば、私たちの歴史とイスラエルの現実、アラブ世界の残りの部分の現実、それに国際政治の配列を考え合わせた場合にも、達成が可能な悲願なのである。

私たちの対シオニズム闘争においては前代未聞のことだが、西洋は私たちの側の物語に耳を貸す気になっているらしいと言っても過言ではない。だから私たちは、それを語らなくてはならない。私たちは、私たちの反シオニズム闘争から生み出された国際舞台に立って、私たちのメッセージを劇的に広めなければならない。とくに西洋における私たちの目標は、まず第一に、これまでずっとシオニズムの犠牲者に背を向けてきたリベラルな体制側シオニストを（ユダヤ人と非ユダヤ人とを問わず）引き込むことでなければならない。連日のように西岸・ガザでの占領が進行し、レバノンでは民間人へのイスラエルの攻撃が行なわれているのに、伝統的に人権擁護運動の前衛にいたユダヤ系知識人からは、反対の素振りすら見られない。作家や知識人、学者、専門家たちからなるこの社会は、人間としての使命に背いている。例えば、一九七八年春、クラスター爆弾を使ったイスラエル軍によって、南レバノンの二十五万の民間人が家から集団的に追い出されたときも、非難の声が一つとして公に挙がらなかったのは何故なのか。連日暴行が続いているのに、誰一人何も言わない。テロリストに包囲されたイスラエルは何をしても不正とはされないのだ、あるいは少なくとも、責任あるユダヤ人に批判の言葉を吐かせるような事柄は何もしないのだという議論によって、この沈黙を十分説明できるだろうか。第二に、私たちは中東和平をめぐる政治的・文化的議論に全力で参加せねばならない。もはや私たちは、オブザーバー資格の付与などによっても、またパレスチナ問題が難しい中東問題の中核にある（あるいは、そうではない）などという空念仏によってもなだめられることはない。

　これら二つの責務において、私たちはすでに長足の進歩を遂げた。今日のパレスチナ人が、政治的民主主義の方法について、他のどんなアラブよりもよい教育を受けており、しかもそれが離散と流亡にも拘わらず実現していることは民族的な誇りである。今日、ユダヤ人とアラブの双方にもたらされるべき未来の詳細について、肯定的に語るパレスチナ人がかつてなく増えている。パレスチナ人ほど深く、政治史の諸過程を理解しているアラブ社会は他にないし、私たちほど民族としての生活に直接民主主義的参加を続けている社会も他には存在しないだろう。それゆえにこそ、制度的・イデオロギー的支配の貧困を証明し、最も激しい抑圧や支配を受けた者でさえ、寛容な政治状態の到来を思い描きうるという事実を示すことが、パレスチナ人に課せられた使命の一側面となるのである。近年、指導的パレスチナ人たちが折にふれ、流亡と貧困の淵から語りかけてきたのは、パレスチナが平和と調和のうちに、二つの社会の共存する場へと変化する日のことである。(33) 将来はおそらく、そうした事柄が不可避となるだろう。勿論、今はそれも遠い彼方にあるように見える。だが、もっと多くのパレスチナ人やユダヤ人、アメリカ人、つまりもっと多くの人々がパレスチナ問題を、パレスチナ人アラブとイスラエルのユダヤ人双方の利益になる問題として取り上げるようになれば、そうした日の到来は十分間近なのである。

　私に関する限り、パレスチナ人の使命とは平和をもたらすことにある。私はこれが、私たち同胞の圧倒的多数に当て嵌まることを確信している。私たちは、たんに復権と民族自決とを求める流亡の民ではない。私たちは、民族的存在が破壊されたのちに、そこから民族としての自分たち自身を再創造した。そして、私たちの民族的組織であるパレスチナ解放機構は、私たちのヴィジョンの孤立性と、そのヴィジョンを信ずる素晴らしい活力との象徴であった。PLOをイスラエル陸海軍と比べてみれば、また難民キャンプの民間人たちがイスラエルの爆撃機に進んで身を晒しつつPLOを支援する姿を見るならば、パレスチナ人の理想が鋼鉄や剝き出しの力ではなく、平和と人間的意志の選択を意味していることは明白となるに違いない。詩人、作家、知識人、闘士として私たちが政治の舞台に存在しているという事実が、いかなる政治イデオロギーもなしえなかった形でアラブ・第三世界全体を活気づけてきた。結局のところ、パレスチナ人の使命は個々人——それはヤーセル・アラファートのような指導者であれ、サミーフ・アル＝カースィム[*50]のような詩人であれ、あるいはレバノン、ガザ、ナザレ、デトロイトの何千ものひたむきな男女のうちの一人であっても同じことである——へと帰着する。彼らは世界とシオニズムの前に立つことで、こう問いかけることができる、あなた方は誰か別の者に道を譲るために私たちを根絶するつもりですか、もしそうなら、何の権利があってそうするのですか。シカゴで生まれたユダヤ人がイスラエルへ移民するのは当然なのに、ヤーファーで生まれたパレスチナ人が難民なのは何故なのですか、と。パレスチナ人の本当の強さは、まさにこの細部としての人間へのこだわりにある——それは、壮大なプロジェクト実現のために吹き飛ばされてしまいかねない細部《ディテール》である。それゆえにこそパレスチナ人は、自らが頑固にパレスチナと呼ぶちっぽけな土地の一区画、あるいは平和という観念の上に立脚する。その平和の礎となるのは、民族を非民族へと変容させるプロジェクトでも、勢力均衡に関する地政学的幻想でもない。むしろそれは、たんにユダヤ人のみならず、パレスチナに対する真正な権利を持った二つの民族双方を受け入れようとする、未来への一つのヴィジョンなのである。

　別の選択肢については、ざっくばらんに言わねばならない。中東は世界中のどの地域にも増して軍備が増強され、政治的な戦時体制が取られている。目下イスラエルは、その核開発計画によって南アフリカを支援し、核拡散防止条約にも署名していない。少なくとも六つの国家では、その政権が内的・外的な力によって重大な危機に瀕している。合衆国は、庶民——あるいはもっとはっきり言えば、政府——がほとんど理解できぬやり方でこの地域と関わりあっている。問題となるのは石油であり、市場であり、地政学的「利害」であり、核開発の選択権である。中東ではソ連が合衆国と連動し、問題を二重に複雑化している。こうした膨大な測定不能要素の山に対しては、おそるべき眩い単純性を備えたイデオロギー的常套句で主に武装しつつ、これに政治的分析を加えるというのが常道であった。例えばイスラエルでは、いまだに国民を「ユダヤ人」と「非ユダヤ人」とへ公式に分割し、この区別撤廃の措置を取ってはいない。中東を考えようと試みるさい、正義や現実主義、同情といった観念が何らかの役割を果たすことは稀であり、ましてや重要な役割を果たすことなどさらに稀である。というのも、中東を支配してきたのは、粗雑な民族主義とか大国の利害とかといった時代遅れの概括化であり、個人の人権に関する観念であることは滅多になかったからである。結局のところ、最終的に平和をもたらすのは最もつつましく最も基本的な道具なのであり、その道具が戦闘機やライフル銃の台尻でないことは確かである。この道具とは、人間社会の利益のために敢行される、自覚的・理性的な闘争に他ならない。中東や合衆国、そして世界にとって、それはパレスチナ問題を真に問うことであり、解答を見出すために何物をも厭わず、出した答えが正しく公正なものであることを確かめるまで語り、書き、他者とともに行動することである。回避、力、恐怖、無知はもはや役立たないであろう。

4　不透明な未来

二つの事柄、すなわちイスラエルのユダヤ人が留まり続け、パレスチナ人もまた留まり続けるであろうことは確実である。それ以上確言するのは愚かな賭けになる。合衆国はパレスチナ自治に関し、イスラエル・エジプト間の交渉を強行するだろうが、短期的には、ヨルダンは加わらないだろう。ベギンはますます強硬姿勢を取るだろうし、少しでも重要なパレスチナ人なら、誰もその不愉快な作業には参加しないだろう。こうした事柄について、私はほとんど何の疑いも抱いていない。だが、さまざまな変数を考えてみよう。

エジプトは巨大な疑問符である。サダトへの反対運動は増大するだろうか。同政権は、アラブ世界からの孤立を長期間に亘って乗り切れるだろうか。サウジアラビアとヨルダンは目下、とくに深刻な立場に置かれているが、それもまたきっと変化するだろう。それら二か国の一方または両方が、合衆国の圧力に抵抗し続けられるだろうか。両王家は、内政問題を乗り切れるのだろうか。イラン革命の影響はより強く感じられるようになるのだろうか。イラン自体はなお数か月に亘って激動を経験し続け、その結果、地域や世界経済や地政学に巨大な影響を及ぼすことになるだろう。シリアとイラクは、予想される両国の結合が約束するようなアラブの政治学のなかで、一定の役割を演ずるかもしれないし、演じないかもしれない。両国はそれぞれ、地域の優先課題についてきわめて個性的な感覚を持っているため（レバノンにおけるシリアの役割と、イランに対するイラクの態度とを比較してみるがいい）、バグダード同盟の結末を占うことは不可能である。

今後何年間か、サウジアラビアの行動はきわめて重要である。王家（現在は内紛状態にある）が突然、アラブのいずれかの国家ないし団体と完全な断交に踏み切ることはないだろう。問題は、サウジアラビアがこの地域において、特定の政策を経済的にどの程度強く要求してくるかである。リビアのように気紛れな政権については、正確な予測はさらに難しい。ひょっとするとサダトから、あるいは別の方面から、リビアが激しい攻撃に晒される可能性も確かに排除できないが、その石油の富が簡単にエジプトに引き渡されることはないであろう。現在の合衆国の状況では、エジプトは経済的に不安定なままにしておく方がよいからである。ヨルダンの不確定な現状を見たイスラエルが、攻撃を仕掛けてくるという不安もある。とくに、イスラエルがそうすることで、東岸の何らかのパレスチナ人政府をハーシム家（現ヨルダン王家）に取って代えることができるのであれば、その公算は大きくなる。

イスラエルの政策は――アメリカの政策に劣らず――実際以上に固定的で明確なように見える。モシェー・ダヤンのような人物は、これまでシリアやPLOに向かって意思表示をしてきたが、（合衆国およびイスラエルにおける）抗議の合唱は耳を聾するばかりであった。こうした主導権の発揮は、イスラエルの公式の立場に重要な変更を加えることなしに、いつまでも継続しうる。一九七八年春のイスラエルによる南レバノン攻撃後、パレスチナ人にとっての「最終決着」が真剣に考慮されてきた。パレスチナ人同志たちにとって、キャンプ・デーヴィッドは、そうした悲観的見方の信用性を高める政治的目論見である。パレスチナ人自決に関するイスラエルと合衆国双方の見解はどの程度合致するのか、これが目下の重要課題である。親イスラエル、またある程度までは反イスラエルの立場でエジプトが果たす役割も、複雑さを増す要素である。

広範な重要性を持つ経済問題と社会変革と――この地域は本来的に、どちらにも事欠かない――は、必ずや中東和平の将来に影響を及ぼすであろう。例えば合衆国は、エネルギー資源が危機に瀕していると思われた場合、進んで産油国に侵攻するという態度を明らかにしてきた。そして確かにシャーの政権崩壊以降、イスラエルとエジプトはいずれも、自発的に憲兵の役割を買って出ようと公言している。不合理かもしれないが重要な点は、どの勢力がどの水準の経済的・政治的挑発を許容しようとしているのか、ということである。ある抗議運動は暴徒と化し、別の政権は隣国に反撥した行動を取るのかどうか。燻り続けるレバノンの無政府状態（例えば、南部の叛逆的武装キリスト教徒に対するイスラエルの継続的支援）やイランにおける継続的革命に引き摺られて、何らかの陰謀を企てる諜報機関が出てくるだろうか。イスラエルは東ないし北へと膨張するつもりなのか。合衆国はさまざまな政権に対する直接的軍事援助を増大させるのだろうか。これらの疑問は複合的であり、現在はそれらに答えるすべもない。私に言いうるのはただ、パレスチナ問題をめぐって想定可能な、きわめて重要な衝動を逐一説明できるほど十分複雑化した青写真や台本は（いかに洗練され、正確であろうとも）存在しえないということだけである。

合衆国の政策は、その防御本能や帝国的利害を保護しようとする熱意から、パレスチナに対する青写真のごときものを提案している。勿論、自決や独立には遙かに及ばぬ「自治」「自立」がその主たる構成要素である。その前提となっているのは、力と利害を持つ合衆国にこそ、パレスチナ人のような人々にとって何が最善かを決める権利があるという考え方である。最近の合衆国の歴史においては、こうしたリベラルな干渉主義の努力は悉く失敗しており、パレスチナ人保護のプロジェクトも同じように失敗しないと想定しうる理由は何もない。けれども私は、必ずや失敗が生じ、結果としてパレスチナ人自決が保証されるなどと信ずるほどの機械的決定論者でもない。むしろ私があてにしたいのは、本書で叙述を試みてきたような、自決へ向けたパレスチナ人の意志であり、また合衆国の相当数の人々が、ヴェトナムに惨禍をもたらした政策を再びパレスチナ人に向かって用いてはならないと気づくことへの私自身の確信である。

キャンプ・デーヴィッドの結果として現在生じている事柄に対し、パレスチナ人の側から何らかの重要な反応が現われることは疑いがない。今やPLOは着々と支援を募っており、短期的には、イスラエル側からもより大きな反対や支援を集める見込みである。だが、現在の状況は本質的に行き詰まっており、PLOを除外しようとする目下の考え方が明らかに破産した以上、パレスチナ人の政治的主導権が浮上して、この地域全体を牽引してゆくだろうと自信を持って言うことの方が遙かに魅惑的である。そうした事態が生ずれば、それは多くの点で、エジプト・イスラエル間の条約の肯定的結果ということになるだろう。だが私たちは、パレスチナ人が血と暴力とにも塗《まみ》れていることを忘れてはならず、短期間に多くの混乱や多くの不愉快な人的浪費が生ずることを現実主義的に覚悟せねばならない。不幸なことだが、パレスチナ問題はあまりにも馴染み深いさまざまな形態を取って更新されてゆくだろう。だが、過去と未来とによって否応なく結びつけられたパレスチナの人々――アラブとユダヤ人――についても、それはまた同様である。両者の邂逅はまだこれから、何らかの重大な規模で生じることだろう。けれども私に解るのは、その邂逅が必ずや生じ、それが双方の利益に通ずるであろうということだけである。

訳注

1　非武装のF15戦闘爆撃機——一九七九年、イラン革命による王権打倒の直後、合衆国は防衛目的でサウジアラビアにF15の派遣を申し出、サウジアラビア政府もこれを了承した。だが、派遣の途中、それらの戦闘機が非武装であることが明らかになった。

2　バグダード首脳会議 Baghdad Summit ——十一月十五日、キャンプ・デーヴィッド合意に反対するアラブ諸国代表が集まった第九回首脳会議。パレスチナ人支援のため、占領地域に一億五千万ドルの支出を決定した。

3　アフリカーナー Afrikaner ——南アフリカ共和国で、アフリカーンス語を母語とする白人。かつては「ボーア人」と呼ばれた。その大半は、十七世紀以降のオランダ系を中心とする白人入植者の子孫で、アフリカーンス語はオランダ語が変質したクレオール語。

4　ジェラール・シャリアン Gérard Chaliand ——フランスの歴史家（一九三四年生）。著作に『アフリカにおける武力闘争』（六七年）、『パレスチナ抵抗運動』（七〇年）その他。

5　ヒシャーム・シャラービー Hishām Sharābī ——ヤーファー出身の歴史家（一九二七—二〇〇五年）。ベイルート・アメリカ大学卒業後、五三年にシカゴ大学で学位取得、ジョージタウン大学で教鞭を執り、七〇—七五年のベイルート移住を挟んで九八年の退官まで同大学教授。英語の著作に『アラブ知識人と西洋』（七〇年）、『新家父長制——アラブ社会における歪んだ変化の理論』（八八年）、アラビア語の著作に『アラブ社会研究序説』（七五年）や自伝『灰と燃えさし——あるアラブ知識人の回想』（七八年）、『過去の映像——自伝』（九三年）、小説『最後の旅』（八七年）など。

6　マレー・ブクチン Murray Bookchin ——ロシア系移民に出自を持つ合衆国の社会運動家（一九二一—二〇〇六年）。邦訳された著作に、藤堂真理子・戸田清・萩原なつ子訳『エコロジーと社会』白水社、一九九六年、がある。

7　ジョン・フォスター・ダレス John Foster Dulles ——合衆国の政治家（一八八八—一九五九年）。アイゼンハワー政権の国務長官（五三—五九年）を務め、対ソ冷戦政策を導いた。

8　ハロルド・H・ソーンダーズ Harold H. Saunders ——合衆国の官僚・政治学者（一九三〇—二〇一六年）。一九六一年に国家安全保障会議に参加、八一年まで国務省に勤務し、現在はワシントンのケッタリング財団国際部長。著作に『一九八〇年代の中東問題』（八一年）、『公的な和平過程』（九九年）など。七五年十一月、近東問題に関する国務次官補代理として下院で行なった証言は「ソーンダース文書」と呼ばれ、パレスチナ問題が中東紛争の「核心」にあることを初めて公式に認めた点で重要である。

9　未回収地を回復しようとする感情 irredentist feeling ——"irredentism"は、元来は近代イタリア史において、「未回収のイタリア」Italia irredenta を回収しようとする運動（イッレデンティズモ）を指す。のち、一般に外国勢力などの占領・支配下にある未回収地を回復しようとする運動にも適用されるようになった。

10　ホメイニー Ruhollāh Khomeynī ――イランの地方都市ホメイン出身の宗教学者（一九〇二―八九年）。六三年のコム暴動の指導者として逮捕され、十五年間の国外亡命生活を送る。七九年のイラン革命の中心的指導者となり、イラン・イスラム共和国成立後は憲法上の最高指導者に就任した。

11　ハイレ・セラシエ Haile Selassie ――エチオピア皇帝（一八九二―一九七五年）。三〇年に即位し、三五年のイタリア軍侵略に伴って翌年イギリスに亡命、四一年復位して近代化政策を進めたが、七四年に軍部主導の社会主義革命によって廃位された。

12　アンソニー・ルイス Anthony Lewis ――ニューヨーク出身のジャーナリスト（一九二七―二〇一三年）。五五年および六三年の二度に亘りピュリッツァー賞を受賞した。『ギデオンのトランペット』（六四年）その他。リベラル左派の立場で知られ、合衆国のシオニスト組織からは「反イスラエル的」人物として批判されている。コロンビア大学客員教授。

13　バントゥースタン Bantustan ――南アフリカ共和国のアパルトヘイト下、黒人アフリカ人が「民族単位」ごとの自治・独立を認められた地域。五九年のバントゥー自治促進法に基づき、南アフリカを白人地域・黒人地域に二分し、後者を十集団ごとにバントゥースタン（ホームランド）とした。人口の八四パーセントに当たる黒人を国土の一三パーセントの地域に押し込めようとした隔離政策で、アパルトヘイトの支柱となった。

14　ハルフール Halhoul/Ḥalḥūl ――ヘブロンの北に位置する町。『旧約聖書』「ヨシュア記」第15章58節に登場し、預言者ヨナの墓があることで中世以来知られていた。

15　ジョナサン・キャンデル Jonathan Kandell ――合衆国のジャーナリスト。著作に『エル・ドラドへの道』（一九八四年）他。

16　ズビグニュー・ブレジンスキー Zbigniew Brzezinski ――ポーランド出身の合衆国の政治家・政治学者（一九二八―二〇一七年）。三八年に合衆国へ移住し、五七年帰化、ハーヴァード大学で学位を取得。六二―七七年、コロンビア大学教授を経て、七七年にカーター政権の国家安全保障問題担当特別補佐官になった。邦訳された著作として、大朏人一訳『ひよわな花・日本』サイマル出版会、一九七二年。鈴木主税訳『アウト・オブ・コントロール――世界は混乱へ向かう！』草思社、一九九四年。山岡洋一訳「ブレジンスキーの世界はこう動く――二十一世紀の地政戦略ゲーム』日本経済新聞社、一九九八年、など。

17　アメリカ・ナチス党 the American Nazi Party ――合衆国の人種差別主義団体。ジョージ・ロックウェル（一九一八―六七年）により創設され、白人・アーリア人種・西ヨーロッパ文化の擁護を謳って活動する。

18　クー・クラックス・クラン Ku Klux Klan ――一八六六年に合衆国テネシー州で結成された人種差別主義の秘密結社。七二年に解散したが、第一次・第二次世界大戦後に復活、アメリカで生まれた白人プロテスタントを会員とし、白衣・白覆面を付けて十字架を燃やす儀式を行ない、黒人やその支持者を襲撃した。

19　PLO憲章 the PLO covenant ——一九六四年に公布され、六八年に改正されたパレスチナ国民憲章 Palestine National Charter/al-Mīthāq al-Qawmī al-Filasṭīnī のこと。全三十三条からなり、パレスチナ人の郷土への帰還権、パレスチナ全土の解放、イスラエルの生存権の否定、パレスチナ人の代表としてのPLOの存在などを定めている。九三年のオスロ合意以降、イスラエルは敵対的な条項の削除修正を求め、九六年四月のパレスチナ国民会議で承認された。

20　少しも不可解ではなくなる——この部分の原文は "a fact the more marvelous" とあるが、これでは前後の文脈から見て意味が逆になるため、"more"を"less"に変えて訳した。

21　イクバール・アフマド Iqbāl Aḥmad ——インド出身のパキスタンの思想家・平和運動家（一九三三—九九年）。邦訳された著作に、大橋洋一・河野真太郎・大貫隆史訳『帝国との対決——イクバール・アフマド発言集』太田出版、二〇〇三年がある。なお、原著の本文では、アフマドの記事「第三世界は誰のものか」の日付が三月二十六日とあるが、これを二十八日に改めた。

22　危機の三日月地帯 the crescent of crisis ——アフガニスタン、イラン、イエメン、エチオピアを含む、インド洋周辺に沿って伸びる三日月型の地域。一九七八年末、カーター政権のブレジンスキー国家安全保障問題担当特別補佐官が初めて用いた言葉。

23　シモン・ペレス Shimon Peres ——ポーランド出身のイスラエルの政治家（一九二三—二〇一六年）。三四年パレスチナに移住、独立後は防衛省に勤務し、イスラエル防衛産業の確立に尽力した。五九年クネセト議員、七七—九二年労働党党首。七七年に辞職したラビンの後任として首相になるが、同年の選挙でリクードに敗退。八四年まで野党の立場にあった。八四年、リクードとの連立内閣では、前半期に首相、後半期にシャミール首相のもとで外相、八八年の連立内閣では財務相、九二年の第二次ラビン内閣では外相を務める。九五年のラビン首相暗殺後に首相に就任するが、九六年にリクードのネタニヤフに敗れた。

24　グンナー・ヤーリング Gunnar Jarring ——スウェーデンの外交官（一九〇七—二〇〇二年）。駐ソ大使であった一九六七年、国連安全保障理事会決議第二四二号に基づき、国連特使に任命され、七〇年のロジャーズ国務長官の和平提案のさいも再び中東に赴いた。第三章訳注63参照。

25　心理的障碍 psychological barriers ——一九七七年十一月二十日、サダトがイスラエル国会で行なった演説のなかにある言葉。サダトの自伝『自己の存在証明を求めて』（一九七八年）の第十章では、それは「イスラエルとアラブとのあいだに、これまであまりにも長く存在してきた猜疑心や恐怖心、そして憎悪と誤解の巨大な壁」のことだと述べられている。邦訳は朝日新聞外報部『サダト自伝——エジプトの夜明けを』朝日新聞社、一九七八年、三五七—五八頁。

26　第二次シナイ協定 Sinai II Accords ——キッシンジャーの往復外交により、一九七五年九月にジュネーヴで調印されたイスラエル・エジプト間の第二次兵力引き離し協定。両国間ならびに中東における紛争は軍事力ではなく平和的手段によって解決されるべきことが規定された。さらに付属の覚え書きでは、PLOがイスラエルの生存権を認め、国連安全保障理事会決議第二四二号および三三八号を受諾しない限り、合衆国もＰＬＯを認めず、これと交渉もしない旨が謳われていた。

27 リヤド会議 Riyadh conference ――サウジアラビアのリヤドで開催されたアラブ首脳会議。シリア軍が主力のアラブ平和維持軍三万人の派遣が決定され、レバノン内戦に終止符が打たれた。

28 食糧暴動 food riots ――一九七七年一月、国際通貨基金の勧告に従ってエジプト政府が財政赤字を削減するため、パンなど基本的食糧品に対する補助金の削減を発表した。このさい、物価高騰に怒った都市部住民が起こした暴動。サダトは経済改革を断念し、外交上イスラエルとの平和条約締結に活路を見出すことになった。

29 グエン・カオ・キー Nguyen Kao Ky ――ヴェトナムの軍人・政治家（一九三〇―二〇一一年）。六五―六七年に南ヴェトナム首相、六七―七一年副大統領。七五年のサイゴン陥落後、合衆国に亡命した。

30 蔣介石 Chiang Kai-shek ――中国の軍人・政治家（一八八七―一九七五年）。日本の陸軍士官学校卒。孫文の死後に国民党で実権を掌握、反共路線を取る。日本の敗戦後、中国共産党軍との内戦に敗れて四九年に台湾へ逃れ、中華民国の総統となった。

31 モハンマド・レザー・シャー・パフラヴィー Moḥammad Reḍā Shāh Pahlavī ――イランのパフラヴィー朝第二代君主（一九一九―八〇年）。四一年、連合国の圧力で退位した父王の後を継いで即位、親米の独裁政治のもとで近代化を促進したが、国内の反対運動の高揚により七九年に国外へ脱出、翌年カイロで死亡した。

32 エイタン将軍 General Raphael Eytan ――イスラエルの軍人・政治家（一九二九―二〇〇四年）。テルアビブ大学およびハイファー大学に学ぶ。七八―八三年イスラエル国防軍参謀総長、八四年テヒヤー（シオニスト復興）党のクネセト議員に選出され、九〇年には農務大臣として入閣した。

33 『イェディオット・アハロノット』 *Yedi'ot Aḥaronot* ――一九三九年にアズリエル・カールバッハにより創刊、テルアビブで発行されているヘブライ語のタブロイド判夕刊紙。

34 アリック・シャロン将軍 General Ariel（"Arik"）Sharon ――イスラエルの軍人・政治家（一九二八―二〇一四年）。「アリック」は本名「アリエル」に対する通称・愛称。テルアビブ近郊の村クファル・マラル出身。十四歳でハガナーに入隊し、独立後はイスラエル国防軍で勇名を馳せる。七三年の第四次中東戦争ではスエズ運河逆渡河作戦を指揮、七三年に退役後、リクードのクネセト議員として政界入りし、七七年農相、八一年国防相、八八年商工相、九〇年建設・住宅相、二〇〇一年首相。国防相としては八二年のレバノン侵攻やサブラー・シャーティーラー両難民キャンプの大虐殺、住宅相としてはパレスチナの土地没収と入植地建設推進の責任者。二〇〇〇年九月には、イェルサレムのイスラム地区の聖域にイスラエル兵に守られて入り込み、第二次インティファーダを惹き起こした。

35 グーシュ・エムニーム Gush Emunim ――一九六七年の第三次中東戦争後に生まれ、七三年の第四次中東戦争後に政治組織化した極右過激派宗教団体。七四年に西岸のキブツで創立集会が開催された。ガザ・西岸の入植地建設を推進する。ラビ・モシェー・レヴィンゲル、ハナン・ポラートらを指導者とする。

36　ゼエヴ・シフ Zeev Schiff ——『ハ＝アレツ』紙のコラムニスト（一九三二—二〇〇七年）。英語による共著に『フェダーイーン——反イスラエル・ゲリラ』（七二年）、『イスラエルのレバノン戦争』（八五年）、『インティファーダ——パレスチナ人蜂起』（九一年）、邦訳された論文として、「イスラエルの安全保障と自治問題」『月刊イスラエル』第14巻9号、一九八一年十一月、二—五頁、がある。

37　トプスィー Topsy ——合衆国の作家ストー夫人 Harriet Beecher Stowe（一八一一—九六年）の『トムじいやの小屋』（五二年）に登場する黒人奴隷の少女の名前。同書第二十章で、彼女は両親について主人のオフィーリア嬢に訊ねられると、父も母もなく、「もっぱら自分で大きくなったんだ」と答える。そこから転じて「トプスィーのように成長する」just grow like Topsy とは「気づかぬうちに自然に大きくなる」という意味の英語の成句になった。

38　三月十九日——サイードの原文には、記事の日付が「三月二十六日」、標題は「そして今やパレスチナ人は」And Now the Palestinians とあるが、それぞれ「三月十九日」「今やパレスチナ問題は」に改めた。

39　ジョージ・ボール George Wildman Ball ——合衆国の法律家・政治家（一九〇九—一九九四年）。ノースウェスタン大学卒業、六一—六六年国務次官、六八年国連大使。邦訳された著作に、佐藤剛訳『大国の自制——今の世界の構造を分析すれば』時事通信社、一九六八年。小宮隆太郎訳『多国籍企業——その政治経済学』日本経済新聞社、一九七六年など。

40　フィラスティーン・アル＝アラビーヤ Filasṭīn al-ʻArabīya ——原文では「フィラスティーン・アラビーヤ」とあるが、定冠詞を付けて文法上正しい形に整えた。

41　ゲットー国家 the Ghetto state ——「ゲットー」は元来、ヨーロッパのキリスト教社会においてユダヤ教徒を強制的に隔離した居住区のこと。ヨーロッパ人から見れば、シオニズムとは、パレスチナにイスラエルという国際的ゲットー国家を作ろうという運動だったとも解釈できる。さらに現在では、イスラエル人入植地に包囲され、周囲から隔離されたパレスチナ人居住区を「ゲットー」に見立てた上で、イスラエルを「ゲットー国家」と呼ぶこともある。

42　拒否戦線 the Rejection Front ——イスラエル国家の承認、占領地域へのパレスチナ国家樹立によってパレスチナ問題を解決しようとするＰＬＯ主流派の動きに反対し、一九七四年にバグダードで結成されたパレスチナ人勢力。ＰＦＬＰ（パレスチナ解放人民戦線）を主体とした急進的小集団が参加、キャンプ・デーヴィッド合意以降のＰＬＯの変化に伴って、拒否戦線も八〇年に活動を終えた。

43　ポール・フィンドレー Paul Findley ——合衆国の政治家（一九二一—二〇一九年）。七八年にアラファートと会見し、パレスチナ人の自決権に理解を示すようになったため、アメリカ・イスラエル広報委員会（ＡＩＰＡＣ）の激しい選挙妨害に遭って八二年に下院議員落選。のちにＡＩＰＡＣの実態を調査し、『彼らは敢えて発言する』（八五年）にまとめた。土井敏邦『アメリカのユダヤ人』岩波新書、一九九一年、一三〇―三二頁参照。

44　フセイン国王 King Hussein/Ḥusayn ibn Ṭalāl ――ヨルダンの第三代国王（在位一九五三―九九年）。

45　『ニュー・リパブリック』*The New Republic* ――一九一四年創刊の合衆国のオピニオン雑誌。発行部数は少ないが、知的影響力が大きいことで知られる。

46　『コメンタリー』*Commentary* ――一九四五年創刊の月刊雑誌。アメリカ・ユダヤ人委員会が発行し、ユダヤ人問題や現代世界の諸問題についての意見を提供している。

47　「ブルッキングス報告書」Brookings Report ――ブルッキングス研究所（合衆国ワシントンＤＣにある社会・経済問題調査のための民間機関）が一九七五年、大統領選挙直前に提出した報告書。パレスチナ問題の包括的解決、西岸・ガザ地区へのパレスチナ国家建設などの必要性を述べていた。

48　ウィリアム・クワント William B. Quandt ――合衆国の政治学者（一九四一年生）。国家安全保障会議の委員、ブルッキングス研究所の上級研究員を経て、九四年より二〇一二年までヴァージニア大学政治学部教授。著作に『キャンプ・デーヴィッド――和平と政治学』（八六年）、『和平過程――一九六七年以降のアメリカ外交とアラブ・イスラエル紛争』（九三年）など。

49　バグダード会議 Baghdad Conference ――一九七九年三月、バグダードで開催されたアラブ外相・経済相会議。エジプトに対する制裁措置が決定された。

50　サミーフ・アル＝カースィム Samīḥ al-Qāsim ――ヨルダン出身のパレスチナ詩人（一九三九―二〇一四年）。ラーマとナザレで教育を受け、教職を経てハイファーでジャーナリストとして活動。政治的信条のため、何度も投獄された。『太陽の行列』（五八年）、『林檎の暗い面、心の明るい面』（八一年）など多くのアラビア語の詩集を刊行している。

一九九二年版への序文

本書の執筆は一九七七—七八年、刊行は七九年のことであった。爾来、一九八二年のイスラエルによるレバノン侵攻、八七年十二月の継続的インティファーダ[*1]の開始、九〇年の湾岸危機および九一年の湾岸戦争、九一年十月末から十一月初めにかけての中東和平会議開催と、途方もない事柄が次々と継起した。これら諸事件の異常なまでの混乱ぶりに加え、東欧の大変動やソ連の崩壊、ネルソン・マンデラ[*2]の釈放、ナミビア[*3]独立、アフガン戦争の終結、そして勿論、この地域におけるイラン革命とその余波が生じた結果、私たちが今位置しているのは新たな、しかも一層危うくて錯綜した世界である。だが奇妙かつ不幸なことに、パレスチナ問題だけは相変わらず——未解決で、手に負えず、解決の糸口もつかめぬままであり続けているように思われる。

黒い九月事件[*4]（一九七〇年）から二十年を経てもなお、パレスチナ人の生の主要な側面は依然として（イスラエルの軍事占領下での）土地奪取、流亡、離散、市民権剥奪であり、それに劣らず重要なのが、それらの苦難に対する異常なまでに広範かつ執拗な抵抗である。何千もの生命が失われ、さらに多くの者が取り返しのつかない惨禍を蒙ったにも拘わらず、一つの民族運動を特徴づけるあの弾力性の精神は減少しなかったように見受けられる。その民族運動は、自らの正統性や可視性を確保し、圧倒的に優勢な敵に対する人々の抵抗に強力な支援を与えるという点では多くを達成したが、より多くのパレスチナ人（および他のアラブ）の領域をわが物にしようとするイスラエルの、その仮借のない試みを阻止したり抑制したりする方策はついに発見できなかった。だが、一方での政治的・道徳的・文化的達成と、他方での土地譲渡という固執低音の唸りとのあいだの矛盾こそは、今日のパレスチナ人が置かれた抜き差しならぬ状況の核心である。審美的な用語を用いて、この矛盾を皮肉《アイロニー》と呼ぶことは、決してその力を弱体視したり瑣末化したりすることにはならない。それどころか、多くのパレスチナ人によって理解しがたい運命の残虐さ、あるいは自らの権利剝定までに必要な、気の遠くなるほど長い道のりを示す指標と見做される現実も、皮肉《アイロニー》が彼らの生の構成要素であると捉えることによってかえって明らかにされうるのである。

逆説と皮肉《アイロニー》

湾岸戦争の余波のなかで、合衆国のジェイムズ・ベイカー*5国務長官は中東八か国歴訪を終え、アラブ・イスラエル紛争全般、なかでもパレスチナ・イスラエル関係が絡む局面の解決を目的とした和平会議開催への筋道をつけることに成功した。報道によれば、彼は訪問先のアラブ諸国で会談した政府高官らから、パレスチナ問題と真剣に取り組まない限り、アラブ諸国とイスラエルとのあいだの本質的断絶状態には何らの改善も期待できないだろうと随所で釘を刺されたのだった。だが同時に、PLOは連携したアラブ諸国から爪弾きにされ、占領地域のパレスチナ人は、湾岸からの資金供給が停止したためにますます大きな苦難に見舞われ続け、湾岸諸国に居住するパレスチナ人の状況は覚束ないものになっていた。何より劇的な場面では、拷問や国外退去、令状なしの逮捕、裁判抜きの処刑が日常茶飯事となる状況下で、クウェートのパレスチナ人社会全体が苛酷な試練にうちひしがれていた。この社会およびそれに依存する占領地域の人々が蒙った測り知れぬ物的損害は別としても、さらにこれに付け加えるべき一つの事実が存在する。復興したクウェート政府は、すでに過重な重荷を背負ったヨルダン国内の何百万もの難民を見捨て、イラクの占領中にクウェートを離れたパレスチナ人居留者の帰還を認めない旨の宣言を発したのである。クウェート国内に残った者は、自分たちに対する――さらなる国外追放と拘禁を含む――厳格極まりない措置に直面している。

　こうして、パレスチナ問題は公式のアラブの言説において道徳上・政治上の中心的位置を占めるという主張も、生身《なまみ》の人間、政治的共同体、民族としてのパレスチナ人とアラブ諸国とのあいだの現実の関係によって骨抜きにされてしまう。この独特の逆説は、私たちを一九六七年へと引き戻す。というのも、六月戦争後のパレスチナ民族運動勃興の起爆剤となったのは、イスラエルに対するアラブ諸国軍のあきれた失態を埋め合わせたいという願望だったからである。つまり、パレスチナ人の活動とアラブ国家体制とのあいだに見られる一触即発の、ぎすぎすしたと言ってもよい関係は、重要な点で非偶発的、構造的なものである。六〇年代後半のPLOの登場とともに、大胆な率直さ、異常なまでに斬新なコスモポリタニズムといった事柄が一般化し、その過程でファノン[*6]、毛〔沢東〕、ゲバラ[*7]などの人物名がアラブの政治用語に登場、政治運動に付き物の大胆さ（おそらくは性急さまでも）が幅をきかせて、それが運動の後援者や保護者以上にうまく物事を処理できると自己主張するようになった。

　だが、私たちはこの構造的な一触即発の関係を誤解して、それをたんなる対立的関係としてのみ語るべきではない。一九七〇―七一年のヨルダン政府軍とパレスチナ・ゲリラのあいだの紛争、七〇年代初頭のPLOとレバノン政府軍とのさまざまな小競り合い、一九八二年のサブラー・シャーティーラー[*8]での恐るべき大虐殺、現在のPLO、エジプト、サウディアラビア、クウェート、そして勿論シリアのあいだで相互にわだかまる敵対感情、これらを考えるとき、そこに底流する緊張関係が劇的なまでに不快な形を取ってきたように見えるのは確かな事実である。だが、それと同時に、まったく別の次元も存在することを思い起こさねばならない。あらゆるパレスチナ人は、自分たちの主たる後ろ盾となるのがアラブであり、自らの闘争は圧倒的にアラブ・イスラム的環境のなかで行なわれていることを知っている。つまり、この一触即発の関係のなかで何より重要なのは、アラブの大義とパレスチナの大義とのあいだの共生や共感であり、例えば、パレスチナが協同や劇的活力・精神といった汎アラブ的伝統の最良かつ最重要な部分を象徴するに至った経緯なのである。

だが、ここでもまた逆説や皮肉が顕著である。シュケイリー[*9]以後、二十年間に亘ってヤーセル・アラファートに支配されるようになったPLOが本来、自らをナーセル主義的な意味でアラブ主義者と見做していたことは疑いようがない。ところが当初、この組織は地域的にも国際的にも最低三つ、おそらくは四つか五つの別の勢力圏、ないしは領域に包摂されており、しかもそれらのすべてが相互に一致しているわけでも、基本的類似点も持っているわけでもなかった。その第一は、一九四八年以来、パレスチナ発展の経済学および人口統計学の中核に位置してきたペルシア湾である。湾岸諸国の統治者たちの多くは、その政治上の保守的見解にも拘わらずPLOとの何年にも亘る友好関係構築に動いたばかりでなく、金銭とスンナ派イスラムという二つの要素がそれぞれに、きわめて重要なイデオロギー的屈折を持ち込んだ。第二は一九七九年のイラン革命、そしてホメイニー体制とPLOとのあいだに樹立された直接的紐帯である。この結果、きわめて不穏な擬似千年王国説と結びついたシーア派イスラムの非アラブ部門から、パレスチナに対して重要な国家的支援がもたらされ、その教説はPLOを構成する諸階層に驚くほどの反映を見せることになった。このイランとの関係は十分に収斂しなかったとしても、さらに第三の要素として、エジプトのマルクス主義者やナーセル主義者、ムスリム諸団体に始まって、湾岸地域や肥沃な三日月地帯、北アフリカの大小さまざまの集団や諸個人、諸潮流にまで至る、アラブ世界内部のほとんどの進歩的抵抗運動とパレスチナ人の闘争とのあいだの有機的連携が存在した。

第四の、とくに顕著な要素は、独立解放運動の世界である。将来、PLOとアフリカ民族会議[*10]（ANC）、南西アフリカ人民機構[*11]（SWAPO）、サンディニスタ[*12]、イランのシャーに対立する革命諸団体などとのあいだの相互交流や相互支援の歴史が書かれる場合、それは専制や不正の諸形態に対して二十世紀に行なわれた闘争のなかでも、ある特別な一章を構成することになるだろう。例えばネルソン・マンデラが、アパルトヘイト反対とパレスチナの大義への執着とは本質的に共通の仕事であると公式に断言したのは何ら不思議ではないし、七〇年代末までには、パレスチナ人の運動と連帯しない進歩的政治主張など、一つとして存在しなくなっていたのも当然のことである。さらに、レバノン侵攻とインティファーダが発生したときには、イスラエルは、それまで自らが占めてきた政治的に有利な地位を実質上すべて失ってしまっていた。今や、道徳的主導権を握ったのはパレスチナとその人民であった。

パレスチナ人と多くのアラブ国家とのあいだの諸関係には、きわめて不安定な潜在力が途方もないほど多く作用する。それを前提にした場合、しばしば錯綜を極めるこれら諸要素の合流にさいして重要なのは、それがうまく機能したか否かではなく、そもそもそれが機能したのかどうかという点である。本書で私が論じたように、一九七〇年以降の歴史の大きな部分は、さまざまな連携関係が固守され、次に敵意や反感とともに打ち捨てられ、ときとしてはそれが再び修復されるところから派生したものと解釈できる。七〇年代初頭のパレスチナ・ヨルダン関係はきわめて敵対的で、多くの生命や財産が失われた。十年ほど後には、警戒心は当然伴いながらも、関係は友好へと転じ、その協約は相互的になった。その結果、一九八四年にはアンマンでの〔第十七回〕パレスチナ国民会議（PNC）開催が実現、パレスチナ・ヨルダン合同の国連代表団構想や、九一―九二年の和平会議での連合や合同代表団派遣の構想まで生まれることになった。運動のなかでのシリアの存在も、やはり同様に振幅が大きかった。もっともシリアは、必ずしもヨルダンほどの寛容さを示してはこなかった――ダマスカスではPNCが何度か開催され、レバノン内戦の初期には軍事的協力関係も存在したが、八〇年代初頭に事態がこじれて以来、その関係は修復されていない。エジプトやイラクとのあいだには、軍事的紛争こそなかったものの、激しい起伏があった。最近の事例では、PLOとイラクとの連携が原因の一端となって、PLOとカイロとのあいだに軋轢が生じている。もっとも、その連携は一九九〇年八月二日[*13]よりずっと以前に始まっており、しかもその発端は、八〇年代中葉に主要なアラブ諸国がパレスチナ支援から離脱したことにあった。レバノンに関して言えば、話は実に錯綜しており、現地の民兵や諸集団に加え、アラブ諸国やイラン、イスラエルそれぞれの代理人たちがパレスチナ人と共同歩調を取ったり、これと積極的に戦ったりした。パレスチナ人は形式上、一九八二年に同国から追放され、（本稿執筆中の）現在は帰還しているが、ターイフ合意[*14]以降、シリア軍が効率的に統治するレバノンへの順応に当たっては窮屈な思いを余儀なくされている。

こうした極端に不安定で、必然的に錯綜した環境をめぐる変動の物語から、二つの主題が浮かび上がってくる。第一は、パレスチナ民族主義への戦略的同盟者の不在である。第二は、第一主題の反面とでも言うべきもの、つまり何十年にも亘り、相対的に独立したパレスチナ人の政治的意志が紛れもなく存在したという事実である。そして勿論、パレスチナ民族運動が辿った極端な螺旋状の道が示唆するように、この意志は周囲の環境との闘争のなかで獲得されたのだった。かくて、十月戦争〔第四次中東戦争〕直後の一九七四年、ラバトで開催されたアラブ首脳会議では、PLOは「唯一正当なパレスチナ人代表」と命名された。八四年にヨルダンで開かれた〔第十七回〕PNCの会合では、北部レバノンでシリア軍と恐るべき干戈を交えた後、シリアの目と鼻の先で、しかもその指導者が当該地域戦略における覇権を主張しているにも拘わらず、パレスチナ人が国民会議を開催できたことに祝辞が寄せられた。だが、パレスチナ人が独自性を発揮した最も顕著な例は、アルジェにおける八八年の〔第十九回〕PNC開催であった。ここでパレスチナ人は、自決のための自らの闘争が区劃されたパレスチナの内側に設定されることを認め、歴史的な妥協を行なった。と同時に、開明的な立憲制および完全に世俗的な諸原則に導かれたパレスチナ国家の樹立もアルジェにおいて宣言されたのだった。

変化と変容

私見によれば、パレスチナ人の意志が徐々に鍛え上げられる過程で際立ってきた、彼らのヴィジョンの印象的なまでの寛容性、飛躍の大胆さ、定式化に当たっての勇敢さを過小評価してはならない。換言すれば、それはパレスチナ人がいかに現実に適応したかという問題であるにとどまらず、しばしばその現実を実際に先取りしたり、変容させたりする問題でもあった。同様に、国際環境がパレスチナ人の政治戦略の性格に及ぼした教育的効果を否定することもまた誤りであろう。

こうした国際的効果の最も顕著な現われは、言うまでもなく、解放運動から民族独立運動への転換であった。それはすでに、一九七四年の〔第十二回〕ＰＮＣで認められた国家および民族政府という概念のなかにも含意されていた。だが、それ以外にも、（ほぼ一世代に亘り、雄弁なパレスチナ人によって悪の権化という不必要な烙印を押されてきた）国連安全保障理事会決議二四二号および三三八号[*15]の受諾、キャンプ・デーヴィッド合意以降一定期間に及ぶエジプトとの再提携、八九―九〇年のベイカー提案[*16]の承認といった重大な変化が存在した。これらの適応行動をそれ以前の頑なな拒絶の歴史と対比し、激しい生を貫徹したパレスチナ人の損失と苦難とを背景に置いて考えるとき、私たちは、こうしたパレスチナ人の諸宣言や寛容な態度がその質的卓越性において、またユダヤ人国家との和解に向けて抱かれた純粋な希望において、いかに抜きんでているかに驚かされる。イスラエル人にもパレスチナ人にも、お互いに軍事的選択肢《オプション》など存在しない。その事実が徐々に認識されるようになった結果、パレスチナ人の適応行動には、御しがたい敵との軍事的ならぬ政治的和解を目指す、長期的プロジェクトが含まれるようになったのだった。しかし、それと同時に際立っているのは、パレスチナ民族主義を認めず、これと交渉することを拒絶し、何らの理解をも示そうとしないイスラエル人の容赦のない態度である。

この点はとくに強調しておく必要がある。勿論、パレスチナ人による国連決議第二四二号受諾がもう十年早く、本書が最初に刊行された七九―八〇年に実現していたなら、また、七〇―八〇年代の「武装闘争」に関するパレスチナ人の修辞学にもっと物柔らかな調子が備わっていたなら、あるいはまたパレスチナ人が〔とくに湾岸危機のあいだ〕、自らの役割をアラブ世界のさらなる分割ではなく、むしろその統合にあると見做していたならどんなによかったことだろうと私は思う。だが、パレスチナ人の政治戦略が全体として、その要求や夢の拡大よりはむしろ、抑制に向けて突き進んできたことに疑いはない。実際、アラファートのもとで、パレスチナ人の政治学は周縁から中心へ、つまりイスラエルとの共存ならびにパレスチナ国家樹立・自決という国際的合意に向かってにじり寄っていった。同時に、イスラエルの立場は、労働党政権下の狡猾な表面的穏健政策から、七七年以降続くリクード主導[17]型政権下での硬直した極端な拡張主義へと、逆方向に移行した。現在、ユヴァル・ネエマンならびにパレスチナか[18]らのパレスチナ人の集団「移送」を公然と支持するモレデット〔故郷〕党の代表を含む内閣においては、例えばシ[19][21]ャミール、シャロン、アレンスといった極右の熱狂的大イスラエル主義者でさえも、ほとんどが中道派の様相を[20]呈してしまう。かくて、アラファートの存在がパレスチナ人の政治路線を安定させ、言わばそれを馴化させたのに対し、イスラエル内部では、一九七七年にメナヘム・ベギン政権が力を握って以来、まさに正反対の事柄が生起してきたのだった。ここで忘れずに付け加えねばならないのは、私たちがアラファートのもとでのパレスチナ人の政治学と言うとき、それはたんに一握りの平和活動家や対抗分子ではなく、パレスチナ人の主潮流を指しているということである。その主潮流は、立法および政治の最高水準においてパレスチナ人民を代表するPNCの、その諸宣言という形で具体化し、そのなかに合流している。

こうした変化と並行して、言説および象徴の次元における役割転倒もまた生じてきた。それについて、さらにここで一言しておきたい。一九四八年の建国以来、イスラエルは学術研究や政治的言説、国際的存在感、価値評価といった面で驚くべき優越性を享受してきた。イスラエルは、西洋的・聖書的伝統の最良の部分を代表するものと見做された。市民は確かに兵士であったが、それと同時に農民であり、科学者であり、藝術家でもあって、「荒涼たる空虚な土地」の奇蹟的変容は国際的な称讃を勝ちえてきた。この種の事柄は枚挙に遑がない。これらすべての場合に、パレスチナ人とは「アラブ」であるか、または見事な牧歌的物語を掻き乱し歪めるだけしか能のない無名の生物であるか、そのいずれかであった。さらに重要なことだが、イスラエルは（つねにその役割を演じたわけではないにも拘わらず）平和を求める国家を表象したのに対し、アラブは戦争好きで血に飢え、皆殺しをこととし、多かれ少なかれ永久的に非合理な暴力を発揮する存在だった。八〇年代の終わりには、これらのイメージと現実とがより密接に相即するようになった。それは、精力的な反体制運動、見事な学術研究、インティファーダによってきわめて高水準にまで高められた政治的抵抗、そして勿論、イスラエルの公的領域でますます激しさを増した残虐性と政治的空白および拒絶主義、これらの統合の結果である。その大半はパレスチナ人の活動の賜物であったが、ここではイスラエル内外のあまたのユダヤ人やその諸団体、いやシオニストの諸団体や諸個人までもが加わって成し遂げた著しい貢献に言及することが何より重要である。彼らは修正主義的学術研究を通じ、果敢に人権擁護の声を上げ、イスラエルの軍事政策に積極的反対運動を展開することで、変化が可能になる手助けをしたのだった。

　この変化の見取り図には、さらにもう一つ別の要素を付加せねばならない。それは、アメリカ合衆国が達成した異常なまでの優越的地位である。七〇年代初頭には選択的な役割を果たすのみだった合衆国も、今や近代中東史上に登場したあらゆる外部勢力のなかで、疑いようもなく最大の制度的存在へと変容した。この変容ぶりを見定める一つの方法は、ニクソン時代にヘンリー・キッシンジャーが演じた役割と、レーガン時代におけるイスラエル・合衆国間の戦略的同盟関係の強化とを比較してみることである。[*22] キッシンジャーは往復外交を展開し、鳴り物入りで政治手腕を発揮した。確かに彼は、一九七三年〔第四次中東〕戦争の終結交渉に力を貸し、七五年にはいわゆる第二次シナイ協定を受諾させ、キャンプ・デーヴィッド合意の土台を築いている。だが、合衆国は七三年、イスラエルに対し再び膨大な軍事支援を行ない、両国間でさまざまの連携やあらゆる種類の共同作業を実施したにも拘わらず、ソ連が存在し、アラブ諸国の一部で合衆国の利害が積極的に追求されたこともあって、両国が制度的な繋がりを持つような事態は避けられた。つまり、七〇年代にリチャード・ニクソンがウォーターゲイト事件[*23]に巻き込まれ、キッシンジャーが自らの売り込みと諸国歴訪に躍起になっているあいだ、イスラエルは合衆国の主たる注目の対象ではなかったのである。援助額は大きくとも、まだ天文学的数字にはなっていなかったし、エジプト・イスラエル間の競合からは依然目が離せなかった。冷戦やラテン・アメリカ、ヴェトナムこそが優先課題なのだった。

一九八〇年、ロナルド・レーガンが大統領に就任した時期の終わり頃には、事態は大きく変化していた。対外援助立法に関して、またある程度までは大衆認識においても、エジプトとイスラエルとは一括りにされた。アレグザンダー・ヘイグ[*24]は、イスラエルのレバノン侵攻に青信号を灯していた（一九七八年にイスラエルがレバノンを攻略したさい、ジミー・カーターがベギン政権に軍を撤退させるよう厳重な警告を与え、ただちにそれが実行されたのと対比するがよい）。八二年夏にジョージ・シュルツ[*25]が国務長官に就任したとき、合衆国と外国政府間の空前規模の単独対外資金援助や軍事援助、ほとんど無条件の政治支援の協定が結ばれる土台は準備されていた。しかもそれと並行して、イスラエルによるパレスチナ人の土地収用が進められ、何千ものパレスチナ人がイスラエルの暴力の前に生命を失い、イスラエルは無法にも国連決議やジュネーヴ条約およびハーグ条約[*26]、国際的人権規範を無視し続けて何の咎めも受けないのだった。ダニエル・モイニハンがアメリカの国連大使であった時期からの慣行ではあったが、今や合衆国はこの国際組織のなかでイスラエルとともに孤立し、非道な立場を取ることによってしばしば良識と人間性を侮辱した。八二年夏にイスラエルによるベイルート包囲が続き、文字通り何百もの空爆機がわが物顔に飛来し、町への電気・水道・食糧・医薬品の供給が止まったとき、イスラエルに対し人道的援助物資を通過させるよう求めた国連安全保障理事会決議案は、それが「均衡を欠いている」との理由で合衆国により拒否された。

両国がいかに接近するに至ったかを示すアメリカ側の最良の指標としては、第一に、レーガン時代、合衆国議会が歴史上最もイスラエル寄りになったというアメリカ・イスラエル広報委員会[27]（ＡＩＰＡＣ）委員長の発言（イリノイ州選出のポール・フィンドレー下院議員およびチャールズ・パーシー[28]上院議員の例が示す通り、その議会では大勢に迎合しない議員は制裁を覚悟せねばならなかった）があり、第二に、合衆国の援助額が六〇年代末の年間七千万ドルから、十五年後には年間五十一億ドル超へと等比数列的に膨れ上がった事実を挙げることができる。一九六七年から九一年までにイスラエルに対して行なわれた援助の推計総額は、驚くなかれ、七百七十億ドルに達する。もっとも、これらの数字は、諜報活動の共有（一九八五年のジョナサン・ポラード[29]逮捕も、これらを制限したり、さらなる管理体制下に置いたりすることにはほとんど貢献しなかったように思われる）や軍事戦略の立案、（ジェイン・ハンター[30]およびベンジャミン・ベイト＝ハッラフミー[31]の両研究者が実証した）評判芳しからぬ第三世界の諸政権とのあらゆる共同事業といった事柄については何一つ語っていない。

中東に対する合衆国の異常なまでの干渉力が、さらに劇的で際立った可視性を帯びた例としては、首尾よくキャンプ・デーヴィッド合意にまで至ったカーター大統領の交渉と、その結果としてのエジプトへのシナイ半島返還、イスラエル・エジプト間の国交準正常化のための条約締結、そして勿論、イラクによるクウェート侵攻および非合法的併合に続いて起こった、九一年八月の湾岸地域への合衆国の軍事介入といった逸話を挙げることができる。それ以前には、これほど大量に合衆国の軍隊がこの地域へ派遣されたことはなかった（それに比べると、五八年および八二―八三年のレバノン侵攻も影が薄くなるほどだ）し、十三世紀のモンゴル侵入以降、これほどの破壊行為が外部勢力からアラブの独立国家に対して行なわれたこともなかった。かくて合衆国は、良きにつけ悪しきにつけ、自然界の事実のごとく、いかなる重要な国家勢力からも反対を受けずに中東に存在し続けているのである。湾岸地域の石油に対する巨大な権益、この地域の（ほとんど固定化した）政治的地位、政略地政学上あらゆる事柄に優位を占めるその影響力――これらのどれ一つとして、今日重大な危機に瀕しているものはない。ただ、不利な立場に置かれたり疎外されたりしている諸集団――とくに顕著なのは勿論、イスラムの諸団体である――の沸き立つような不満にはなお、事態を幾分か動かしたり、あるいはより可能性は低いが、アルジェリアやスーダンの場合のように事態を完全に覆してしまったりする潜在的な力が秘められている。合衆国はイスラエルとの恥ずべき共謀関係を維持し、国連決議に違反しながら、二重基準《ダブル・スタンダード》の手練手管を弄することによって、（サウジアラビアやエジプトという筋金入りの同盟国の前ですら）この不満の解消を妨害し、いつまでも不満足な状態を維持し続けているのである。

パレスチナ人と西洋の言説

パレスチナ人の権利に関する西洋人の意識について見る限り、PLOがパレスチナ人の真正な指導部として登場した瞬間から、事態が好転し始めた点は注目に値する。『ニューヨーク・タイムズ』紙のトマス・L・フリードマン*32のような専門的解説者の議論によれば、パレスチナ人が西洋人の意識のなかで相対的に重要な位置を占めるようになった背景には、彼らの敵対者がイスラエルのユダヤ人であるという事実が存在するという。だが、実際のところ、そうした変化が生じたのは、パレスチナ人が自らの地位を変えるために行なった建設的な仕事と、それへの反応としてイスラエルのユダヤ人が行なった仕事とのお蔭である。パレスチナ人はメディアによって初めて、集合的な「アラブ」から独立した存在として扱われた。これは、アンマンが台風の目になっていた六八―七〇年の期間に生じた最初の成果であった。その後、パレスチナ人へ人々の視線を集めたのはベイルートだった。この時期の頂点をなしたのは、八二年の六月から九月まで続いたイスラエルによるベイルート包囲と、身の毛もよだつようなその結末、すなわち、PLOの戦闘員の主力がレバノン退去を余儀なくされた直後の九月半ばに生じた、サブラー・シャーティーラー両難民キャンプでの大虐殺である。だが、パレスチナ人は反撃しただけではない。彼らは、必ずしも明確な作業手順とまではゆかずとも、一つのヴィジョンを提示し、各地に散在する個々人や小規模集団の緩やかな集合体という以上の、流亡の境遇にある一民族を自らの生のなかに体現してみせたのだった。

同様にパレスチナ人は、たんなる尋常な地理的場ではないパレスチナと関連した、多次元に亘る意味づけを知的に援用しつつ、自らの大義を他者に受け入れさせることに異常なまでの成功を収めた。これにもまた、相当な重要性が存在する。ここではただ、パレスチナ人とPLO共同の組織的作業の結果、パレスチナが投影されるに至った文化的・政治的な場を列挙するにとどめるのが穏当だろう。七〇年代初頭には、パレスチナとPLOはアラブ連盟、および当然ながら国連の中心的存在になっていた。八〇年までに、ヨーロッパ経済共同体[*33]（EEC）はパレスチナ人の自決が中東政治の主要項目の一つであることを宣言していた。もっとも、フランス、スカンジナヴィア諸国、スペイン、イタリア、ギリシア、アイルランド、オーストリアのような国々と、ドイツ、オランダ、それに何よりもレーガンに主導された連合王国〔イギリス〕などとのあいだには意見の相違があったことも確かである。その過程で、アフリカ統一機構[*34]（OAU）、イスラム諸国会議[*35]、社会主義者インターナショナル[*36]、ユネスコといった国境を越えた諸組織、あるいはヴァチカン、さまざまな国際的教会組織、それに無数のNGO〔非政府組織〕が多くの場合初めて、パレスチナ人の自決に正当な根拠があることを特別な強調とともに記録した。これらの諸団体のなかには、連携ないし派生するアメリカの諸団体にまで援助の輪を拡大しえたところがある一方、私見によれば、合衆国の外側で起こった事柄と内側で生じた事柄、つまりパレスチナ人自決に対するヨーロッパでの率直な支援と、これに対応するアメリカ側での、パレスチナ人の権利の慎重な受け入れとのあいだには、つねに重大な落差が存在した。アメリカの立場は、イスラエルの圧力団体という口やかましい思想警察の目を晦ますため、狡猾に定式化し直されたからだった。

かくして合衆国では、いまだにある種のテレビ・プロデューサーは、番組に出演する親パレスチナ派の候補についてイスラエル領事に助言を求めるのが通例である。だが注意すべきなのは、そもそもパレスチナ人が登場することと自体、比較的新しい事柄だという点である。親イスラエルの圧力団体の活動家は、パレスチナ人が喋るとなると抗議行動を組織し、敵対者の名簿を公表したり、テレビ番組の放映阻止を試みたりしたというのが実情である。また、ヴァネッサ・レッドグレイヴ[*37]のような著名な藝術家も、その立場ゆえに圧力を受けて罰せられるし、イスラエルをやんわりとではあれ批判した内容や、自らをはっきり反アラブ、反ムスリムの立場と位置づけていないアラブないしムスリムの声などは、きわめて多くの出版物から掲載を拒否される始末である。つまり、私が仄めかそうとしているのは、西ヨーロッパの大半の地域や、勿論第三世界の場合と比べても劇的に立ち遅れている合衆国の公的な言説が、依然として鬱屈した性格を持っているという事実に他ならない。パレスチナの持つ象徴性は今日なおあまりにも強力であるため、いきおい敵対者たちは、それを完全に拒絶し閉め出す態度を取ることになる。例えば、パレスチナ人に同情的な表現をしたり、シオニズムを批判的に描いたりしているという理由で劇場公演が中止され(ニューヨークのパブリック・シアターによる『ハカワーティー』[*38]や、ロンドンのロイヤル・コート・シアターでのジム・アレン[*39]の芝居『破滅』)、パレスチナ人など実は存在しないのだと主張した書物が刊行され(継ぎはぎだらけの引用と疑わしい統計とからなる、ジョーン・ピーターズ[*40]の『ユダヤ人は有史以来』)、パレスチナ人をナチスの反セム主義の後継者として描き出すべく、乱暴な攻撃が開始される。

反パレスチナ人キャンペーンの一環としては、パレスチナ人代表たるPLOに対する邪悪な記号論的戦争が遂行されてきた。合衆国がしばしば鸚鵡返しに繰り返すイスラエルの立場に立てば、PLOは「テロ組織に過ぎない」以上、適切な対話の相手ではないとされる。この事実を指摘するだけでも十分だろう。実際のところ、イスラエルがＰＬＯと交渉もせず、これを認めようともしないのは、まさにＰＬＯがパレスチナ人の代表だからに他ならない。かくて（アッバ・エバン[*41]でさえ認めたように）紛争の歴史上空前のことだが、紛争の一方の当事者が、自他双方の交渉団体を選ぶ権利は自分の側に属すると主張することになる。こうしたまったく馬鹿げた行為が、イスラエルの盟友によって許容されてきたとは信じ難いことである。それがもたらす必然的効果として、イスラエルは何年間も交渉を棚上げにすることが許され、いくつかの政府（そのなかにはアラブの政府も含まれる！）が、適切ないしは代替的、ないしは受け入れ可能、ないしは穏健で適正なパレスチナ人代表を捜し出すという、国際的ないかさま賭博を演ずることも可能になった。

欧米市民社会においてパレスチナ人を表象するさい、何が許容され何がされないかという微妙な問題について、私たちはこれ以上かかずらう必要もない。要するに、パレスチナ人自決のための闘争がきわめて顕著になり、疑いようもないほど民族的な規模で展開された結果、それが長い欠落ののち、ようやく合衆国の言説の一部と化したということである。

もう一つ重要な論点を明らかにしておかねばならない。私はそれをこう表現してみたい。ここでの合言葉はテロ行為、つまり個人および組織によるパレスチナの政治テロと、パレスチナ民族運動全体とのあいだの不愉快な連想であった、と。今日までのところ、パレスチナ人が抱く最も重大な、しかも十分根拠のある不安とは、存在を否定されることへの不安である。存在否定は、容易に私たちを待ち受ける運命へと転化しかねない。一九四八年のパレスチナ破壊、それに続く無名性の時代、流亡パレスチナ人の主体性《アイデンティティー》再構築の苦難、パレスチナ人としての主体性保持のためになされた、数多くのパレスチナ人政治活動家、闘士、詩人、藝術家、歴史家らの努力――これらすべてが、消滅のただならぬ不安と波長を合わせてきたことは確かである。その前提となったのは、イスラエルが中東という方程式のなかで、政治的・人間的存在としてのパレスチナ人を切り詰め、最小化し、その不在を保証するという過程を促進しようと、公式に固く決意している事実である。これに対し、六〇年代末から七〇年代初頭にかけて始まったパレスチナ側の反応には、ハイジャックや暗殺（例えばミュンヘン・オリンピック事件[*42]やマアロット事件、のちには反PLOの変節漢であるアブー・ニダール派[*43]による八五年のローマおよびウィーン空港での大量殺害事件）、それにアブ・ル＝アッバース[*44]による八五年のアキレ・ラウロ号事件でのレオン・クリングホッファー殺害や九〇年のテルアビブ海岸襲撃という愚行を筆頭とした、さまざまの不幸な事件が含まれる。今日、これらの事件をアラブやパレスチナ人が公然と断罪しうることからも解るように、正当な不安に囚われたこの社会はそれらの事件を乗り越え、政治的成熟度や倫理性において遙かな彼方にまで進んでいる。だが、それらの事件が起こったこと自体は驚くにも値しない。それらは、人々を刺戟し、注意を喚起し、事件慣れした世間の意識に自らを印象づけようとするあらゆる民族主義運動（とくにシオニズム運動）の、言わばその台本に書き込まれているからである。

パレスチナ人の暴力のお蔭で無辜の民が見舞われた苦難や人命の損失について嘆き悲しみ、何らかの形でこれを償いたいと願う点では、私は人後に落ちぬつもりである。だが、私見によれば、それでもなお、パレスチナ民族運動ほどその罪に比して不公平な罰則を課され、中傷をされ、不均衡な報復を受けてきた民族運動は他に存在しないことも言っておく必要がある。イスラエルの懲罰的反撃政策（すなわち国家ぐるみのテロ行為）とは、ユダヤ人一人の死に対し、およそ五十人から百人のアラブを殺そうとする試みであるように思われる。レバノンの難民キャンプ、病院、学校、モスク、教会、孤児院の破壊。西岸・ガザ地区のパレスチナ人に対する令状なしの逮捕、追放、家屋破壊、身体の損傷、拷問。パレスチナ人のあらゆる抵抗運動はテロ行為であり、パレスチナ人は（「蜚蠊《ゴキブリ》」「飛蝗《バッタ》」「二本足の害虫」など）人間以下の存在だと決めつけるイスラエルの老練な政治家、兵士、外交官、知識人らによる、相手の人間性を貶める毒を帯びた修辞の使用。これらに加え、パレスチナ人の死亡者数、物的損害の規模、物理的・政治的・心理的喪失などはすべて、パレスチナ人がイスラエル人に与えた損害を遙かに凌駕している。

さらに付け加えなければならないのだが、虐げられ、土地を奪取され、不当な扱いを受けている民族としてのパレスチナ人の立場と、「ユダヤ人国家」およびパレスチナ人を苦しめる直接的手段としてのイスラエルとのあいだの顕著な溝ないし非対称性は大きいばかりか、ほとんど認識もされていないのである。

つまりここには、もう一つの錯綜した皮肉が存在する。多年に亘る反セム主義の迫害とホロコースト〔大量虐殺〕との古典的犠牲者が、新たな国家においては別の民族の加害者と化し、その結果、その別の民族は犠牲者の犠牲者となったということである。ユダヤ人と非ユダヤ人とを問わず、これほど多くのイスラエルおよび西洋の知識人がこうした板挟みの状況に果敢かつ直接的に向き合ってこなかったのは、私の信ずる限り、大規模な知識人の裏切りに他ならない。とくに、彼らの沈黙や無関心、知らなかったとか巻き込まれたくないとかいった言い訳のお蔭で、本来これほど長い苦しみに喘ぐ必要もなかったはずの民族の、その災厄が永続しているとすればなおさらのことである。自ら進み出て、率直に「そうだとも、パレスチナ人は実際、ヨーロッパでユダヤ人に対してなされた歴史的犯罪を償うに値するのだ」と言える者などいないとすれば、同様に「そうだとも、パレスチナ人にこれ以上こうした試練をくぐり抜けさせておいてはならない」と言わないでいることもまた、確かに特異な次元での共犯と道徳的怯懦の行為である。[45]

だが、それが現実なのだ。引退した政治家や政治に積極的関与を行なっている知識人のうち、イスラエルの軍事政策や政治的傲慢は身の毛もよだつ、あるいは占領や領土の漸進的併合、植民地化が許されるものとは思わないと私的に語る者でも、その言葉が何らかの効果を持ちうる公の場では、ほとんど何の発言もされない場合が何と多いことだろう。自由のために闘う中国、ロシア、東欧、アフガニスタンの反体制派を称讃するアメリカの大統領たちも、パレスチナ人が同様の闘いを、少なくとも同じように果敢かつ巧妙に遂行してきた事実は一言たりと認めようとはしない。これは何とひねくれた、加虐趣味的とさえ言える行動であることか。というのも、これが何十年にも及ぶパレスチナ人の努力——一民族全体が勇敢に参加した、前代未聞の異常な困難さを伴う政治的物語としてのパレスチナ人の劇を、あるがままの形で認めてもらおうとする闘争——の本質だからである。歴史上の古典的犠牲者として認知された民族という、これほど手ごわい敵を持った運動はこれまでの歴史に存在しなかった。戦後の解放・独立運動において、これほど頼りない、時には殺意に満ちた集団を当然の同盟者とし、かくも不安定な環境に取り囲まれ、かくも不承不承の対話者を超大国アメリカに見出し、（崩壊以前のソ連が合衆国およびイスラエルに敬意を表し、パレスチナ人の大義をあっさり放擲して以来）超大国の盟友がかくも不在であったという事例は他にない。しかもこれらすべてを体験したパレスチナ人は、いかなる場所にも領土的主権を持たず、離散と土地奪取を全民族の運命として引き受け、イスラエルおよびアラブ諸国の刑法や差別的法律、国外追放と即時射殺の命令に始まって空港での嫌がらせや報道機関における言葉の暴力に至るまで、あらゆる一方的（で控訴不能な）布告に従わされている。

合衆国とパレスチナ人との関係

イスラエルの最大の庇護者ならびに戦略上の最大の同盟者が合衆国であり、合衆国はヨーロッパと違い、中東で直接的役割を進んで演じようとする唯一の外部勢力である以上、私たちは今日のパレスチナに対するその地位に目を向けなくてはならない。合衆国とパレスチナ人との関係は例外的に錯綜を極め、きわめて不満足なものであった。それは、合衆国の国内政策が最終的にもたらす、どちらかと言えばお粗末な結果である場合が多かった。一九七五年、ヘンリー・キッシンジャーがＰＬＯとアメリカとの交渉を排除するという離れ業を成し遂げてみせたのは、言うまでもなく、ＰＬＯが国連に重心をかけることでその国際的立場を修正し始めた時期（それはアラファートが国連を訪れた唯一の機会だった——八八年にはアメリカのユダヤ人組織の圧力に屈し、国連とそれが置かれた合衆国との合意に抵触する形で、シュルツ国務長官が彼の再訪を妨げた）に当たっていた。この交渉禁止の根拠とされたのは、PLOが国連決議第二四二号の受諾を拒否しているという事実、PLOが繰り返しテロ行為に加担しているという主張、およびイスラエルには決して適用されたことのないその他さまざまの倫理的前提条件であり、その結果、PLOの構成員がアメリカ国内に入ることは不可能になった。一九八八年のグラスレー修正案[*46]は、議会の認可によってPLOが合衆国内でいかなる交渉を行なうことも禁じようとし、ワシントンのパレスチナ連絡事務所閉鎖およびPLOの国連オブザーバー引き揚げを求めていた（この後者の試みは合衆国の地方裁判所で敗訴し、国連事務所は開かれたままである）。一九七九年夏には、合衆国の国連大使アンドルー・ヤング[*47]が、国連のPLO代表ズフディー・アッ＝タラズィーと事実上の短い儀礼的会合を持ったという理由で辞任に追い込まれた。

合衆国代表とパレスチナ人代表とのあいだの一切の接触を禁ずるというこの有害な措置は、右派イスラエル政府と協調したシオニストの圧力団体からの要請を主たる要因として、八八年末まで効力を発揮した。私たちは、この禁止措置の真の性格を誤解してはならない。それは事実上、一民族としてのパレスチナ人民およびその代表者に対する全面的な敵対という、イスラエルが長年取り続け、ますます激しさを増している公式の政策の延長線上に位置していた（例えば西岸・ガザ地区では、「パレスチナ」という言葉を発したり、パレスチナの旗を掲げたり、その旗の色彩を用いたりすることさえ禁じられていた。合衆国の解説者のなかには、それに「PLOの旗」といういい加減なレッテルを貼った者もいたが、実際のところ、旗も色彩もともにPLO以前から存在していたのだった）。

にも拘わらず――ここで私たちは意図の領域を離れて、再び事実の領域に入るのだが――合衆国とPLOとの接触は続けられ、皮肉なことに、その大部分が合衆国に何らかの直接的利益をもたらした。一九七〇年代初頭から中葉にかけては、PLOがベイルートのアメリカ大使館を警護し、一九七六年に多くのアメリカ人関係者が海路ベイルートから避難したさいには、その作戦はパレスチナ人守備隊の保護下に行なわれた。一九七九年にテヘランのアメリカ大使館から十三人のアメリカ人捕虜が解放されたのは、まったく以てヤーセル・アラファートの仲介のお蔭であった。PLOと合衆国とのあいだでは無数の接触が、すべて第三者を通して、ほとんど秘密裏に行なわれたのである。

だが、こうした接触がパレスチナ人の利益に結びつくことは稀だった。少なくとも二十年間というもの、合衆国とパレスチナ人とのあいだには、ほとんど図ったかのような非共時性が感じられた——二つの世界は並行して動いているのだが、別々の予定表に則り、別々のリズムを刻み、異なった圧力に反応しているのだった。パレスチナ問題は、アラブ諸国におけるアメリカの巨大な利害や、勿論イスラエルに比べても、合衆国ではつねに二次的な重要性しか持たなかった。実際のところ、パレスチナとは一九四八年以来、社会のいかなる場面でもほとんど異議を唱えられることのないまま、イスラエルの圧力団体によって牛耳られてきたアメリカの国内問題なのだと言うことさえできるだろう。すでに述べた通り、パレスチナ人がパレスチナ民族運動の勃興とともに、第三世界や東西ヨーロッパに比べればずっとささやかにではあれ、アメリカ人の意識に浸透し始めたことは事実である。ここで私たちを失望させる皮肉とは、PLOが合衆国で自らの立場を改善するために、ごくわずかな実質的努力しか払ってこなかったという点にある。パレスチナが合衆国で独立した問題になったのは、何よりまず同地のパレスチナ人およびアラブ系アメリカ人の努力の賜物である。また第二には、合衆国において反戦・反帝国主義の対抗勢力を構成する個々独立したリベラルな（あるいは左派の）意見や組織や個人を挙げなくてはなるまい。[*48] 第三に記録すべきは、何人かの欧米のユダヤ人および少数の欧米ユダヤ人組織、例えば短命に終わったブレイラや、イスラエル国内の「ピース・ナウ」運動[*49]その他の反戦抵抗運動家たちを支援するさまざまの団体の影響力である。換言すれば、アメリカにおける闘いはほとんどもっぱらアメリカ人によるものであり、残念ながらPLOは——西ヨーロッパで遙かに見事な振舞いをしているのに引き換え——十分な関心をそれらに払ってこなかったように思われる。それが注意力の欠如によるものであれ、あるいはのちに無関心が通用しなくなった段階では知識の欠如によるものであれ、いずれも許されることではない。

パレスチナ問題に対するアメリカの態度には、限られた範囲内での変化は見られた。だが、一九八八年十二月に始まり九〇年半ばに短命で終わった、チュニスでのPLO・合衆国間の大使級会談は、これをアメリカの拒絶主義という巨大な壁から削《そ》ぎ落とされ、「和平過程」への継続的参加を示すために粉飾的に提示された裂片以上のものとして（再び皮肉とともに）捉えるのも誤りであろう。合衆国が対話を許した段階で、パレスチナ人がいかなる達成感を享受しえたにせよ、それらは結局雲散霧消してしまった。どんな楽天家でも冷静に考えれば解る通り、頑固で（イスラエルには）信じ難いほど甘いジョージ・シュルツが対話開始の合図を出す前に、パレスチナ人は屈辱的儀礼を潜り抜けねばならなかったからである（この機会を逃さず述べておくべきなのだが、シュルツが一九八二年七月、惜しまれることもなく辞任したアレグザンダー・ヘイグの後任となったとき、彼は漠然とアラブ寄りだと見做されていた。彼がベクテル社*50を通じて、多くのアラブやパレスチナ人の商売仲間と何年にも亘り取引を続け、友好的な接触を保ってきたため、人々は彼がどうやらアラブの利害に同情的らしいという予見を抱いたのだった。だが、間もなく彼は、歴代国務長官のなかでもおそらく最もイスラエル寄りの立場を取るようになった。これは、彼のかつての友人たちにとっては、憤懣とまではゆかずとも、当惑に値する残念な出来事だった）。シュルツは、テロ行為を断罪し、イスラエルを受け入れ、国連決議第二四二号を受諾するという国務省起草の一連の声明――それらはすべて、パレスチナ人の既定政策方針となっていた――を繰り返すようアラファートに要求した。あたかも、パレスチナ人が公式に懺悔をし、礼儀正しい振舞いをすると形式的に約束しさえすれば（それは政治や外交の世界では通常考えられないことである）それで十分とでも言うかのようだった。だが、それに続く対話では、パレスチナ人の自決や国家樹立の権利、イスラエルに対するパレスチナ人の要求の補償といった考え方は、決して合衆国に受け入れられなかった。ジェイムズ・ベイカー国務長官によって対話が「中断」されたとき、その口実に用いられたのは、愚かしくもまったく無意味な（パレスチナ人の犠牲者のみを出した）アブ・ル＝アッバースのテルアビブ海岸襲撃事件であった。より現実的な中断の理由とは、イスラエルの圧力団体からの圧迫と、中東で最もひどく苦しみ虐待されている民族に対してアメリカが公式に示す、今やお決まりになってしまった寛大さの欠如なのだった。

そうではあっても、公平さを保つためには、この情けない物語のパレスチナ人側の半面についても厳密な分析を加えることが必要であろう。ここでPLOが、中東を除くこの事実上の最重要領域を扱うさいに特徴的だったと思われるのは、ほとんど信じ難いまでの無関心と時機の測り違え、誤算、そして合衆国への外交・政治努力の集中をきっぱり拒否する姿勢であった。キャンプ・デーヴィッド会談の余波のなかで、さまざまの人々が非公式に主導権を握り、カーター政権とベイルートのPLOとのあいだの秘密折衝を続行させた。例えば一九七九年、PLOが国連決議第二四二号をそのこまごました「留保条件」とともに受諾していさえすれば、合衆国との対話が即座に、かつ有利な条件で実現することは、可能であるどころか確実でさえあった。その「留保条件」とは、同決議が一九六七年に採択されたさい、その原文がパレスチナ人の権利について何一つ言及していなかったという、パレスチナ側の抗議を書き入れた条項であった。こうした主導権の発動が拒絶されたのは不可解であるが、それでもジミー・カーター自身は一九七七年の早い段階で「パレスチナ人の郷土」という言葉を発した最初の大統領となった。合衆国で進行しつつある事柄に対し、十全かつ繊細で洗練された感受性を維持し、涵養し、発展させるという考え方、それを実現させるべくパレスチナ指導部に働きかける努力は、合衆国在住のパレスチナ人やその他の友人たちによって数多く行なわれた。個人的体験から判断する限り、私はそう断言することができる。この考え方は結局ほとんど日の目を見なかったが、それでもイギリス、フランス、スウェーデン、イタリアといった国々やEEC全体では、パレスチナ人による政治・情報上の努力は効果を発揮した。反面、合衆国におけるパレスチナ人の公的な表象は形骸化したままであった。アメリカの社会や制度、それに歴史を流れる複雑な諸潮流がＰＬＯの合衆国に対する姿勢や関係を活性化し、変化させ、調節するといった事態は（ごく一般的な点において以外）決して現実化しなかったのである。

パレスチナ人の政治学とは本質的にアラブの政治学であるのに対し、合衆国やヨーロッパは、例えば市民社会のメディアや学界、研究所、教会、専門家集団、労働組合などが、政治の分野でほとんど中央政府と等しい重要な役割を演ずるという、まったく異質な世界に属している。問題の大半は、この紛うかたなき現実から派生する。ヤーセル・アラファート議長がテレビに登場したときほど、これら二つの世界の対照がくっきり現われたことはほとんどない。彼は言葉のみならず、自己やイメージの演出全体が下手なために、いつも損な役回りを演じてきた。彼の副官たちが登場しても、その点はほとんど変わらなかった。従って、最終的な結果としてパレスチナは、インティファーダによる西洋人の意識の高揚で得られた成果に比べると遙かに効率の悪い、実際の価値以下の一般的表象しか獲得できなかった。こうした落差が一層私たちの胸にこたえるのは、過去数十年間というもの、パレスチナ人国家の建設とイスラエルによる占領の終結を求める世論が西洋、とくにアメリカで澎湃として起こってきたことを想起するからである。

評価に代えて

公平さを保つために私たちがまた認めねばならないのは、回顧的視点からの分析がつねに分析者に有利に働き、一般的に当事者は不寛容な形でしか描写されないという事実である。近年のパレスチナの歴史に生じた不幸や破局においては、もっともらしい別の選択肢はその時点では理論的にのみ可能であって、実際には実現不可能だったという場合がきわめて多い。一九七〇年のヨルダン政府軍との対立は回避可能だったのか。レバノンに本拠を置いていた当時、ＰＬＯが内戦の渦巻きへ突進してゆく同国から自らの軌道を解き放つことは可能だったのか。一九八二年のイスラエル侵攻による惨禍は回避しえたのか。シリアとの離間によって生じた、一九八三年のシリア勢力圏内でのＰＬＯ不満分子の反乱や、一九八〇年代末の難民キャンプ襲撃、シリア大統領との継続的抗争といった高価な代償は払う必要があったのか。あるいは、クウェート侵略の少なくとも一年前に始まったＰＬＯのイラク傾斜は、ほとんどあらゆる戦線におけるパレスチナ人側の恐ろしいまでの損失という災厄をもたらすことなく、別の方向に収束することも可能だったのか。これらの疑問に答えられる者など一人もいない。自決と国家建設へ向かうパレスチナ人の衝動が具体的な形を取ったとき、つまりパレスチナ的構成要素がいずれかの主権国家と不可避的に衝突し、その注意を惹き、逆鱗《げきりん》に触れて対立し、その対立解消が手遅れであることを悟ったときにはいつも、この地域における政治的力学の皮肉全体が完膚なきまでに明白にされてきたように思われる。その皮肉とは、民族自決の一表現たるパレスチナ人の活動が（領土的主権なしに）ほとんど超領域的に行なわれ、従ってつねにパレスチナ以外の場所で一種の代替的生活を体験してきたということである。そのお蔭で、しばしばパレスチナ人の活動はすさまじい敵愾心の矢面に立たされた、とまでは言わずとも、それによって傷ついてきたのだった。

　かくて、流亡とはパレスチナ人の生の根本的条件であり、それをめぐって過度ないし不完全に発展した諸現象の源泉であり、例えば見事な文学作品（エミール・ハビービーの『悲楽観主義者』、ガッサーン・カナファーニーやジャブラー*51の小説、ラーシド・フサインやファドワー・トゥーカーン*52、サミーフ・アル＝カースィム、マフムード・ダルウィーシュらの詩、それに数多くの随筆家、歴史家、理論家、回想録執筆者らの作品）の構成要素、ならびに通信や交際や拡散した家族のための異常なまでのネットワークのうちで最上の部分を生み出した活力なのである。そして、パレスチナ人の頑強さもそれらすべてに随伴した。二十年間に亘り、パレスチナの大義が吸収も馴化もされずに、強烈な民族的・反植民地主義的大義として今日なお生き続けてきたのは、パレスチナが文化的・宗教的・歴史的な深みを持ち、多くの地域的・国際的利害と隣接しているからである――その大義を奉ずる者にとっては、パレスチナは実現されぬ希望と、いくぶんかは輝きを失った理想主義との源泉であり、敵対者にとっては、決して消失もしなければ、友好的な非実在へと解消されることもない、不滅の政治的他我たる刺戟物に他ならない。

だが、黒い九月事件の恐怖とともに始まった二十年が、かくも眩い一連の達成と、かくも恐ろしい一連の災厄――パレスチナ人がそれぞれの中心にいるという事実によって結ばれた両極端――とを生み出し続けながら、しかもパレスチナ人の土地が一インチたりとも実際には解放されなかったとは、誰しも――パレスチナ人、アラブ、イスラエル人の別を問わず――想像だにしなかったことだろうと私は思う。この歴史的経験の特殊形態にどんな名前を与えればよいのか途方に暮れるが、その主要な特徴については簡単に列挙しておく必要があろう。一九四八年以降、パレスチナ人は離散し、自らの歴史的祖国に踏みとどまった一握りの者は、断じて自分のものではない新国家のなかに埋没した。三十年後には、PLOが民族的な自己再構築という巨大な努力の先頭に立っていた。健康管理、教育、産業、研究、軍事力、法律、これらの諸分野におけるパレスチナ人の欲求に答えるべく設けられた一連の印象的な制度は、全パレスチナ人の生活を居住地に関係なく変容させた。その中心に位置したのは、PLOの執行委員会やパレスチナ中央・国民会議のような政治組織と、能力の点では玉石混淆だが、それなりに穏当な政治的代表部であった。指導部は目覚ましい持続性を発揮したが、著名でしばしば燦然たる輝きを発する指導者たちの暗殺によって恐ろしい傷跡も残された。ガッサーン・カナファーニー、カマール・ナースィル*53、カマール・アドワーン*54、ユースフ・アン＝ナッジャール*55、アブ・ル＝ワリード*56、アブー・ジハード*57、アブー・イヤード*58、アブ・ル＝ハウル*59、彼らの喪失はパレスチナ人の潜在能力を見る見るうちに減少させた。点鬼簿のなかには、ヨーロッパで殺害されたナイーム・ヒドル*60、イッズ・アッ＝ディーン・アル＝カラク*61、サイード・ハンマーミー*62、イサーム・サルタウィー*63、マージド・アブー・シャッラール*64ら素晴らしい男たちの名も含めねばならない。彼らの政治的健全さは、その端倪すべからざる個人的才能と並んでテロの標的とされたのだった。

パレスチナ人社会は拡散し、信じ難いほど巨大な場の集合のなかに再配置されたが、中央には政治家としてまったく尋常ならざる類型に属する悲劇的人物、ヤーセル・アラファートに体現される必要不可欠の不変的部分が存在した。党派やその支持者層、ならびにアラブ国家のあいだの反目、イスラエルおよび合衆国の恐るべき敵意、運動の不統一や、時として無秩序をもたらす運動内部のねじれ、これらの多くはアラファートの工作によって緩和され、収束に向かうこともしばしばだった。彼はまず、即座に識別可能な紛うかたなきパレスチナの象徴として、第二に、この種の人格に付き物の栄誉と特権、それに欠点を兼ね備えた政治指導者として、一種の二重人格を達成した。彼が行なった最も貴重な貢献の一つは、パレスチナ人の政治過程を特徴づける、あの相対的な民主制の雰囲気を醸成したことである（周囲のアラブ的環境と対比した場合、アラファートは国民の人気を保ち続けている唯一の指導者である）。流亡の境遇にある民族をイスラエルとの共存へと導いたことは、彼のおそらく最も永く記憶さるべき功績であろう。彼は、イスラエルおよびディアスポラ〔離散〕の地に住まう多くのユダヤ人と胸襟を開いて話し合い、人々のあいだに相互作用の一様式を確立した。そのお蔭で、彼はつねに中心ないしは中心近くに位置づけられる一方、第三世界ではほとんど知られていない、指導部と一般民衆とのあいだのある種の交流も可能になった。西洋ではアラファートは前代未聞の中傷を受けているが、ありのままの真実を述べるなら、ポストコロニアルの解放運動の指導者のなかでほとんど唯一、彼はパレスチナ人内部での党派的集団暴力を阻止したのだった。彼はパレスチナ人その他の批判者による揚げ足取りに驚くべき忍耐力で耐えるとともに、自らの政治的正統性の感覚によって、パレスチナ人の生に息づく政治的異端の存在を抑圧ないし破砕するようなまねは決して許さなかった。

アラファートはまた、指導者として大規模なパレスチナ人の損失をも統括した。私がここで、それらの損失のいずれかについて彼の罪科を見積もったり、責任の割り当てをしたりしようと試みるのは正しくあるまい。私に言いうるのはただ、彼が指導者の地位にあった二十年間、パレスチナ人が西岸、ガザ、東イェルサレムにおいてイスラエル人入植者のために領土を喪失し続けたばかりでなく、キャンプ・デーヴィッド合意の結果、恐るべき副産物として生まれた一九八二年のイスラエルによるレバノン侵攻や、一九九〇—九一年の湾岸危機においても、軍人・民間人に悲惨な犠牲を出したという事実である。ヨルダン、レバノン、シリアに関する指導者としての彼の功罪を見積もる仕事は、後世の歴史家や政治学者に委ねなければならない——パレスチナ人、レバノン人、ヨルダン人その他の人々にとって、そこで恐るべき結末が生じたことは疑うべくもない。あれほど多くの破壊、あれほど多くの憎悪と誤解と浪費の結果生じたベイルート脱出《エクソドス》、この一事だけを取っても、それはパレスチナの記録に残る大きな汚点である。

だが、パレスチナ人の政治指導者たちは結局、一九八七年末に始まり、本稿執筆中の現在もなお続いているインティファーダから、確かに正しい教訓を引き出したのだ。私は自分が思わずそう呟いていることに気づく。二十年に亘る困難で労苦の多い試みののち、占領地域での不正に対しかくも顕著な民族的叛乱が勃発したことには、パレスチナ人の一人ひとりが誇りを感じている。インティファーダが提供したのは、継続性に富み、他に比べて非暴力的、器用で勇敢でいまいましいほどに知的な、パレスチナ人の政治的・社会的活動を樹立するための青写真であった。インティファーダは、占領地域でイスラエルがパレスチナ人に対し常習的に行なっている実践とは驚くほど対照的な、非強制的行動基準に依拠していた。このため、アルジェリア、チュニジア、ヨルダンといった国々のみならず、東欧やアジア・アフリカの諸地域においても、まもなくそれが民主的抗議運動の模範となるに至った。イスラエル軍が民間人を銃撃し、殴打し、嫌がらせをしたのに対し、パレスチナ人は障碍を回避し、それを乗り越える流儀を編み出した。イスラエルの行政および軍の当局が教育や農業を禁じたのに対し、パレスチナ人は必要な事柄を行なう代替組織を即席で作り出した。いまだにかなり家父長制的性格の強い社会では、女性はさまざまの禁止命令によって束縛されていたのに対し、インティファーダは彼女たちに新たな声と権威と力を与えた。インティファーダが授けた霊感と力のお蔭で、ディアスポラのパレスチナ人が抱いていた慎重さや曖昧さは、明断さと真正なヴィジョンとに変容した。勿論それは、一九八八年のアルジェにおけるPNCの宣言に具体化されている。

しかし、インティファーダが進行するうち、新たに二つの現実がパレスチナ人の生に入り込んできて、それを弱めると同時に新たな重荷を課すに至った。その一つが湾岸危機であったことは言うまでもない。そこでは、パレスチナ人は仲介の努力を要求されたにも拘わらず、同時に民族全体として恐ろしい苦難に巻き込まれた。今日、湾岸のパレスチナ人社会は孤立無援の状態に置かれている。多くのパレスチナ人が再び家を奪われ、財産を失い、その未来は本源的に不透明である。ワリード・ハーリディーら[*65]が指摘したように、方針や指導権に関して、パレスチナ人（彼らはそれらをほとんど発動できなかった）やアラブ、アメリカ人らのあいだに深刻な失態が生じていた。その結果として今日、PLOは国際的にも、またある程度はアラブ内部においても孤立化し、パレスチナ民族全体が打撃を受けることになった。その打撃から回復できるかどうかは予断を許さず、回復が実現するとしても、それは遙か先のことになるだろう。

第二の現実は、膨大な数のロシア系（および、より小規模なエチオピア系）ユダヤ人が今やイスラエルに移住しつつあることである。ここで言い添えておかねばならないのは、一九八九年にミハイル・ゴルバチョフと合衆国とのあいだで交わされた合意によって、ロシア系ユダヤ人はイスラエル以外の土地に、ごくわずかな出国割り当てしか与えられなかったという事実である。その結果、パレスチナ人の土地譲渡や市民権剝奪が極致に達したまさにその瞬間、何千ものロシア系ユダヤ人がイスラエルに移民として上陸し、突如その姿を現わすことになった。大イスラエルの特権を声高に主張する叫びが沸き起こる一方で、合衆国やディアスポラ・ユダヤ人の富裕層に対しては、経済的支援を求める緊急の呼びかけが何度も発せられた。これは、人口統計上の均衡がパレスチナ人には劇的に不利に作用することを意味し、西岸の非合法入植地をさらに増やせという圧力を強め（シャロン将軍はつねに唯々諾々とその声に答え、戦いを好むあまり親切心を発揮する）、時間的要素がパレスチナ人にとって著しく懲罰的に働く結果をもたらした。これらすべては、火を見るよりも明らかであった。

遅ればせのメシア的衝動が突如シオニズムを走り抜け、それとともに、すでに長期間に亘る惨禍を蒙ってきたパレスチナ人にもさらなる苦しみがもたらされたかのようであった。だが、もはや時は一九四七年あるいは四八年などではなく、一九九一年なのだった。インティファーダが始まって以来、国際世論によってイスラエル人は陰気で残忍な人殺しとされ、その「ヴィジョン」が、実は無防備な民間人に与えられる残酷な処罰以外の何物でもないことも明らかにされたが、グーシュ・エムニームの狂信者にはもはやそれは大した問題ではないように思われた。一層重要な問題は、結果的に入植への衝動が力を持ち、外交交渉がいつまでも泥沼化し、湾岸戦争以降、パレスチナ人のみならずアラブの兵士たちのあいだにも、痛ましいほどの混乱と士気の低下が生じたことである。要するに、おそらく七十五万から百万に達すると思われるユダヤ人の、その流入を阻止したり抑制したりすることは不可能だったのであり、その代償はいつもながらパレスチナ人が支払うことになるのである。

ただし、イスラエル人にもパレスチナ人にも、お互いに軍事的な選択肢《オプション》は残されていない。この事実は今や、十三年前に私が『パレスチナ問題』を執筆した当時よりもずっとはっきりしてきた。今日なお、パレスチナ人の責務とは、大地の上に自らの存在を確保することであり、政治的解決のみが相互の災厄、両民族の苦難と不安を除去しうるのだと、さまざまの手段によってイスラエル人に納得させることである。それ以外に受け入れ可能な、世俗的――つまり現実的――代替案は存在しない。

訳注

1 インティファーダ al-Intifāḍa ——西岸・ガザ地区での非武装抵抗運動による民衆蜂起。

2 ネルソン・マンデラ Nelson Mandela ——南アフリカ共和国の反アパルトヘイト運動の指導者（一九一八—二〇一三年）。五六年に国家反逆罪に問われ、六二年逮捕、六四年に終身刑の判決を受けて収監されるが、国際世論の高まりを受けて九〇年に釈放された。九三年ノーベル平和賞を受賞、九四年に大統領に就任。

3 ナミビア Namibia ——アフリカ南部の大西洋岸に位置する国家。一八八四—八五年のベルリン会議では「南西アフリカ」としてドイツ領に入り、第一次大戦後は南アフリカ連邦の支配を受けたが、九〇年に国連監視下で独立を達成した。

4 黒い九月 Black September/Aylūl al-Aswad ——一九七〇年九月にヨルダン政府が行なった、国内のパレスチナ人に対する弾圧事件。同年六月、エジプト、イスラエル、ヨルダンがロジャーズ米国務長官の和平提案を受け入れたことに反撥し、パレスチナ過激派が連続ハイジャックを起こすと、ヨルダン政府は大規模な過激派掃討作戦を展開、その過程で一般パレスチナ人も犠牲になった。

5 ジェイムズ・ベイカー James A. Baker III ——合衆国の政治家・法律家（一九三〇年生）。ジョージ・ブッシュ政権（一九八九—九二年）下の国務長官。邦訳された自伝（九五年）に、仙名紀訳『シャトル外交——激動の四年』新潮文庫、一九九七年がある。

6 ファノン Franz Fanon ——カリブ海のマルティニーク島出身の精神科医・革命理論家（一九二五—六一年）。五六年にアルジェリア民族解放戦線に参加、『黒い皮膚・白い仮面』（五二年）や『地に呪われたる者』（六一年）によって、第三世界の解放運動に大きな影響を与えた。邦訳として、海老坂武他訳『フランツ・ファノン著作集』全四巻、みすず書房、一九六九—七〇年がある。

7 ゲバラ Ernesto Che Guevara ——アルゼンチン出身の革命家、キューバ革命の指導者（一九二八—六七年）。その急進思想は、毛沢東（一八九三—一九七六年）と並んで当時の世界に大きな影響を与えた。邦訳された著作として、神代修他編『ゲバラ選集』全四巻、青木書店、一九六八—六九年がある。

8 サブラー・シャーティーラー Ṣabrā, Shātīlā ——ベイルート南郊の二つのパレスチナ人難民キャンプの名前。一九八二年九月十六—十八日、イスラエル制圧下のベイルートで、パレスチナ人と対立するマロン派キリスト教徒を中核とした政治組織カターイブ（ファランジスト）による民間人の大虐殺が行なわれ、女性・老人・子供を中心に、八百名以上の犠牲者が出た。

9 シュケイリー Aḥmad Shuqayrī ——レバノン生まれのパレスチナの政治家・外交官（一九〇八—八〇年）。六三年にアラブ連盟のパレスチナ代表、翌年のPLO創設とともにその初代議長に選出されたが、六七年に辞任。

10 アフリカ民族会議 African National Congress ―― 一九一二年創設の、南アフリカにおける黒人解放運動組織。六〇年から九〇年まで非合法化、九四年にネルソン・マンデラ大統領のもとで政権党となった。

11 南西アフリカ人民機構 South West Africa People's Organization of Namibia ―― 一九六〇年創設の、ナミビアの民族解放運動組織。九〇年のナミビア独立とともに政権党となった。

12 サンディニスタ Sandinista ―― ニカラグア革命を推進した政党サンディニスタ民族解放戦線の構成員。七九―九〇年に政権を担った。革命家サンディーノの名に因む。

13 一九九〇年八月二日 ―― イラクがクウェートに侵攻した日付。原文には九一年とあるのを改めた。

14 ターイフ合意 Ta'if Agreement ―― ターイフはサウジアラビア西南の都市。八九年十月、レバノン内戦終結に関する国民和解憲章が採択され、レバノンにシリア軍が進駐した。

15 国連安全保障理事会決議第三三八号 ―― 七三年十月二十二日に採択された決議。第四次中東戦争の停戦、決議第二四二号の履行、および適当な主催機関の下での当事者間の交渉の開始を求めている。PLOのアラファート議長は八八年十二月、テロの放棄、国連決議二四二号および三三八号の受諾、イスラエルの生存権の承認を宣言した。

16 ベイカー提案 Baker Plan ―― 一九八九年十月、ベイカー国務長官によって示された五項目の枠組みからなる和平提案。

17 リクード Likud ―― ヘブライ語で「連合」を意味する政党。イルグーン・ツヴァイー・レウミーとシオニスト改訂派が一九四八年に統一してできた「ヘルート」(自由)党を母胎とし、これに右派が吸収されて、一九七三年に成立。党首はメナヘム・ベギン。七七年の選挙で「マパイ」(労働党)を破って政権党となった。以後、リクードと労働党の勢力の拮抗が続き、九二年の選挙ではラビン党首のもとで労働党が勝利、九六年の選挙ではネタニヤフ党首のもとにリクードが勝利を収めている。

18 ユヴァル・ネエマン Yuval Ne'eman ―― イスラエルの物理学者(一九二五―二〇〇六年)。テルアビブ大学学長を経て、極右のテヒヤー(シオニスト復興運動)党からクネセトの議員に選出され、八一―八四年科学開発相、のちイスラエル原子力委員会委員長なども務めた。

19 モレデット Moledet ―― ヘブライ語の原義は「故郷」。一九八八年の総選挙のさい、国防軍将校であったレハヴァム・ゼエヴィーによって創設され、一議席を獲得した政党。九一年のシャミール首相率いる連立政権に参加。占領地区のアラブ・パレスチナ人のアラブ諸国への移送を主張した。

20 シャミール Yitzhak Shamir ―― ポーランド出身のイスラエルの政治家(一九一五―二〇一二年)。三五年にパレスチナへ移住、イルグーン・ツヴァイー・レウミーに参加、イスラエル成立後はモサド(秘密情報機関)の諜報員として活動、七三年に国会議員となる。八〇年外相、八三年のベギン辞任後、リクード党首・首相、八四―八六年のペレス政権で外相、八六―九二年首相。
21 アレンス Moshe Arens ――リトアニア出身の科学者・政治家(一九二五―二〇一九年)。四八年にイスラエルへ移住、駐米大使を経て八三年に国防相、八八年に外相。英語の著作に『破られた盟約』(九五年)。
22 往復外交 shuttle diplomacy ――一九七三年十月の第四次中東戦争の直後に開始された、当時のアメリカ国務長官ヘンリー・キッシンジャーによるアラブ・イスラエル間の調停工作。彼はアラブ諸国とイスラエルを精力的に往復し、七四年のエジプト・イスラエル兵力引き離し協定、ゴラン高原でのシリア・イスラエルの兵力引き離し協定、七五年の第二次シナイ協定の締結を実現させた。
23 ウォーターゲイト事件 Watergate Affair ――一九七二年六月十七日、共和党のニクソン大統領再選を画策する一味がワシントンのウォーターゲイト・ビルにある民主党全国委員会事務局に侵入し、盗聴装置を仕掛けようとして未遂に終わった事件。七四年八月、ニクソンは引責辞任した。
24 アレグザンダー・ヘイグ Alexander Haig ――合衆国の軍人(一九二四―二〇一〇年)。一九八一―八二年、レーガン政権の最初の国務長官。
25 ジョージ・シュルツ George Shultz ――合衆国の政治家・経済学者(一九二〇―二〇二一年)。マサチューセッツ工科大学、シカゴ大学、スタンフォード大学などで教鞭を執る。八二―八九年、レーガン政権下の国務長官を務めた。長官時代の回想録に『動揺と勝利』(九三年)がある。
26 ハーグ条約 Hague Convention ――一八九九年および一九〇七年に開催されたハーグ平和会議で採択された、国際法・戦争法に関する諸条約。
27 アメリカ・イスラエル広報委員会 American-Israel Public Affairs Committee ――一九五四年、「アメリカ・シオニスト評議会」を母胎に発足、五九年に改称。イスラエルのため圧力団体としての活動を行なうアメリカ・ユダヤ人組織。八〇年から九三年まで、トマス・ダイン委員長のもとで勢力を拡大した。
28 チャールズ・パーシー Charles Percy ――合衆国の政治家(一九一九―二〇一一年)。六七―八五年共和党上院議員。ポール・フィンドレーと同様、AIPACの攻撃で選挙に落選した。土井敏邦『アメリカのユダヤ人』一二二―一二七頁参照。
29 ジョナサン・ポラード Jonathan Pollard ――アメリカ海軍の元情報分析官(一九五四年生)。イスラエルへのスパイ容疑で八五年に逮捕、八七年終身刑に処せられたが、二〇一五年に釈放。原文に逮捕が「一九八六年」とあるのを改めた。
30 ジェイン・ハンター Jane Hunter ――合衆国カリフォルニアで刊行される月刊誌『イスラエル・フォーリン・アフェアーズ』誌編集者、社会運動家(一九四三年生)。英文著書に『イスラエルの外交政策――南アフリカと中米』(八七年)など。

31　ベンジャミン・ベイト＝ハッラフミー Benjamin Beit-Hallahmi ——イスラエルの社会学者・ハイファー大学名誉教授（一九四三年生）。英文著書に『イスラエル・コネクション』（八七年）など。

32　トマス・L・フリードマン Thomas L. Friedman ——合衆国のジャーナリスト、『ニューヨーク・タイムズ』記者（一九五三年生）。一九七九—八四年ベイルート、八八年までイェルサレムに駐在。八二年のサブラー・シャーティーラー難民キャンプでの虐殺、および八七年のインティファーダの報道により、二度のピュリッツァー賞を受賞。著書に『ベイルートからイェルサレムへ』（八九年。邦訳は、鈴木敏・鈴木百合子訳、朝日新聞社、一九九三年）、『レクサスとオリーブの木』（九九年。邦訳は、東江一紀・服部清美訳、草思社、二〇〇〇年）など。サイードは彼をオリエンタリストの系譜に連なる人物として批判している。"The Orientalist Express: Thomas Friedman Wraps Up the Middle East," in: *The Politics of Dispossession*, New York: Pantheon Books, 1994, pp. 360–65. 邦訳＝川田潤他訳『収奪のポリティックス』ＮＴＴ出版、二〇〇八年、四九五—五〇一頁。

33　ヨーロッパ経済共同体 European Economic Community ——広域経済圏の形成を目的として、一九五八年にフランス・西ドイツ・イタリア・ベネルクス三国によって発足。六三年にヨーロッパ共同体（ＥＣ）、九三年にヨーロッパ連合（ＥＵ）に発展した。

34　アフリカ統一機構 Organization of African Unity ——一九六三年、アフリカ諸国首脳会議で創設されたアフリカ連帯のための地域機構。南アフリカを除く全独立国三十二か国で発足したが、八五年にモロッコが脱退、九四年に南アフリカが加盟した。

35　イスラム諸国会議（Organization of）the Islamic Conference ——一九六九年のイスラム諸国首脳会議で設立が決定され、七一年に発足した国際機構。イスラム諸国の連帯・協力を目的とする。事務局はジェッダ。パレスチナ自治政府を含め、現在五十七か国が加盟している。

36　社会主義者インターナショナル the Socialist International ——一九五一年に西ドイツで結成された社会主義諸政党の国際連絡協議機関。第二インターナショナルの流れを汲み、四六年設立の国際社会主義者会議委員会から発展した。

37　ヴァネッサ・レッドグレイヴ Vanessa Redgrave ——イギリスの女優・フェミニスト（一九三七年生）。ユダヤ人の反ナチス抵抗運動を主題としたジェイン・フォンダ主演の映画『ジュリア』（七七年）でアカデミー賞助演女優賞。パレスチナ人とＰＬＯ支持を公言し、ドキュメンタリー映画『パレスチナ人』（七八年）、『占領下のパレスチナ人』（八一年）を制作。合衆国のユダヤ人防衛連盟などから中傷・迫害を受け、八二年にはボストン交響楽団との契約を解除されて裁判沙汰になった。邦訳された著作に、高橋早苗訳『ヴァネッサ・レッドグレーヴ自伝』平凡社、一九九四年がある。

38　『ハカワーティー』 *al-Ḥakawātī* ——元来は、アラブの伝統的な語り物師を意味するアラビア語。ここでは、一九七七年にイェルサレムで結成されたパレスチナ人の演劇集団を指す。八三年に東イェルサレムのヌズハ劇場を賃借し、これを西岸地域最初の演劇・文化センターとして活動。イスラエルやヨーロッパ各地での公演を行ない、八九年には板垣雄三氏の尽力で、東京での『アンタル』公演も実現した。板垣雄三「アンタル伝説とハカワーティー」同『石の叫びに耳を澄ます』平凡社、一九九二年、四〇二―〇四頁。

39 ジム・アレン Jim Allen ――イギリスの社会主義者・劇作家（一九二六―九九年）。『破滅』***Perdition*** は、五三年のイスラエルにおけるルドルフ・カッツナー裁判を主題とし、第二次大戦中のハンガリーにおけるナチスとシオニズムの結びつきを告発した戯曲。八七年にロイヤル・コート・シアターで初演予定であったが、シオニズムへの攻撃は反セム主義に相当するとの議論が起こり、上演の四十八時間前に中止が決定された。その後、九九年にロンドンのゲイト・シアターで上演された。

40 ジョーン・ピーターズ Joan Peters ――アメリカの女流ジャーナリスト・作家（一九三六―二〇一五年）。『ユダヤ人は有史以来』の邦訳は、滝川義人訳、サイマル出版会、一九八八年。

41 アッバ・エバン Abba Eban ――ケープタウン出身のイスラエルの政治家・外交官（一九一五―二〇〇二年）。本名はオーブレー・ソロモン。五〇―五九年、イスラエルの駐米大使、五九―八八年国会議員。この間、六〇―六三年教育文化相、六六―七四年外相。英語の著作に『イスラエルの声』（五七年）、『自伝』（七七年）などがある。

42 ミュンヘン・オリンピック事件――一九七二年九月五日、ミュンヘンのオリンピック村でパレスチナ人地下組織「黒い九月」のメンバーにより、イスラエル選手団が人質となった事件。西ドイツ政府およびイスラエルは人質を犠牲にする強硬策を取り、銃撃戦によって多くの死者が出た。

43 アブー・ニダール Abū Niḍāl ――ヤーファー出身の政治運動家（一九三七―二〇〇二年）。本名はサブリー・アル＝バンナー。一九六七年にアンマンでファタハの活動に参加するが、七四年にアラファートと袂を分かって「ファタハ革命評議会」を結成、PLOの構成員を含むアラブやイスラエル要人の暗殺・テロ行為を行なった。

44 アブ・ル＝アッバース Abū al-ʻAbbās ――ガリラヤ出身の政治運動家（一九四八―二〇〇四年）。本名はムハンマド・ザイダーン。一九六〇年代末にPLOの急進派であるパレスチナ解放人民戦線（PFLP）に参加、七七年には新たな分派パレスチナ解放戦線（PLF）を結成した。八五年十月には、彼を含むPLFの構成員がイタリアのクルーズ船アキレ・ラウロ号をエジプト沖で乗っ取り、乗客であったユダヤ系アメリカ人レオン・クリングホッファーを殺害した。また、九〇年五月には、PLFのメンバーがテルアビブ近くの海岸に上陸を試みて失敗、合衆国にPLOとの対話中断の口実を与えた。

45 知識人の裏切り trahison des clercs ――本来は、フランスの思想家ジュリアン・バンダ（一八六七―一九五六年）の著作（二七年）の標題。

46 グラスレー修正案 the Grasseley Amendment ――アイオワ州選出のチャック・グラスレー上院議員により提出された議案。

47　アンドルー・ヤング Andrew Young ——合衆国の市民運動家・外交官・牧師（一九三二年生）。ニューオーリンズの黒人家庭の出身。七三—七七年国会議員、七七—七九年国連大使、八二—九〇年にアトランタ市長。

48　ブレイラ Breira ——ヘブライ語「ブリラー」berirah は「選択」「代替案」が原義。一九七三—七七年に合衆国で活動したユダヤ人の漸進的改革団体。中東和平の推進、イスラエル政府の強硬政策への反対を唱えた。

49　「ピース・ナウ」運動 Peace Now/Shalom ʿAkhshav ——一九七八年三月にエジプトとの和平を支持すべく発足した、アシュケナズィームを基盤とした反拡張主義運動。一般市民を動員したデモや抗議集会を組織してきた。

50　ベクテル社 Bechtel ——一九二五年にサンフランシスコで設立されたエンジニアリング・建築・開発会社。石油精油所やパイプライン建設で、サウジアラビアをはじめとするアラブ諸国とも関係が深い。シュルツはベクテル・グループの理事会のメンバーで、社長も務めた。

51　ジャブラー Jabrā Ibrāhīm Jabrā ——ベツレヘム出身のパレスチナの詩人・小説家・批評家（一九一九—九四年）。英米に留学後、イェルサレムおよびバグダードで英文学を講ずる。七七—八五年、イラク文化情報省の文化コンサルタント。小説に『狭き通りの狩人』（五五年）、『船』（七三年）、『ワリード・マスウードを探して』（七八年）、自伝に『最初の井戸』（八七年）、『アミーラート通り』（九四年）などがある。

52　ファドワー・トゥーカーン Fadwā Tūqān ——ナーブルス出身のパレスチナ女流詩人（一九一七—二〇〇三年）。『日々の孤独』（五五年）以来、『夜と昼の悪夢』（七四年）、『タンムーズその他』（八七年）に至る多くの詩集を刊行。自伝（八五年）の邦訳として、武田朝子訳『「私の旅」パレスチナの歴史』新評論、一九九六年がある。

53　カマール・ナースィル Kamāl Nāṣir ——ビール・ゼイト出身のパレスチナの詩人・政治活動家（一九二四—七三年）。五七年にヨルダンを離れ、六九年にPLOの執行委員会に加わるが、七三年四月十日のイスラエルによるベイルート攻略のさい殺害された。サイードの原文の Gamal を Kamāl に改めた。

54　カマール・アドワーン Kamāl ʿAdwān ——パレスチナの石油技術者で、PLOの指導者の一人（一九三五—七三年）。カマール・ナースィルおよびユースフ・アン＝ナッジャールとともに、四月十日のベイルート侵攻のさいイスラエル軍により殺害された。

55　ユースフ・アン＝ナッジャール Muḥammad Yūsuf al-Najjār ——アブー・ユースフの名で知られるファタハ創設メンバーの一人（一九三〇—七三年）。PLOの政治局長を務めた。

56　アブー・ル＝ワリード Abū al-Walīd ——PLOの指導者でアラファートの側近（一九三二—八二年）。本名サァド・サーイル。九月二十九日にベカー高原で死去。

57　アブー・ジハード Abū Jihād ——ラムラ出身の政治活動家（一九三五—八八年）。本名はハリール・アル＝ワズィール。カイロでアラファートらと知り合い、ファタハ創設に参加。アルジェリア、シリア、レバノンなどを拠点に、アラファートを助けてファタハの軍事部門を指導したが、チュニジアでイスラエルのために暗殺された。

58　アブー・イヤード　Abū Iyād ——ヤーファー出身の政治活動家（一九三三—九一年）。本名はサラーフ・ハラフ。カイロでアラファートを知り、ＰＬＯ創設に参加。左派の指導者としてアラファートを助けた。ＰＬＯのアブ・ル＝ハウルの護衛の一人に暗殺された。

59　アブ・ル＝ハウル　Abū al-Ḥawl ——ＰＬＯの指導者の一人で、本名はハーイル・アブド・アル＝ハミード Hā'il 'Abd al-Ḥamīd（一九三七—九一年）。アブー・イヤードと同じ日に、アブー・ニダール派の狙撃手によって暗殺された。

60　ナイーム・ヒドル　Na'īm Khiḍr ——西岸の町ザバービダの出身（一九三九—八一年）。ベルギーにおけるＰＬＯ代表を務めるが、同地でモサドにより殺害。

61　イッズ・アッ＝ディーン・アル＝カラク　'Izz al-Dīn al-Qalaq —— ハイファー出身（一九三六—七八年）。ダマスカス大学で学んだのち、フランスで化学の博士号取得。七三年よりパリにおけるＰＬＯ代表を務め、同地で殺害される。原文に "Qallaq" とあるのを改めた。

62　サイード・ハンマーミー　Sa'īd Ḥammāmī ——ヤーファー出身のパレスチナの外交官（一九四一—七八年）。六七年にファタハに加わり、七二年にはイギリスにおける最初のＰＬＯ代表（アラブ連盟のパレスチナ連絡事務所代表）となる。イスラエルとＰＬＯの相互承認の主張や、ウリー・アヴネリーらイスラエル人との対話の促進でも知られた。ロンドンで、アブー・ニダール派により暗殺された。

63　イサーム・サルタウィー　'Iṣām Sarṭawī ——アッカー出身のパレスチナの政治活動家（一九三五—八三年）。合衆国に留学して、心臓医学の学位取得。帰国後の六七年にファタハに参加、アラファートの顧問として活動した。ＰＬＯのイスラエル承認や、イスラエル人との対話を推進。ポルトガルの社会主義インターナショナルの会議の席で、アブー・ニダール派に暗殺された。

64　マージド・アブー・シャッラール　Mājid Abū Sharrār ——ヘブロン近郊の町ドゥーラー出身（一九三六—八一年）。アレキサンドリア大学で法学を学び、六二年ＰＬＯに参加。七三年パレスチナ民族評議会委員。ローマでモサドにより殺害。

65　ワリード・ハーリディー　Walīd Khālidī ——イェルサレム出身の合衆国の政治学者（一九二五年生）。四五—五一年にロンドンおよびオックスフォード大学に留学、五一—五六年オックスフォード大学、五六—八二年ベイルート・アメリカ大学、八二年からはハーヴァード大学中東研究センターでそれぞれ教鞭を執った。この間、六三年にはベイルートのパレスチナ問題研究所の創設に尽力、九一年のマドリード和平会議ではヨルダン・パレスチナ合同代表団顧問を務める。

跋

合衆国は一九九一年十月三十日、あたかも自分が適当と思う時期に、適当と思う方法で連関戦略を取る力があることを証明するかのように、マドリードの中東和平会議にイスラエル、パレスチナ人、ヨルダン、シリア、エジプトを集結させた。サッダーム・フセインの延命と、クルドならびに国内敵対勢力に対するその無慈悲な制圧という汚点を残したものの、湾岸戦争に軍事的勝利を収めたブッシュ政権は、印象深い調停劇の上演によって、最後の超大国としての役割に総仕上げを施そうとかなり露骨な努力をしたのだった。事実上消滅したミハイル・ゴルバチョフのソ連までもが、「共同提案国」として引き入れられた。そして、国連を完全に閉め出したまま（合衆国はイラクへの継続的介入のために、日常的に安全保障理事会を利用していたのだが）、歴史的突破口と評された出来事の舞台は整えられた。

一九九一年三月の湾岸戦争終結——その武力投入の最中、合衆国はイラクによるクウェートの不法占領と、同じく不法な、イスラエルの二十四年間に及ぶアラブ領土占領とのあいだに、いかなる形での結びつきをも認めなかった——と、一九九一年十月の最後の数日間とのあいだに、ジェイムズ・ベイカー国務長官は中東を往復し、主要参加者全員を一つに束ねてみせた。イスラエルは実質的にあらゆる要求を認められたが、ＰＬＯの参加は許されなかった。東イェルサレムの住民は誰一人パレスチナ人代表団の一員とはならず、パレスチナ人「流亡者」（全パレスチナ人の半分以上を構成する）も一人として出席しないことになった。パレスチナ人代表団はヨルダン人グループの一部となり、二国間協議では「最終的地位」に関する議論は一切なされぬ予定であり、国連には何の役割も与えられなかった。合衆国は会議を招集しても、議論を管理したり先導したりはしない。こうした要求が実行されたのは、ベイカーがパレスチナ側の交渉窓口であるファイサル・アル＝フサイニー*1およびハナーン・アシュラーウィーに対しそれらを条件として提示し、受け入れられたからである。彼ら二人は、自らＰＬＯに代わって行動していると宣言したときでさえ、実際にそうしているとは見做されなかった。こうして、パレスチナ人に無数の一方的譲歩を強いたこの会議の、未熟で欠点だらけの手続きが目論んでいたのは、パレスチナ人の弱さが支払うべき代価をそこに反映させることであった。これは、合衆国によるイスラエル支援と、千篇一律のごとくＰＬＯの「イラク支持」として語られる事柄とがもたらした結果である。ベイカーが議論のため、イスラエルに何度も足を運ぶたびに、イスラエルは臆面もなく新しい入植地を一つ、二つと設立し、それが今や合計二百か所ほどにも達している。

言うまでもないことだが、占領地域におけるイスラエルの状況や振舞いは、湾岸戦争以前にはまったく変わらなかったし、戦後は遙かに悪化した。だが、ぶざまに名づけられた「和平過程」には、あれこれの矛盾が散在していた。アシュラーウィーとフサイニーは、パレスチナ人の参加をめぐるベイカーとの交渉に散々骨を折ったのだが、（ハイダル・アブド・アッ＝シャーフィウ博士*2率いる）パレスチナ人の公式代表団からは排除され、マドリードでは「顧問」団へと追いやられ、いわゆる平和宮殿への立ち入りを物理的に禁じられた。合衆国は、公平さを装う過程で、イスラエルがパレスチナ人の権利全般に対する侮辱を強めたときには、あっさり公平さと反対の立場に変身するか、あるいはそつなくこれに異議を唱えた。マドリードでは、イスラエルの監獄にいる一万七千人の政治犯や、破壊された二千の家屋、引き抜かれた十二万本の樹木、閉鎖された大学や学校、外出禁止令、懲罰的課税、通行証、法令、何百冊もの本の検閲、あるいは一九八七年末にインティファーダが始まって以来、イスラエルの軍事的暴力によって殺害された千人以上のパレスチナ人について、合衆国は一言も触れなかった。こうした非合法的慣行について、国連安全保障理事会は六十以上の非難決議（最も新しいのは一九九二年一月）を採択しているのに対し、ブッシュ大統領とベイカー国務長官がせいぜい呼び出すことができたのは、入植地が「和平の障碍」であるという言葉だけだった。イスラエルは入植地を凍結するどころか、情け容赦もなくそれらを増やしていった。そして、パレスチナ人の土地奪取はすこしも衰えることなく続けられた。

　マドリードでメディアの関心を独占、とまではゆかずとも、その大きな注目を集めたのが、「新しいパレスチナ人イメージ」として語られるものだった。演説や記者会見が、平和と和解というパレスチナ人のメッセージに耳を傾けてもらう機会になったことは確かである。だが、それは少しも新しい事柄ではなく、これまで何回となく語られ、議決され、繰り返されてきたのだった。ただ、イスラエルの主要な問題関心はパレスチナ人のテロ行為と拒絶である、という怠惰な見解に囚われ続けたメディアが、ほとんどそれに注意を払わなかっただけのことである。マドリードでは、アメリカの政策が突破口を開いたとも喧伝されたが、そこでも過去との継続性はきわめて明白だった。とくに合衆国は、およそ五十億ドルの年間補助金を含め、イスラエルへの変わることなき肩入れを行ない、イスラエルが何をしようと、援助を削減することにはつねに消極的であった。かくして、アムネスティ・インターナショナルの年次報告書が記すように、イスラエルはトルコやエジプトと並んで、対外援助の受け入れ額が最多の三か国のなかでも一位を占めるのだが、アメリカの法律に違反して大規模な人権侵害を行ないながら、何らの勧告を受けることもなく、援助が削減されることもなかった。法律はあっさり停止され、援助が注ぎ込まれたのである。さらに――この政策の反面であるが――マドリードにおいて合衆国は、パレスチナ人に対して「自決」という言葉を進んで口にしようとも、国際的に認知されたパレスチナ人の民族的権威であるＰＬＯを積極的に認めようともしないままであった。

　だが、ブッシュ－ベイカー政権がレーガン－シュルツ政権とは違っていたこともまた確かである。というのも、レーガン政権の副大統領〔ブッシュ〕は、一九八八年の大統領選においてユダヤ系アメリカ人票に依存してはいなかったし、シャミール政権下のイスラエルの政策に不快感を隠そうともしなかったからである。ブッシュとベイカーは、イスラエルからの追加援助要請（この場合は、おそらく占領地域にソ連からのユダヤ人移民を定着させるため必要とされる百億ドルの債務保証）の考慮を先送りし、イスラエルを和平会議に登場させるという、ここ十年間では考えられなかった事柄をやってのけた。だが、事態はそれ以上は大して進展しなかった。一九九一年十二月初頭、ワシントンで開催された二国間対話に、イスラエルは無作法にも一週間遅れて登場し、アラブ側代表団に待ちぼうけを食わせた。ようやくイスラエル側が姿を現わすや、彼らは個別の代表団としてのパレスチナ人と会うことを拒否し、合衆国の招待の文言と精神とをともに踏みにじった。合衆国の招待は、イスラエルとヨルダン人、およびイスラエルとパレスチナ人それぞれのあいだでの個別の議論を予定していたのだった。

　中心的な問題は、パレスチナ民族主義という事実の認知やこれへの対処を、イスラエルが公式に拒否していることである。ここでもまた、盲目性と拒絶という歴史的態度との憂鬱な連続性があまりにも明白である。シオニスト入植者の最初の世代がパレスチナへやってきたとき、あたかもそこが彼らの植民地化を待つ、空っぽの、または無視できるほどの人間しか住まぬ土地であるかのごとくに見做されたのと同様、彼らの後継者たちもまた、パレスチナ人は除去されるか、さもなくば取るに足らぬ存在へと還元されるべき「異星人《エイリアン》」の集団以上のものであるとは考えられずにいる。勿論、このようには感じず、少なくとも二十年以上に亘ってイスラエルの政策に反対を試みてきたイスラエルおよびイスラエル国外のユダヤ人も多くいるのだが、彼らはイスラエルにおいてもディアスポラ〔離散〕の地においても、雄弁でときにはきわめて勇敢な少数派という以上の存在になることは決してなかった。入植地におけるアリエル・シャロン将軍の代理人たちが銃を乱射しながら西岸・ガザの町を通り抜け、アラブの住む東イェルサレム（スィルワーン）[*3]の人々を家から追い出し、イスラエル人のいじめに対する反抗があるとすぐ、政府に圧力をかけてパレスチナ人を追放しても、こうした個人や団体は、将軍の行動をやめさせる上で重要なことはほとんど何もしてこなかったのである。

西洋のリベラルな人々が少なくとも三世代に亘り、イスラエルの行為を無差別に支持し続けてきたこと、これこそがより核心に迫る事実であると私は信ずる。支持の主たる理由は、私見によれば、西洋の反セム主義への彼らの罪悪感であり、また西洋におけるイスラエルのイメージが、パレスチナ人に対する同国自体の政策や慣行からの汚染を何とか免れてきたためである。今私がこの文章を書いている最中にも、イスラエル人入植者一人が殺された報復として、十二人の指導的パレスチナ人が占領地域から追放されることになっている。誰一人、その人物の殺人容疑ではっきり告訴されたわけではない。従って、追放はジュネーヴ条約で明確に禁止された集団的懲罰なのであり、想起する必要があるのは、この条約がナチスによる非人道的迫害政策の余波のなかで、（イスラエルを含む）国際社会によって厳粛に承認されたという事実である。数週間前には、イスラエル国防相によってビール・ゼイト大学[*4]の閉鎖がさらに三か月間更新された。この西岸屈指の高等教育機関は、一九八八年初頭以来ずっと門戸開放を禁じられてきた。西洋の知識人や研究者のあいだからはほとんど非難の声が上がらず、学生や教授陣を援助しようという呼びかけも行なわれなかった。一九六七年以来、合衆国から七百七十億ドルを受け取ってきた国家の政府は、彼らに対し、四年間の教育を受けたり授けたりする権利を否定してきたのである。南アフリカとは違って、イスラエルはボイコットされることこそなかったが、西岸・ガザでイスラエルが現実に行なっている事柄は、アパルトヘイトの最悪の時期に南アフリカ政府が行なってきた慣行を遙かに凌駕する。

そのあいだにも、パレスチナ人の状況は悪化の一途を辿っている。土地と平和との交換という、すべてのアラブが同意した事柄に対し、イスラエルは一切関知することを拒んでいる。主導的アラブ諸国は無関心であるか、敵対的であるかのどちらかである。だがいずれにせよ、それらすべては合衆国の前ではほとんど無力に等しい。というのも、合衆国はイラクに対する破壊的戦争によって、民衆の支持を得ない孤立した政権の唯一の頼みの綱が、ワシントンの意向（と気紛れ）におとなしく服従することだと彼らすべてに納得させてしまったからである。パレスチナの大義に対する、イスラム世界やアフリカ・東欧世界からの別の支援の源泉は減少しているし、国連総会における「シオニズムは人種差別主義」という有名な決議〔第三三七九号〕に対する熱狂的な支持も、はたしてシオニズムはパレスチナ人（非ユダヤ人）を差別したのかという問題に関する議論すらなされないまま解消してしまった。[*5]それでも、パレスチナ人自身の勇敢な抵抗は時とともに事実上増大してゆくだろうし、彼らは決して消え去ることがなく、ヨルダンと連盟した独立国家樹立への正当な権利も放棄しないだろう。これらはきわめてはっきりしているように思われる。パレスチナをめぐる闘争は土地そのものに基盤を持つのだが、その驚くべき国際的な――とくに西洋、わけてもアメリカの市民の知と情における――共鳴は今なおきわめて重要である。パレスチナは、その根源において古典的帝国主義の時期にまで溯る、二十世紀最後の偉大な大義である。私は、アラブとユダヤ人という関係する両党派が、その対立を乗り越えることを確信している。というのも、共存や分かち合い、交流が、排外主義や非妥協的態度、拒絶主義に対して勝利を収めるに違いないことは確実だからである。

今日のパレスチナ人は流亡の民族を形作っているが、それはでたらめな個人の集合体ではない。この民族についてごくわずかでも知識のある者なら皆、彼らを相互に繋ぎ合わせ、パレスチナの土地へと彼らを歴史的・文化的・政治的に結びつける深い実存的紐帯のことも知っている。世界の他の部分の態度とはまったく異なり、イスラエルと合衆国の公式の政策があまりにも長いあいだ仮定してきたのは、パレスチナ人がアラブ世界のなかに溶解してゆき、ヨルダンがパレスチナになること、パレスチナ人がバントゥースタンのような「限定的自治」（あるいは、リクードの決まり文句を借りれば、土地に関してではなく――人間に関する自治）への永遠の従属を受け入れること、そしてあわよくば人々が進んで政治的集団自殺さえ行ない、自らを無効と宣言することであった。それは、倫理的・心理学的観点から見て、まったく現実を把握し損ねている。パレスチナ人の自決以外に方法はなく、それによってのみ、すでに一触即発の危機にある中東は沈静化されるだろう。イスラエル人とパレスチナ人とがそれなりの未来を持てるとすれば、それは相互の無化に基づかない、共通の未来でなくてはならない。イスラエル国内および国外のユダヤ人のなかには、実際にそれを理解している者もいる。一九八八年に、私たちパレスチナ人は民族として、和解と平和に向けた巨大な一歩を踏み出した。私たちが今待ち受けているのは、イスラエル国民およびその政府からの対応の意思表示である。

EWS

ニューヨーク　一九九二年一月十日

訳注

1　ファイサル・アル＝フサイニー Fayṣal al-Ḥusaynī ――イェルサレムの名家フサイニー家出身のパレスチナ人政治家（一九四〇―二〇〇一年）。父の亡命中にバグダードで生まれ、六四年にイェルサレムに戻ってからはＰＬＯの指導者として活動。九六年、パレスチナ自治政府のイェルサレム問題担当相に任命された。

2　ハイダル・アブド・アッ＝シャーフィウ Ḥaydar ʻAbd al-Shāfiʻ ――ガザ出身の医者・政治指導者（一九一九―二〇〇七年）。ベイルート・アメリカ大学卒業。一九六四年のＰＬＯ設立に参加、以後パレスチナ国民会議の議員およびパレスチナ自治評議会議員（九六―九七年）を務めた。

3　スィルワーン Silwān ――イェルサレム旧市街の城壁の外部、南東側に位置するパレスチナ人居住地区。アラビア語「スィルワーン」の名は、『新約聖書』「ヨハネ福音書」第9章7節などに登場する「シロアム」（スィローアム）の泉に由来する。

4　ビール・ゼイト大学 Bir Zeit University ――ラーマッラーの北、ビール・ゼイトに一九七二年に創設された西岸最古の大学。学生約三千五百人、教職員約二百人を擁する。イスラエルからは「パレスチナ民族運動の温床」とされ、一九七九―八四年に八回、また八八―九二年には連続して閉鎖を命じられた。

5　決議の解消――第一章訳注84参照。

訳者解説

1

一九七九年初刊の本書『パレスチナ問題』は、同じエドワード・W・サイード（一九三五―二〇〇三年）の著書『オリエンタリズム[1]』（一九七八年）および『イスラム報道／隠蔽[2]』（一九八一年）と並び、西洋とオリエントとの関係を主題とした〈三部作〉の二番目に位置する作品である[3]。第一の書『オリエンタリズム』が、「西洋の東洋に対する思考と支配の様式」という「オリエンタリズム」の批判的定義によって両者の関係を歴史的に広く概観したのに対し、本書ではその「オリエンタリズム」が最も緊迫した形で顕在化した現代的局面としてのパレスチナに焦点を絞り、パレスチナ人を犠牲者としたシオニズムに対する批判的事例研究を行なっている。その意味で、本書は前著の応用編・発展編と言ってもよいであろう。他方、本書でも問題とされる欧米のイスラム報道のあり方をさらに具体的・批判的に展開したのが、最後の『イスラム報道／隠蔽』ということになる。現実の事態の推移に伴い、『パレスチナ問題』が一九九二年に新たな序文付きの新版を出したのと同様、『オリエンタリズム』には一九九五年に新たな「後記」、二〇〇三年に「序文」が付され[4]、『イスラム報道／隠蔽』も九七年に新しい「序文」付きの改訂版[5]が刊行されている。

サイードの著述全体のなかで、パレスチナおよびイスラムは分量の点で最大の比重を占めるにも拘わらず、「多くの批評家からは最もわずかな注目しか得られない領域[6]」であると言われる。だが、彼は本書執筆時期を含む一九七七年から九一年まで「パレスチナ国民会議」（ＰＮＣ）の一員に選ばれ、その後も長く合衆国におけるパレスチナ人の代弁者の役割を担っていたのみならず、その著作活動全体の根柢にはつねにパレスチナ人としての意識が横たわっていた。従って、パレスチナ問題に関するその発言を過小評価することができないのは明らかであろう。とくに本書は、その後の一連の著作――写真家ジャン・モアとの共著『最後の空が盡きてのち――パレスチナ人の生の営み』(7)（八六年）、クリストファー・ヒッチンズとの共編『犠牲者を非難する――似而非学識とパレスチナ問題』(8)（八八年）、欧米の新聞・雑誌等に発表された論説の集成『土地奪取の政治学――パレスチナ人自決のための闘い、一九六九―一九九四年』(9)（九四年）、アラブ世界の新聞に掲載された論考をまとめ、今度は西洋読者ではなくアラブ・パレスチナ人に向けて語りかけた『和平とそれに対する不満――ガザ・エリコ、一九九三―一九九五年』(10)（九五年）、そして最後の『和平過程の終焉――オスロとその後』(11)（二〇〇〇年）――の出発点に位置し、かつそれらを統括する最もまとまった歴史的・理論的概観としてきわめて重要である。

本書の主題は、イスラエル建国の原動力となったシオニズム――ユダヤ人の植民活動によって、シオンの地（パレスチナ）に自らの民族的郷土を建設しようとする運動――の歴史と現状とを、その犠牲者となり、かつこれまで言葉を奪われていたパレスチナ人の側から語り直すことにある。その意図について、サイード自身は次のように述べている。

シオニズムに関する共通理解とパレスチナ人に関する共通理解とのあいだには不均衡が存在するため、二十世紀を通じてパレスチナ人を活性化してきた諸問題の価値と歴史とは全面的に抑圧されてしまった。パレスチナ人はイスラエル誕生以前から、現実にパレスチナに居住していた。この事実に大半のアメリカ人が気づいていないように見えるのも、その点を裏付けてくれる。だが、それらの価値や歴史を考慮に入れさえすれば、私たちは妥協や解決、そして最終的には平和への礎《いしずえ》を視野に入れ始めることができるのである。私の任務は、パレスチナ人の物語を提示することにある。シオニストの物語はずっとよく知られ、受容されているのだから。

（一七〇頁）

ここに明示されているように、本書が語りかけようとするのは、ようやく「私たちの側の物語に耳を貸す気になっているらしい」西洋、とくに「これまでずっとシオニズムの犠牲者に背を向けてきた〔合衆国の〕リベラルな体制側シオニスト」（三〇四頁）であり、著者が提示しようとするのはたんなる非難や告発ではなく、むしろパレスチナ人とユダヤ人との積極的和解の試みである。「両民族がお互いを共通の歴史的視野のなかで眺めようと試みるなら、和解は本質的に可能」（三〇三頁）なのであり、「指導的パレスチナ人たちが折にふれ、流亡と貧困の淵から語りかけてきたのは、パレスチナが平和と調和のうちに、二つの社会〔パレスチナ人とユダヤ人〕の共存する場へと変化する日のことである」（三〇五頁）と著者は言う。それは具体的に、「パレスチナにアラブとユダヤ人のための世俗的民主主義国家を建設するという考え方」（二九〇頁。一九二、二三二、二三三頁にも同様の表現あり）として定式化されている。

2

本書では、まず第一章・第二章でパレスチナやパレスチナ人、シオニズムなどについての基礎概念の整理や歴史の概観が「オリエンタリズム」との関連のなかで行なわれる。そののち、第三章では、シオニズムとイスラエルとの犠牲者として民族的破壊を蒙ったパレスチナ人が、「パレスチナ解放機構」（ＰＬＯ）を中核として自己を定義し、表象し、主体性を回復してゆく過程が分析的に叙述され、最後の第四章では、合衆国の中東政策との関わりで見たパレスチナ問題――とくにパレスチナ人にとっての「キャンプ・デーヴィッド合意」の不当性――が検討される。

パレスチナ問題を生み出した直接の原因はシオニズムであり、シオニズムを生んだ元凶は西洋の反ユダヤ主義・反セム主義であった。そしてさらに、反ユダヤ主義の淵源は、人間をユダヤ人と非ユダヤ人とに二分し、前者を神に対する裏切りを働いた永遠の罪人として差別化しようとするキリスト教の考え方自体に胚胎していた。中世以来のヨーロッパの反ユダヤ主義、そしてその極限形態としてのナチスによる「ホロコースト」(民族虐殺)の試練のなかで、ユダヤ人を「民族的郷土」に帰還させ、反セム主義から解放すると同時に、ヨーロッパをユダヤ人問題からも解放しようとしたのがシオニズムである。この場合、パレスチナがユダヤ人の「民族的郷土」であるとする主張の根拠になったのは、『旧約聖書』に見られる「選ばれた民」への「約束の地」という曖昧な文言の神学的解釈(三〇頁、訳注41)と、二千年前の六十年間、そこにユダヤ人国家が存在していたという歴史的事実(八九、一一三頁)だけである。しかも、「民族的郷土」を建設すべき土地には、すでに何百年にも亘ってパレスチナ人――言語の上ではアラビア語を母語とするアラブ、宗教の点では多数派イスラム教徒のほか、キリスト教徒・ユダヤ教徒をも含む人々――が居住していた(二一頁)。そこでシオニストは、元来シオニズムなどとは無縁の、パレスチナ人少数派をなすアラブのユダヤ教徒(三四頁)を「ユダヤ人」として自らの陣営に取り込み、「オリエント系ユダヤ人」の一部に位置づける一方で、残りの大多数のパレスチナ人は無視し、あるいは排除することを試みるようになる。これに力を貸したのが西洋の主流文化を貫くオリエンタリズムの言説――およびその発現形態としての植民地主義や帝国主義、人種差別主義――であった。

シオニズムは、西洋のオリエンタリズムが正当化した植民地主義の運動のなかに自らを位置づけ、劣った原住民としてのパレスチナ人になり代わって、進んだ西洋の「文明化の使命」(三三、一〇一頁)を達成するのだという大義名分を獲得した。パレスチナ人アラブは自らを表象することができないとされ、シオニストがつねに彼らの代弁者となる(四二頁)。「民なき土地に土地なき民を」という有名なシオニズムの標語(一三頁)が示すように、当初パレスチナ人など存在しないものと見做され、追放や抹消や土地奪取が画策された。やがてその存在自体を隠しおおせなくなると、今度は彼らは「テロリスト」として表象され、抑圧と従属の対象となるに至る。ユダヤ人の歴史的災厄には何ら関係のないパレスチナ人が、シオニズムや、西洋の反ユダヤ主義の犠牲者として言わば血祭りに上げられたのである。

多年に亘る反セム主義の迫害とホロコーストとの古典的犠牲者が、新たな国家〔イスラエル〕においては別の民族

〔パレスチナ人〕の加害者と化し、その結果、その別の民族は犠牲者の犠牲者となった。（三二三頁）

シオニズムによって追い立てられたパレスチナ人の犠牲者にしてみれば、ユダヤ人がヨーロッパの反セム主義の犠牲者であったという事実など、大義名分としては何の意味も持ちえなかった。また、パレスチナ人に対するイスラエルの抑圧が続く限り、パレスチナ人には彼らの現実、すなわちイスラエルのオクシデント系ユダヤ人が、かつては自ら犠牲者であったにも拘わらず、今や（パレスチナ人アラブやオリエント系ユダヤ人の）抑圧者になり果てたという事実以外の事柄を理解できる者はほとんど存在しない。（一〇二頁）

とサイードが述べるのは、勿論このことである。

ところが西洋では、一方に永年の反セム主義への負い目（三五七頁）があり、また他方では巧妙な情報操作や政治宣伝――究極的には現代のオリエンタリズムの力――があって、多くの人々がシオニズムを支持し、イスラエルを理想化して野蛮な東洋に浮かぶ西洋民主主義の孤島と称讃し、パレスチナ人の声に耳を傾けようとはしなかった。サイードがレイノルド・ニーバーやエドマンド・ウィルソンらの具体例を挙げて述べるように、「二十世紀半ばまでに、西洋のリベラルな言説とシオニズムとは自発的な同一化を遂げていた」（五五頁）。その結果、シオニズムやイスラエルに反対し、パレスチナ人を擁護する者はすべて「反セム主義者」の烙印を押され、「イスラエルとは、今や反セム主義的アラブによって何の理由もなく襲撃される西洋民主主義」（五四頁）へと祀り上げられるに至る。国連決議や国際的人権規約を無視し、質量とも遙かに優る「国家テロ」を繰り返すイスラエルには何らの非難もなされないのに、パレスチナ人のみが一方的に「テロリスト」と規定され、PLOには長らく認知すら与えられない。サイードは、合衆国を筆頭とする国々の政策上の「二重基準」を批判し、現状に何ら非難の声を挙げない西洋知識人に対しては、怒りを籠めてこう述べる。

たとえナチズムを生き抜いたヨーロッパのユダヤ人残存者を救うためであっても、ほとんど何百万もの同胞にパレスチナからの離散を余儀なくさせ、私たちの社会を雲散霧消させてしまったあの土地奪取と私たちの存在抹消とは、いったい正当化される行為だったであろうか。いかなる道徳的・政治的基準によって、私たちは自らの民族的存在や土地や人権に対する主張を捨て去るよう期待されているのだろうか。一民族全体が法律上存在しないと告げられ、それに対して軍隊が差し向けられ、その名前すら抹消するために運動が繰り広げられ、その「非存在」を証明すべく歴史が歪曲される。そんなとき、何の議論も沸き起こらない世界とは何なのだろうか。（一〇頁）

かくて、「ユダヤ人と非ユダヤ人とを問わず、これほど多くのイスラエルおよび西洋の知識人がこうした〔パレスチナ人の〕板挟みの状況に果敢かつ直接的に向き合ってこなかったのは、私の信ずる限り、大規模な知識人の裏切りに他ならない」（三三三頁）とまで断言する。サイードが本書で試みるのは、これまで自らを表象することが許されなかったパレスチナ人の生の声を西洋の読者に伝えることなのである。

とくに本書の後半で繰り返し述べられるように、二十世紀後半の国際政治の動きのなかで、パレスチナ人代表としてのPLO主流派は、最終的にはユダヤ人の排除ではなく、多民族共存という道を選択し、大多数のパレスチナ人は「他者であるイスラエル・ユダヤ人が、未来において自分たちとともに生きるべき具体的・政治的実体であるという真実」（二三三頁）を認識するに至っている。「征服によって国家を獲得したユダヤ人の社会がパレスチナに存在する」（二九一頁）という事実を受け入れること自体、彼らにとって苦渋の選択であったことは言うまでもない。さらに、パレスチナ全土に世俗的民主国家を建設するという当初の全面解放の希望は後退を余儀なくされ、西岸・ガザ地区（全パレスチナの約二三パーセントの土地）にパレスチナ国家を建設するという部分的解放と民族独立へと目標を縮小せざるをえなくなってもいる。しかし、こうした妥協の背後にある考え方――「宗教や少数派による排他主義（中略）ではなく、世俗的な人権に基づいた国家を作るという観念」こそ「多元的共同体としての中東にとって今なお唯一考えうる、唯一受け入れ可能な運命」（二九一頁）だとサイードは力説する。

思うに、ヤーファーやハイファー、ガリラヤは二度と再び一九四八年以前の状態には戻らないし、私たち何千人もが失ったものは永久に失われてしまったのだという深い、忘れがたい喪失感は、私たちの大半にいつまでも燻り続けることだろう。ただ、私たちはパレスチナにおいて、本来なら一種平等な主権を得てしかるべきだったのに、実際は何一つ所有しなかったのである。たとえミニ国家や旅券、国旗、国籍のために妥協がなされたとしても、人間が人種や宗教によって定義されたり制限されたりするべきではないというより大きな理想は、依然としてその影響力を持ち続けることだろう。　　　　（二三三―二三四頁）

それは、きわめて長い目で見た場合、人類の誰にとっても共通する長期目標――「各人が政治的に不安や危険や恐怖や抑圧から解放され、他者を不平等ないし不正な形で支配する可能性からも自由になって生きるのを許される」（七三―七四頁）こと――へと繋がり、そこから次のような希望も生まれる。

隣接する国家間の平和とは、共通の国境線、定期的な交流、相互理解を意味するだろう。やがて、差異によって敵意よりもむしろ交流が活性化し、人々のあいだの人間的接触が国境線自体より遥かに重要になることを、いったい誰が想像しえないであろうか。　　　　（二三四―二三五頁）

実際、本書の初刊から九年後の一九八八年、アルジェでの第十九回パレスチナ国民会議で採択されたいわゆるパレスチナ「独立宣言」には、右のような考え方が反映されており、その草案の英訳、および英訳の過程で行なわれた原文の改訂にはサイード自身が大きな役割を演じたと言われる(12)。その後、彼は九一年のマドリード和平会議や九三年の「オスロ合意」――イスラエル国家承認と引き換えに、全パレスチナの九・六パーセントの地域に五年間の暫定自治を導入するという合意――のあり方に抗議して、九一年には（公式には健康上の理由で）ＰＮＣを脱退、アラファートをはじめとするＰＬＯ執行部を批判するに至っている。[13] ただ、パレスチナ問題解決に向けた基本的立場が少しも変わっていないことは、本書所載の「一九九二年版への序文」や『土地奪取の政治学』『和平とそれに対する不満』に明らかな通りである。

3

本書は一九七七年から七八年初頭にかけて執筆され、ビーコン・プレスとパンシオン・ブックスの二つの出版社から出版を断わられたのち、七九年にタイムズ・ブックスから上梓された。[14] ただし、第二章のみは、ほとんど同時に雑誌にも発表されている。[15] サイード自身の回想によれば、出版直後にベイルートの出版社からアラビア語版刊行の打診があったが、シリアやサウジアラビア等のアラブ諸国に対する批判を本文から削除するという条件付きだったため、即座にこれを拒絶したという。その後、八一年にテルアビブの小出版社ミフラスから、無削除のヘブライ語版が出されたのは皮肉な巡り合わせであった。[16]

初刊の一九七九年の時点で考えると、ＰＬＯはすでに七四年、カイロでの第十二回パレスチナ国民会議において「全面解放」の方針を放棄し、「武装闘争」による部分的解放――事実上、西岸・ガザへの国家建設――という現実路線を採択してはいた。また、直前の七八年には、本書の注でも言及されたワリード・ハーリディーの論文「不可能事を考える――パレスチナ独立国家」[17] も発表され、二国家解決案はサイード以外にもパレスチナ人内部で主張され始めていた。それでも、「武装闘争」路線批判やユダヤ人とパレスチナ人の平和共存、西岸・ガザのパレスチナ国家樹立といった主張はＰＬＯ主流派からはまだ公式には受け入れられておらず、本書は刊行後にファタハやＰＦＬＰ（パレスチナ解放人民戦線）から厳しく批判される結果となった。[18] 他方、サイード自身が主たる読者として想定した合衆国をはじめとする英語圏では、新聞・雑誌の書評はかなりの数に上っており、当然のことながらその質や立場もさまざまである。[19] ここでは、いくつか代表的な論調を簡単に紹介しておこう。

おそらく著者の主張を最もよく理解した上で、共感に満ちた長文の書評[20]を寄せたのはイクバール・アフマド（一九三三―九九年）であろう。彼はこの書物を「一九三八年にジョージ・アントニウスが古典『アラブの覚醒』を著わして以来、アラブによって書かれた最も情熱的で、最も道徳的説得力に富んだ本」と称讃する。そして、サイードが「ユダヤ人とパレスチナ人との全面的な政治上の邂逅の必要性を説いた最初のパレスチナ人著述家」であると指摘し、繰り返しが多く統一性に欠ける憾みはあるものの、全体としてきわめて重要な作品であることを力説する。一方、「シオニズムに反対するユダヤ人連盟」の一員でもある文学者ヒルトン・オーベンジンガーが『パレスチナ研究』誌に寄せた書評[21]も好意的である。彼は、『ニューヨーク・タイムズ』に掲載されたニコラス・ベセル（一九三八年生）の書評[22]――やはり本書をジョージ・アントニウス以来の貢献と認め、イスラエル支持者がこれを読んで、離散パレスチナ人に対する「同情 sympathy を持ってほしいと記す――を合衆国における反応の一典型として挙げ、それがシオニズムや西洋の観点に浸り切った理解であるとして批判する。そして、「パレスチナ問題」は実は「アメリカ問題」であり、本書に合衆国の読者――とくに左派――がどう応えるかが試されているのだと述べた上で、彼自身が左派の視点から、本書により深い階級分析や経済分析があってもよかったと注文を付けている。

これに対し、『シオニズムの歴史』の著者として広く知られるドイツ系ユダヤ人、ウォルター・ラカー（一九二一年生）の反応[23]はきわめて否定的である。彼はサイードが「シオニズムとその惨禍に対するお決まりの攻撃」を繰り返しているだけで類書と差がなく、史料にも恣意的操作を加えていると非難した上、「否定的・非建設的な本で、よりよい理解にも究極的和平にも貢献するところがない」と述べる。この書評がやや異常なのは、シオニズムやユダヤ人に対するサイードの態度が多くの場合、コンラッドの『密偵』に登場する「教授」――捕えられたとき相手を巻き添えにできるよう、つねにポケットに爆弾を忍ばせる無政府主義者――の事例と同類だとの断罪[24]がなされる一方、本書で引用されるイスラエルの急進派イスラエル・シャハク博士は、ナチスの強制収容所で心に深い傷を負ったため、その政治文書は「人間精神

ている点であろう。

とその異常を研究する学徒にとって憐れみの対象として興味を惹くだけで」引用には値しないという人格攻撃を行なっている点であろう。

最後に、明確なシオニストの立場から、長文の反論[25]が『コメンタリー』誌に寄せられていることも付記しておこう。筆者のヒレル・ハルキン（一九三九年生）は合衆国に生まれ、イスラエルに移住した、文字通りサイードと正反対の立場に立つ作家であるという。当然のことながら、彼は本書が「パレスチナにおけるアラブ・ユダヤ紛争を無責任なまでに一方的と思える視点で提示」していることを非難し、その史料操作の恣意性を――ウォルター・ラカーの場合同様――次のように列挙する。

ひどい歴史的歪曲を行ない、詐称ないし自称の「権威」へ依存し、選択的な引用や文脈を無視した形での本文の引用を行ない、自分の立場に不利な証拠を意図的に削除ないし無視し、証拠のない仄めかしを事実として提示し、連座制を適用して弾劾し、誤解を招きかねないやり方で統計を利用し、二重の倫理基準を一貫して適用する。（一二三頁）

つまり、サイードはシオニズムを誤って表象し、「我々自身に一度として語らせようとしない」というのである。だが、彼は右に列挙した情報操作の「一覧表を編輯する仕事は書評家たちに委ねよう」とだけ述べて、具体例を一切記していないので、非難の適否は第三者には検証のしようがない。

ハルキンの書評で興味深いのは、先にも引いたサイードの疑問――「たとえナチズムを生き抜いたヨーロッパのユダヤ人残存者を救うためであっても、（中略）あの土地奪取と私たちの存在抹消とは、いったい正当化される行為だったであろうか」（一〇頁）――に対し、次のように論点をずらして答えている点であろう。

シオニズムには、アラブを略奪し、ナチスからユダヤ人を救うのとは別の目的や目標があった。（中略）そのなかでもとくに重要なのは、この地上でユダヤ人が自分たちのものだと考えてきた唯一の場所、そこにいれば完璧に真正なユダヤ人、完全な人間になれる唯一の場所に創造的なユダヤ人社会を建設することであり、それによって、自らの潜在能力からの疎外という流亡の代償に終止符を打つことであった。だが、そうした事柄は明らかに著者〔サイード〕を煩わすことがない。（二五―二六頁）

このように彼は、ユダヤ人の自決の権利のみを強調し、犠牲者としてのパレスチナ人には直接触れようとしない。さらに少し先では、サイードが専門とするポーランド出身の英語作家コンラッドに言及しつつ――

この〔自決の〕権利を行使する上で、ユダヤ人が他の民族から同様の権利を剝奪する手助けをしたことは確かである。他に選択の余地がなかったと考えるのは悲劇的であるが、それは、溺れかけている人間が自分と家族のことだけを考え、別の人間を救ったかもしれない救命具を奪い取る場合と同様の悲劇なのである。コンラッドの称讃者であれば、これこそがまさに悲劇的世界なのだということを知るべきであろう。コンラッド自身は、溺れかけている人間をそのために非難することなどまずなかったであろう。（二六頁）

ここでは、ユダヤ人が溺れかけているとき、パレスチナ人は別に溺れかけていたわけではなく、むしろ陸地にいたのではないかという考え方は筆者の念頭には浮かばない。(26) 彼の比喩はさらに続く。

それでも、救命具を分かち合おうと試み、規定以上の二人分の重みが加わっても沈まないことを願う可能性も確かに存在する。人道的にはこの方がより公正な解決法に見える。だが、すでに救命具を手中に収めた人間にとっては、それが一層大きな危険を伴う解決法であることも明らかである。（二六頁）

こうして、救命具を分け合う解決法、つまり本書でサイードがとりあえず提案するユダヤ人国家・パレスチナ人国家の併存案は、危険性のゆえに受け入れがたいものとなる。筆者は、「このユダヤ・サマリアの地に対するユダヤ人の愛着」という「化石化した狂気[27]」を自分も他の多くのユダヤ人と分かち合っていることを認め、「パレスチナの一部でも放棄することで私自身の一部を放棄せねばならなくなることを恐れる」と述べた上で、西岸・ガザにパレスチナ国家が樹立された場合の危険性を力説する。それは、自分がパレスチナ人だったらどう反応するかを考えればよく解ると彼は言う。

長年に亘る犠牲と闘争の末、ようやく私がパレスチナに自分自身の独立国家を樹立するところまで漕ぎ着けたと仮定してみよう。この国家は、合計してもたかだか二千平方マイル、つまりルクセンブルクの二倍ほどの面積にしかならぬ二つの不連続な部分から成り、委任統治時代のパレスチナのわずか二五パーセントの面積を包含しているに過ぎない。残りの七五パーセントはイスラエル人の手に残るからだ。そこには事実上、言うに足るほどの天然資源が何一つなく、急激に増加する人口をようやく支えうるだけで、問題解決が期待されている何百万もの「ディアスポラ」（離散の地）のわが同胞を吸収することなど至難の業である。自前の旅券と国旗に対する当初の情熱の高揚が収まったのちには、不満と幻滅が宿るだろう。これと同時に、イスラエルとアラブ諸国との全体的な勢力均衡が崩れ、石油とオイルダラーと武器とをいやというほど手に入れたアラブ側が有利になり続けたと仮定してみるがいい——私はいったいどうするだろうか。

不満をぐっと呑み込み、より豊かな資源に富んだパレスチナの四分の三は（とくにそこに増加しつつあるパレスチナ人少数派がいるので）依然として自分に正当な権利があると感じながらも、そこはユダヤ人が永久に持ち去ってしまったのだという事実を受け入れ、彼らのよき隣人であろうと決意するだろうか。それとも、現実政策を考慮した結果、世界は遅かれ早かれイスラエルに対し、盗まれたわが領土のより多くの部分――例えば、一九四七年の国連分割決議で私に約束されていた〔全パレスチナの〕半分――を返還するよう強制するだろう、さらに一旦アラブ勢力に十分な力がつけば、ユダヤ人国家全体の破壊を黙認するだろうと信じ、自分の未回収地回復衝動に従うだろうか。

（二六―二七頁）

後者の可能性が強い以上、パレスチナ人国家樹立を認めることはできないというのがシオニストであるハルキンの論理である。パレスチナ人の立場になれば、西岸・ガザだけでの建国がいかに不満の多い、苦渋に満ちた選択であるかまでは彼にも理解できる。だが、そうであればこそ、逆にもっと相手の身になった譲歩をしてしかるべきだという発想には繋がらず、むしろ現在の占領と抑圧という状態を肯定する方向に進んでゆく。シオニズムの犠牲者という観点はすっぽり脱落してしまうのである。

こうした論理が明らかな不公正に基づくことは、直接の当事者ではなく、むしろ遠く離れた地点にいる私たちにこそ、いっそうよく理解できる。とくに日本人の場合、朝鮮半島や満州に対する植民地支配の経験を教訓として生かすことも可能だろう。しかるに、イスラエルはその不公正を堅持し、合衆国はそれを支え、国際社会も大目に見てきた。それへの絶望感から発したパレスチナ人の抗議と抵抗が、一九八七年から九二年にかけての「インティファーダ」であったことは言うまでもない。それでも事態が動かないと、「アラブ世界のみならず、ひろくイスラーム世界の中では、人々がここに見てしまっている許しがたい不公正があるのに、自分たちが何もできないでいることへの自己嫌悪、やりきれなさ、無力感、出口が見えない閉塞感、絶望感が積もり積もってきた[28]」。その結果、ついに「自爆」という極限的抵抗形態が生まれるところまできてしまったのだった。

合衆国でのサイードの活動と並行する形で早くから「オリエンタリズム」――その用語自体は使わなかったにせよ――批判を展開し、パレスチナ問題の重要性を認識し、中東和平への取り組みの上で理論的・実践的指導者であり続けてきた板垣雄三教授（一九三一年生）は、近著『イスラーム誤認』で、「こんにち問題の「テロ」は、国際政治の場で公正感が回復すれば、ほとんど雲散霧消」（一二〇頁）するし、問題の「解」は「侵入者が引き揚げることである。イラクでも、パレスチナでも、その他どこでも。あとは、人類の英知を信じて、ともに大地の上に生をうけた者同士が棲み合わせる「場」の自然の成り行きに委ねればよい」（一七五頁）と述べておられる。これははなはだ単純で楽観的な解答に見えるが、世界全体が「大洪水」に呑み込まれるのを回避しようとするさいには、闇を照らす炬火とも、勇気の源泉ともなる力強い導きの言葉である。それは、本書『パレスチナ問題』のサイード自身の立場とも通底するであろう。

また、同じ書物のなかで板垣氏は、「中国、朝鮮半島、東南アジア諸国との関係で、日本は人類共滅を阻止するための良識を発揮しなければならない。パレスチナ問題の淵源《えんげん》である反ユダヤ主義、反セム主義、反イスラーム主義に押し流される動きに対しても、日本は公平で率直な忠告ができるスタンスを持つことができる」（一二八頁）とも記されている。日本人としてパレスチナ問題に取り組む必要性がますます高まった現在、そうした試みにおける基本資料として、本書の価値はきわめて大きいと言うべきだろう。

4

みすず書房編集部の守田省吾氏から本書翻訳のお話があったのは、一九九二年版が刊行されて少し経った頃であったように記憶する。しかし、実質的作業に取りかかったのは数年前のことで、以後毎年の春休みを利用してほぼ一章分ずつ翻訳を進めてきた。当初の約束から長い時間が経過して、書肆には随分とご迷惑をおかけしてしまった。それにも拘わらず、この間に寛大な措置を取られ、編輯実務でもお力添えを下さった守田氏には感謝の意を表したい。

二〇〇三年十一月

杉田英明

注

（1）Edward W. Said, ***Orientalism***, New York: Pantheon, 1978. 邦訳＝板垣雄三他監修、今沢紀子訳『オリエンタリズム』平凡社、一九八六年。のち二分冊として平凡社ライブラリー、一九九三年。

（2）Edward W. Said, ***Covering Islam: How the Media and the Experts Determine How We See the Rest of the World***, New York: Pantheon, 1981. 邦訳＝浅井信雄・佐藤成文訳『イスラム報道――ニュースはいかにつくられるか』みすず書房、一九八六年。のち、みすずライブラリー、一九九六年。

（3）E.W. Said, ***Covering Islam***, p.ix. 邦訳＝『イスラム報道』一頁。

（4）E.W. Said, "Afterword to the 1995 Printing," in: Idem, ***Orientalism: Western Conceptions of the Orient***, with a New Afterword, London: Penguin Books, 1995. 邦訳＝杉田英明「『オリエンタリズム』書後」『みすず』第四百十八号、一九九六年一月、八五―一一二頁。Idem, "Preface to Orientalism," in: Idem, ***Orientalism***, the 25th Anniversary Edition, New York: Vintage Books, 2003. 邦訳＝中野真紀子訳「『オリエンタリズム』新版序文」『みすず』第五百十一号、二〇〇三年十一月、四―一七頁。なお、前者にはアラビア語訳がある。Edward Saʻīd, "Taʻqīb ʻalā al-Istishrāq," in: Idem, ***Taʻqībāt ʻalā al-Istishrāq***, tr. by Ṣubḥī Ḥadīdī, Beirut: al-Muʼassasa al-ʻArabīya li al-Dirāsāt wa al-Nashr, 1996, pp. 99–138.

（5）E.W. Said, ***Covering Islam***, Updated and Revised with a New Introduction, New York: Vintage Books, 1997. 邦訳＝浅井信雄・佐藤成文・岡真理訳『イスラム報道』増補版、みすず書房、二〇〇三年。

（6）Bill Ashcroft and Pal Ahluwalia, ***Edward Said: the Paradox of Identity***, London and New York: Routledge, 1999, p. 114.

（7）E.W. Said, ***After the Last Sky: Palestinian Lives***, with Photographs by Jean Mohr, New York: Pantheon, 1986. 邦訳＝島弘之訳

『パレスチナとは何か』岩波書店、一九九五年。

（8）E. W. Said and Christopher Hitchens, eds., ***Blaming the Victims : Spurious Scholarship and the Palestinian Question***, London and New York : Verso, 1988.

（9）E. W. Said, ***The Politics of Dispossession : the Struggle for Palestinian Self-Determination, 1969-1994***, London : Chatto & Windus, 1994; New York : Vintage Books, 1995.

（10）E. W. Said, ***Peace and Its Discontents : Gaza-Jericho, 1993-1995***, London : Vintage Books, 1995 ; ***Peace and Its Discontents : Essays on Palestine in the Middle East Peace Process***, New York : Vintage, 1995. With a Preface by C. H. Hitchens.

（11）E. W. Said, ***The End of the Peace Process : Oslo and After***, New York : Pantheon Books, 2000 ; Updated Edition, New York : Vintage Books, 2001.

（12）Nubar Hovsepian, "Connections with Palestine," in : Michael Sprinker, ed., ***Edward Said : a Critical Reader***, Cambridge, Mass. and Oxford : Blackwell Publishers, 1992, p. 15 ; Saree Makdisi, "Said, Edward," in : Philip Mattar, ed., ***Encyclopedia of the Palestinians***, New York : Facts on File, 2000, pp. 355–56.

（13）本書「一九九二年版への序文」でも触れられていたように、サイードはＰＬＯ執行部が合衆国との交渉の技術を少しもわきまえていないことに呆れ返っている。「アラファートやその主たる副官たちは、英語もフランス語も本当には知らず、誰一人西洋に住んだ経験がないので、それを理解することができなかった。イスラエルでさえ、科学的・体系的な知識によるよりも、むしろ「媒介者」や噂を通して知られていた。」E. W. Said, ***The Politics of Dispossession***, p. xxx.

（14）N. Hovsepian, p. 9. 本書にはイタリア語訳がある。***La questione palestinese : La tragedia di essere vittima delle vittime***, tr. by Stefano Chiarini and Antonella Uselli, Roma : Gamberetti Editrice, 1995.

（15）E. W. Said, "Zionism from the Standpoint of Its Victims," in : ***Social Text***, Winter 1979.

（16）E. W. Said, ***The Politics of Dispossession***, p. xxv.

（17）Walid Khalidi, "Thinking the Unthinkable : A Sovereign Palestinian State," in : ***Foreign Affairs***, 56 : 4, July 1978, pp. 695–713. 本書第四章注（11）参照。

（18）E. W. Said, ***The Politics of Dispossession***, p. xxv ; N. Hovsepian, p. 12. 後者はＰＦＬＰの機関誌の論説（"The Question of Palestine according to Edward Said," in : ***The PFLP Bulletin*** 47, February 1981）を引き、サイードがシオニズムへの不当な譲歩によってパレスチナ人の権利を踏みにじっていること、シオニズムと帝国主義に対する階級闘争の視点が欠落していることを批判する同誌の論調を紹介している。

（19）英語圏の主要な書評については、Cary C. Tarbert, ed., ***Book Review Index: A Master Cumulation 1969-1979***, Detroit: Gale Research Company/Book Tower, 1981, p.7; Martha T. Mooney, ed., ***Book Review Digest 1980***, New York: The H. W. Wilson Company, 1981, p.1056 を参照した。前者は七件、後者は十二件を掲載し、両者の重複は三件である。以下にはこのうちからの二件を、そこには含まれない『パレスチナ研究』誌および『コメンタリー』誌からの二件と併せて紹介する。

（20）Eqbal Ahmad, "An Essay in Reconciliation," in: ***The Nation*** 230, March 22, 1980, pp.341-43.

（21）Hilton Obenzinger, "The Heart of the Matter," in: ***Journal of Palestine Studies***, 9:3, Spring 1980, pp.137-42.

（22）Nicholas Bethell, "The View from the West Bank," in: ***The New York Times Book Review***, January 20, 1980, p.7, p.32.

（23）Walter Lacquer, "The Question of Palestine by Edward Said," in: ***The New Republic*** 181, December 15, 1979, pp.34-36.

（24）同様の比喩を用いた非難は、十年後にも『コメンタリー』誌上で繰り返された。Edward Alexander, "Professor of Terror," in: ***Commentary***, 88:2, August 1989, pp.49-50. その四か月後には、合衆国およびイスラエルの読者からの賛否両論の反応――エッラ・ショハト、ポール・A・ボヴェ、ガヤトリ・スピヴァック、バーバラ・ハーローらのサイード擁護論を含む――が十八篇と、アレグザンダー自身の見解とが同誌に掲載されている。***Commentary***, 88:6, December 1989, pp.2-7, 10-15.

（25）Hillel Halkin, "Whose Palestine? An Open Letter to Edward Said," in: ***Commentary***, 69:5, May 1980, pp.21-30.

（26）この比喩からは、ポーランド出身のユダヤ人で反シオニズムの立場に立つマルクス主義者、アイザック・ドイッチャー（一九〇七―六七年）の次の言葉が対比的に想起される。「船が火災を起こし、沈みかけているさいには、人は救命船だろうが、筏だろうが、浮きであろうが、何でもいいからそれに飛び移る。飛び移ることは彼らにとっては「歴史的な必要事」であった。筏はある意味で彼らの全存在の支えとなっているのである。しかしそれだからといって「飛び移ること」が企画化されたり、筏的な国家を政治の指導原理と考えなければならぬという結論は出てこない。」「あるとき、一人の男が燃えている家のてっぺんの部屋から飛び降りた。家のなかではその家族の者が大勢すでに死んでいた。この男だけは助かったが、飛び降りたときに下に立っていた男にぶつかり、その男の足と手を折ったのである。飛び降りた男は、それ以外にどうしようもなかったのである。しかし、手足を折られた男と飛び降りた男とは、その不幸の原因となった。もしこの二人が知的にふるまっておれば、二人は敵対することにはならなかったろう。」I・ドイッチャー『非ユダヤ的ユダヤ人』鈴木一郎訳、岩波新書、一九七〇年、一四四―四五頁、一七三頁（引用にさいし、表記・句読点を一部改変）。原典＝Isaac Deutscher, ***The Non-Jewish Jew and Other Essays***, Edited, and with an Introduction, by Tamara Deutscher, New York: Hill and Wang, 1968, p.112, p.136.

（27）これは本訳書一五二頁にある言葉。

（28）板垣雄三『イスラーム誤認――衝突から対話へ』岩波書店、二〇〇三年、四一頁。

索　引

1　収録範囲――本文（訳注は除く）と原注の主要人名・書名・誌紙名・地名・術語・概念等を対象とする。原著の索引を基本とするが，その収録範囲外だった「1992年版への序文」を含めた上で，見出し語・下位項目・採録頁ノンブルの全体に亘って増補・訂正・削除等の改訂を施してある。

2　排列順序――五十音順とし，濁音・半濁音や長音（音引き），中黒（・）は排列上は無視する。書名・作品名は著者名・作者名の項目が存在する限りそれに従属させる。

3　頁ノンブル――本文の頁はアラビア数字，原注はローマ数字で示す。原則として当該語が現われる頁を示すが，一部は実質的な内容によって判断した。連続する頁ノンブルは（内容上の連続性の有無には関係なく）123–24のようにハイフンで繋いで表示する。そのさい，3桁数字の連続は（3桁目が同一の場合）下2桁のみを繰り返す。

4　見出し語――日本語見出しの後に原綴を加えた。英語をはじめとする欧米諸語以外の原綴を用いる場合，その語の冒頭に次のように表示した。
ⓐアラビア語；ⓗ現代ヘブライ語；ⓛラテン語；ⓟペルシア語；ⓤウルドゥー語

5　索引で使用した主な記号は以下の通り。
・［　］：見出し語の省略可能部分。例＝「アラブ民族主義［運動］」は「アラブ民族主義」または「アラブ民族主義運動」を意味する。
・（　）：補足・注記。
・――：同一見出し語の繰り返し。下位項目において用いる。
・／：見出し語における交換可能部分。例＝「穏健性／穏健派」は「穏健性」または「穏健派」を意味する。原綴の並列には半角スラッシュを用いる。
・→：「見よ」を示す送り項目。
・⇨：「参照」を示す関連項目。

あ

アイラ　ⓐAyla/ⓗEilat　25
アイルランド　Ireland　329, xxv
アヴィヴィーム　ⓗAvivim（モシャブ）　4
アヴィダン，アブラハム　Abraham Avidan　127
アヴォダー・イヴリート　ⓗ‘Avodah ‘Ivrit（ユダヤ人の労働）　37–38
アヴネリー，ウリー　Uri Avneri　146, xxiii
アキレ・ラウロ号事件　*Achille Lauro* Affair　332
アクラバ　ⓐ‘Aqraba（西岸の村）　172
アサド，ハーフィズ・アル＝　ⓐḤāfiẓ al-Asad　203, 270–71, 340
アシュラーウィー，ハナーン・ミーハーイール　ⓐḤanān Mīkhā’īl ‘Ashrāwī　209, 354;『占領下の現代パレスチナ文学』*Contemporary Palestinian Literature under Occupation*　209
アスマル，ファウズィー・アル＝　ⓐFawzī al-Asmar　145;『イスラエルでアラブとして生きる』*To Be an Arab in Israel*　145
アッカー　ⓐ‘Akkā/ⓗ‘Ako　26, 52, 139
アデレット，アヴラハム　Avraham Aderet　153
アドラー，レナータ　Renata Adler　59
アドワーン，カマール　ⓐKamāl ‘Adwān　341
アハド・ハ＝アム　Ahad Ha’am/ⓗAḥad Ha-‘Am　133

アパルトヘイト　apartheid（人種隔離政策）　55, 124, 146, 321, 357
アブー・イヤード　ⓐAbū Iyād　341, xxix
アフガン／アフガニスタン　Afghan / Afghanistan　250–51, 258, 333
——戦争　Afghanistan War　317
アブー・ジハード　ⓐAbū Jihād　341
アブー・シャッラール，マージド　ⓐMājid Abū Sharrār　341
アブデル＝マレク，アンワル　Anwar Abdel Malek　xxviii
アブド・アッ＝シャーフィウ，ハイダル　ⓐḤaydar ʻAbd al-Shāfiʻ　354
アブドゥッラー　ⓐʻAbd Allāh（ヨルダン国王）　xxiv
アブー・ニダール　ⓐAbū Niḍāl　332
アフマド，イクバール　Eqbal Ahmad/ⓤIqbāl Aḥmad　265
アフリカ　Africa 38, 44, 60, 103–04, 109, 131, 171, 260, 273, 358
　アジア・——　Asia and Africa 11, 101–02, 110, 113, 191, 194, 205, 252, 343
　北——　North Africa　320
　東——　East Africa　39
　ブラック・——　Black Africa　197
　南——　South Africa　→南アフリカ
アフリカ統一機構　Organization of African Unity（OAU）　329
アフリカ民族会議　African National Congress（ANC）　320
アブ・ル＝アッバース　ⓐAbū al-ʻAbbās　332, 338
アブー・ルゴド，イブラーヒーム　Ibrahim Abu-Lughod　194–95
アブ・ル＝ハウル　ⓐAbū al-Hawl　341
アブ・ル＝ワリード　ⓐAbū al-Walīd　341
アムネスティ・インターナショナル　Amnesty International　61, 355, xxv-xxvi
アメリカ・イスラエル広報委員会　American-Israel Public Affairs Committee（AIPAC）　327
アメリカ合衆国　United States
　——におけるシオニスト・イスラエル人圧力団体　Zionist/Israeli lobby　62, 91, 327, 329–30, 334–36
　——におけるユダヤ人　Jews in　58, 65, 70, 152, 263, 293, 299–300, 304, 329, 336, 344, 356
　——の中東に対する軍事的・財政的支援　foreign aid and military assistance in the Middle East　56, 90, 152, 228, 257–59, 264–65, 268, 275, 296, 309, 326–27, 355–57
アメリカ・ナチス党　American Nazi Party　263
アメリカの委員会　American Commission（第一次世界大戦）　31
アメリカ・フレンド派奉仕委員会　American Friend Service Committee　xxvi
アラファート，ヤーセル　ⓐYāsir ʻArafāt　20, 216–18, 220, 223–24, 237, 263, 270, 295, 297–98, 301, 306, 320, 324, 334, 336–37, 339, 342
アラブ局　Arab Bureau（イギリスの）　44
アラブ高等委員会　Arab Higher Committees　26
アラブ民族解放アラブ連盟　Arab League of Arab National Liberation　26
アラブ民族主義［運動］Arabism/Arab Nationalism　124, 147, 149, 174, 182, 195, 199, 203, 217, 250–51, 265–66, 268, 270–73, 288–89, 291, 296, 301, 320
アラブ連盟　Arab League　47, 187, 237, 329
アルガズィー，ヨセフ　Yoseph Algazi　142–43
アルジェ　Alger　322, 344
アルジェリア　Algeria　197, 220, 251, 289, 328, 343
アルゼンチン　Argentina　103–04, 153
『アル・ハ＝ミシュマル』ⓗ*ʻAl Ha-Mishmar*　3–4, 147
アルメニア・カトリック　Armenian Catholic　201
アレン，ジム　Jim Allen　330;『破滅』*Perdition*　330
アレンス，モシェー　Moshe Arens　324
アーレント，ハナ　Hannah Arendt　6, 108;

『全体主義の起原』*The Origins of Totalitarianism* 6, 108
アレンビー Edmund Allenby 43
アングロ・パレスチナ商会 Anglo-Palestine Company 135
アントニウス，ジョージ George Antonius 35, 40;『アラブの覚醒』*The Arab Awakening* 35, 40
アンマン ⓐ'Ammān 173, 321, 328
アンルワ UNRWA →国連パレスチナ難民救済事業機関
アンワル・アッ＝サーダート →サーダート

い

『イェディオット・アハロノット』ⓗ*Yediot Aḥaronot* 275
イエメン Yemen 52, 251, 267
イェルサレム Jerusalem 3, 25–26, 138–39, 173, 219, 226, 231, 235, 261, 269, 272, 277–78, 298, xix
東—— 190, 343, 354, 357
イギリス England/United Kingdom 37, 51, 93, 96–97, 137, 139, 198, 329, 338
——委任統治 British Mandate 23, 26, 53, 136, 142, 223, 236
——植民地主義・帝国主義 colonialism / imperialism 25–26, 32–35, 37–38, 42–44, 48, 50, 52–53, 95, 109, 113–17, 131, 142, 230, 236
——とシオニズム and Zionism 27, 30–31
イスマーイーリーヤ ⓐIsmā'īlīya 3, 276
イスラエル Israel →シオニズム
征服国家としての—— as a conquering state 275, 291, 294
——独立戦争 War of Independence（1948年）4, 6, 13, 18, 20, 25, 32, 38, 51, 53–54, 60, 64, 66, 68, 88–89, 101, 117, 132, 136, 138–39, 141–42, 144, 146, 150–51, 153, 167, 170–71, 174, 176, 178–79, 191–92, 195, 199, 207–09, 215–16, 225, 233–34, 275–76, 288, 290, 320, 324, 331, 336, 341, 345, xxiv
——のハト派 doves 231, 237, 294–95, xxii–xxiii
イスラエル人権連盟 Israeli League of Human Rights 60, xxvi–xxvii
イスラム原理主義 Islamic fundamentalism 289
イスラム諸国会議 Islamic Conference 329
イスラム復興 Resurgence of Islam 8, 20, 301
イタリア Italy 55, 329, 338
101部隊 Unit 101 xxviii
イブン・ガビロール Ibn Gabirol 181
イラク Iraq 138, 166, 173, 208, 219–20, 273, 286, 289, 300, 308, 319, 321–22, 327, 340, 353–54, 358
イラン Iran 7–8, 11, 168, 177, 249–50, 258–59, 264–65, 273–74, 277, 296, 301, 308–09, 317, 320, 322, xxvii
イルグーン ⓗIrgun 88, 139
イルビド ⓐIrbid 4
インディアン Indians（北アメリカの）115, 140, xxiii
インディオ Indio（南アメリカの） 44
インティファーダ ⓐIntifāḍa 317, 321, 325, 339, 343–45, 355
インド India 44, 50, 64, 95, 100, 109, 251
インドシナ Indochina 64
インドネシア Indonesia 287

う〜お

ヴァイツ，ヨーゼフ Joseph Weitz 137–41;『息子たちへの日記と手紙』ⓗ*Yoman-i ve-Igerot-i la-Banim* 137–38
ヴァチカン Vatican 329
ヴァッテル，エメル・ド Emer de Vattel 110
ウィルズ，ギャリー Garry Wills 59
ウィルソン，ウッドロー Woodrow Wilson 175
ウィルソン，エドマンド Edmund Wilson 51–56, 58–59;『黒，赤，ブロンド，オリーブ』*Black, Red, Blond and Olive* 51–54
ウェストミンスターの主任司祭 Dean of Westminster 114

ウェストレイク，ジョン　John Westlake　110
ヴェトナム　Vietnam　58, 90, 197, 220, 251, 258, 265, 310, 326
ウォーターゲイト事件　Watergate Affair　326
ウォルツァー，マイケル　Michael Walzer　xix, xxviii
ウスラ・アル＝アルド　ⓐUsra al-Arḍ（土地の家族）　182–83, 189, 195
ウンム・アル＝ファフム　ⓐUmm al-Fahm（アラブ村落）　xxiv
エイタン，ラファエル　Rafael Eytan　275
英仏共同宣言　Anglo-French Declaration（1918年）　31
エジプト　Egypt　115, 213, 289–90, 308, 355
　——食糧暴動　food riot　271
　——とアフリカ　and Africa　273
　——とアメリカ合衆国　and the United States　89–90, 152, 213, 250, 256, 258, 269, 271–73, 290, 296–97, 299, 326, 328, 353
　——とイスラエル　and Israel　153, 229, 249–50, 257–60, 265, 267–69, 271–73, 275–76, 285, 299–302, 307, 309–10, 326–27, 353
　——とキャンプ・デーヴィッド合意　and the Camp David Agreements　41, 260–61, 264, 280, 299, 327
　——とクウェート　and Kuwait　319
　——とサウジアラビア　and Saudi Arabia　272–73, 319
　——とシリア　and Syria　229, 270, 300, 319, 353
　——とパレスチナ解放機構　and PLO　224, 232, 270, 272, 297, 319, 322–23
　——とパレスチナ人　and the Palestinians　71, 166, 176–77, 190, 220, 228, 238, 264, 268, 271, 276, 280, 296, 320–21, 323, 353
　——とヨルダン　and Jordan　272, 319, 353
　——とリビア　and Libya　265, 271–72, 308
　——民族主義　nationalism　202, 272
エチオピア　Ethiopia　251, 258, 344
NLF（南ヴェトナム民族解放戦線）　58
NBC（ナショナル放送会社）　90
エバン，アッバ　Abba Eban　331
エフラティー，ヨナー　Yona Efrati　127
エリアヴ，アリエ　Arie Eliav　xxvii
エリオット，ジョージ　George Eliot　92–99, 101, 205;『ダニエル・デロンダ』 *Daniel Deronda*　92–98;『ミドルマーチ』 *Middlemarch*　92
エリコ　Jericho/ⓐArīḥā/ⓗYeriḥo　24, 26
エレツ・イスラエル　Eretz Israel/ⓗEreẓ Isra'el　57, 137–38, 193, 201, 292
エロン，アモス　Amos Elon　33, 37–38;『イスラエル人』 *The Israelis*　37
オーウェル，ジョージ　George Orwell　149
オズ，アモス　Amos Oz　xxii–xxiii
オーストラリア　Australia　110
オーストリア　Austria　273, 329, xxii
オスマン帝国　Ottoman Empire　25–26, 31, 34, 73, 103, 121, 168, 197, 199, 229, 236
オランダ　Holland　329
オリエンタリスト　Orientalist　35, 54, 57
オリエンタリズム　Orientalism　41
『オリエンタリズム』 *Orientalism*（サイード）　98, 284, xxii
穏健性／穏健派　moderation/moderate　256–57, 259, 266, 331

か

改訂派　→シオニスト改訂派
カイロ　Cairo　214, 237–39, 297–98, 322
核拡散防止条約　nuclear nonproliferation treaty　230, 306
ガザ地区　Gaza Strip　3, 29, 34, 56–57, 145, 166, 171, 173, 176, 178, 186, 188, 190–91, 210, 216, 227, 230–31, 233, 257, 260, 276, 278, 280–81, 292–96, 298, 304, 306, 332, 335, 343, 357, xxv　⇨西岸，占領地域
ガザーリー　ⓐal-Ghazālī　204
カースィム，サミーフ・アル＝　ⓐSamīḥ al-Qāsim　306, 340
カーゾン，ジョージ・ナサニエル　George

Nathaniel Curzon 110
カーター，ジミー Jimmy Carter 11, 18, 20–21, 64, 175, 249, 259, 263, 266–68, 270–71, 278, 297–98, 300, 326–27, 338
カナファーニー，ガッサーン ⓐGhassān Kanafānī 206–09, 340–41;『太陽の男たち』ⓐ*Rijāl fī al-Shams* 206–09
カフカ Franz Kafka 144, 209
カフル・カースィム ⓐKafr Qāsim（アラブ村落） 144
カペナウム Capernaum/ⓐKafr Nāḥūm/ⓗKefar Naḥum 115
ガマール・アブド・アン＝ナーセル →ナーセル
カラク，イッズ・アッ＝ディーン・アル＝ ⓐʿIzz al-Dīn al-Qalaq 341
カラーマ ⓐKarāma（ヨルダンの町） 215, 222
仮協定 Interim Agreements（イスラエル・シリア・エジプト間の） 229 ⇨シナイ協定
ガリラヤ Galilee/ⓐal-Jalīl/ⓗHa-Galīl 115, 139, 146–47, 167, 178, 184, 233, 275, 292
——のユダヤ化 “Judaization” of 142
カルカス，バーバラ Barbara Kalkas xxix
カールバッハ，アズリエル Azriel Carlebach 125–27

き

ギヴアト・オズ ⓗGivʿat Oz（キブツ） xxiv
帰還法 Law of Return 68, 124, 151
危機の三日月地帯 Crescent of Crisis 267
キッシンジャー，ヘンリー Henry A. Kissinger 228–29, 271, 285, 296–97, 325–26, 334
キッチナー，ホレイショー・ハーバート Horatio Herbert Kitchener 115
キブツ Kibbutz/ⓗQibuẓ 28, 36, 124, 146, xxi, xxiii–xxiv
キムヒ，ジョンおよびデイヴィッド Jon and David Kimche 139;『運命の衝突——アラブ・ユダヤ戦争とイスラエル建国』*Clash of Destinies: The Arab-Jewish War and the Founding of the State of Israel* 139
キャンデル，ジョナサン Jonathan Kandell 261–62
キャンプ・デーヴィッド［会談／合意］ Camp David Talks/Agreements 8, 11, 18, 41, 218, 229, 249–50, 259–61, 264, 273, 276–78, 280, 282–83, 286–87, 298, 301, 309–10, 323, 326–27, 338, 343, xxviii
キュヴィエ，ジョルジュ Georges Cuvier 108
急進派／急進主義 radicals/radicalism
西洋の—— in the West 90
中東の—— in the Middle East 13, 152, 198, 256–58, 273, 284–86, 296
『旧約聖書』*Old Testament* 51–52, 64, 89, 113, 191, 193, 325, xxiii
キューバ Cuba 197, 251
共産主義 communism 19, 45, 260
共産党 Communist Party（イスラエル） 182, 195 ⇨ラカハ;（アメリカ） 263
『恐怖の報酬』*Sorceror* 19
拒否戦線 Rejection Front 295
拒否派 rejectionists 187, 218–20
ギリシア Greece 16, 115, 329
ギリシア・カトリック Greek Catholic 201
ギリシア正教会 Greek Orthodox 201
キリスト教［徒］ Christianity/Christian 26, 32, 47–48, 50, 96, 168, 174, 200–02, 309
キンディー al-Kindī 202

く

グエン・カオ・キー Nguyen Kao Ky 274
グヴァト ⓗGevat（キブツ） 28
クウェート Kuwait 73, 178, 207–08, 224, 238, 258, 301, 318–19, 327, 340, 353
クー・クラックス・クラン Ku Klux Klan 263
グーシュ・エムニーム ⓗGush Emunim 277, 294, 345
クック，スタンレー Stanley Cook 116
クネセト Knesset/ⓗKeneṣet（イスラエル国会） 146, 179, 209, 260–61, xvii
クファル・ヨシュア ⓗKefar Yehoshuʿa

（モシャヴ） 28
グラスレー修正案 Grassley Amendment 335
グラムシ，アントニオ Antonio Gramsci 55, 91, 106–07, 153;『獄中ノート』*Quaderni del Carcere* 106–07
グリーンウェイ，ヒュー・デイヴィッズ・スコット H. D. S. Greenway 90;「ヴェトナム型襲撃で南レバノン壊滅」Vietnam-style Raids 90
クリングホッファー，レオン Leon Klinghoffer 332
グリーン・ライン Green Line 278
グール，モルデハイ Mordechai（"Motta"）Gur 3–4, 294
クルド Kurds 353
グレイ，フランシーヌ・デュ・プレシクス Francine Du Plessix Gray 59
クレマンソー，ジョルジュ Georges Clemenceau 108
クレルモン＝ガノー，シャルル Charles Clermont-Ganneau 115;「パレスチナのアラブ」The Arabs in Palestine 115
黒い九月 Black September 317, 341
『グローブ』*Globe*（ボストン） 61–62
クワント，ウィリアム William Quandt 300

け〜こ

ケーニッヒ，イスラエル Israel Koenig 146–50
ゲバラ，チェ Ernesto Che Guevara 319
国連 United Nations 20, 61, 168, 175–76, 228, 230, 268, 272, 274, 295, 297, 321, 329, 334–35, 353–54
——安全保障理事会 Security Council 296, 327, 353, 355
——安全保障理事会決議第242号 Security Council Resolution 242 219, 221, 265, 274, 285, 292, 297–98, 323–24, 335, 337–38
——安全保障理事会決議第338号 Security Council Resolution 338 323
——憲章 Charter 20, 296
——人権委員会 Commission on Human Rights 67
——総会 General Assembly 20, 67, 358, xxvii
——総会決議 General Assembly Resolutions 141, 230, 326, 328
——総会決議第194号 68, 185
——総会決議第2535号Ｂ 20
——総会決議第2627号Ｃ 20
——総会決議第3236号 296
——総会決議第3379号 60, 151, 358
——パレスチナ難民救済事業機関 Relief and Works Agency for Palestinian Refugees in the Near East（UNRWA） 52–53, 184–87
国家的理由 reason of state 185, 203
ゴビノー，ジョゼフ・ド Joseph-Arthur de Gobineau 108
『コメンタリー』*Commentary* 299–300
ゴラン高原 Golan Heights 171, 260
ゴルドマン，ギドー Guido Goldman xix
ゴルバチョフ，ミハイル Mikhail Gorbachev 344, 353
コレック，テディー Teddy Kollek xix
コンダー，クロード・レニエ Claude Regnier Conder 115;「パレスチナの現状」The Present Condition of Palestine 115
コンラッド，ジョゼフ Joseph Conrad 110–11;『闇の奥』*Heart of Darkness* 110–11

さ

サーイカ ⓐal-Ṣāʿiqa 216
最高軍事委員会 Supreme War Council（第一次世界大戦） 35
ザイヤード，タウフィーク ⓐTawfīq Zayyād 183;「我らは留まり続ける」ⓐBāqūn 183–84
ザイール Zaire 273
サウジアラビア Saudi Arabia 73, 89–90, 176, 217, 219–20, 224, 238, 257–58, 267, 269–70, 272–73, 296–97, 299–300, 308, 319, 328
サカーキーニー，ハリール・アッ＝ ⓐKha-

līl al-Sakākīnī 26
サダト →サーダート，アンワル・アッ＝
サーダート，アンワル・アッ＝ ⓐAnwar al-Sādāt 10, 18,152, 202, 219, 226, 249, 252, 256, 258–60, 267–76, 278, 290, 298–99, 301, 308, xix, xxv;『サダト自伝』*In Search of Identity* xix
サブラー ⓐṢabrā（ベイルートの難民キャンプ） 319, 329
サフラン，ナダフ Nadav Safran xix
サラディン Saladin/ⓐṢalāḥ al-Dīn 180
サリード ⓗSarid（キブツ） 28
サルタウィー，イサーム ⓐʻIṣām Sarṭawī 341
ザングウィル，イズレイエル Israel Zangwill 23
サンディス，ジョージ George Sandys 25
サンディニスタ Sandinista 320
『サンデー・タイムズ』*Sunday Times*（ロンドン） 29, 61–62
サンムーゥ ⓐal-Sammūʻ（西岸のアラブ村落） 215

し

CIA（中央情報局） 296
シーア派イスラム教徒 Shiite Muslims 26, 201, 320
シェイクスピア，ウィリアム William Shakespeare 204
シェリー ⓗSheli（シオニスト左派） xxvii
シェルトク，モシェー Moshe Shertok →シャレット，モシェー
シオニスト委員会 Zionist Commission（イギリス） 42
シオニスト会議 Zionist Congress 135
シオニスト改訂派 Zionist-Revisionists 33
シオニズム Zionism
——と西洋リベラリズム and Western liberalism 29–61, 63, 88–92, 231, 304, 357
——とヨーロッパ植民地主義・帝国主義 and European colonialism and imperialism 11, 21–24, 26–55, 87–118, 125, 133, 170, 191, 194, 197, 205, 227, 251, 263–64, 283, 288, 293
——によるテロ行為 terrorism by 2–5, 51–52, 61–64, 88, 151, 171–72, 193, 230, 263, 274, 277, 292, 294–95, 304–05, 332, 341, 355
——の人種差別主義／差別政策 racism and discrimination policies 9, 44, 53–54, 60, 73, 90–91, 102–03, 105, 124, 141–52, 231, 239, 274, 292, 357
——の土地獲得政策 land acquisition policies 38, 64, 121–22, 132–37, 139–41, 192, 260–62, 277–78, 333, 354
「シオニズム運動の願望に合致する，ユダヤ人のパレスチナ再植民計画概要」Outline of Program for the Jewish Resettlement of Palestine in Accordance with the Aspirations of the Zionist Movement 133–34
シオン Zion 23, 45, 69, 94–95
死海文書 Dead Sea Scrolls 51
シカゴ Chicago 306
時効法 Prescription Law（1958年） 144
シナイ協定 Sinai Agreements（1974, 75年） 228
第二次—— Sinai II Accords（1975年） 270, 285, 297, 325–26
シナイ半島 Sinai 171, 250, 260, 275, 294, 327, xxv
CBS（コロンビア放送会社） 267
シフ，ゼエヴ Zeev Schiff 280–81
ジブタ Jibta（破壊されたアラブ村落） 28
「市民的及び政治的権利に関する国際規約」International Covenant on Civil and Political Rights 67
シャー Shah →モハンマド・レザー・シャー・パフラヴィー
社会主義 socialism 36, 119, 124, 149, 174, 254, xxiv
社会主義インターナショナル Socialist International 329
シャーティーラー ⓐShātīlā（ベイルートの難民キャンプ） 319, 329
シャトーブリアン，フランソワ＝ルネ・ド François René de Chateaubriand 22, 104

シャハク，イスラエル　Israel Shahak　28–29, 153, xxvi
シャファーアムル　ⓐShafā‘amr（ガリラヤ地方の町）　173
ジャブラー・イブラーヒーム・ジャブラー　ⓐJabrā Ibrāhīm Jabrā　340
ジャボティンスキー，ウラジーミル　Vladimir Zeev Jabotinsky　33, 277
シャミール，イツハク　Yitzhak Shamir　324, 356
シャラービー，ヒシャーム　ⓐHishām Sharābī　254;『アラブ社会研究序説』ⓐ*Muqaddima li Dirāsa al-Mujtama‘ al-‘Arabī*　254
シャリアン，ジェラール　Gérard Chaliand　253;『第三世界における革命』*Revolution in the Third World*　253
シャレット，モシェー　Moshe Sharett　140
シャロン，アリエル　Ariel（“Arik”）Sharon　277–78, 324, 345, 357, xxviii
十字軍　Crusades/Crusaders　23, 116, 126
修正主義　revisionism（イスラエル）　325
シュケイリー，アフマド　ⓐAḥmad Shuqayrī　320
ジュネーヴ　Geneva　271
ジュネーヴ条約　Geneva Conventions　230, 274, 326, 357
ジュネーヴ和平会議　Geneva Peace Conference（1973 年）　228
ジュネーヴ［和平］会議　Geneva Peace Conference（1977年に企画）　271–72, 298
シュペングラー，オズヴァルト　Oswald Spengler　108
シュルツ，ジョージ　George Shultz　326, 335, 337, 356
シュレーゲル，フリードリヒ・フォン　Friedrich von Schlegel　108–09
蔣介石　274
少数派政権　minority government　73, 199–200, 229, 291
ジョーンズ，ウィリアム　Wiliam Jones　108
シリア　Syria（歴史的地域としての）　24–25, 31, 135, 192, 202
シリア　Syria（国家としての）　56, 58, 73, 138, 167, 169, 181, 226, 250, 289
——とアメリカ合衆国　and the United States　257, 271, 296–97, 353
——とイスラエル　and Israel　199, 229, 300, 308
——とイラク　and Iraq　273, 308
——とエジプト　and Egypt　229, 270, 300, 319, 353
——とクウェート　and Kuwait　319
——とサウジアラビア　and Saudi Arabia　319
——とパレスチナ解放機構　and PLO　176, 203, 216, 219, 224, 232, 264, 270, 296–97, 319, 321–22, 340, 343, 353
——とヨルダン　and Jordan　353
——とレバノン　and Lebanon　172, 196–99, 203, 270, 308, 322
——内のパレスチナ人　Palestinians in　166, 173, 220, 238, 264, 322
——民族主義　nationalism　268, 271, 291
⇨バァス党／バァス主義
ジリース，サブリー　ⓐṢabrī Jiris　54, 145, 180;『イスラエルのなかのアラブ』*The Arabs in Israel*　54, 145, 180–81
人権侵害に関する国務省報告　State Department Report on Human Rights Abuses　262, xxv–xxvi
シンプソン，ジョン・ホープ　John Hope Simpson　135
人民戦線　Popular Front（イスラエル）　182
人民戦争　people’s war　217, 221

す

スエズ　Suez　3
——運河　Suez Canal　3
スウェーデン　Sweden　338
ズガル　ⓐZughar（死海南岸の町）　25
スカンジナヴィア諸国　Scandinavian States　329
スターリン　Joseph Stalin　149, xxiii
スーダン　Sudan　328
スチュワート，デズモンド　Desmond Stew-

art　104–05;『テオドール・ヘルツル』 *Theodor Herzl*　104–05
ストーン，イジドール　Isidor F. Stone　91, 153, 259, xix
スノー，チャールズ・パーシー　Charles Percy Snow　149
スペイン　Spain　180–81, 254, 329
『スペクテイター』 *The Spectator*　48–49
スペンダー，スティーヴン　Stephen Spender　59
スポック，ベンジャミン　Benjamin Spock　58
ズライク，イーリヤー　Elia T. Zureik/ⓐĪliyā Zurayq　145;『イスラエルのパレスチナ人——内的植民地主義の研究』 *Palestinians in Israel: A Study in Internal Colonialism*　145
スルスク家　Sursuk Family　121
スンナ派イスラム教徒　Sunni Muslims　26, 73, 200–01, 203, 217, 320

せ〜そ

西岸　West Bank　3, 29, 34, 56–57, 64,133, 145, 166, 171–73, 176, 186, 190–91, 209–10, 215–16, 227, 230–31, 233, 237, 257, 260–61, 263, 275–78, 280–81, 290, 292–96, 298, 304, 332, 335, 343, 345, 357, xxiv–xxv　→ガザ地区，占領地域，「ユダヤ・サマリア」
政策研究所　Institute for Policy Studies（ワシントン）　265
『聖書』 *Bible*　→『旧約聖書』
世界教会協議会　World Council of Churches　xxvi
世界シオニスト機構　World Zionist Organization　135
「世界人権宣言」 Universal Declaration of Human Rights　66–67
赤十字　Red Cross　61, xxvi
石油　oil　19, 21, 89, 152, 224, 255, 257–58, 267–69, 275, 284, 306, 308–09, 328
占領地域　Occupied Territories　20, 29, 59, 61, 66, 145–46, 171, 183, 190, 192, 194–95, 226, 253, 261, 274, 276, 292–93, 318, 343, 354, 356–57, xx　⇨ガザ地区，西岸
『ゾ・ハ＝デレフ』ⓗ*Zo Ha-Derekh*　142–43
ソマリア　Somalia　273
ソールズベリー主教　Bishop of Salisbury　113
ソルト　SALT（戦略核兵器制限交渉）　251
ソ連　Soviet Union/USSR　45, 60, 70, 152, 176, 217, 228, 256, 259, 269, 271–73, 287, 289, 296, 299, 306, 317, 326, 334, 353, 356
ソーンダース，ハロルド　Harold H. Saunders　255–57

た〜ち

第一次世界大戦　World War I　26–27, 116, 140, 168, 236
第三世界　Third World　2, 7, 72, 174, 216, 224, 251, 253, 274, 289, 301, 306, 327, 330, 336, 342
第二次世界大戦　World War II　6–7, 17, 32, 57, 137–39, 148, 197, 201, 203, 249
ターイフ合意　Ta'if Agreement　322
ターウィット＝ドレイク　Charles F. Tyrwhitt-Drake　114
ダニエル，ノーマン　Norman Daniel　201–02;『イスラムと西洋——イメージの形成』 *Islam and the West: The Making of an Image*　201–02
ダマスカス　Damascus　201, 321
ダヤン，モシェー　Moshe Dayan　28, 261, 281, 308, xxiii
タラズィー，ズフディー・アッ＝　ⓐZuhdī al-Tarazī　335
ダルウィーシュ，マフムード　ⓐMaḥmūd Darwīsh　211–14, 340;「身分証明書」ⓐBiṭāqa Huwīya　211–13
タルシーハー　ⓐTarshīḥā　167
ダルワザ，イッザト　ⓐ'Izzat Darwaza　26
ダレス，ジョン・フォスター　John Foster Dulles　255
ダレット計画　Dalet Plan　139
チャーチル，ウィンストン　Winston L. S. Churchill　118;「白書」 White Paper　118
チャド　Chad　273

中国／中華人民共和国 China/People's Republic of China 100, 176, 251, 333
中東戦争 Middle East Wars
第一次——（1948-49年） →イスラエル独立戦争
第二次——（1956年） 153
第三次——（1967年，6月戦争） 34, 56, 59, 61, 64, 66, 136, 171, 177, 183-86, 190, 192-93, 195-97, 199, 204, 209-10, 214, 221, 225, 228, 233, 275-76, 278, 281, 287, 288-90, 301, 319
第四次——（1973年，10月戦争） 7, 58, 127, 226, 228, 233, 269-70, 295, 322, 325
中東和平会議 Middle East Peace Conference（1991-92年） 317, 321, 353, 356
チュニジア Tunisia 343
チュニス Tunis 337
チョムスキー，ノーム Noam Chomsky 58, 60, 153, xix, xxvii;『中東和平？』*Peace in the Middle East?* xix
チリ Chile 60, 153, 275
地理学 geography 110-12
チルダース，アースキン Erskine Childers xxv

て〜と

ディアスポラ Diaspora 101, 135, 150, 181, 234, 342, 344, 356
ディズレイリ，ベンジャミン Benjamin Disraeli 22, 98;『タンクレッド』*Tancred* 98
ティベリアス Tiberias/ⓐal-Ṭabarīya 173
デイル·ヤースィーン ⓐDayr Yāsīn 63, 139-40
デトロイト Detroit 258, 306
テヘラン Tehran 335
テルアビブ Tel Aviv 129-30, 132, 142, 261, 332, 338
——大学 Tel Aviv University 278
テル・シャマーン Tell Shaman（破壊されたアラブ村落） 28
テレサ，聖 Saint Teresa 92
テンプル，チャールズ・リンゼイ Charles Lindsay Temple 131;『原住民とその統治者たち』*Native Races and Their Rulers* 131
ドイツ Germany 52, 65, 108, 117, 329
——民主共和国 German Democratic Republic（旧東ドイツ） 217
トウェイン，マーク Mark Twain 22
東岸 East Bank（ヨルダン川） 263, 308
トゥーカーン，ファドワー ⓐFadwā Ṭūqān 340
ドゥズィン，アリエ Arye Duzin xxv
東方キリスト教［徒］Oriental Christianity/Eastern Christians 200-02 ⇨アルメニア・カトリック，ギリシア・カトリック，ギリシア正教会，マロン派キリスト教徒
東方問題 Eastern Question 16-17
ドゴール，シャルル Charles de Gaulle 63
土地獲得法 Land Acquisition Law（1953年） 144
土地管理局 Israel Lands Administration（イスラエル） 146
土地の日 ⓐYawm al-Arḍ 227
トランスヨルダン Transjordan 64, 138, 169 ⇨ヨルダン
トルコ［人］Turkey/Turks/Turkish 16, 37, 96-97, 355
——帝国 Turkish Empire →オスマン帝国
ドルーズ Druzes 26, 181, 197
トルストイ，レフ・ニコラエヴィチ L. N. Tolstoj 116, xxii
ドレイパー，シオドア Theodore Draper 299;「中東における非和解策」How Not to Make Peace in the Middle East 299
ドレフュス事件 Dreyfus Affair 103

な

ナイジェリア Nigeria 131, 290
ナザレ Nazareth/ⓐal-Nāṣira/ⓗNaẓerat 26, 138, 142-43, 147, 178, 182, 214, 306
上—— Upper Nazareth/ⓗNaẓerat 'Ilit 142-43
ナースィル，カマール ⓐKamāl Nāṣir 341

ナーセル，ガマール・アブド・アン＝ ⓐJamāl ʿAbd al-Nāṣir 188, 216–17, 220–21, 225, 268–69, 289–90
ナーセル主義 Nasserism 184, 214, 216–17, 221, 289, 320
ナチス／ナチズム Nazis/Nazism 10, 52, 63–64, 74, 131, 148, 295, 330, 357, xxv
ナッサール，ナジーブ ⓐNajīb Naṣṣār 26
ナッジャーダ ⓐal-Najjāda 26
ナッジャール，ユースフ・アン＝ ⓐMuḥammad Yūsuf al-Najjār 341
ナハラル ⓗNahalal（モシャヴ） 28
ナーブルス Nablus/ⓐNābulus 25–26, 178, 190, 214, 294, xxv
ナミビア Namibia 317
南西アフリカ人民機構 South West Africa People's Organization of Namibia（SWAPO） 320

に〜の

ニカラグア Nicaragua 275
ニクソン，リチャード Richard Milhous Nixon 325–26
ニーバー，レイノルド Reinhold Niebuhr 46–51, 55–57;「パレスチナに関する新見解」A New View of Palestine 48–49
日本 Japan 251
ニューヨーク New York 173, 330
『ニューヨーク・タイムズ』*The New York Times* 46–48, 56–57, 62, 261–62, 265, 267–68, 282, 285, 298, 328, xix, xxv
『ニューヨーク・タイムズ日曜雑誌』*The New York Times Sunday Magazine* 58
『ニューヨーク・レビュー・オブ・ブックス』*New York Review of Books* xix
『ニュー・リパブリック』*New Republic* 300
『ヌーヴェル・オプセルヴァトゥール』*Le Nouvel Observateur* 171–72
ネエマン，ユヴァル Yuval Ne'eman 324
ネルヴァル，ジェラール・ド Gérard de Nerval 22
ノースウェスタン大学 Northwestern University 64, 88
ノックス，ロバート Robert Knox 110;『人種論』*The Races of Man* 110, xxii

は

バァス党／バァス主義 ⓐḤizb al-Ba'th/Baathism 184, 214, 221, 268, 270–71, 289
『ハ＝アレツ』*Ha'aretz*/ⓗ*Ha-Areẓ* 28, 128, 152, 180, 280–81
バイエルン Bavaria xxii
ハイファー Haifa/ⓐḤayfā/ⓗḤeifah 26, 139, 209, 233, 292, 294
ハイレ・セラシエ Haile Selassie 57
ハウ，アーヴィング Irving Howe xix
ハウラーニー，アルバート Albert Hourani 200–01;『アラブ世界の少数派』*Minorities in the Arab World* 200
『ハ＝オラム・ハ＝ゼー』ⓗ*Ha-'Olam Ha-Zeh* xxiii
バーガー，エルマー Elmer Berger 153
ハガナー ⓗHaganah 64
『ハカワーティー』ⓐ*al-Ḥakawātī* 330
パキスタン Pakistan 258, 265
ハーグ条約 Hague Convention 326
バグダード Baghdad 308
バグダード会議 Baghdad Conference（1979年） 301
バグダード首脳会議 Baghdad Summit（1978年） 250, 273
パーシー，チャールズ Charles Percy 327
ハーシム家 Hashemite Dynasty（ヨルダン王家） 308
バーゼル Basel 135
ハーツ J. H. Herz 27
パックス・アメリカーナ Pax Americana 265
ハッダード，ファリード ⓐFarīd Ḥaddād 209
ハネイフス Haneifs（破壊されたアラブ村落） 28
ハビービー，エミール ⓐAmīl Ḥabībī 209, 340;『悲楽観主義者サイード・アブ・ン＝ナハスの消滅に関する奇妙な出来事』ⓐ*al-Waqā'i' al-Gharība fī Ikhtifā' Sa'īd Abī al-Naḥs al-Mutashā'il* 209, 340
ハ＝ポエル・ハ＝ツァイール ⓗHa-Po'el Ha-

Ẓa'ir（若い労働者） 33
ハラハー ⓗhalakhah 127
パリ講和会議 Paris Peace Conference（1918年） 35
ハーリディー，ワリード ⓐWalīd Khālidī 344, xxiv
ハリーリー Khalilis/ⓐKhalīlīyūn（ヘブロン住民） 235
ハルカビー，ヨシャファト Yehoshafat Harkabi 127, 204, xxiii, xxix;『イスラエル・アラブ紛争におけるイスラエルの立場』*Position of Israel in the Israeli-Arab Conflict* 204;『イスラエルに対するアラブの態度』*Arab Attitudes to Israel* 127
バルフォア，アーサー Arthur James Balfour 30–32, 34–35, 42–45
——宣言 Balfour Declaration 27, 30, 34, 123, 218
ハルフール Halhoul/ⓐḤalḥūl（西岸の町） 261
ハールーン・アッ＝ラシード ⓐḤārūn al-Rashīd 180
パレスチナ解放機構 Palestine Liberation Organization →PLO
パレスチナ解放人民戦線 Popular Front for the Liberation of Palestine（PFLP） 216, 218, 222
パレスチナ解放民主人民戦線 Popular Democratic Front for the Liberation of Palestine（PDFLP） 216, 218–19, 222
パレスチナ革命 Palestinian Revolution 189
パレスチナ建設基金 Palestinian Foundation Fund 135
パレスチナ国民会議 Palestine National Council（PNC） 224, 227, 237–38, 266, 295, 297, 321–24, 341, 344
パレスチナ人 Palestinians
テロリストとしての—— as terrorists 7, 19, 74, 151, 170, 191–92, 222, 230–31, 275, 280–81, 285–86, 291–92, 294, 300, 302, 304, 330–32, 335, 355
難民としての—— as refugees 2–3, 6–7, 19–20, 29, 52–53, 64–65, 74, 89, 141, 151, 166–68, 172–78, 184–90, 224–25, 229–30, 281, 285, 288, 292, 297–98, 300, 305–06, 318–19, 329
——に対するメディアの偏向 media prejudice toward 1–8, 18–21, 56–65, 70–71, 88–91, 230–31, 237, 263, 275–77, 285–86, 292, 300, 330, 334, 355, xix–xx
——による国民投票の欠如 plebiscite lack of 66
——によるテロ行為 terrorism by 2–5, 57, 230, 293–94, 332, 338, 341
——の受け入れ国での摩擦 friction in host countries 20, 172–73, 176, 187–88, 209–10, 215–17, 221–22, 224–25, 229–30, 292, 318–19, 321–22, 339–40
——の教育に関する統計 educational statistics 149, 179–81
——の「自治」 self-rule of 11, 57, 71, 193, 260–62, 264, 275–78, 280–83, 307, 309, 358–59
——の人口統計 population statistics 25–26, 28–30, 32, 64, 104, 147, 168–69, 192, 219, 228, 320, 344
——の多様性 diversity of 66, 168, 173, 178–79, 181–84, 186–87, 190–96, 218–20, 222, 224–27, 292
——のブルジョワ［化］ bourgeoigie / embourgeoisement 19, 184, 225
——の歴史と文化 history and culture of 1, 21–29, 66, 168–69, 199–200, 236, 288–89
不正に対する抵抗の象徴としての—— as symbol of struggle against injustice 101–02, 177–78, 194, 197–98, 216, 321, 343
——文学 literature of 26, 183–84, 188, 206–14, 306, 340
パレスチナ［人］国家 Palestinian state 177, 204, 296, 337
西岸・ガザ等における—— in the West Bank and Gaza 183, 187, 195, 219, 226–27, 233–34, 237, 257, 265, 280, 282, 292, 294–95, 298, 322, 324, 339, 358
パレスチナ全体の世俗的民主国家 secu-

lar-democratic state in all of Palestine 193, 222, 233, 290
ユダヤ・アラブ二民族国家 binational Arab-Jewish state（マルチン・ブーバー） 154
パレスチナ探検基金 Palestine Exploration Fund 25, 113–14
パレスチナ土地開発商会 Palestinian Land Development Company 135
パレスチナ分割案 Partition Plan（1947年） 35, 136, 218
パレスチナ民族基金 Palestine National Fund 224
『パレスチナ問題』*The Question of Palestine*（サイード） 345
反セム主義 Anti-Semitism 20, 69, 90, 94, 231–32
ヨーロッパにおける―― in Europe 10, 39–40, 74, 91, 102–03, 105, 131, 171, 283, 330, 333, 357
パレスチナにおける―― in Palestine 54, 74, 260, 286, 302, 330
ハンター，ジェイン Jane Hunter 327
バントゥースタン Bantustan 260, 358
ハンマーミー，サイード ⓐSa'īd Ḥammāmī 341

ひ

PNC →パレスチナ国民会議
PLO（パレスチナ解放機構） 56, 172, 176, 182, 186–89, 237–38, 260–62, 285, 292, 295, 301, 320, 329–32, 335, 353–54, xxv, xxvii
――憲章 Covenant 263, 286, 291, 298
――とアフリカ民族会議 and ANC 321
――とアメリカ合衆国 and the United States 285, 296–99, 303, 330, 334–39, 353, 355
――とイスラエル and Israel 219, 305, 308, 329–31
――とイラク and Iraq 322, 340, 354
――とイラン and Iran 273, 320
――とエジプト and Egypt 224, 270, 272, 299, 319, 322–23
――とキャンプ・デーヴィッド and Camp David 262–63, 283, 300, 310, 338
――とクウェート and Kuwait 319
――と国連 and the United Nations 334–35
――とサウジアラビア and Saudi Arabia 168, 219
――とサンディニスタ and Sandinista 321
――とシリア and Syria 176, 203, 216, 219, 224, 232, 264, 270, 296–97, 319, 321–22, 340, 343, 353
――と南西アフリカ人民機構 and SWAPO 321
――とヨルダン and Jordan 215–16, 219, 221–22, 232, 319, 321–22, 339, 343, 353
――とレバノン and Lebanon 172, 215–17, 232, 270, 296, 298, 319, 328–29, 339–40, 343
――と湾岸戦争 and the Gulf War 318, 320, 344, 353
――の威信 prestige of 210
――の正統性 legitimacy of 41, 66, 89, 188, 192–95, 227–28, 285, 295–97, 322, 355
――の擡頭 rise of 182, 193, 214–17, 290, 319, 328, 341
東ティモール East Timor 287, xxvii
東ヨーロッパ／東欧 Eastern Europe 333, 336, 343, 358
非常事態時の財産接収法 Law for the Requisitioning of Property in Time of Emergency（1949年） 144
非常事態防衛法 Emergency Defence Regulations 53, 142, 144
ヒスタドルート ⓗHiṣtadrut（イスラエル労働総同盟） 145
「ピース・ナウ」 Peace Now/ⓗShalom 'Akhshav 336, xxiii, xxvii
ピーターズ，ジョーン Joan Peters 330;『ユダヤ人は有史以来』*From Time Immemorial* 330
ヒドル，ナイーム ⓐNa'īm Khiḍr 341

非ユダヤ人　Gentile（異邦人）　94, 97–99
非ユダヤ人　non-Jews（パレスチナ・イスラエルの）　32, 38, 56, 60, 66, 73–74, 88, 103, 118, 124, 135, 143–44, 146–48, 150–51, 178–80, 182–83, 189–92, 231, 239–40, 282, 292, 307, 333, 358, xxvi　⇨シオニズムの人種差別主義／差別政策，ユダヤ人国家
非ユダヤ人　non-Jews（西洋・アメリカの）　91, 99, 304, 333
ビュフォン，ジョルジュ　Georges Buffon　108
ヒューム，デイヴィッド　David Hume　109
ヒルシュ，モーリス・ド　Maurice de Hirsch　103
ビール・ゼイト Bir Zeit/ⓐBi'r Zayt　209, 357, xxiv

ふ

ファシズム　fascism　40
ファタハ　Fatah/ⓐFatḥ　214, 216–20, 224　⇨PLO
ファノン，フランツ　Franz Fanon　319
フィッシャー，シドニー　Sidney N. Fisher　168;『中東における社会勢力』*Social Forces in the Middle East*　168
フィンドレー，ポール　Paul Findley　298, 327
フェビアン協会　Fabian Society　131
フォースター，ジョン　John Vorster　xxv
フォンダ，ジェイン　Jane Fonda　58
フォン・ホフマン，ニコラス　Nicholas von Hoffman　61–63
ブクチン，マレー　Murray Bookchin　254;『スペインの無政府主義者たち』*The Spanish Anarchists: The Heroic Years, 1868–1936*　254
不在者財産法　Absentee's Property Law（1950年）　144
フサイニー，ファイサル・アル＝　ⓐFayṣal al-Ḥusaynī　354
フサイン，ラーシド　ⓐRāshid Ḥusayn　13, 340
フセイン　Hussein/ⓐḤusayn ibn Ṭalāl（ヨルダン国王）　298
フセイン，サッダーム　Saddam Hussein/ⓐSaddām Ḥusayn　353
ブッシュ，ジョージ　George Bush（父）　353, 355–56
フトゥーワ　ⓐal-Futūwa　26
ブーバー，マルチン　Martin Buber　153–54
ブラジル　Brazil　103, 290
『ブラック・サンデー』*Black Sunday*　19
ブラッケン，ハリー　Harry Bracken　109;「本質，偶然，人種」Essence, Accident and Race　109
フランス　France　23, 31, 35, 98, 100, 108, 112, 117, 198, 229, 273, 338
フリードマン，トマス　Thomas L. Friedman　328
「ブルッキングス報告書」Brookings Report（1975年）　300
ブルム，イェフダー・ツヴィー　Yehuda Zvi Blum　xxviii
ブレイラ　Breira　336
ブレジンスキー，ズビグニュー　Zbigniew Brzezinski　262, 300
プロテスタント　Protestant　201
フローベール，ギュスターヴ　Gustave Flaubert　104
文明化の使命　mission civilizatrice　33, 101

へ

ベイカー，ジェイムズ　James A. Baker III　318, 338, 353–56
——提案　Baker Plan　323
ヘイグ，アレグザンダー　Alexander Haig　326, 337
米ソ共同宣言／声明　Joint U. S. -USSR Declaration/Statement（1977年）　70, 271–72
ベイダス，ハリール　ⓐKhalīl Baydas　26
ベイト＝ハッラフミー，ベンジャミン　Benjamin Beit-Hallahmi　327
ベイルート　Beirut/ⓐBayrūt　206, 326, 328, 335, 338, 343
ペヴスナー，サミュエル　Samuel Pevsner　128

ベギン，メナヘム　Menachem Begin　18, 29, 33, 63–64, 88–89, 114, 139, 152, 193, 258–60, 263, 267, 274, 276–77, 281, 307, 324, 326, xxv;『叛乱』*The Revolt*　63
ベクテル社　Bechtel　337
ヘス，モーゼス　Moses Hess　99–101;『ローマとイェルサレム』*Rom und Jerusalem, die letzte Nationalitätsfrage*　99–101
『ペタヒーム』*Petahim*/ⓗ*Petaḥim* 153–54
ベツレヘム　Bethlehem/ⓐBayt Laḥam/ⓗBeit Leḥem　138
ペトリ，フリンダース　Flinders Petrie　115
ヘブライ語　Hebrew　51, 123, 180
ヘブライ文学　Hebrew literature　51, 128, 181–82
ヘブロン　Hebron/ⓐal-Khalīl/ⓗḤevron　26, 235, 294
ベルギー　Belgium　96–97
ヘルツル，テオドール　Theodor Herzl　27, 39, 45, 102–05, 120, 138;『日記』*Diaries*　27, 104
ペレス，シモン　Shimon Peres　268
ベロー，ソール　Saul Bellow　59, 153, xix, xxii;『イェルサレム往還』*To Jerusalem and Back*　59, xix
ベン・イェフダー，エリエゼル　Eliezer Ben Yehudah　123
ベン・グリオン，ダヴィッド　David Ben Gurion　63, 201, 276, xxiii

ほ

ポアレイ・ツィヨン　ⓗPo‘alei Ẓiyon（シオン労働者党）　201
——世界評議会　World Council　201
ホーグランド，ジム　Jim Hoagland　71
ポストコロニアル　postcolonial　175, 254, 289, 342
ボストン　Boston　61–62
ボップ，フランツ　Franz Bopp　108
ポート・サイード　Port Said/ⓐBūr Sa‘īd　3
ポート・フアード　Port Fuad/ⓐBūr Fu’ād　3
ホブソン，ジョン　John Hobson　35
ホフマン，スタンレー　Stanley Hoffmann　xix
ホメイニー，ルーホッラー　ⓟRūḥollāh Khomeynī　258, 277, 320
ポラート，ヨシュア　Yehoshua Porath　116
ポラード，ジョナサン　Jonathan Pollard　327
ポーランド　Poland　52
ボール，ジョージ　George Ball　285;「中東の挑戦」The Mideast Challenge　285
ホロコースト　Holocaust　333　⇨民族［大量］虐殺
『ホロコースト』*Holocaust*（NBCテレビ）90
ボロホフ，ベール　Ber Borochov　33
ポワンカレ，レイモン　Raymond Poincaré　108

ま

『マアリーヴ』ⓗ*Ma‘ariv*　125–27, 278
マアロット事件　Ma‘alot Incident　230, 332, xxv-xxvi
マイモニデス，モーゼス　Moses Maimonides　181
『マカーマート』ⓐ*al-Maqāmāt*　204
マカリスター，ロバート・アレグザンダー・スチュワート　Robert Alexander Stewart Macalister　116
マクガヴァン，ジョージ　George Stanley McGovern　58
マグネス，ユダ　Judah Leon Magnes　153
マーシャル・プラン　Marshall Plan　60
マツペン　ⓗMaẓpen（反シオニズム組織）　xxvii
マドリード　Madrid　353–55
マパイ　ⓗMapai（イスラエル労働党）　179　⇨労働党
マハルール／マァルール　ⓗMahalul/ⓐMa‘lūl　28
マフフーズ，ナギーブ　ⓐNajīb Maḥfūẓ　213–14;『雨のなかの恋』ⓐ*Ḥubb taḥt al-Maṭar*　213–14
マルクス，カール　Karl Marx　50, 98
マルクス［・レーニン］主義　Marxism-Leninism 47, 55, 174, 184, 218, 254, 290, 320, xxiii

マロン派キリスト教徒 Maronite Christians 47, 181, 197, 201
マンデラ，ネルソン Nelson Mandela 317, 321
マンデル，ネヴィル Neville Mandel 116

み〜も

ミッレト体系 millet system 229
南アフリカ South Africa 50, 59, 90, 113, 153, 171, 251, 274, 284, 306, 357, xxv
南アメリカ／ラテン・アメリカ South America/Latin America 38, 44, 103, 166, 194, 205, 238, 326
ミュンヘン・オリンピック事件 Munich Olympic Massacres 332
ミル，ジョン・スチュアート John Stuart Mill 44, 98
民族［大量］虐殺 genocide 69, 71, 74, 91, 287, 292, 302–03 ⇨ホロコースト
『ムアッラカート』ⓐ*al-Mu'allaqāt* 204
ムハンマド ⓐMuḥammad 180, 201–02
メイル，ゴルダ Golda Meir 18, 63, 192
メギド ⓗMegido（キブツ） xxiv
メノナイト中央委員会 Mennonite Central Committee xxvi
モイニハン，ダニエル・パトリック Daniel Patrick Moynihan 60, 153, 297, 326, xxi
毛沢東 319
モシャヴ ⓗmoshav xxiv
モハンマド・レザー・シャー・パフラヴィー ⓟMoḥammad Reḍā Shāh Pahlavī 11, 168, 177, 249–50, 258–59, 265, 274, 296, 309, 320
モレデット ⓗMoledet 324
モンゴル Mongol 327

や〜よ

ヤーファー Jaffa/ⓐYāfā/ⓗYafo 24, 26, 129–30, 132, 135, 139, 142, 178–79, 233, 292, 294, 306
ヤミート ⓗYamit（植民都市） xxv
ヤーリング，グンナー Gunnar Jarring 226, 268
ヤング，アンドルー Andrew Young 335
遊牧民 Beduins/nomads 52, 54, 110, 169, 190
「ユダヤ・サマリア」Judea and Samaria 56, 89, 275, 294 ⇨西岸
ユダヤ植民協会 Jewish Colonization Association 103
ユダヤ植民信託会社 Jewish Colonial Trust Limited 135
ユダヤ人 Jews
　アメリカの—— →アメリカ合衆国
　エチオピア系—— Ethiopian Jews 344
　オクシデント系／ヨーロッパ系—— Occidental/European Jews（アシュケナズィー） 73, 102, 151, 200, 240
　オリエント系—— Oriental Jews（スファラディー，ミズラヒー） 36, 73, 102–03, 151, 200
　神と——との契約 Covenant between God and the Jews 30, 39, 64, 72, 132, 191, 193, 277 ⇨『旧約聖書』，「ユダヤ・サマリア」，ユダヤ人国家，ユダヤ人の民族的郷土
　——国家 Jewish State 9, 28, 35–36, 40, 68–69, 73, 89, 96, 99–101, 116, 119–20, 122, 131, 135–36, 138, 144, 150, 179, 189, 191, 199, 201, 203, 234, 240, 275, 323, 333 ⇨非ユダヤ人
　——の民族的郷土 Jewish National Home 27, 30, 39, 119, 123
　非—— →非ユダヤ人
　ヨーロッパの—— →ヨーロッパ
　ロシア・ソ連の—— Russian Jews 287, 344–45, 356, xxv
ユダヤ民族基金 Jewish National Fund (JNF) 68, 135–37, xxiv
ユダヤ民族土地基金 Jewish National Land Fund 137
ユネスコ UNESCO（国連教育科学文化機関） 60, 231, 329
ヨアンネス，ダマスカスの聖 Saint John of Damascus/ⓛJohannes Damascenus 202
ヨルダン Jordan 4, 73, 272, 280, 290, 307–08, 343, 354, 358 ⇨トランスヨルダン

——とアメリカ合衆国　and the United States　256–58, 267, 299, 308, 353, 356
——とイスラエル　and Israel　215, 230, 308, 353, 356
——とエジプト　and Egypt　272, 319, 353
——とキャンプ・デーヴィッド合意　and the Camp David Accords　280, 298–300
——とクウェート　and Kuwait　319
——とサウジアラビア　and Saudi Arabia　319
——とシリア　and Syria　353
——とパレスチナ解放機構　and PLO　215–16, 219, 221–22, 232, 319, 321–22, 339, 343, 353
——内のパレスチナ人　Palestinians in　2, 20, 52, 56, 166, 172–73, 186–87, 190, 193, 215–17, 219, 226, 230, 238, 262, 264, 276, 290, 292
ヨーロッパ　Europe　32, 40, 60, 88, 126, 129–30, 252, 254, 274, 334, 339, xxii
——キリスト教　Christianity in　6, 96, 201
——系ユダヤ人　→ユダヤ人
——植民地主義・帝国主義　colonialism and imperialism　2, 16–17, 21–22, 24, 27, 29–55, 97, 101–03, 105–10, 112–13, 116–18, 122–23, 125, 205
——とパレスチナ人　and the Palestinians　151, 166, 230, 238, 329–30, 336
——のシオニスト・ユダヤ人　Jewish Zionist in　39–40, 49, 55, 65
——の反セム主義　→反セム主義
——の［憂慮する］ユダヤ人　concerned Jews in　293, 330, 336
——文化／文明　culture/civilization　24, 34, 98–100, 105, 117, 127, 131, 204–05
ヨーロッパ経済共同体　European Economic Community（EEC）　329, 338
ヨーロッパ・中東に関する議院小委員会　House Subcommittee on Europe and the Middle East（1978年）　255

ら

ラアランヌ，エルネスト　Ernest Laharanne　100;『新しい東方問題』*La nouvelle question d'Orient: Empires d'Egypte et d'Arabie: reconstitution de la nationalité juive*　100
ラカハ　ⓗRakah（イスラエル共産党）　xxvii
ラッザーズ，ムニーフ・アッ＝　ⓐMunīf al-Razzāz　xxviii
ラーナ　ⓐRāna　149
ラバト会議　Rabat Conference（1974年）　226, 295, 322
ラビ　Rabbi　27,127
ラビン，イツハク　Yitzhak Rabin　147, 193, 276
ラファハ　ⓐRafaḥ　24
——回廊　Rafah Salient　xxv
ラーマッラー　ⓐRāmallāh　190, xxv
ラマルチーヌ，アルフォンス・ド　Alphonse de Lamartine　22–24, 103–04;『オリエント旅行記』*Voyage en Orient*　23;「政治的要約」Resumé politique　23
ラムラ　ⓐRamla　25–26, 139, 184

り〜ろ

リクード　ⓗLikud（連合）　324, 358–59
リッダ　Lydda/ⓗLod/ⓐal-Ludd　139, 184
リビア　Libya　166, 217, 219, 238, 265, 271, 286, 308
リベラル派／リベラリズム　liberals / liberalism　3, 39–40, 45–46, 50, 54–57, 59–61, 63–64, 88–90, 92, 99, 131, 146, 149, 231, 259, 261, 263, 276–77, 282, 286, 292, 304, 310, 336, 357, xxvi
リヤド会議　Riyadh conference（1976年）　270
リン，アムノン　Amnon Lin　145
リンナエウス，カロルス　Carolus Linnaeus　108
ルイス，アンソニー　Anthony Lewis　259, 282, 298;「今やパレスチナ問題は」Now the Palestinian Question　282
ルガード，フレデリック　Frederick J. D.

Lugard　131
ルナン，エルネスト　Ernest Renan　98, 109
ルピン，アーサー　Arthur Ruppin　129–30, 132, 142
ルロワ＝ボーリュー，ポール　Paul Leroy-Beaulieu　112
冷戦　Cold War　7, 326
レヴィ，シルヴァン　Sylvain Lévi　35
レーガン，ロナルド　Ronald Reagan　325–27, 329, 356
レギオー　①Legio/ⓐal-Lajjūn　24
レッドグレイヴ，ヴァネッサ　Vanessa Redgrave　330

202, 250, 254–55
イスラエルの——侵攻　Israeli invasion of　3–4, 89–90, 152, 199, 201, 216, 286, 298, 304, 309, 317, 321, 326–29, 332, 340, 343, xxvi
——右派　Right Wing　176, 264, 270, 322
シリアの——侵攻　Syrian invasion of　198, 203, 270, 308, 322
——とアメリカ合衆国　and the United States　257
——とイスラエル　and Israel　199, 201, 230
——とイラン　and Iran　322
——とパレスチナ解放機構　and PLO　172, 215–17, 232, 270, 296, 298, 319, 328–29, 339–40, 343
——内戦　Civil War in　7, 47, 196–97, 200, 226, 237, 255, 270, 296, 321–22, 340
——内のキリスト教徒　Christians in　47–48, 200–02, 309
——内のパレスチナ人　Palestinians in　2–3, 20, 56, 89, 166–67, 172–73, 176, 178, 186–87, 196–97, 226, 229–30, 264, 292, 306, 322, 332
——民族運動　Lebanese National Movement　255
レーン，ウォルター　Walter Lehn　135, xxiv;「ユダヤ民族基金」The Jewish National Fund　135–36
労働党　Labor Party（イスラエル）　276, 324 ⇨マパイ
ロシア　Russia　118, 333, 344, xxv
ロジャーズ提案　Rogers Plan　221, 226
ロスチャイルド，ライオネル　Lionel Walter Rothschild　27, 30
ロスチャイルド家　Rothschild family　122
ローゼン，ミリアム　Miriam Rosen　114, xxiii;「最後の十字軍——パレスチナにおけるイギリス考古学」The Last Crusade: British Archeology in Palestine　114–16
ロダンソン，マクシム　Maxime Rodinson　117–18;『イスラエル——植民地入植国家？』*Israel: A Colonial Settler-State?*　117–18
ロック，ジョン　John Locke　109
ローデシア　Rhodesia　113
ロードス合意　Rhodes Agreement　xxiv
ロビンソン，エドワード　Edward Robinson　116
ローマ［帝国］　Rome/Roman Empire　23, 115
ロンドン　London　61, 330

わ

ワイツマン，ハイム　Chaim Weizmann　27, 35, 38, 42–45, 114, 116, 120–23, 126, 128–34, 142, 150 ;『試行錯誤』*Trial and Error: The Autobiography of Chaim Weizmann*　120–23, 128–30
ワシントン　Washington　250, 261, 265, 267, 269, 335, 356, 358
『ワシントン・ポスト』*Washington Post*　71, 90
湾岸　Arabian/Persian Gulf
——危機　Gulf Crisis　317, 324, 343–44
——諸国　Gulf States　19, 56, 166, 173, 318, 320, 327–28, 344
——戦争　Gulf War　317–18, 345, 353–5

原　注

1　原注のうち，文献・書誌情報は検索の便を考えて原語のまま残し，原則としてそれ以外の部分を日本語訳した。ただし，明らかな誤植の類は断わりなしに訂正し，文献の表記やアラビア語のローマ字転写の方法も一部改変してある。
2　訳注は＊(アステリスク) および [ ](ブラケット) で示した。

序

1 同種の検閲については，Noam Chomsky, "10 Years after Tet: The Big Story That Got Away," *More*, 8: 6, June 1978, pp. 16–23 参照。

2 Hannah Arendt, *The Origins of Totalitarianism*, New York: Harcourt Brace Jovanovich, 1973, p. 290. ＊ハナ・アーレント『全体主義の起原』2(帝国主義)，大島通義・大島かおり訳，みすず書房，1972年，pp. 269–70.

第1章　パレスチナ問題

1 Edward W. Said, *Orientalism*, New York: Pantheon Books, 1978, pp. 31–49. ＊エドワード・W. サイード『オリエンタリズム』今沢紀子訳，上下，平凡社ライブラリー，1993年，上，pp. 79–119.

2 イギリスにおいて，(合意によって) パレスチナ問題に課せられた報道・出版上の検閲については，Christopher Mayhew and Michael Adams, *Publish It Not: The Middle East Cover-Up*, London: Longman Group, 1975 に詳細な報告がある。さらに，イスラエル人あるいは親イスラエル派によって著わされた書物は何であれ，親イスラエル派の著名人によって定期的に『ニューヨーク・タイムズ』紙で書評されていることにも注意されたい（例えば，アーヴィング・ハウによるソール・ベロー『イェルサレム往還』の書評，ソール・ベローによるテディー・コレックのイェルサレム市長体験を扱った書物の書評など)。ところが，アラブまたはイスラエル批判者による書物を書評するのは，親シオニスト派の批評家と決まっている（例えば，マイケル・ウォルツァーによるノーム・チョムスキー『中東和平？』の書評や，ナダフ・サフランによる『サダト自伝』書評など)。『ニューヨーク・レビュー・オブ・ブックス』は，1974年にパレスチナ問題が表面化して以来，パレスチナ人執筆の記事をほとんど文字通り一度も掲載してこなかった。同紙も1978年には，何らかの形でパレスチナ人自決を支持する I. F. ストーンやギドー・ゴルドマン，スタンレー・ホフマンらの，多少なりともイスラエルに批判的な記事を掲載したことは確かである。ただ——あ

また存在する――パレスチナ人の自己表象を妨げる鉄の壁はなおそのまま残存している。さらに重大なのは，イスラエルや占領地域の内部で進行している事柄を報道しまいとする恥ずべき姿勢である。イスラエル政府の慣行（その大半は，イスラエルの報道機関によって日常的に報じられている）については，ほとんど完璧なまでの報道規制が存在するが，それらすべては，もし世界の他の場所で起こっていたとすれば，新聞の一面を飾る記事になっていたはずである。

3 その典型が Bernard Lewis, “The Return of Islam,” *Commentary*, January 1976. これは，Bernard Lewis, *The Middle East and the West*, Bloomington, Ind.: Indiana University Press, 1964 所収の一章 “The Revolt of Islam” の焼き直しである。いずれもシオニストの宣伝活動《プロパガンダ》としては役に立つ。これらに関する議論として，著者の *Orientalism*, pp. 316–19［『オリエンタリズム』下，pp. 261–64］参照。

4 Alphonse de Lamartine, *Voyages en Orient*, 1835（復刻版，Paris: Hachette, 1887）, Vol. 2, p. 533.

5 Guy le Strange, *Palestine under the Moslems: A Description of Syria and the Holy Land from A.D. 650 to 1500, Translated from the Works of the Mediaeval Arab Geographers*, 1890（復刻版, Beirut: Khayati, 1965）, p. 28 による，イスタフリーおよびイブン・ハウカルからの引用。

6 Richard Bevis, “Making the Desert Bloom: An Historical Picture of Pre-Zionist Palestine,” *The Middle East Newsletter*, 5 : 2, Feb. -Mar. 1971, p. 4 所引。

7 *The Anglo-Palestine Yearbook 1947–8*, London: Anglo-Palestine Publications, 1948, p. 33.

8 Adnan Abu-Ghazeleh, *Arab Cultural Nationalism in Palestine*, Beirut: Institute for Palestine Studies, 1973 参照。

9 Theodor Herzl, *Complete Diaries*, ed. Raphael Patai, trans. Harry Zohn, New York: Herzl Press and T. Yoseloff, 1960, Vol. 1, p. 88.

10 *Palestine Papers 1917–1922: Seeds of Conflict*, com. and annot. Doreen Ingrams, London: John Maney, 1972, pp. 19ff.

11 *Documents from Israel, 1967–1973: Readings for a Critique of Zionism*, ed. Uri Davis and Norton Mezvinsky, London: Ithaca Press, 1975, p. 44.

12 Janet Abu-Lughod, “The Demographic Transformation of Palestine,” in *The Transformation of Palestine*, ed. Ibrahim Abu-Lughod, Evanston, Ill.: Northwestern University Press, 1971, pp. 153–61.

13 Christopher Sykes, *Crossroads to Israel, 1917–1948*, 1965（復刻版，Bloomington, Ind.: Indiana University Press, 1973）, p. 5 所引。

14 J. Abu-Lughod, “The Demographic Transformation,” pp. 141–42, 152–53.

15 *A Survey of Palestine 1946: Prepared in December 1945 and January 1946 for the Information of the Anglo-American Committee of Inquiry*, Jerusalem, 1946, p. 146.

16 Amos Elon, *The Israelis: Founders and Sons*, 1971（復刻版，New York: Bantam Books, 1972）, pp. 194 ff.

17 Ingrams, *Palestine Papers*, pp. 20, 28 参照。

18 同上，p. 58.

19 Chaim Weizmann, *Trial and Error: The Autobiography of Chaim Weizmann*, New York: Harper & Row, 1959, p. 462.

20 キブツを脱神話化する報告として，*The Candid Kibbutz Book*, London: MERAG, 1978 参照。

21 Elon, *The Israelis*, pp. 220, 222.

22 James McDonald, *My Mission to Israel*, New York: Simon & Schuster, 1951, p. 176 所引。

23 George Antonius, *The Arab Awakening: The Story of the Arab National Movement*, 1938（復刻版，New York: G.P. Putnam's Sons, 1946）p. 15. ＊ジョージ・アントニウス『アラブの目覚め——アラブ民族運動物語』木村申二訳，第三書館，1989年，pp. 3-4.

24 この点について著者は，*Orientalism*, pp. 284-328［『オリエンタリズム』下，pp. 196-291］で詳細に論じている。

25 Ingrams, *Palestine Papers*, pp. 31-32.

26 この問題については，Eric Stokes, *The English Utilitarians and India*, Oxford: Clarendon Press, 1959 で論じられている。

27 Edmund Wilson, *A Piece of My Mind: Reflections at Sixty*, New York: Doubleday & Co., 1958, p. 85.

28 Edmund Wilson, *Black, Red, Blond and Olive*, New York: Oxford University Press, 1956, pp. 462-63.

29 Sabri Jiryis, *The Arabs in Israel*, trans. Inea Engler, New York: Monthly Review Press, 1976. ＊サブリ・ジェリス『イスラエルのなかのアラブ人』若一光司・奈良本英佑訳，サイマル出版会，1975年。

30 Saul Bellow, *To Jerusalem and Back*, New York: The Viking Press, 1976 および Stephen Spender, "Among the Israelis," in *The New York Review of Books*, March 6, 1975. ただし，ベロー批判に関しては，Noam Chomsky, "What Every American Should Believe," *Gazelle Review* 2, London: Ithaca Press, 1977, pp. 24-32 参照。

31 I. F. Stone, "Confessions of a Jewish Dissident" 参照。これは彼の書物 *Underground to Palestine, and Reflections Thirty Years Later*, New York: Pantheon Books, 1978, pp. 229-40 にその跋文として発表された。

32 この姿勢は，モイニハンの *A Dangerous Place*, Boston: Little, Brown & Company, 1978 のなかに完璧な形で表現されている。

33 Nicholas Von Hoffman, *Anaheim Bulletin*, July 11, 1977.

34 *The Right of Return of the Palestinian People*, United Nations Publication, 1978, pp. 6-7 所引。

第2章　犠牲者の視点から見たシオニズム

1 I. F. Stone, "Confessions of a Jewish Dissident," in *Underground to Palestine, and Reflections Thirty Years Later*.

2 George Eliot, *Daniel Deronda*, London: Penguin Books, 1967, p. 50. ＊ジョージ・エリオット『ダニエル・デロンダ』竹之内明子訳，全4巻，日本教育研究センター，1987-88年，第1巻，p. 24.

3 同上，p. 592. ＊『ダニエル・デロンダ』第3巻，p. 185.

4 同上，pp. 594–95. ＊『ダニエル・デロンダ』第3巻，p. 188.

5 Edward W. Said, *Orientalism*, pp. 153–57, 214, 228. ＊『オリエンタリズム』上，pp. 351–59；下，pp. 39, 68.

6 Arthur Hertzberg, ed., *The Zionist Idea: A Historical Analysis and Reader*, New York: Atheneum Publishers, 1976, p. 133.

7 同上，p. 134.

8 Sabri Jiryis, *The Arabs in Israel*［サブリ・ジェリス『イスラエルのなかのアラブ人』］の随所を参照。同様に，*The Non-Jew in the Jewish State: A Collection of Documents*, ed. Israel Shahak（2 Bartenura Street, Jerusalem のシャハクによる私家版），1975 にも強力な主張が述べられている。

9 *Imperialism: The Documentary History of Western Civilization*, ed. Philip D. Curtin, New York: Walker & Company, 1971 参照。同書には，最近200年間の帝国主義文献からの適切な抜粋が含まれている。この時期の知的・文化的背景については，『オリエンタリズム』の第2章・第3章でも概観されている。

10 Desmond Stewart, *Theodor Herzl*, Garden City, N.Y.: Doubleday & Co., 1974, p. 192 所引。

11 Antonio Gramsci, *The Prison Notebooks: Selections*, ed. and trans. Quintin Hoare and Geoffrey Smith, New York: International Publishers Co., 1971, p. 324. 全文は Antonio Gramsci, *Quaderni del Carcere*, ed. Valentino Gerratana, Turin: Einaudi Editore, 1975, Vol. 2, p. 1363 に見られる。＊竹内良知訳「若干の予備的参照点」山崎功監修，代久二編集『グラムシ選集』1，合同出版社，1961年，p. 237.

12 Hannah Arendt, *The Origins of Totalitarianism*, p. 129. ＊ハナ・アーレント『全体主義の起原』2（帝国主義），p. 12.

13 Harry Bracken, "Essence, Accident and Race," *Hermathena* 116, Winter, 1973, pp. 81–96.

14 Curtin, *Imperialism*, pp. 93–105 参照。ここには，ノックスの書物からの重要な抜粋が含まれている。

15 George Nathaniel Curzon, *Subjects of the Day: Being a Selection of Speeches and Writings*, London: George Allen & Unwin, 1915, pp. 155–56.

16 Joseph Conrad, *Heart of Darkness*, in *Youth and Two Other Stories*, Garden City, N.Y.: Doubleday, Page, 1925, p. 52. ＊コンラッド『闇の奥』中野好夫訳，岩波文庫，1958年，p. 14.

17 同上，pp. 50–51. ＊『闇の奥』p. 12.

18 Agnes Murphy, *The Ideology of French Imperialism, 1817–1881*, Washington: The Catholic University of America Press, 1948, pp. 110, 136, 189.

19 イスラエルを代表する小説家（で「ハト派」と見られている）アモス・オズはこれを次のように巧みに表現している。「約束の地へやってきて，それを牧歌的楽園かトルストイ的平等主義に基づく共同体，ないしはオーストリアやバイエルンの複製か群落のような教養ある中産階級中心の中央ヨーロッパに変えようとするあらゆる人々に対し，私は生涯に亘ってぞっとするような思いを抱くことになるだろう。あ

るいは，マルクス主義者の楽園を樹立しようと望み，『聖書』の土地にキブツを作り，ある日スターリンがやってきて「いまいましいユダヤ人め，お前たちはわしら以上にうまくやってのけおったな」と請け合うことを密かに願った人々に対してもまた。」*Time*, May 15, 1978, p. 61.

20 これまでの引用はすべて，ミリアム・ローゼンが1976年にハンター・カレッジに提出した価値の高い見事な修士論文，Miriam, Rosen, "The Last Crusade: British Archeology in Palestine, 1865–1920," pp. 18–21 による。

21 Neville J. Mandel, *The Arabs and Zionism before World War I*, Berkeley: University of California Press, 1976 および Yehoshua Porath, *The Emergence of the Palestinian-Arab National Movement*, Vol. 1 *1918–1929*, London: Frank Cass and Company, 1974 参照。

22 Amos Elon, *The Israelis: Founders and Sons*, pp. 218–24 の率直な歴史叙述を参照のこと。

23 Maxime Rodinson, *Israel: A Colonial-Settler State?* trans. David Thorstad, New York: Monad Press of the Anchor Foundation, 1973, p. 39.

24 同上，p. 38.

25 David Waines, "The Failure of the Nationalist Resistance," in *The Transformation of Palestine*, p. 220 所引。

26 同上，p. 213.

27 Chaim Weizmann, *Trial and Error: The Autobiography of Chaim Weizmann*, p. 371.

28 同上，p. 125.

29 同上，pp. 128–29, 253.

30 同上，p. 128.

31 Yehoshafat Harkabi, *Arab Attitudes to Israel*, Jerusalem: Keter Press, 1972. ハルカビーは1959年にベン・グリオンによって解任されるまで，軍情報部長だった。その後ヘブライ大学教授としてアラブ専門家に転じ，事実上イスラエルにおける反アラブ，なかんずく反パレスチナ宣伝活動の第一人者となった。例えば，彼の悪意に満ちた反パレスチナ的著作 *Palestinians and Israel*, Jerusalem: Keter Press, 1974（合衆国ではイスラエル大使館によって無料配布されている）を参照されたい。驚くべきことに，最近ハルカビー将軍は「ハト派」に転向し，「ピース・ナウ」運動［「1992年版への序文」訳注49参照］を支持するに至っている。

32 1974年5月15日付『ハ＝オラム・ハ＝ゼー』[現世］紙に再録。同紙の編輯長ウリー・アヴネリー［第二章訳注91参照］は，いささか煽動的ではあるが興味深い書物を著わしており，イスラエルの政策に光を投ずる点で一読に値する。*Israel without Zionism: A Plea for Peace in the Middle East*, New York: Macmillan Publishing Co., 1968. 同書には，モシェー・ダヤンのような人々に対する辛辣な攻撃が含まれている。アヴネリーはダヤンを本質的に「反アラブの闘士」(アメリカ西部における反インディアンの闘士と比較せよ）として描いている。

33 Weizmann, *Trial and Error*, p. 130.

34 同上，p. 188.

35 同上，pp. 215–16.

36 同上，p. 130.

37 C. L. Temple, *The Native Races and Their Rulers*, 1918（復刻版, London: Frank Cass and Company, 1968）, p. 41.

38 *Trial and Error*, pp. 156–57.

39 社会を組織化する母胎としての軍隊については，Michel Foucault, “Questions à Michel Foucault sur la géographie,” *Hérodote*, 1: 1, first trimester 1976, p. 85 を見られたい。併せて Yves Lacoste, *La Géographie, ça sert, d'abord, à faire la guerre*, Paris: Maspero, 1976 も参照のこと。

40 詳細は Walter Lehn, “The Jewish National Fund,” *Journal of Palestine Studies*, 3: 4, Summer 1974, pp. 74–96 による。ここで特筆に値するのは，定年退職した言語学教授であるレーンが1977–78年度，占領下の西岸地区唯一のアラブ高等教育機関であるビール・ゼイト大学の客員教授を務めていたという事実である。同年度中，彼はJNF についての調査を続け，イスラエル軍兵士たちが二人の若いパレスチナ人学生に残虐な暴行を加えたことに対し（事件の目撃者として）抗議する 1 月 6 日付の公開質問状にも署名した（二人のうち一人は，殴打により昏倒した後，病院に収容された）。1978年 5 月初旬，レーンは他の 6 人の教授ともども，西岸の軍事当局から労働許可を取り消された。合衆国の新聞は一紙たりともこの事件を報道していない。だが，Uri Davis and Walter Lehn, “And the Fund Still Lives,” *Journal of Palestine Studies*, 7: 4, Summer 1978, pp. 3–33 も参照されたい。

41 一例として，ロードス合意［第一次中東戦争の休戦協定］に基づき，1949年にヨルダンのアブドゥッラー国王からイスラエルへ譲渡された巨大なアラブ村落ウンム・アル＝ファフムの運命を考えてみよう。1948年以前，同村落は140,000ドゥヌム［1ドゥヌムは940m²］の土地に人口5,000人を擁していた。1978年には，ウンム・アル＝ファフムのアラブ居住者は約20,000人だったが，村の土地は15,000ドゥヌムに削減され，しかもその大半は耕作に適さない岩だらけの部分となっていた。最良の土地はすべて，1953年の「土地・保険・補償法」をはじめとするさまざまな「合法的」法令に基づいて没収された。おそらく最大の皮肉は，没収されたアラブの土地に作られたのが二つの社会主義キブツ——メギドとギヴアト・オズ——だったことだろう。残りの部分はモシャヴ，すなわち協同組合的農業入植村に転換された。

42 Joseph Weitz, *My Diary and Letters to Children*, Tel Aviv: Massada, 1965, Vol. 2, pp. 181–82.

43 Jon and David Kimche, *A Clash of Destinies: The Arab-Jewish War and the Founding of the State of Israel*, New York: Praeger Publishers, 1960, p. 92. ワリード・ハーリディー［「1992年版への序文」訳注62］による二つの重要な論文も併せて参照のこと。Walid Khalidi, “The Fall of Haifa,” *Middle East Forum*, 35: 10, December 1959, pp. 22–32; “Plan Dalet: The Zionist Blueprint for the Conquest of Palestine,” *Middle East Forum*, 37: 9, November 1961, pp. 22–28. ＊ワリード・ハーリディー「D（ダーレト）計画——パレスチナ征服のためのシオニストの基本計画」(抜粋)，中東の平和をもとめる市民会議編『パレスチナ問題とは何か』未來社，1982年，pp. 88–89.

44 パレスチナ人の脱出行《エクソドス》については，当時のアラビア語の新聞や放送をすべて精査した上で行なわれた網羅的研究によっても，「立ち去れという命令」が出されたという証拠はまったく明らかにされておらず，あるのはただ，パレスチナ人に対し自分の

土地に留まるようにとの勧告が出された証拠のみである。不幸なことに，大多数が武器を持たぬ住民にとって，恐怖はあまりに大き過ぎた。Erskine Childers, "The Wordless Wish: From Citizens to Refugees," in *The Transformation of Palestine*, ed. Ibrahim Abu-Lughod, pp.165–202 参照。アイルランド人チルダーズは，この調査を行なった当時はフリーのジャーナリストであった。彼の発見は，シオニストの主張を完全に突き崩すものである。

45 Avenery, *Israel without Zionism* 参照。

46 Weitz, *My Diary*, Vol. 3, p. 293.

47 同上，p. 302.

48 Tawfiq Zayyad, "Fate of the Arabs in Israel," *Journal of Palestine Studies*, 6: 1, Autumn 1976, pp. 98–99.

49 それでも『ニューヨーク・タイムズ』は，1976年5月19日付の社説で，イスラエルによる西岸・ガザ地区の占領を，両民族の「将来の協力関係の模範」と呼んだ。イスラエルによるアラブの家屋破壊，拷問，国外追放，殺人，行政拘禁，これらすべてはアムネスティ・インターナショナル［第一章訳注87参照］や赤十字，さらには1978年の人権侵害に関する国務省報告によって断罪されている。にも拘わらず，私が述べたような粗野でひどく残虐な方法によって，またそれ以外の方法によっても抑圧は続いているのである。集団的懲罰は日常茶飯事である。1969年，軍政当局はラーマッラーの町全体に対する懲罰として羊肉の販売を禁止した。1970年の葡萄収穫期の真っ最中には，名士たちが PLO を公式に断罪しない限り，葡萄の販売・収穫その他すべてを禁止すると宣告された。1978年4月には，「住民が警察に協力しなかった」という理由で，ナーブルスの町に七日間の夜間外出禁止令が出された。

50 Jiryis, *The Arabs in Israel*, p. 70 所引。

51 Saul Bellow, *To Jerusalem and Back*, pp. 152–61 その他を参照。

52 John Cooley, "Settlement Drive Lies behind Latest Israeli 'No,'" *Christian Science Monitor*, July 25, 1978 が明らかにしているように，イスラエルは2000年までに西岸にユダヤ人多数派（125万人）を公式に入植させる計画であり，また（［1967年の第三次中東戦争でのイスラエルによる］シナイ占領地域・ラファハ回廊［ガザ地区の都市ラファハからシナイ側に伸びた部分］に）ヤミートが重要なイスラエル都市として計画され，現在建設中である［1978年のサダト・ベギンによる和平合意までに，ラファハ回廊には11のイスラエル入植地が建設されたが，1982年にエジプト側に返還された］。ユダヤ人機関の長官であるアリエ・ドゥズィンによれば，ヤミートは1903年にシオニスト執行部が予定した通り，「つねにユダヤ人統治下にとどまらねばならない」。入植地の多くは南アフリカのユダヤ人（イスラエルが南アフリカと軍事上——さらには核開発上——密接な協力関係にあり，とくに筋金入りのナチスであるジョン・フォースター首相と近しいのもこのためである）とアメリカ人，そして勿論ロシア人によって満たされる予定である。

53 Jiryis, *Arabs in Israel*, p. 70.

54 ケーニヒ報告の全文は英訳の上，*SWASIA*, 3: 41, October 15, 1976 に掲載されている。

55 一例として，1974年5月に起こったパレスチナ人によるマアロット襲撃事件を取り上げてみよう。この事件は今やパレスチナ人によるテロ行為の代名詞になっている

が，事件直前には二週間に亘って，南レバノンを無慈悲に爆撃するため，イスラエルの火器と空軍力が連続投入された。だが，この事実に注意を払った合衆国の新聞は一つもなかった。ナパーム弾によって優に2,000人を超える民間人が殺害され，少なくとも10,000人が家を失ったのである。にも拘わらず，ただマアロットだけが想起される。

第3章　パレスチナの民族自決に向けて

1 Nafez Nazzal, "The Zionist Occupation of Western Galilee, 1948," *Journal of Palestine Studies*, 3: 3, Spring 1974, p. 70 所引。

2 この問題に対する，多少の不信感を孕んだヨーロッパ人の見方としては，Gérard Chaliand, *Revolution in the Third World: Myths and Prospects*, New York: The Viking Press, 1977 を参照。

3 Sabri Jiryis, *The Arabs in Israel*, pp. 210–12. ＊サブリ・ジェリス『イスラエルのなかのアラブ人』pp. 175–76.

4 *Enemy of the Sun: Poetry of Palestinian Resistance*, ed. Naseer Arari and Edmund Ghareeb, Washington: Drum and Spear Press, 1970, p. 66. ＊タウフィーク・ジャ《(ママ)》ード「異常者」池田修訳，板垣雄三編『アラブの解放』ドキュメント現代史13，平凡社，1974年，pp. 267–69; 中東の平和をもとめる市民会議編『パレスチナ問題とは何か』pp. 129–30.

5 Rosemary Sayigh, *Palestinians: From Peasants to Revolutionaries*, London: Zed Press, 1979 参照。

6 イスラエル統治下のアラブの現状については，パレスチナ人権キャンペーン（1322 18th Street, NW, Washington D.C.）やイスラエルのイスラエル・シャハク博士［第一章訳注40参照］（イスラエル人権連盟［第一章訳注86参照］のためになされた彼の報告や翻訳は，しばしばパレスチナ人権キャンペーンによって配布されている），アメリカ・フレンド派［17世紀創設のプロテスタントの一派。クエーカー］奉仕委員会，メノナイト［16世紀スイスで創始された再洗礼派に起源を持つ宗教集団］中央委員会，世界教会協議会［1948年オランダで結成された教会の世界団体］などのリベラルな諸団体が発行する文書のなかに質の高い報告が見出される。同様の文書は，アムネスティ・インターナショナルや赤十字からも出され，さらに合衆国国務省の人権調査は，1977年および78年の報告書に非ユダヤ系市民に対するイスラエルの扱いを引用している。

7 Abu-Lughod, review of Jiryis's *The Arabs in Israel*, in *MERIP Reports* 58, June 1977, p. 24.

8 Albert Hourani, *Minorities in the Arab World*, London: Oxford University Press, 1947, p. 22.

9 Norman Daniel, *Islam and the West: The Making of an Image*, Edinburgh: University Press, 1960.

10 Yehoshafat Harkabi, *The Position of Israel in the Israeli-Arab Conflict*, Tel Aviv: Dvir, 1967, p. 84.

11 Ghassān Kanafānī, *Rijāl fī al-Shams*, Beirut: Dār al-Ṭalīʿa, 1963, pp. 7–8. ＊カナファーニ

ー『太陽の男たち／ハイファに戻って』黒田寿郎・奴田原睦明訳，現代アラブ小説全集7，河出書房新社，1978年，pp. 5–6.

12 これは新聞記事にとくによく当て嵌まるが，パレスチナ人に関するアメリカ人の標準的・半公式的な著作においても，PLOへの支援を集める上で人的要素が果たした役割についてはほとんど認められていない。William Quandt, Fuad Jabber, and Ann Mosely Lesch, *The Politics of Palestinian Nationalism*, Berkeley: University of California Press, 1977 参照。この研究はRANDコーポレーション［カリフォルニアにある，1948年創設の戦略研究所］のために行なわれた。

13 合衆国報道機関のイランをめぐる失策や，東ティモールその他で生じていた事件に関する怠慢などはすべて，独自の調査を行なわず，混乱する歴史を進んで無視しようとし，国家の政治宣伝を鵜呑みにするという，まったく同一の姿勢に由来する。William A. Dorman and Elsan Omeed, "Reporting Iran the Shah's Way," *Columbia Journalism Review*, 17: 5, Jan. -Feb. 1979, pp. 27–33 参照。また，東ティモール問題と報道機関の怠慢については，1978年11月，国連総会第四委員会でノーム・チョムスキーが行なった発言を，さらに「イスラム」に対する歪曲報道については，Edward W. Said, "Whose Islam?" *The New York Times*, January 29, 1979 を参照されたい。

14 Sarah Graham-Brown, "The Structural Impact of Israeli Colonization," *MERIP Reports*, no. 74, 9: 1, January 1979, pp. 9–20. 本論文は，この問題について現在入手可能な範囲で最も完璧な分析を行なっている。

15 多くの妥協を重ね，目標においても統一からは程遠い「ピース・ナウ」運動はその一つである。また，アリエ・エリアヴを代表としてクネセトに送っている団体「シェリー」［1977年にマッティー・ペレドによって結成された平和主義を標榜する左派政党］や，イスラエル・パレスチナ平和評議会［1975年にペレドらシオニスト左派により結成。エリアヴおよび同評議会は，1976–77年にPLOのイサーム・サルタウィーらとの対話を開始した］も別の例と言える。これら諸団体のいずれも，ラカハ［イスラエル共産党］やイスラエル人権連盟，マツペン［1962年，ラカハから分かれて設立された党派。ヘブライ語で「羅針盤」を意味する］の諸分派ほど極端に走ることはない。後三者はいずれも，せいぜい少数派中の少数派といった状態にとどまっている。

第4章　キャンプ・デーヴィッド以降のパレスチナ問題

1 こうした視点について――私見によれば，あまりに十把一絡げにではあるが――論じている最近の論考の一つに，Fouad Ajami, "The End of Pan-Arabism," *Foreign Affairs*, 57: 2, Winter 1978–79, pp. 353–73 がある。

2 John Steinberg, "The New World (Dis)order," *Seven Days*, 3: 3, March 30, 1979, pp. 14–16.

3 Gérard Chaliand, *Revolution in the Third World: Myths and Prospects*.

4 Hishām Sharābī, *Muqaddima li Dirāsa al-Mujtama'a al-'Arabī*, Beirut: Dār al-Muttaḥida, 1975; Murray Bookchin, *The Spanish Anarchists: The Heroic Years, 1868–1936*, 1977（復刻版，New York: Harper & Row, 1978).

5　考えうる（いくつかの）例外のうちの一つが，ムニーフ・アッ＝ラッザーズの著作である。ただし，そのうちのごくわずかしか英語で読むことはできない。最近のアラブの政治・文化思想からの優れた抜粋として，アンワル・アブデル＝マレクの編輯した次の二つの撰集を参照されたい。*Anthologie de la littérature arabe : Les essais*, Paris : Seuil, 1965; *La Pensée politique arabe contemporaine*, Paris : Seuil, 1970.

6　Harold Saunders in *MERIP Reports*, no. 70, 8 : 7, September 1978, pp. 13–15.

7　この公式見解に対する脱神話化として，Noam Chomsky, *"Human Rights" and American Foreign Policy*, Washington : Spokesman Books, 1978 参照。

8　I. F. Stone, "The Case for Camp David," *New York Review of Books*, October 28, 1978.

9　以下の書簡を参照。「カーター宛サダト書簡」「サダト宛カーター書簡」「カーター宛ベギン書簡」「ベギン宛カーター書簡」。いずれも，1978年９月18日のキャンプ・デーヴィッド合意付属文書として署名されている。

10　この点に関しては，Amnon Kapeliouk, "De l'affrontement à la convergence," *Le Monde diplomatique*, December 1977, p. 18 参照。

11　Walid Khalidi, "Thinking the Unthinkable : A Sovereign Palestinian State," *Foreign Affairs*, 56 : 4, July 1978, pp. 695–713. ＊原書本文中には注番号が脱落しているので，内容を勘案して，最もふさわしいと思われる位置にこれを補った。

12　*The New York Times*, March 29, 1979 参照。

13　Malcolm Kerr, *The Arab Cold War 1958–1967 : A Study of Ideology in Politics*, 2nd ed. London : Oxford University Press, 1967.

14　1977年10月17–18日，合衆国上院司法委員会の「移民および帰化に関する小委員会」での公聴会におけるイェフダー・ツヴィー・ブルムの証言。*The Colonization of the West Bank Territories by Israel*, pp. 24–46.

15　イスラエルの侵攻を免責するマイケル・ウォルツァーの議論については，Michael Walzer, *Just and Unjust Wars : A Moral Argument with Historical Illustrations*, New York : Basic Books, 1977 を見よ。イスラエルに対するウォルツァーの甘い態度を批判した論文として，Noam Chomsky, "An Exception to the Rules," *Inquiry*, April 17, 1978, pp. 23–27 および Richard Falk, "The Moral Argument as Apologia," *The Nation*, March 25, 1978, pp. 341–43 を参照されたい。

16　Michael Bar-Zohar, *Ben-Gurion : A Biography*, London : Weidenfeld and Nicholson, 1978, p. 161.

17　アリック・シャロン将軍の（とくに悪名高い101部隊［パレスチナ人のイスラエル侵入を防ぐため1952年に創設された特殊部隊］における）経歴の詳細は，*Middle East International*（Room 105, Grand Buildings, Trafalger Squre, WC_2N 5EP, London）発行の *The Voice of Zionism*（刊行年記載なし），pp. 46–57 に見える記載を参照されたい。

18　Clinton Baily in *The Jerusalem Post*, February 22, 1979.

19　占領地域における土地収用と入植に関する最近の報告は，Paul Quiring, "Israeli Settlements and Palestinian Rights," *Middle East International* 87, September 1978, pp. 10–12 および 88, October 1978, pp. 12–15 に見られる。

20　Amnon Kapeliouk, "L'Autonomie selon Israel," *Le Monde diplomatique*, January 1979 参照。

21 Fayez Sayegh, "The Camp David Agreement and the Palestine Problem," *Journal of Palestine Studies*, 8: 2, Winter 1979, p. 40.

22 Michael C. Hudson, *Arab Politics: The Search for Legitimacy*, New Haven: Yale University Press, 1977 参照。

23 この仕事の一部はすでになされつつある。バーバラ・カルカスによる重要な論文, Barbara Kalkas, "Diverted Institutions: A Reinterpretation of the Process of Industrialization in Nineteenth Century Egypt," *Arab Studies Quarterly*, 1: 1, Winter 1979, pp. 28–48 参照。

24 この問題に関する最良の著作は, Anwar Abdel Malek, *Egypt, Military Society*, trans. Charles Markham, New York: Random House, 1968 である。

25 1949年から1967年にかけてのパレスチナ民族主義については, Saul Mishal, *East Bank West Bank: The Palestinians in Jordan, 1949–1967*, New Haven: Yale University Press, 1978 参照。

26 この見解の最も「専門的」な主唱者はヨシャファト・ハルカビー将軍である。その著作はイスラエル軍の基本図書であり, 西洋世界のイスラエル大使館や領事館によって日常的に配布されている。彼の *Palestinians and Israel* を見よ。

27 例えば, *The Market of Arab Children in Israel: A Collection by the Israel League for Human and Civil Rights*, Tel Aviv, P. O. Box 14192, 1978 を参照。

28 Roger Morris, *Uncertain Greatness: Henry Kissinger and American Foregn Policy*, New York: Harper & Row, 1977, p. 261 参照。

29 この時期の合衆国の政策に関する最も説得力に富んだ単一の分析は, Eqbal Ahmad, "What Washington Wants," in *Middle East Crucible: Studies on the Arab-Israeli War of October 1973*, ed. Naseer H. Aruri, Wilmett, Ill.: Medina Press, 1975, pp. 227–64. これに先立つ時期については, 著者の研究 E. W. Said, "The United States and the Conflict of Powers in the Middle East," *Journal of Palestine Studies*, 2: 3, Spring 1973, pp. 30–50 も参照のこと。

30 "Towards Peace in the Middle East," Report of a Study Group, The Brookings Institution, 1975.

31 この問題に関する最良の報告は, Amnon Kapeliouk, "Le Pari," *Le Monde diplomatique*, April 1979 である。

32 この点, ならびに合衆国におけるパレスチナ人の発言抑圧の問題に関しては, *Washington Post*, April 12, 1979 掲載の社説を参照。

33 ほとんど同一の議論はサラーフ・ハラフ（アブー・イヤード）[「1992年版への序文」訳注58参照] によっても行なわれている。Salah Khalaf (Abou Iyad), *Palestinien sans patrie: Entretiens avec Eric Rouleau*, Paris: Fayolle, 1978. ＊原書本文中の注番号 (34) を (33) に改めた。

書　誌

1　翻訳の方針は「原注」の場合に倣い，訳注は＊（アステリスク）および［　］（ブラケット）で示した。読みやすさを考慮して，原著の追い込み方式を改め，文献ごとに改行して，その冒頭を「・」によって始めている。
2　末尾に日本語文献を若干追加した。

中東一般，とくにパレスチナ人やシオニズム，およびそれら両者の軋轢に関する著作の量は膨大で，しかも絶望的なほどに増殖を続けている。私がここに記すのは，それらのうちの一部分に過ぎない。だが，英米圏の読者にとっては，標準的な社会科学の専門書や親シオニストの著作に接する機会は遙かに多いと思われるので，私見によれば，むしろ馴染みの薄い文献を指摘することこそ有益であろう。

絶好の出発点となるのは——もっとも，私がここで挙げる諸項目の大半は，大きな図書館にでも出向かぬ限り容易には閲覧できないことも銘記すべきである——きわめて膨大かつ詳細な書誌を含む次の著作である。

・*Palestine and the Arab-Israeli Conflict: An Annotated Bibliography*, eds. Walid Khalidi and Jill Khadduri, Beirut: Institute for Palestinian Studies, 1974.

ベイルートの同研究所は，現在 P. O. Box 19449, Washington D. C., 20036 で入手可能な旬刊誌

・*The Journal of Palestine Studies*

を含め，英語・フランス語・アラビア語によるきわめて多量の文献を刊行している［パレスチナ研究所は1982年以降合衆国ワシントン3501 M Street, N. W., Washington D.C., 20007にも事務所を構え，雑誌はカリフォルニア大学出版局University of California Press, 2120 Berkeley Way, Berkeley, CA 94720より刊行されている］。パレスチナ問題の予備的研究に不可欠な二つの編著としては，

・*Transformation of Palestine*, ed. Ibrahim Abu-Lughod, Evanston, Ill.: Northwestern University Press, 1971.

・*From Heaven to Conquest: Readings in Zionism and the Palestine Problem until 1948*, ed. Walid Khalidi, Beirut: Institute for Palestine Studies, 1971.

が挙げられる。アラブ・パレスチナ人の闘争に関する古典的著作は，

・George Antonius, *The Arab Awakening*, 1938（復刻版，New York: G. P. Putnam's Sons, 1948）＊ジョージ・アントニウス『アラブの目覚め——アラブ民族運動物語』木村申二訳，第三書館，1989年。

であるが，これはドリーン・イングラムス編の資料集，

・*Palestine Papers, 1917–1922: Seeds of Conflict*, ed. Doreen Ingrams, London: John

Murray, 1972.

によって補われねばならない。また，

・A. L. Tibawi, *Anglo-Arab Relations*, London: Luzac, 1978.

・——, *A Modern History of Syria, Including Lebanon and Palestine*, London: Macmillan, 1969.

・——, *British Interests in Palestine*, London: Oxford University Press, 1961.

も参照。ティーバーウィーの歴史研究は，およそこれまでにパレスチナ人が生み出した最上の著述であり，その発見と誠実さとによって，どこに出しても通用する見事な歴史書となっている。証言に基づく歴史叙述としては，

・Sami Hadawi, *Bitter Harvest, Palestine 1914–67*, New York: New World Press, 1967.

があり，それを補うのが，流亡の地にあるパレスチナ人の注目すべき自画像，

・Fawaz Turki, *The Disinherited: Journal of a Palestinian Exile*, New York: Monthly Review Press, 1972.

である。

・John Davis, *The Evasive Peace*, London: John Murray, 1968.

は，UNRWA［国連パレスチナ難民救済事業機関］の前長官によるパレスチナ問題の記述，またその舞台背景の説明として，次の二著がある。

・Gary V. Smith, *Zionism: The Dream and the Reality, a Jewish Critique*, London: David and Charles, 1974.

・Alan R. Taylor, *Prelude to Israel: An Analysis of Jewish Diplomacy*, New York: Philosophical Library, 1959.

優れた最近の概観を行なっているのは，

・David Waines, *A Sentence of Exile: The Palestine/Israel Conflict, 1897–1977*, Wilmette, Ill.: Medina Press, 1977.

これと併用しうるのが，明らかな偏向にも拘わらず全体としては信頼できる，標準的なアメリカ社会科学の歴史書，

・J. C. Hurewitz, *The Struggle for Palestine*, 1950（復刻版，New York: Schocken Books, 1976).

である。

1960年代およびそれ以降のパレスチナ抵抗運動の復興を扱った専門的ジャーナリストの著作としては，次の二点がある。

・Gérard Chaliand, *La Resistance Palestinienne*, Paris: Seuil, 1970.

・Davis Hirst, *The Gun and the Olive Branch: The Roots of Violence in the Middle East*, New York: Harcourt Brace Jovanovich, 1977.

また，

・Adnan Abu-Ghazaleh, *Arab Cultural Nationalism in Palestine during the British Mandate*, Beirut: Institute for Palestine Studies, 1973.

には，近年のパレスチナ抵抗運動の背景に関する，やや簡略ではあるが興味深い記述が見られる。パレスチナ人のゲリラ活動については，RAND コーポレーションの重要な研究，

・William Quandt, Fuad Jabber, Ann Moshley Lesch, *The Politics of Palestinian*

Nationalism, Berkeley: University of California Press, 1973.
も併読する必要がある。クワントは現在，国家安全保障会議の委員であり，中東に関するブレジンスキーの知恵袋と見做されている。そこで，

・William Quandt, *Decade of Decisions: American Policy toward the Arab-Israeli Conflict*, Berkeley: University of California Press, 1977.

も参照されたい。クワントが扱っている時期に関するジャーナリスティック（で保守的）な補足材料として，

・Edward R. F. Sheehan, *The Arabs, Israelis, and Kissinger: A Secret History of American Diplomacy in the Middle East*, New York: Reader's Digest Press, 1976.

が挙げられる。シーハンが特権的に利用している情報の大半は，キッシンジャーから彼に漏らされたものだという。何しろキッシンジャーは本書の英雄だからである。合衆国の外国政策についての早い段階での情報は，

・Richard Stevens, *American Zionism and U.S. Foreign Policy 1942–1947*, Beirut: Institute for Palestine Studies, 1962.

が批判的に検討している。また，1948年の［大統領］選挙期間中のユダヤ票の影響に関する詳細な著述，

・John Snetsinger, *Truman, the Jewish Vote and the Creation of Israel*, Stanford: Hoover Institute Press, 1974.

には，冷静な記載が見られる。

共感を籠めて書かれたパレスチナ人の歴史として，

・Lorand Gasper, *Histoire de la Palestine*, Paris: Maspero, 1978.

が，また闘争時のパレスチナ人の詩歌に関する内側からの研究としては，

・*Enemy of the Sun: Poetry of Palestinian Resistance*, eds. Naseer Aruri and Edmund Ghareeb, Washington: Drum and Spear Press, 1970.

という撰集がある。ほとんど全面的にイスラエル側の資料に依拠して書かれた著作，

・Sabri Jiryis, *The Arabs in Israel*, New York: Monthly Review Press, 1976. ＊サブリ・ジェリス『イスラエルのなかのアラブ人』若一光司・奈良本英佑訳，サイマル出版会，1975年。

は，イスラエル市民権を持つアラブがいかに合法的に抑圧されているかを詳細に物語っている。この重要な書物と併読しうるのが，同一の物語をまったく個人的視点から綴った次の著作である。

・Fouzi al-Asmar, *To Be an Arab in Israel*, London: Frances Pinter, 1975. ＊ファウジ・エル・アスマール『リッダ――アラブ人としてイスラエルに生きる』城川桂子訳，第三書館，1981年。

さらに最近の，社会学的に一層洗練された著述に，

・Elia T. Zureik, *The Palestinians in Israel: A Study in Internal Colonialism*, London: Routledge & Kegan Paul, 1979.

がある。

アイザック・ドイッチャー（の『非ユダヤ的ユダヤ人』［鈴木一郎訳，岩波新書，1970年］）を別とすれば，中東に関する主要なヨーロッパ社会主義者の発言は，フランスのオリエンタリストであるマクシム・ロダンソンによって行なわれてきた。

・Maxime Rodinson, *Israel and the Arabs*, New York: Pantheon, 1968.

・――, *Israel: A Colonial-Settler State?* New York: Morad Press, 1973.

イスラエルで生起している事柄についての，非急進的で最良の記述は，

・Amnon Kapeliouk, *Israel: La fin des myths*, Paris: Albin Michel, 1975.

に見出される。『ルモンド』や『ルモンド・ディプロマティック』に掲載されるカプリウクの記事は，つねに印象深く重要である。彼のジャーナリストとしての著述は，デイヴィッド・ハースト（マンチェスター『ガーディアン』）やエリック・ルロー（『ルモンド』），ジョン・K. クーリー（『クリスチァン・サイエンス・モニター』）らと同様，例えば『ニューヨーク・タイムズ』のような場所に発表される相も変わらぬ発言などより遙かに高水準にある。

中東に関する最も息の長い，最も優れた急進的分析はノーム・チョムスキーによって行なわれている。

・Noam Chomsky, *Peace in the Middle East? Reflections on Justice and Nationhood*, New York: Pantheon Books, 1974.

イスラエル人によるシオニズム批判も入手可能である。

・*The Other Israel: The Radical Case against Zionism*, ed. Arie Bober, New York: Doubleday & Co., 1972.

がその一つ。さらに，ロンドンのイサカ出版社からは，一連の屈強な書物が刊行されている。

・*Documents from Israel, 1967–1973*, eds. Uri Davis and Norton Mezvinsky, London: Ithaca Press, 1975.

・*Israel and the Palestinians*, eds. Uri Davis, Andrew Mack, and Nira Yuval-Davis, London: Ithaca Press, 1975.

・Felicia Langer, *With My Own Eyes*, London: Ithaca Press, 1975. ＊フェリシア・ランゲル『イスラエルからの証言――ユダヤ女性弁護士の記録』広河隆一訳，群出版（発行）／績文堂（発売），1982年。

国家からアラブを弁護する急進的女性弁護士の語りは，ぞっとするほどの恐ろしい読書体験を与えてくれる。

・*Dissent and Ideology in Israel: Resistance to the Draft, 1948–1973*, eds. Martin Blatt, Uri Davis, and Paul Kleinbaum, London: Ithaca Press, [1975].

だが，イスラエルから発せられる最も印象的な資料の源となっているのが，ヘブライ大学の化学教授にしてイスラエル人権連盟会長を務める畏敬すべき学者，イスラエル・シャハク博士という一人の人間であることは疑いようがない。彼はイスラエルおよび占領地域における人権擁護のために記事を翻訳し，独自の詳細な調査を行ない，運動を組織している。その資料（シャハク文書）は現在，パレスチナ人権キャンペーン（The Palestine Human Rights Campaign, 1322 18th Street NW, Washington D. C., 20036）を通じて入手できる。一組（およそ三週間に生起した事柄に基づく）だけで，西洋の新聞が十年間，束になっても読者に伝え切れないほどの価値ある内容を含んでいる。シャハクの定期的報告を補うのが，イスラエル占領下の実態を伝える簡便で唯一利用可能な次の一冊本である。

・*Treatment of Palestinians in Israeli-Occupied West Bank and Gaza: Report of the*

National Lawyers Guild 1977 Middle East Delegation, New York: National Lawyers Guild, 1978.

定期的に会合を持ち，文献を配布しているパレスチナ人権キャンペーンに加え，内外のいくつかの機関も公文書に対抗する素材を刊行している。アラブ・アメリカ大学卒業生協会（AAUG）は書物や不定期刊行物の類を出しており，AAUG, P. O. Box 7391, North End Station, Detroit, Mich., 48202 に連絡して取り寄せることができる。中東調査・情報プロジェクト（MERIP）は，ほとんどアメリカ人のみによって担われた，中東に関する合衆国唯一のまともな急進的調査団体である。MERIP は月報と不定期刊行物を出している。連絡先は MERIP, P. O. Box 3122, Columbia Heights Station, Washington D. C., 20010．それ以外に有益な資料が得られる定期刊行物としては，

・*Review of Middle Eastern Studies*, Ithaca Press.
・*Gazelle*,［The Palestinian Biological Bulletin, Frankfurt］.
・*Israleft*,［Jerusalem］.
・*Khamsin*,［Paris and London］.
・*Monthly Review*,［An Independent Socialist Magazine, New York］.
・*In These Times*,［Institute for Public Affairs, Chicago］.
・*Seven Days*.

があり，さらに

・*Village Voice*.

に掲載されるアレグザンダー・コックバーンおよびジェイムズ・リッジウェイの論説も有益である。イギリスではゼッド出版社，フランスではマスペロが重要な書物を刊行している。軍事雑誌や『ウォール・ストリート・ジャーナル』，議会の公聴会，国務省の記録，その他の体制側の定期刊行物も，それらが示す観点を知る上で価値が高いことを私は発見している。なかでも中東の体制側を代表するのが，旬刊の雑誌

・*The Middle East Journal*,［Middle East Institute, Washington, D. C.］

である。とくに1967年および1973年の中東戦争に関する解毒剤として参照すべきなのは，

・*The Arab-Israeli Confrontation of June 1967: An Arab Perspective*, ed. Ibrahim Abu-Lughod, Evanston: Northwestern University Press, 1970.
・*Middle East Crucible: Studies on the Arab-Israeli War of October 1973*, Wilmette, Ill.: Medina Press, 1975.

である。次の著作も参照のこと。

・Aharon Shen, *Israel and the Arab World*, New York: Funk and Wagnallis, 1970.

二つの留保条件を付しておく必要がある。(1) ベイルートの PLO リサーチ・センターが発行する雑誌や研究，報告書のように，明らかに重要な資料はアラビア語で記されているため，西洋の読者はいまだ容易にはそれらを把握しがたいこと。(2) 親シオニストの資料に比べると，ここで列挙した資料はわずかの例外を除いて遥かに入手困難であること。これは，すでに述べたように，主要放送網や出版社，新聞の通信社やニュース配信元などが共謀した結果生じた状況である。

その他の，ごく最近の出版物についても触れておく必要がある。

・Michael C. Hudson, *Arab Politics: The Search for Legitimacy*, New Haven: Yale University Press, 1977.

これは,

・Nadav Safran, *Israel: The Embattled Ally*, Cambridge, Mass.: Harvard University Press, 1978.

と均衡を取るために読まれるべきである。また,

・A. W. Kayyali, *Palestine: A Modern History*, London: Croom Helm, 1978.

は十分な水準を保ったアラブ史であり,これを補うのに,ローズマリー・サーイグの瞠目すべき著作,

・Rosemary Sayigh, *Palestinians: From Peasants to Revolutionaries*, London: Zed Press, 1979.

を見る必要がある。イスラエル人による有益な著作としては,次の二著が挙げられる。

・Saul Mishal, *West Bank East Bank: The Palestinians in Jordan 1949–1967*, New Haven: Yale University Press, 1976.

・Sammy Smooha, *Israel: Pluralism and Conflict*, London: Routledge & Kegan Paul, 1978.

最後に,きわめて情報量の多い著作,

・Alfred M. Lilienthal, *The Zionist Connection: What Price Peace?* New York: Dodd, Mead & Company, 1978.

ならびに,アブー・イヤード(PLOの高官)による「〜は語る」式の魅惑的な書,

・Abou Iyad, *Abou Iyad: Palestinien sans patrie: Entretiens avec Eric Rouleau*, Paris: Fayolle, 1978.

も挙げておこう。

書誌補遺(1992年版)

最も包括的で,きわめて詳細な出典注の付された近著として,

・Noam Chomsky, *The Fateful Triangle: The United States, Israel and the Palestinians*, Boston: South End, 1983.

が挙げられる。これは1982年のイスラエルによるレバノン侵攻に基づいているが,より大きな視野での歴史的・道徳的諸問題も取り上げている。

・*Israel in Lebanon*, London: Ithaca Press, 1983.

はショーン・マクブライドとリチャード・フォーク率いる国際委員会の調査報告。アメリカの文脈から行なわれた三つの研究として,

・Cheryl Rubenberg, *Israel and the American Interest*, Urbana: University of Illinois Press, 1986.

・John Quigley, *Palestine and Israel: A Challenge to Justice*, Durham: Duke University Press, 1990.

・*Blaming the Victims: Spurious Scholarship and the Palestinian Question*, eds. Edward W. Said and Christopher Hitchens, London and New York: Verso, 1988.

を挙げておこう。西洋の世論に関する重要な著作は,次の研究である。

・Elia Zureik and Fouad Moughrabi, *Public Opinion and the Palestinian Question*, London:

Croom Helm, 1987.
同時に，

・Paul Findley, *They Dare to Speak Out: People and Institutions Confront Israel's Lobby*, Westport: Lawrence Hill, 1988.

において暴露されている事実にも注目せよ。

イスラエルの学界では，修正主義的著作が爆発的と言ってよいほど増加した。最も注目すべき著作を列挙しよう。

・Simha Flapan, *The Birth of Israel: Myths and Realities*, New York: Pantheon, 1987.
・Tom Segev, *1949: The First Israelis*, New York: The Free Press, 1986.
・Benny Morris, *The Birth of the Palestinian Refugee Problem, 1947–1949*, Cambridge: Cambridge University Press, 1987.
・Avi Shlaim, *Collusion across the Jordan: King Abdulla, the Zionist Movement and the Partition of Palestine*, New York: Columbia University Press, 1988.
・Benjamin Beit Hallahmi, *The Israeli Connection: Who Israel Arms and Why*, New York: Pantheon, 1987.
・Gershon Shafir, *Land, Labor, and the Origins of the Israeli-Palestinian Conflict 1882–1914*, Cambridge: Cambridge University Press, 1989.

また，

・Dov Yermiya, *My War Diary: Lebanon, June 5–July 1, 1982*, Boston: South End Press, 1983.

は，レバノン侵攻に反対を唱える一イスラエル人大佐による，その侵攻についての衝撃的な一人称の語りである。

・Jane Hunter, *Israeli Foreign Policy: South Africa and Central America*, Boston: South End Press, 1987.

も併せて参照のこと。

パレスチナ人の歴史・社会・政治・文化に関する研究は，今頃になってようやく，印象的な規模で英語によって著わされるようになった。以下に列挙するのは，すべてがパレスチナ人の視点に共感的な優れた著作であり，その多くがパレスチナ人の手になるものである。

・Philip Mattar, *The Mufti of Jerusalem: Al-Hajj Amin al-Husayni and the Palestinian National Movement*, New York: Columbia University Press, 1988.
・Muhammad Y. Muslih, *The Origins of Palestinian Nationalism*, New York: Columbia University Press, 1988.
・Michael Palumbo, *The Palestinian Catastroph: The 1948 Expulsion of a People from Their Homeland*, London: Faber & Faber, 1987.
・David Gilmour, *Dispossessed: The Ordeal of the Palestinians 1917–1980*, London: Sidgwick and Jackson, 1980. ＊D. ギルモア『パレスチナ人の歴史——奪われし民の告発』北村文夫訳，新評論，1985年。
・B. K. Nijim and B. Muammar, *Toward the De-Arabization Palestine/Israel 1945–1977*, Dubuque, Iowa: Kendall/Hunt, 1984.
・Rashid Khalidi, *Under Siege: PLO Decisionmaking during the 1982 War*, New York:

Columbia University Press, 1986.

優れたフォト・エッセイも数多く現われ，そのすべてがパレスチナ人のイメージを人間化し，そこに実質を付与してくれる。

・Walid Khalidi, *Before Their Diaspora: A Photographic History of the Palestinians 1876–1948*, Washington: Institute of Palestine Studies, 1984.

・Jonathan Dimbleby, with photographs by Donald McCullin, *The Palestinians*, London: Quartet, 1979.

本書はレバノンにおけるパレスチナ人の生活を見つめている。

・Sarah Graham-Brown, *Palestinians and Their Society 1880–1946: A Photographic Essay*, London: Quartet, 1980.

・Edward W. Said, with photographs by Jean Mohr, *After the Last Sky: Palestinian Lives*, New York: Pantheon, 1986. ＊エドワード・W. サイード／写真＝ジャン・モア『パレスチナとは何か』島弘之訳，岩波書店，1995年。

パレスチナの民族藝術については，いくつかの研究が行なわれている。群を抜いて詳細なのは，豪華な図版が入り，注釈が付いた次の著作である。

・Shelagh Weir, *Palestinian Costumes*, London: British Museum, 1989.

言語藝術の分野でこれに匹敵するのは，

・Ibrahim Muhawi and Sharif Kanaana, *Speak Bird, Speak Again: Palestinian Arab Folktales*, Berkeley: University of California Press, 1989.

である。併せて，次著も参照のこと。

・Inea Bushnaq, *Arab Folktales*, New York: Pantheon, 1987. ＊イネア・ブシュナク編『アラブの民話』久保儀明訳，青土社，1995年。

パレスチナ内外のパレスチナ人の生活は，以下の諸作品の恩恵を蒙っている。

・Laurie A. Brand, *Palestinians in the Arab World: Institution Building and the Search for State*, New York: Columbia University Press, 1988.

・Said K. Aburish, *Children of Bethany: The Story of a Palestinian Family*, Bloomington: Indiana University Press, 1988. ＊サイード・K．アブリッシュ『アブリッシュ家の人々——あるパレスチナ人家族の四世代』林睦子訳，三交社，1993年。

・Fadwa Tuqan, *A Mountainous Journey: An Autobiography*, London: The Women's Press, 1990. ＊『「私の旅」パレスチナの歴史——女性詩人ファドワ・トゥカーン自伝』武田朝子訳，新評論，1996年。

・Raja Shehadeh, *The Third Way: A Journey of Life in the West Bank*, London: Quartet, 1982.

・Julie Peteet, *Gender in Crisis: Women and the Palestinian Resistance*, New York: Columbia University Press, 1991.

イスラエルの占領とインティファーダについては，以下の諸著作に活写されている。

・*Intifada: The Palestinian Uprising against Israeli Occupation*, eds. Zachary Lockman and Joel Beinin, Boston: South End, 1989.

・Jamal R. Nassar and Roger Heacock, *Intifada: Palestine at the Crossroads*, New York: Praeger, 1990.

・Geoffrey Aronson, *Creating Facts: Israel, Palestinians and the West Bank*, Washington:

Institute for Palestine Studies, 1987.
・Joost R. Hilterman, *Behind the Intifada: Labor and the Women's Movements in the Occupied Territories*, Princeton: Princeton University Press, 1991.
・*Occupation: Israel over Palestine*, ed. Naseer H. Aruri, Belmont: AAUG, 1989, 2nd ed.
・Gloria Emerson, *Gaza, A Year in the Intifada: A Personal Account*, New York: Atlantic Monthly, 1991.

パレスチナ難民キャンプで働いた医師たちによる三つの驚くべき証言としては,

・Pauline Cutting, *Children of the Siege*, London: Heinemann, 1988.
・Swee Chai Aug, *From Beirut to Jerusalem*, London: Grafton Books, 1989.
・Chris Giannou, *Besieged: A Doctor's Story of Life and Death in Beirut*, Toronto: Key Porter Books, 1990.

がある。

最後に，以下の諸著作はパレスチナ問題のユダヤ・イスラエル的側面のみならず，パレスチナ・イスラエル関係の将来についても，思いがけない視野を提供してくれる。

・Edwin Black, *The Transfer Agreement: The Untold Story of the Secret Pact between the Third Reich and Jewish Palestine*, New York: Macmillan, 1984.
・Edward Tivnan, *The Lobby: Jewish Political Power and American Foreign Policy*, New York: Simon & Schuster, 1987.
・Mark A. Heller and Sari Nusseibeh, *No Trumpets, No Drums: A Two-State Settlement of the Israeli-Palestinian Conflict*, New York: Hill and Wang, 1991. ＊マーク・ヘラー／サリー・ヌセイベ『中東新時代のパラダイム――ユダヤ・パレスチナ紛争終結への道を探る』立山良司・中島勇訳，TBS ブリタニカ，1992年。
・Marc H. Ellis, *Beyond Innocence and Redemption: Confronting the Holocaust and Israeli Power*, New York: Harper & Row, 1990.
・*Beyond Occupation: American, Jewish, Christian and Palestinian Voices for Peace*, eds. Rosemary Radford Reuther and Marc H. Ellis, Boston: Beacon Press, 1990.

＊本書の視点と関連が深く，また日本人として本書を理解する上で役立つ日本語の参考文献を（すでに訳注で引用した著作も含めて）若干掲げる。

・板垣雄三『石の叫びに耳を澄ます――中東和平の探索』平凡社，1992年。
パレスチナ問題とユダヤ人問題との結びつきを確認しながら，世界史のなかでのパレスチナ問題の意味を展望し，さらに「連帯と学問が結びつくという意図」(「2.11 パレスチナ・シンポジウム総括と展望の集い」『季刊パレスチナ』創刊号，1978年11月，p. 7）での研究と発言を続けてきた著者の軌跡を示す重要な一冊。
・板垣雄三編『アラブの解放』ドキュメント現代史13，平凡社，1974年。
・中東の平和をもとめる市民会議編『パレスチナ問題とは何か』未來社，1982年（改訂版，1987年)。
いずれも，問題への視座を提供すると同時に，基本的資料集としても役に立つ。本訳書でも随所で利用している。

・広河隆一『パレスチナ』岩波新書，1987年（新版，2002年）。
・同『中東共存への道――パレスチナとイスラエル』岩波新書，1994年。
・同編著『写真記録「パレスチナ」』1（激動の中東35年）・2（消えた村と家族），日本図書センター，2002年。

フォト・ジャーナリストとして中東各地を取材し，「パレスチナの子供の里親運動」の代表としても活動を続ける著者が，現地の人々との接触や交流の積み重ねのなかから生み出した，説得力に富む著述。

・土井敏邦『アメリカのユダヤ人』岩波新書，1991年。
・同『アメリカのパレスチナ人』すずさわ書店，1991年。
・同『占領と民衆――パレスチナ』晩聲社，1988年。

本訳書でも論じられた合衆国のユダヤ人およびパレスチナ人社会，ならびにインティファーダ開始直前の占領地域に関する取材報告。当事者たちの生の声が記録されている。

・広河隆一／パレスチナ・ユダヤ人問題研究会編『ユダヤ人とは何か――「ユダヤ人」I』三友社出版，1985年。

板垣雄三「ユダヤ人問題理解のために――差別はどこからきたか」，浅見定雄「聖書とユダヤ人――入り組んだ「民族の起源」」，広河隆一「ユダヤ人とは誰か――非ユダヤ的ユダヤ人とイスラエル人」に始まり，村山隆忠「キリスト教シオニズムの構造――日本人にとってのイスラエル」に至る11篇の論考を収録。パレスチナ問題と対にして考えるべき問題への視座を示す。

・臼杵陽『見えざるユダヤ人――イスラエルの〈東洋〉』平凡社選書，1998年。

本書でも取り上げられた「オリエント系ユダヤ人」（ミズラヒーム）に関する論考を収録する。

・イブラーヒーム・スース『ユダヤ人の友への手紙』西永良成訳，岩波書店，1989年（第2刷，2001年）。

PLO のパリ代表を務めるパレスチナ人から，ユダヤ人との共存を求めて発せられた呼びかけ。板垣雄三氏の見事な「解説」（第2刷では増補あり）が付されている。

・板垣雄三／吉田悟郎編『パレスチナ人とユダヤ人――日本から中東をみる視点』三省堂，1984年。

1982年11月に行なわれたシンポジウムをもとに構成された書物。副題にあるように，日本人の中東像やユダヤ人像の問題を考える上で重要な手がかりを与えてくれる。とくに，坂東淑子「パレスチナ問題と日本人の意識構造――わたしたちの中東認識，パレスチナ問題認識を妨げているもの」，二谷貞夫「教育のなかで」のように，中学・高校教育に従事する筆者からの寄稿が含まれているのは注目に値する。なお，関連論文として，関場理一編「高校『世界史』におけるパレスチナ問題――現代を中心として」『季刊パレスチナ』3，1979年8月，pp. 81–114 も参考になる。

主要な術語・概念の訳語一覧

＊本書で用いられる主な術語や概念語に対しては，おおよそ以下のような訳語を宛てた。主要部分は『オリエンタリズム』の邦訳にほぼ準じている。

＊類似の概念や近接概念，反対語などを一括してアルファベット順に列挙した。

・agency「機関」「行為主体」/ agent「代理人」「媒介者」「諜報部員」「秘密活動員」(ルビを付す場合は「エージェント」)
・alienation「割譲」/ dispossession「土地奪取」「土地喪失」/ expropriation「土地奪取」「接収」「(土地)収用」
・alternative「代替案(物，措置，的)」「代案」「別の選択肢」/ option「選択肢」(ルビを付す場合は「オプション」)
・appeal「アピール」「請願」「呼びかけ」/ campaign「キャンペーン」「運動」「呼びかけ」/ petition「請願」
・Arab Palestinians「パレスチナ人アラブ」/ Palestinian Arab「パレスチナ人アラブ」
・autonomy「自律性」「自治」/ self-rule「自治」「自立」
・cause「大義」「大義名分」「理想」
・commitment「参与」「参画」
・community「共同体」「社会」/ society「社会」
・consensus「合意」/ unanimity「合意」
・deportation「国外退去」「追放」/ displace[ment]「追放」「強制退去」/ transfer「(強制)移住」
・detail「細部」「細部描写」(ルビを付す場合は「ディテール」)
・dilemma「板挟み状態」「抜き差しならぬ状況」/ plight「窮状」/ predicament「苦境」「窮状」
・discipline「規律＝訓練」「規律＝懲罰」(ルビを付す場合は「ディシプリン」)
・discourse「言説」
・dispersion「離散」/exile「流亡」「亡命」/refugee「難民」
・East「東方」「東洋」/ West「西洋」
・formation「編制」
・Gentiles「非ユダヤ人《ジエンタイル》」/ non-Jew「非ユダヤ人」
・hegemony「覇権」，文脈により「ヘゲモニー」
・identity「主体性」「個性」「特性」「身分」(ルビを付す場合は「アイデンティティー」)
・irony「皮肉」「アイロニー」/ ironic「反語的」

・issue「案件」「問題」「論点」「争点」/ problem「問題」/ question「問題」
・Jew「ユダヤ人」，文脈により「ユダヤ教徒」
・journalism「新聞・雑誌」「ジャーナリズム」/ media「メディア」「媒体」/ press「報道機関」「出版物」
・liberal「リベラル」/ radical「急進的」
・Occident「オクシデント」/ Orient「オリエント」/ Orientalist「オリエンタリスト」
・practice「実践」「慣行」「やり方」/ praxis「慣習」
・process「過程」「手続」「作業手順」/ program「綱領」「作業手順」「計画」
・project「プロジェクト」
・propaganda「宣伝活動」「宣伝工作」「政治宣伝」(ルビを付す場合は「プロパガンダ」)
・rebuild「再建設する」/reconstitute「再構成する」/reconstruct「再構築する」/reestablish「再興する」
・represent「代表する」「表象する」「代表＝表象する」
・slogan「標語」「スローガン」
・terror「テロ」「恐怖」/ terrorism「テロ行為」
・vision「ヴィジョン」

アラビア語・ヘブライ語のローマ字転写と仮名表記

＊いずれも原著の転写は規則的ではないので，本書に登場する語彙の範囲内で矛盾が生じないよう，原注・訳注・書誌および索引においては，新たに以下の原則によって転写・表記を行なった。

1　アラビア語

①子音のローマ字転写は，字母のアルファベット順に次の通り。

’, b, t, th, j, ḥ, kh, d, dh, r, z, s, sh, ṣ, ḍ, ṭ, ẓ, ‘, gh, f, q, k, l, m, n, h, w, y

母音は a, i, u, 長母音は ā, ī, ū, 二重母音は ay, aw を用いる。

②語頭のハムザ，語末の「ター・マルブータ」は転写・表記しない。

③無母音の「アイン」は直前の母音を小文字表記し，語末の「アイン」は小文字の「ゥ」で表記する。ただし，語末に小文字が連続する場合は通常の文字表記とする。

例：ba‘th「バァス」，Sammū‘「サンムーゥ」，Shāfi‘「シャーフィウ」

④定冠詞はつねに al- と転写する。表記は「アル＝」，ただし後続の太陽文字と同化する場合は「アン＝」「アッ＝」とする。語頭の定冠詞の仮名表記は省略した場合が多い。

⑤仮名表記は近似音を用い，単語単位に区切って行なう。ただし，人名の「アブー」Abū＋定冠詞＋名詞の場合，全体を一語として扱い，「連結ハムザ」の発音省略や直前の長母音の短母音化等の音韻変化もそのまま表記する。

例：Abū al-Naṣr「アブ・ン＝ナスル」(「アブー・アン＝ナスル」とはせず)

Abū al-Hawl「アブ・ル＝ハウル」(「アブー・アル＝ハウル」とはせず)

他方，人名の「アブド」‘Abd＋定冠詞＋名詞の場合は各語を分けて表記する。

例：‘Abd al-Nāṣir「アブド・アン＝ナーセル」

ただし，ヨルダン国王‘Abd allāh のみ「アブド・アッラー」ではなく「アブドゥッラー」とした。

⑥ 人名・地名等の固有名詞で，口語（方言）に基づく発音が一般に流布している場合は，ローマ字転写では正則語の形，仮名表記では口語形を採用した。

1）一般に正則語の母音 i, u は口語では e, o に変化する傾向がある。

例：Yāsir ‘Arafāt「ヤーセル・アラファート」(「ヤースィル」とはせず)

2）一般に正則語の二重母音 ay は口語では ey に変化する傾向がある。

例：Dayr Yāsīn「デイル・ヤースィーン」(「ダイル」とはせず)

Ḥusayn「フセイン（国王・大統領)」(「フサイン」とはせず)

Shuqayrī「シュケイリー」(「シュカイリー」とはせず)

3）一般に正則語の子音 j はエジプト方言では g 音で発音される。

例：Jamāl ‘Abd al-Nāṣir「ガマール・アブド・アン＝ナーセル」(「ジャマール」とはせず)

Najīb Maḥfūẓ「ナギーブ・マフフーズ」(「ナジーブ」とはせず)

⑦ 欧米語での転写方法が一般化している人名については，多くそれに従った。

例：Anwar Abdel Malek「アンワル・アブデル＝マレク」(「アブド・アル＝マリク」とはしない)

2　現代ヘブライ語

① ローマ字表記は，字母のアルファベット順に次の通り。

’, b, v, g, d, h, w, z, ḥ, ṭ, y, k, kh, l, m, n, ṣ, ‘, p, f, ẓ, q, r, sh, s, t

母音は a, i, u, e, o, 半母音は e, 二重母音は ai, ei, oi, ui を用いる。

② 定冠詞はつねに Ha-と転写し，「ハ＝」と表記する。

③ 語頭の「アレフ」は転写・表記しない。

④ 母音の長短の区別や強ダゲッシュ（子音を二度重ねて発音する指示記号）の類はローマ字転写では表示しない。仮名表記では，最終音節にアクセントが来る以下の場合にのみ音引きを入れて長母音化の傾向を示す。強ダゲッシュも無視する。

1）語尾の -ah, -eh, -oh

例：haganah「ハガナー」，halakhah「ハラハー」，‘avodah「アヴォダー」

Mosheh「モシェー」，Shelomoh「シュロモー」

2）i, u の場合

例：ẓa‘ir「ツァイール」，‘ivrit「イヴリート」

ḥerut「ヘルート」，likud「リクード」，gush「グーシュ」，irgun「イルグーン」，aḥdut「アハドゥート」(慣用による例外：qibuẓ「キブツ」)

⑤ 半母音は上記の通り e で転写し，仮名表記では原則として「ェ」とする。

例：yediot「イェディオット」，Yeriḥo「イェリホ」，Yerushalayim「イェルシャライム」

ただし，現実には無母音となるのが一般的な場合は，仮名表記では無母音として扱

う。

例：Ṣefarad「スファラド」，kefar「クファル」，keneṣet「クネセト」，berirah「ブリラー」

⑥ 現代の人名は，転写・表記とも欧米語の習慣や日本での伝統に従った場合が多い。

例：Moshe（Mosheh とはせず）

Yehoshua/Joshua「ヨシュア」(Yehoshu'a「イェホシュア」とはせず)

⑦ なお，古典ヘブライ語に関しては『旧約新約聖書大事典』(教文館，1989年）の転写方式に準ずる。

訳注に利用した参考文献

＊パレスチナ・イスラエル関係の専門的参考書のみ列挙する。

・*Encyclopaedia Judaica*, 16 vols., Jerusalem: Keter Publishing House, 1972.

・Gilbert, Martin, *The Routledge Atlas of the Arab-Israeli Conflict*, 7th ed., London: Routledge, 2002.

・Jayyusi, Salma Khadra, ed., *Anthology of Modern Palestinian Literature*, New York: Columbia University Press, 1992.

・Mattar, Philip, ed., *Encyclopedia of the Palestinians*, New York: Facts on File, 2000.

・Nazzal, Nafez Y., and Laila A. Nazzal, *Historical Dictionary of Palestine*, Lanhan, MD./London: The Scarecrow Press, 1997.

・Reich, Bernard, *Historical Dictionary of Israel*, Metuchen, N. J./London: The Scarecrow Press, 1992.

著者略歴

(Edward W. Said　1935-2003)

1935年11月1日，イギリス委任統治下のエルサレムに生まれる．カイロのヴィクトリア・カレッジ等で教育を受けたあと合衆国に渡り，プリンストン大学卒業，ハーヴァード大学で学位を取得．コロンビア大学英文学・比較文学教授を長年つとめた．2003年9月歿．邦訳されている著書に『オリエンタリズム』(平凡社，1986，ライブラリー版，1993)『イスラム報道』(みすず書房，1986，増補版2003)『始まりの現象』(法政大学出版局，1992)『知識人とは何か』(平凡社，1995)『世界・テキスト・批評家』(法政大学出版局，1995)『パレスチナとは何か』(岩波書店，1995)『音楽のエラボレーション』(みすず書房，1995)『ペンと剣』(クレイン，1998)『文化と帝国主義』(全2巻，みすず書房，1998，2001)『パレスチナへ帰る』(作品社，1999)『遠い場所の記憶　自伝』(みすず書房，2001)『戦争とプロパガンダ1・2』(みすず書房，2002)『イスラエル，イラク，アメリカ　戦争とプロパガンダ3』(みすず書房，2003)『裏切られた民主主義　戦争とプロパガンダ4』(みすず書房，2003)『フロイトと非-ヨーロッパ人』(平凡社，2003)『バレンボイム／サイード　音楽と社会』(みすず書房，2004)『人文学と批評の使命』(岩波書店，2006)『サイード自身が語るサイード』(紀伊國屋書店，2006)『故国喪失についての省察』(全2巻，みすず書房，2006，2009)『晩年のスタイル』(岩波書店，2007)『権力，政治，文化』(全2巻，太田出版，2007)『収奪のポリティックス』(NTT出版，2008)『サイード音楽評論』(全2巻，みすず書房，2012) などがある．

訳者略歴

杉田英明〈すぎた・ひであき〉 1956年生まれ．東京大学名誉教授．比較文学比較文化・中東地域文化研究専攻．著書『葡萄樹の見える回廊』(岩波書店，2002)『アラビアン・ナイトと日本人』(岩波書店，2012)．

エドワード・W・サイード
パレスチナ問題
杉田英明訳

2004年2月20日　第1刷発行
2023年12月25日　第3刷発行

発行所 株式会社 みすず書房
〒113-0033 東京都文京区本郷2丁目20-7
電話 03-3814-0131(営業) 03-3815-9181(編集)
www.msz.co.jp

本文印刷所 シナノ
扉・カバー印刷所 リヒトプランニング
製本所 誠製本

ISBN 4-622-07084-7